全世界无产者，联合起来！

列宁全集

第二版增订版

第五卷

1901年5—12月

中共中央　马克思　恩格斯　著作编译局编译
　　　　　列　宁　斯大林

人民出版社

《列宁全集》第二版是根据
中国共产党中央委员会的决定，
由中共中央马克思恩格斯列宁
斯大林著作编译局编译的。

凡　　例

1. 正文和附录中的文献分别按写作或发表时间编排。在个别情况下,为了保持一部著作或一组文献的完整性和有机联系,编排顺序则作变通处理。

2. 每篇文献标题下括号内的写作或发表日期是编者加的。文献本身在开头已注明日期的,标题下不另列日期。

3. 1918 年 2 月 14 日以前俄国通用俄历,这以后改用公历。两种历法所标日期,在 1900 年 2 月以前相差 12 天(如俄历为 1日,公历为 13 日),从 1900 年 3 月起相差 13 天。编者加的日期,公历和俄历并用时,俄历在前,公历在后。

4. 目录中凡标有星花 * 的标题,都是编者加的。

5. 在引文中尖括号⟨　⟩内的文字和标点符号是列宁加的。

6. 未说明是编者加的脚注为列宁的原注。

7. 《人名索引》、《文献索引》条目按汉语拼音字母顺序排列。在《人名索引》条头括号内用黑体字排的是真姓名;在《文献索引》中,带方括号〔　〕的作者名、篇名、日期、地点等等,是编者加的。

目　　录

前言 ……………………………………………………………… I—IX

1901 年

从何着手?(5月) ………………………………………………… 1—10

新的激战(6月) ………………………………………………… 11—16

机密文件(6月) ………………………………………………… 17

地方自治机关的迫害者和自由主义的汉尼拔(6月) ………… 18—64

宝贵的招供(7月) ……………………………………………… 65—71

危机的教训(8月) ……………………………………………… 72—76

农奴主在活动(8月) …………………………………………… 77—81

地方自治人士代表大会(8月) ………………………………… 82—83

土地问题和"马克思的批评家"

(1901年6—9月和1907年秋) ……………………………… 84—244

　　一　土地肥力递减"规律" …………………………………… 87

　　二　地租理论 ………………………………………………… 99

　　三　农业中的机器 …………………………………………… 108

　　四　城乡对立的消灭。"批评家们"提出的几个问题 ……… 124

　　五　"先进的现代小农户的繁荣"。巴登的例子 …………… 138

　　六　小农户和大农户的生产率。东普鲁士的例子 ………… 146

　　　七　巴登农民经济调查 ……………………………………… 160

　　　八　1882 年和 1895 年德国农业统计的一般资料。中等农户

　　　　　问题 ………………………………………………………… 172

　　　九　德国的牛奶业和农业协作社。德国农村人口的经济地位 … 183

　　　十　德国的布尔加柯夫——爱·大卫的“著作” ……………… 200

　　　十一　小农户和大农户的畜牧业 ………………………………… 211

　　　十二　土地问题上的马克思主义反对者心目中的“理想国” …… 223

俄国社会民主工党国外组织“统一”代表大会文献

　　（9 月 21 日〔10 月 4 日〕） ……………………………… 245—250

　　　1　讲话（记录） ……………………………………………… 245

　　　2　向“俄国社会民主党人联合会”提出的问题 …………… 250

同饥民作斗争（10 月） …………………………………………… 251—257

答圣彼得堡委员会（10 月） ……………………………………… 258—259

国外情况（10 月） ………………………………………………… 260—261

苦役条例和苦役判决（9 月 15 日和 10 月底之间） …………… 262—267

内政评论（10 月） ………………………………………………… 268—312

　　　一　饥荒 ………………………………………………………… 268

　　　二　对危机和饥荒的态度 …………………………………… 286

　　　三　第三种分子 …………………………………………………… 293

　　　四　两篇贵族代表演说 ……………………………………… 301

《“统一”代表大会文件汇编》序言（11 月） ……………… 313—316

芬兰人民的抗议（11 月） ………………………………………… 317—321

评《自由》杂志（1901 年秋） …………………………………… 322—323

同经济主义的拥护者商榷（12 月 6 日〔19 日〕） …………… 324—331

祝贺格·瓦·普列汉诺夫从事革命活动二十五周年

　　（12 月初） ……………………………………………………… 332

游行示威开始了(12 月) ·············· 333—336

关于"南方工人"的来信(12 月) ·············· 337

无政府主义和社会主义(1901 年) ·············· 338—341

附　　录

对俄国革命社会民主党人国外组织章程草案的修改和

意见(1901 年 4—5 月) ·············· 343—347

《新的激战》一文材料(5 月底) ·············· 348—350

《地方自治机关的迫害者和自由主义的汉尼拔》

一文材料(6 月) ·············· 351—357

　　1　地方自治机关的迫害者和自由主义的汉尼拔 ·········· 351

　　2　文章大纲 ·············· 354

　　3　《自由言论》杂志摘录 ·············· 355

《农奴主在活动》一文材料(8 月) ·············· 358—364

　　1　培植地主 ·············· 358

　　2　培植地主 ·············· 361

　　3　文章结尾部分的另一稿本 ·············· 363

对梁赞诺夫《两种真理》一文的意见(9—10 月) ·········· 365—367

《同饥民作斗争》一文材料(10 月) ·············· 368—371

注释 ·············· 373—414

人名索引 ·············· 415—453

文献索引 ·············· 454—487

年表 ·············· 488—500

插　图

弗·伊·列宁(1900年) ·· IX—1

1901年载有列宁《从何着手?》一文的《火星报》第4号第1版 ·············· 3

1901年《曙光》杂志第2—3期合刊的封面。本合刊载有列宁的
　　著作:《地方自治机关的迫害者和自由主义的汉尼拔》、《土地
　　问题和"马克思的批评家"》前4章(原题为《土地问题上的
　　"批评家"先生们》)和《内政评论》 ···························· 19

1906年载有列宁《土地问题和"马克思的批评家"》一书第5—9
　　章的《教育》杂志第2期的扉页 ······························ 85

1901年列宁《评〈自由〉杂志》手稿第1页 ················· 322—323

1901年列宁《无政府主义和社会主义》手稿第1页 ·············· 339

前　言

本卷收载列宁在 1901 年 5 月至 12 月的著作。

这一时期,由于世界经济危机的影响和国内发生大饥荒,俄国社会经济发展的一切矛盾表现得十分尖锐。工业停滞,经济萧条,中小企业纷纷倒闭,资本加速集中,工人大批失业,农民在饥饿的死亡线上挣扎。人民群众革命情绪高涨。沙皇政府对人民的压榨和镇压更加激起人民的愤懑和反抗。1901 年春,俄国的工人运动发展到了一个新的阶段,开始从经济罢工转为政治罢工和游行示威。5 月 7 日彼得堡的奥布霍夫钢铁厂工人的罢工变成了工人同军警的激烈搏斗,震动了全国。在工人运动的影响下,农民暴动频繁发生,学生运动声势浩大,自由派资产阶级反对专制统治的运动也活跃起来。革命临近的征兆日益明显。俄国工人阶级迫切需要一个战斗的马克思主义政党。但是,由于经济主义的泛滥,俄国社会民主工党的组织仍处于思想混乱、组织涣散的状态,大大落后于群众的自发运动。因此,继续批判经济主义,为建立集中统一的马克思主义政党扫除障碍,依然是俄国革命社会民主党人的重要任务。

列宁在本卷所收的著作中进一步阐发了关于建立新型无产阶级政党的思想,制定了党在革命形势下的政策和策略,批驳了经济派和其他一些非无产阶级理论家的错误观点,捍卫了马克思主义。

　　首篇著作《从何着手?》是作为《火星报》社论发表的重要文章。列宁在这篇文章中阐述了政治鼓动的性质与内容、组织任务和在各地同时建立全俄战斗组织等三个问题,发展和全面论证了他早在被流放期间提出的建党计划。列宁反复强调建立一个能够统一所有革命力量、能够领导运动的革命政党的迫切性和重要性,指出"没有一个在任何环境和任何时期都善于进行政治斗争的坚强的组织,就谈不到什么系统的、具有坚定原则的和坚持不懈地执行的行动计划"(见本卷第2页)。对于"从何着手"建立这样的政党的问题,列宁认为,"创办全俄政治报应当是行动的出发点,是建立我们所希望的组织的第一个实际步骤,并且是我们使这个组织得以不断向深广发展的基线"(见本卷第6页)。这个报纸应当是进行有坚定原则的和全面的宣传鼓动的报纸,应当是把各个地方的运动合成一个全国性运动的全俄报纸,应当是揭露沙皇政府、号召进行政治斗争的政治报纸。列宁还着重指出,这个报纸"不仅是集体的宣传员和集体的鼓动员,而且是集体的组织者"(见本卷第8页),报纸的地方代办员网将成为党组织的骨干,有了分布广泛而且组织严密的党,就能够坚定有力地进行革命工作,善于避免同力量占绝对优势的敌人公开作战,同时又善于利用敌人的迟钝而攻其不备。列宁在这里所阐述的建党思想和计划后来在《怎么办?》一书中得到更充分的发挥和论证。

　　《同经济主义的拥护者商榷》一文批驳了经济派对《火星报》的攻击,强调以先进理论武装起来的新型无产阶级政党在工人运动中的领导作用的重要性。列宁指出,经济派搞不清运动中的自发因素和自觉因素的相互关系;不懂得"思想家"应当走在自发运动的前面,为它指出道路,善于比别人更早地解决运动中遇到的一切理论、政治、策略和组织问题,善于把自发性提高到自觉性。列宁认为,俄国社会民主主义运动出现危机的基本原因在于自觉的领导者落后于群众自发高潮,在于缺少具有很高理论修养的思想家,缺少有广阔政治眼界、有革命毅力和组织才能、能在新的基础上建立战斗的政党的领导者。而最大的不幸则是经济派把这种缺点当做特殊的美德加以维护。列宁深刻地揭露了经济派的机会主义表现。他指出,经济派在原则方面把马克思主义庸俗化,在机会主义的最新变种现代“批评”面前表现得软弱无力;在政治方面力图缩小和分散政治斗争,不懂得社会民主党人不掌握民主运动的领导权就不能够推翻专制制度;在策略方面表现得极不稳定,跟在运动后面做尾巴;在组织方面不懂得运动的群众性质不但没有减轻而且加重了马克思主义者建立一个巩固的、集中的、善于领导运动的革命家组织的责任。列宁的这篇文章可以说是确定了《怎么办?》一书的大纲。

　　在俄国社会民主工党国外组织“统一”代表大会上的讲话以及《〈“统一”代表大会文件汇编〉序言》、《答圣彼得堡委员会》、《国外情况》等文献,反映了列宁在俄国社会民主党人各国外组织联合问题上的原则性立场。1901年初,俄国社会民主工党在国外有几个彼此独立的组织:经济派的“俄国社会民主党人联合会”,普列汉诺夫的“社会民主党人”革命组织,《火星报》和《曙光》杂志国外组织,国外著作家集团的“斗争社”以及崩得的国外委员会。革命斗争需要革命力量的联合。列宁的火星派一贯主张在马克思主义基础上实行联合。1901年6月,上述各组织的代表为筹备“统一”代表大会在日内瓦举行预备会议。经过斗争,火星派取得胜利。会议达成协议,除共同承认反对沙皇政府、争取建立民主共和国是社会主义取得胜利的条件外,还一致同意拥护科学社会主义的基本原则,与机会主义的各种表现——经济主义、伯恩施坦主义、米勒兰主义作斗争。预备会议之后,"俄国社会民主党人联合会"的机关报《工人事业报》发表编辑部文章,重弹经济主义老调。在9月举行的"统一"代表大会上,联合会的代表又要求修改和补充日内瓦协议。联合会背弃马克思主义的基本精神,完全退到机会主义立场上去,破坏了联合的基础。《火星报》和《曙光》杂志国外组织以及"社会民主党人"革命组织的代表退出了代表大会。随后,这两个组织单独合并为"俄国革命社会民主党人国外同盟"。列宁在本卷关于联合问题的文献中揭露了"俄国社会民主党人联合会"的机会主义本性、联合没有成功的原因和经济派力图掩盖"统一"代表大会破裂真相的卑劣手法。列宁坚定不移地维护马克思主义的纯洁性,强调指出,"没有思想上的统一,组织上的统一是没有意义的"(见本卷第247页)。

本卷中的许多政论文章揭露了沙皇政府的警察统治,揭示了人民革命情绪不断增长的社会经济原因和政治原因,指出了俄国工人和农民革命斗争的前景。

《危机的教训》一文联系俄国的经济现实分析了资本主义痼疾——经济危机的原因和影响。列宁写道,危机揭露了社会生产受私有制支配的全部荒谬性,"巨大的破产之所以会发生而且不可避免,是因为强大的**社会**生产力受一伙唯利是图的富豪所支配"(见本卷第74页)。列宁指出,工人的斗争不能局限于争取资本家的个别让步,危机一到来,资本家就会收回曾经作过的让步并且更加残酷地压榨工人,在社会主义的无产阶级大军没有把资本和私有制的统治推翻之前,这种情形将不可避免地会继续发生。

《新的激战》一文高度评价俄国工人阶级的革命反抗精神,指出这种反抗精神正是革命的社会民主党力量的源泉。文章论述了工人运动从自发到自觉的发展,指出要改变把劳动力变为商品这个使劳动群众极端贫困的条件,就必须进行反对整个社会制度的革命斗争。列宁从奥布霍夫工厂工人同警察的搏斗中得出结论说,无产阶级同沙皇警察和军队进行巷战而取得胜利是可能的。列宁号召工人必须作好准备,为争取人民的自由而同专制制度作坚决斗争。《游行示威开始了》一文要求工人支持任何反对专制制度的抗议和斗争,使各阶层居民正在高涨的抗议高潮汇合成统一的反专制洪流。

《农奴主在活动》一文分析了沙皇政府关于把西伯利亚的官地分给贵族地主的新法令的反动实质,指出这一法令的目的是满足农奴主的欲望和在西伯利亚建立专制制度的可靠支柱。《同饥民作斗争》、《苦役条例和苦役判决》以及《内政评论》总题下的《饥荒》、《对危机和饥荒的态度》等文论述了危机和饥荒给俄国农民带来的深重灾难,抨击沙皇政府的饥民政策,对沙皇政府力图掩盖灾情的严重性、克扣饥民口粮、削减本来就微不足道的救济金、禁止私人慈善家救济灾民并且镇压日益不满和愤慨的劳动群众等等罪恶行径作了深刻的揭露。列宁尖锐地指出,沙皇政府关于救济饥民的通令不是同饥荒作斗争,而是同饥民作斗争;关于饥民参加工程施工劳动的条例是把饥民当做农奴、当做"造反者"的一种新的惩罚法,是刑法的补充。沙皇政府的所作所为将使人民更快地认识到这一真理:"无论是反对失业和危机,还是反对我国在剥夺小生产者过程中所采取的亚洲式的野蛮的和残酷的剥夺形式,除了革命的无产阶级反对整个资本主义制度的阶级斗争而外,没有而且也不可能有其他的手段。"(见本卷第290页)在《苦役条例和苦役判决》一文中,列宁还提出了有步骤地作好全民起义的准备的要求。

《地方自治机关的迫害者和自由主义的汉尼拔》一文分析了沙皇政府财政大臣维特的秘密《记事》和尔·恩·斯·(司徒卢威)为它写的序言,对地方自治机关的实质作了深刻的阐述,着重批判俄国自由派资产阶级的怯懦性和动摇性,阐明了无产阶级政党对自由派资产阶级的策略。地方自治机关是俄国自由派资产阶级(特别是贵族地主)代表的组织。列宁认为,地方自治机关是沙皇对60年代革命运动所作的无伤自己的让步,是加在沙皇制度这一四轮大车上的第五个轮子,既无关重要,又受沙皇政府的约束和限制,稍有越轨便会受到迫害。地方自治人士不满意专制统治,渴望立宪,争取政治自由,不时揭露沙皇官吏的反动。但它在政治斗争中不是一个"强大的"或多少独立的因素,只是一个辅助的因素。实质上,地方自治机关是专制制度用来引诱人们放弃真正宪制、分化和离间政治改革要求者的一种手段。俄国自由主义者无视地方自治机关的本质和局限性,把它看做是立宪自治的萌芽,提出了"权利和拥有权力的全俄地方自治机关!"的口号,一心想通过合法活动来争得政治自由。列宁揭露自由主义者的这种幻想,揭穿他们用"汉尼拔式的斗争誓言"来骗人的把戏。列宁指出,他们不提出消灭专制制度的要求,只是利用群众的革命情绪来吓唬沙皇政府,以便捞得某些有利于资产阶级的改革。尽管如此,列宁明确提出,为了政治斗争的利益,社会民主党人应该支持一切反对专制制度压迫的斗争,不管它是因为什么事情和在哪一个社会阶层中发生的,必须尽力使自由派资产阶级特别是地方自治人士的活动和社会民主党人的活动相互补充;同时决不放弃对俄国自由派的幻想和动摇进行坚决的斗争。

在《地方自治人士代表大会》以及《内政评论》总标题下的《第三种分子》和《两篇贵族代表演说》等文中,列宁继续阐述了社会民主党人在反对专制制度的革命斗争中争取和利用一切同盟者的策略问题。他要求社会民主党人学会利用俄国全体人民中的激昂的社会情绪,支持包括自由派资产阶级在内的其他阶级和社会阶层反抗专制统治的呼声和活动。列宁指出,只有当战斗的革命政党所领导的工人阶级,时刻记住自己在现代社会中的特殊地位和它解放全人类的历史使命,同时举起为自由而斗争的全民的旗帜,把社会各阶层中对专制制度不满的人都争取到这个旗帜下来,我们才能起到先进的自由战士的作用。

本卷中篇幅最大的《土地问题和"马克思的批评家"》是列宁捍卫马克思主义土地理论的一部专著。俄国的谢·尼·布尔加柯夫、维·米·切尔诺夫和德国的弗·奥·赫茨、爱·大卫等资产阶级和小资产阶级理论家"批评"马克思的土地理论,否认资本主义经济规律适用于农业,力图用所谓永恒的自然规律来取代马克思所揭示的经济规律。列宁在这部著作中透彻地批驳了他们的论据,指出他们的理论基石——"土地肥力递减规律"无论在理论上或事实上都是站不住脚的,它完全不适用于技术正在进步和生产方式正在变革的情况,根本不是什么"普遍规律"。布尔加柯夫等人把劳动者的贫困归咎于自然界,认为"土地肥力递减规律"是造成食物不足和农产品价格上涨的原因,企图用虚构的"永恒规律"来回避土地问题的实质,掩盖农奴制残余、土地私有制和资本主义生产关系导致农民贫困的现实。列宁一针见血地指出:"资产阶级的辩护士自然要设法回避农业落后的社会原因和历史原因,而把这种落后归咎于'自然力的保守性'和'土地肥力递减规律'。这个臭名远扬的规律所包含的无非是辩护术和糊涂思想。"(见本卷第210页)

布尔加柯夫歪曲马克思的地租理论,把级差地租理论同"土地肥力递减规律"联系起来,并否认绝对地租的存在。列宁维护并阐释了马克思关于级差地租和绝对地租的学说。他指出,正是马克思使级差地租理论摆脱了"土地肥力递减规律"的羁绊,"马克思的批评家们"的错误在于片面地解释"垄断"这个概念。列宁阐明,资本主义农业中存在两种垄断,即土地经营的垄断和土地所有权的垄断,把这两种垄断区别开来是绝对必要的,除了由于土地经营的垄断所产生的级差地租外,承认土地私有制所产生的绝对地租也是必要的。

列宁在这部著作中批驳了"批评家们"所维护的"小农经济稳固论"。他们硬说在资本主义农业中小生产富有生命力,而且比大生产优越。列宁揭露他们用来论证的统计方法是反科学的。他根据对俄国、德国和丹麦的农业经济资料所作的科学分析,以大量的事实和数字证明,马克思所揭示的资本主义经济规律也适用于农业,农业中同样出现了资本主义发展过程,存在着资本主义所固有的一切矛盾,小农经济在资本主义制度下是没有前途的,小农只有在无产阶级领导下进行反对整个资本主义制度的革命斗争,才能摆脱受奴役和生活贫困的处境。因而,劳动农民在行将到来的革命中能够成为无产阶级可靠的同盟军。

列宁的这部著作是俄国社会民主工党制定土地纲领和对农民的政策的理论根据。

本卷正文最后一篇文献《无政府主义和社会主义》虽是一个提

纲，却十分精辟。它集中反映了列宁对无政府主义的政治内容、社会阶级实质、世界观根源和在历史上的消极作用的重要观点。

　　《附录》中的《对梁赞诺夫〈两种真理〉一文的意见》从一个侧面反映了列宁编辑《火星报》的工作情况。列宁批评作者的主观主义观点，认为他不善于分析局势、过高估价尼·康·米海洛夫斯基在解放运动中的作用。

　　在《列宁全集》第2版中，本卷中《机密文件》一文和《附录》中的10篇文献是第1版未曾收载的。

弗·伊·列宁

(1900 年)

从 何 着 手？[1]

(1901 年 5 月)

"怎么办？"这个问题，近几年来特别突出地提到了俄国社会民主党人的面前。问题不在于选择道路（像 80 年代末 90 年代初那样），而在于我们在已经确定的道路上应当采取哪些实际步骤，到底应当怎么做。问题在于实际行动的方法和计划。斗争性质和斗争方法问题对于从事实际活动的党来说是一个基本问题；应当承认，这个问题在我们这里还没有解决，还有一些重大的意见分歧，这些分歧暴露出令人感到痛心的思想上的不坚定和动摇。一方面，力图削减和缩小政治组织工作和政治鼓动工作的"经济主义"派别[2]还远没有死亡。另一方面，只会迎合每个新的"潮流"而不会区别眼前要求同整个运动的基本任务和长远需要的无原则的折中主义派别，还和过去一样趾高气扬。大家知道，这一派的巢穴就是《工人事业》杂志[3]。它最近的"纲领性的"声明，即那篇采用《历史性的转变》这样一个堂皇的标题的堂皇的文章（《〈工人事业〉杂志附刊》[4]第 6 期），十分清楚地证实了我们的上述看法。昨天还在向"经济主义"献媚，对严厉谴责《工人思想报》[5]愤愤不平，把普列汉诺夫关于同专制制度作斗争的问题的提法加以"缓和"，今天却已经在引用李卜克内西的话："假使形势在 24 小时内发生变化，那么策略也必须在 24 小时内加以改变"，现在已经在谈论建立"坚强

的战斗组织"来向专制制度发动直接的攻击,向它发动冲击,谈论
"在群众中进行广泛的革命的政治的鼓动"(请看,多么带劲,又是
革命的,又是政治的!),"不断号召举行街头抗议","举行带有鲜明
的〈原文如此!〉政治色彩的街头示威",等等,等等。

　　《工人事业》杂志这样快就领会了我们在《火星报》创刊号上提
出的纲领[6],知道要建立一个不仅争取个别的让步,而且还要直接
夺取专制制度堡垒的坚强的有组织的党,对于这一点,我们本来可
以表示满意,但是这些人没有任何坚定的观点,这种情况却可能把
我们的满意完全打消。

　　当然,《工人事业》杂志抬出李卜克内西来是徒劳无益的。在 24
小时内可以改变某个专门问题上的鼓动策略,可以改变党组织某一
局部工作的策略,可是,要改变自己对于是否在任何时候和任何条
件下都需要战斗组织和群众中的政治鼓动这个问题的看法,那不
要说在 24 小时内,即使在 24 个月内加以改变,也只有那些毫无原
则的人才办得到。借口什么环境不同和时期变化,这是滑稽可笑
的。在任何"平常的、和平的"环境中,在任何"革命士气低落"的时
期,建立战斗组织和进行政治鼓动都是必要的。不仅如此,正是在
这样的环境中和在这样的时期,上述工作尤其必要,因为到了爆发
和发动时期再去建立组织那就太晚了;组织必须建立好,以便随时
能够立即展开自己的活动。"在 24 小时内改变策略"!但是要改
变策略,就必须先要有策略;没有一个在任何环境和任何时期都善
于进行政治斗争的坚强的组织,就谈不到什么系统的、具有坚定原
则的和坚持不懈地执行的行动计划,而只有这样的计划才配称为
策略。请看实际情况:人们对我们说,"历史时机"向我们党提出了
一个"完全新的"问题——恐怖手段问题。昨天,政治组织和政治

1901 年载有列宁《从何着手?》一文的
《火星报》第 4 号第 1 版
（按原版缩小）

鼓动问题是"完全新的"问题,今天,恐怖手段问题又是"完全新的"
问题了。听到这些完全忘掉自己身世的人谈论起根本改变策略的
问题,不是令人感到奇怪么?

　　幸亏《工人事业》杂志说错了。恐怖手段问题完全不是什么新的
问题,我们只要简略地提一下俄国社会民主党的既定观点就够了。

　　在原则上,我们从来没有拒绝而且也不可能拒绝恐怖手段。
这是一种军事行动,在一定的战斗时机,在军队处于一定的状况
时,在一定的条件下,它是完全适用的,甚至是必要的。可是问题
的实质就在于:目前提出来的恐怖手段,并不是作为作战军队的一
种行动,一种同整个战斗部署密切联系和相适应的行动,而是作为
一种独立的、同任何军队无关的单独进攻的手段。的确,在没有中
央革命组织而地方革命组织又软弱无力的情况下,恐怖行动也只
能是这样。因此,我们坚决宣布,这种斗争手段在目前情况下是不
合时宜的,不妥当的,它会使最积极的战士抛开他们真正的、对整
个运动来说最重要的任务,它不能瓦解政府的力量而只会瓦解革
命的力量。请回想一下最近发生的事件吧。我们亲眼看到广大的
城市工人和城市"平民"群众奋起投入斗争,而革命者却没有一个
领导者和组织者的总部。在这样的条件下,最坚决的革命者采取
恐怖行动,不是只会削弱那些唯一可以寄予极大希望的战斗队伍
么? 不是只会使革命组织同那些愤愤不平的、起来反抗的、准备斗
争的、然而分散的并且正因为分散而显得软弱无力的群众之间的
联系中断么? 而这种联系正是我们胜利的唯一保证。我们决不想
否认单独的英勇突击的意义,可是我们的责任是要竭力告诫人们
不要醉心于恐怖行动,不要把恐怖行动当做主要的和基本的斗争
手段,而现在有许许多多的人非常倾心于这种手段。恐怖行动永

远不能成为经常的军事行动,它至多只能成为发动决定性冲击时的手段之一。请问,我们现在是否可以**号召**发动决定性的冲击呢?《工人事业》杂志显然认为是可以的。至少,它是在高喊:"组成冲击队吧!"可是这仍旧是一种失去理智的狂热。我们的军事力量大部分是志愿兵和起义者。我们的常备军只是几支人数不多的队伍,而且就是这几支队伍也还没有动员起来,它们彼此之间没有联系,还不能组成作战队伍,更不用说组成冲击队了。在这种情况下,凡是能够认清我们斗争的总的条件,而且在事变历史进程的每个"转变"中不忘记这些条件的人都应当懂得,我们当前的口号不能是"发动冲击",而应当是"对敌人的堡垒组织正规的围攻"。换句话说,我们党的直接任务,不能是号召现有的一切力量马上去举行攻击,而应当是号召建立革命组织,这一组织不仅在名义上而且在实际上能够统一一切力量,领导运动,即随时准备支持一切抗议和一切发动,并以此来扩大和巩固可供决战之用的军事力量。

二三月事件7的教训是很深刻的,现在大概不会有人在原则上反对这种结论了。可是现在要求我们的,不是在原则上而是在实际上解决问题。要求我们不仅懂得需要有什么样的组织来进行什么样的工作,而且要制定出一定的组织**计划**,以便能够从各方面着手建立组织。鉴于问题的迫切重要性,我们想提出一个计划草案来请同志们考虑。关于这个计划,我们在准备出版的一本小册子8里将作更详细的发挥。

我们认为,创办全俄政治报应当是行动的出发点,是建立我们所希望的组织的第一个实际步骤,并且是我们使这个组织得以不断向深广发展的基线。首先,我们需要报纸,没有报纸就不可能系统地进行有坚定原则的和全面的宣传鼓动。进行这种宣传鼓动一般说来是社会民主党的经常的和主要的任务,而在目前,在最广大的居民阶层已经对政治、对社会主义问题产生兴趣时,这更是特别迫切的任务。现在比过去任何时候都更加迫切地需要进行集中的和经常的鼓动工作,用以补充靠个人影响、地方传单、小册子等方式进行的零散的鼓动工作;而要进行这种集中的和经常的鼓动工作,就必须利用定期的报刊。报纸出版(和发行)号数多少和是否按时,可以成为衡量我们军事行动的这个最基本最必要的部门是否坚实可靠的最确切的标准,这样说看来并不是夸大。其次,我们需要的是全俄的报纸。假使我们不能够用报刊上的言论来统一我们对人民和对政府的影响,或者说在我们还不能够做到这点以前,要想去统一其他更复杂、更困难然而也是更有决定意义的影响手段,那只能是一种空想。无论在思想方面,或者在实践、组织方面,我们的运动的缺点首先就在于自己的分散性,在于绝大多数社会民主党人几乎完全陷入纯粹地方性的工作中,这种地方性的工作会缩小他们的眼界和他们的活动范围,限制他们从事秘密活动的技能和水平的提高。因此,我们上面所说的那种不坚定和动摇的最深刻的根源,正是应当从这种分散性中去寻找。而为了克服这个缺点,为了把各个地方的运动合成一个全俄的运动,**第一步**就应当是创办全俄的报纸。最后,我们需要的报纸还必须是**政治**报纸。没有政治机关报,在现代欧洲就不能有配称为政治运动的运动。没有政治机关报,就绝对实现不了我们的任务——把一切政治不满和反抗的因素聚集起来,用以壮大无产阶级的革命运动。我们已经迈出了第一步,我们已经在工人阶级中间激起进行"经济"揭露,即对工厂进行揭露的热情。我们还应当再前进一步,在一切稍有觉悟的人民阶层中激起进行**政治**揭露的热情。不必因为目前政治揭露的呼声还显得无力、稀少和怯懦而感到不安。其所以如此,并不是因为大家都容忍警察的专横暴虐,而是因为那些能够并且愿意进行揭露的人还没有一个说话的讲坛,还没有热心听讲并且给讲演人以鼓舞的听众;他们在人民中间还完全看不到那种值得向它控诉"至高无上的"俄国政府的力量。而现在这一切都在极其迅速地变化着。这样一种力量现在已经有了,这就是革命的无产阶级。无产阶级已经证明它不仅愿意听从和支持政治斗争的号召,而且决心勇敢地投入斗争。现在我们已经能够并且应当建立一个全民的揭露沙皇政府的讲坛;——社会民主党的报纸就应当是这样的讲坛。俄国工人阶级与俄国社会其他阶级和阶层不同,它对政治知识经常是感兴趣的,它经常(不仅在风暴时期)迫切要求阅读秘密书刊。在有这样广泛的要求的条件下,在已经开始培养有经验的革命领导者的条件下,在工人阶级的集中化已经使工人阶级实际上成为大城市工人区、大小工厂区的主人的条件下,创办政治报已经成为无产阶级完全办得到的事情。而通过无产阶级,报纸还可以深入到城市小市民、乡村手工业者和农民中间去,成为真正的人民的政治报纸。

但是,报纸的作用并不只限于传播思想、进行政治教育和争取政治上的同盟者。报纸不仅是集体的宣传员和集体的鼓动员,而且是集体的组织者。就后一点来说,报纸可以比做脚手架,它搭在正在建造的建筑物周围,显示出建筑物的轮廓,便于各个建筑工人之间进行联络,帮助他们分配工作和观察有组织的劳动所获得的总成绩。依靠报纸并通过报纸自然而然会形成一个固定的组织,这个组织不仅从事地方性工作,而且从事经常的共同性工作,教育自己的成员密切注视政治事件,思考这些事件的意义及其对各个不同居民阶层的影响，拟定革命的党对这些事件施加影响的适当措施。单是技术上的任务——保证正常地向报纸提供材料和正常地发行报纸——就迫使我们去建立统一的党的地方代办员网，这些代办员彼此间要密切联系，了解总的情况，习惯于经常按时执行全国性工作中的各种零星任务，并组织一些革命行动以检验自己的力量。这种代办员网①将是我们所需要的那种组织的骨干。这种组织，其规模之大使它能够遍布全国各地；其广泛性和多样性使它能够实行严密而精细的分工；其坚定性使它在任何情况下，在任何"转变关头"和意外情况下都能始终不渝地进行**自己的**工作；其灵活性使它善于一方面在占绝对优势的敌人集中全部力量于一点的时候避免同他公开作战，另一方面又利用这个敌人的迟钝，在他最难料到的地点和时间攻其不备。今天我们面临的还是比较容易完成的任务——支持在大城市的街头游行示威的学生。明天我们就可能面临更困难的任务，例如，支持某个地区的失业工人的运动。后天我们就必须站在自己的岗位上，以革命的姿态参加农民的暴动。今天我们必须利用政府向地方自治机关进攻所造成的紧张的政治形势。明天我们就必须支持人民反对沙皇的某个凶恶的走狗的骚动，帮助人民用抵制、抨击、游行示威等等方法来教训他，使他不得不作公开的让步。只有靠正规军经常活动才能使战斗准备达到这种程度。假如我们集中自己的力量来办共同的报纸，那么，这样的工作不仅可以培养和造就出最能干的宣传员，而且可以

---

① 自然，这样的代办员只有在同我们党的各地的委员会（团体、小组）密切联系的条件下，才能有成效地进行工作。而且一般说来，我们所拟定的整个计划，当然也只有在各地的委员会的积极支持下才能实现。这些委员会在党的统一方面已经采取了许多措施，我们相信它们不是今天就是明天一定能够以这种或那种形式争取到这个统一。

培养和造就出最有才干的组织者,最有才能的党的政治领袖,这些领袖在必要的时候,能够提出进行决战的口号并且领导这个决战。

最后,为了避免可能引起的误会,我还想再说几句话。我们一直都只是讲有系统的有计划的准备,可是我们决不是想以此说明,专制制度只有在正规的围攻或有组织的冲击下才会垮台。这种观点是一种荒谬的学理主义。相反,专制制度完全可能由于各方面随时都可能发生的某一次自发的爆发或无法预料的政治冲突的压力而垮台,而且从历史上看来,这种可能性是更大的。但是,任何一个政党,只要不是陷入冒险主义,就决不会把自己的活动建筑在指望这种爆发和冲突上面。我们应当走自己的路,坚持不懈地进行自己的有系统的工作。我们愈是不指靠偶然性,我们就愈不会由于任何"历史性的转变"而手足无措。

载于 1901 年 5 月《火星报》　　　　　译自《列宁全集》俄文第 5 版
第 4 号　　　　　　　　　　　　　　　第 5 卷第 1—13 页

新 的 激 战

(1901 年 6 月)

　　看来,目前我国的工人运动又以不可阻挡之势导向尖锐的冲突,使政府和一切有产阶级胆战心惊,使一切社会党人欢欣鼓舞。是的,尽管军事镇压造成的牺牲是惨重的,但是这些冲突使我们欢欣鼓舞,因为工人阶级用自己的反抗证明,他们不能再忍受自己的处境,不愿继续做奴隶,不愿在暴力和专横之下忍气吞声了。现今的制度,即使在最和平的日子里,也会经常不可避免地使工人阶级遭受无数的牺牲。千千万万终生为别人创造财富而劳动的人,由于饥饿和长期吃不饱而死亡,由于极端恶劣的劳动条件,由于十分低劣的居住条件,由于得不到足够的休息而染病早亡。宁可同这个可憎的制度的保卫者直接斗争而死,也不愿像被折磨得精疲力竭的驯服牛马那样慢慢地死去,这才确确实实称得上英雄。我们绝不是说赤手空拳同警察搏斗是最好的斗争方式。相反,我们始终向工人指出,要更冷静更沉着地进行斗争,力求把种种不满引向支持革命政党的有组织的斗争,这样做对他们才是有利的。革命的社会民主党汲取力量的主要源泉,正是工人群众的反抗精神,工人被经常受到的压迫和暴力逼得走投无路,他们的反抗精神有时不能不爆发成为殊死的斗争。这种突然爆发的斗争唤起受贫困和愚昧压抑的广大工人阶层去自觉地生活,使他们普遍地对压迫者、对自由的敌人产生正当的憎恨。正因为如此,我们听到像 5 月 7 日奥布霍夫工厂发生激战的消息,就不能不高呼:"工人起义被镇压了,工人起义万岁!"

在过去,就在不久以前,工人起义只是在某种特殊条件下发生的绝无仅有的事情。现在可就不同了。几年前,我们处于工业繁荣时期,那时商业昌盛,对劳动力的需求很大。但是,工人为了争取改善劳动条件,还是举行了一系列的罢工,因为他们懂得,不应该错过时机,应该抓住厂主利润特别高,容易迫使厂主让步的时机。可是,现在危机代替了繁荣,厂主的商品无法脱手,利润减少,破产数量增多,工厂缩减生产,解雇工人,工人成群地流浪街头,没有饭吃。工人不得不进行拼死的斗争,但已经不是为了改善自己的境况,而是为了保持原来的生活水平,为了减少厂主转嫁给他们的损失。这样,工人运动就日益深入而广泛地开展起来:起初只是个别特殊场合下的斗争,接着是工业复苏和商业昌盛时期的坚持不懈的斗争,最后是危机时期的坚持不懈的斗争。现在我们已经可以说,工人运动已成为我们生活中常见的现象,它在任何条件下都会发展起来。

工业复苏为危机所代替,这一事实不仅会使工人懂得必需经常不断地进行团结一致的斗争,同时还会破除在工业繁荣时期形成起来的有害幻想。在某些地方工人采取罢工手段比较容易地取得了厂主的让步,于是人们就夸大这种"经济"斗争的意义,忘记了工人的工会(行业工会)和罢工最多也只能使出卖劳动力这种商品的条件略微有利一些。当这种"商品"由于危机而找不到销路时,行业工会和罢工就无能为力了,它们不能改变使劳动力变为商品、使劳动群众极端贫困和陷于失业的条件。要改变这些条件就必须同现在的整个社会制度和政治制度进行革命的斗争,而工业危机将会使愈来愈多的工人深信这个真理。

我们回过来谈谈5月7日的激战吧。下面我们引用一下我们现有的关于五月罢工和彼得堡工潮的报道[9]。我们在这里也要分析一下警察局关于5月7日激战的公报。近来我们对政府(还有警察局)关于罢工、游行示威、同军队冲突的公报已经有些听惯了;现在我们已经有了相当充分的材料,可以判断这些公报的正确程度,我们有时能够从警察局谎言的烟雾中看出人民愤怒的火焰。

官方的公报说:"本月(5月)7日,在施吕瑟尔堡大街旁的亚历山大村的奥布霍夫炼钢厂,有不同部门的工人近200人在午间休息以后停了工,并且在同厂长助理伊万诺夫中校进行交涉时,提出了种种无理的要求。"

即使工人没有在两个星期以前预先通知就停了工(假定停工不像以往经常发生的那样是由厂主的不法行为所引起的),那么,甚至按照俄国的法律(近来,对它作了系统的补充,加强了对工人的迫害),这也不过是归治安法官处理的普通的违警过失。可是,俄国政府却要采取严厉手段,这就使它愈来愈陷入令人可笑的境地:它一方面颁布法律,规定了新的罪行(例如,擅自拒绝工作或聚众闹事,损害他人财产,或以暴力反抗武装力量),加重了对罢工等等的惩处,另一方面,无论在实际上或政治上它都不可能执行这些法律,不可能依据这些法律来治罪。在实际上它不可能向成千成万的人就拒绝工作、罢工、"聚众闹事"等问题追究责任。在政治上它也不可能每遇到这样的情况就进行法院审理,因为不管怎样安排审判人选,怎样阉割公开报导,审判还是不能不透露一点风声,而"受审"的当然不是工人,而是政府。那些直接为了帮助政府同无产阶级进行**政治**斗争(同时又是为了用"国家"为"社会秩序"着想等借口来**掩盖**斗争的政治性质)而颁布的刑法,由于**直接的**政治斗争,由于公开的巷战,也就根本无法起到重要的作用了。"司法机关"撕下了公正和崇高的假面具,逃之夭夭,听任警察、宪兵和哥萨克恣意横行,结果这些人受到了石块的款待。

请回忆一下,政府是怎样以工人的"要求"为借口的。从法律上来看,停工就是一种过失,和工人提出什么要求毫无关系。但是,政府确实不可能依据不久前才颁布的法律来行事,于是就声明说工人的要求是无理的,力图借以证明"用自己的手段"进行镇压是正确的。在这个问题上谁是公断人呢? 原来就是厂长助理伊万诺夫中校,也就是工人所指控的厂方领导人! 难怪工人要用石块来回敬当权者的这种辩解了!

就这样,工人全都涌上街头,阻碍了有轨马车的通行,一场真正的战斗开始了。工人**两次**击退了警察、宪兵、骑警和驻厂武装分队①的进攻。看来,他们竭尽全力进行了战斗,尽管他们的唯一武器只是石块。不错,人群中是响起了"几声枪声"(姑且相信警方的公报),然而没有伤一个人。只是石块**"如冰雹一般"**四处横飞。工人不仅表现出顽强的反抗精神,而且也表现出机智,表现出善于随机应变和选择最好的斗争方式的本领。他们占据了邻近的院子,**从围墙内把石块投向沙皇的走狗**。甚至在遭到三排枪射击**之后**,在一个工人被打死(就只一人?),八人受伤(?)(一人在第二天死

---

① 顺便说一下。政府的公报说,"驻厂武装分队""在厂内早已作好准备",而宪兵、骑警和巡警只是后来才召集来的。到底从什么时候和为什么驻厂**武装分队**要在厂内**作好准备**呢? 是不是从5月1日开始的? 是不是预料到工人要游行示威? 这些我们都不得而知,但是,毫无疑问,政府故意隐瞒它所掌握的实际材料:是什么引起了工人的不满和激愤,这种情绪是如何发展起来的。

亡），人群开始逃散的时候，战斗还在继续进行，奉命赶来的鄂木斯克步兵团的几个连还得把邻院内的"工人清除出去"。

政府胜利了。但是每次这样的胜利必然会促进它的最后失败的到来。每一次同人民交战，都会使更多的工人激于义愤而立志投入战斗，都会培养出一些经验更丰富、武装得更好、行动更勇敢的领导者。至于领导者应该尽力按照什么样的计划行动，我们已经谈过了。我们已经不止一次地指出，绝对必须建立坚强的革命组织。但是说到 5 月 7 日这样的事件，还应该注意下面几点。

最近人们纷纷议论说，同现代化的军队进行巷战是不可能的，也是没有希望的；那些自作聪明的"批评家"特别坚持这个论点，他们用资产阶级学术的破烂货冒充公正的科学的新结论，并曲解恩格斯的话，其实恩格斯当时所谈的（而且是有保留地谈到的）只是德国社会民主党人暂时的策略[10]。我们甚至从这一个搏斗的例子就可以看出，所有这些议论完全是胡说八道。巷战是可能的，一旦政府要同不仅是一个工厂的工人较量，那么，没有希望的不是斗争者的处境，而是政府的处境。工人在 5 月 7 日的搏斗中除了石块外没有别的武器，但是市长的禁令显然不能阻止他们在下一次准备好其他武器。这次工人并没有作好准备，而且总共也只有 3 500 人，但是他们还是击退了数百名骑警、宪兵、巡警和步兵。请想一下，警察进攻施吕瑟尔堡大街 63 号的**一座**房屋是很容易的吗！[11]再想一下，如果不仅要把两三个院子和两三座房屋里的"**工人清除出去**"，而且要把彼得堡的一个个工人区的"**工人清除出去**"，那会是很容易的吗！一旦事情发展到进行决定性斗争的时候，难道可以只是把工人"**清除出去**"，而不必把那些没有忘记 3 月 4 日的无耻屠杀[12]，没有向警察政府屈服，只是受到警察政府威吓而不相信自己力量的人从首都所有的房屋和院子里全部"**清除出去**"吗!

　　同志们! 一定要设法把 5 月 7 日伤亡者的姓名全部收集上来。让首都所有的工人都来悼念他们,并且作好准备,为了人民的自由,同警察政府进行新的决定性的斗争!

载于 1901 年 6 月《火星报》　　　　　　译自《列宁全集》俄文第 5 版
第 5 号　　　　　　　　　　　　　　　第 5 卷第 14—19 页

机 密 文 件

（1901 年 6 月）

我们请读者注意《曙光》杂志[13]刊载的由斯图加特狄茨出版社出版的维特的记事。《记事》反对前内务大臣哥列梅金关于在非地方自治的省份设立地方自治机关的方案，因而作为一份赤裸裸地暴露我国统治者内心深处的欲望的文件来说，它是饶有趣味的。我们拟在最近一号报纸上详细谈谈这一出色的文件以及尔·恩·斯·先生为它写的序言。这篇序言暴露了它的作者是如何理解俄国工人运动的政治意义的，在所有其他方面，也都表现出我国自由派通常特有的政治思想的不成熟性。

载于 1901 年 6 月《火星报》
第 5 号

译自《列宁全集》俄文第 5 版
第 5 卷第 20 页

地方自治机关的迫害者和
自由主义的汉尼拔[14]

（1901 年 6 月）

如果过去说，俄国农民对自己的贫困最缺乏认识，那么，现在可以说，俄国的平民或臣民由于缺乏公民权利，对自己的无权尤其缺乏认识。庄稼汉对自己无法摆脱的贫困已经安之若素，习以为常，不去考虑自己贫困的原因和消除贫困的可能性，俄国的平民也同样对政府的无限权力安之若素，习以为常，不去考虑这种无限权力能不能继续保持下去，除了这种无限权力以外，是不是还存在着腐蚀陈旧的政治制度的现象。医治这种缺乏政治觉悟和死气沉沉的一种非常好的"解毒剂"，通常就是"机密文件"①，因为这些文件表明，不仅某些不顾死活的亡命之徒或政府的顽固的敌人，而且连大臣和沙皇在内的政府人员自己，都意识到专制政体的摇摇欲坠，并竭力寻求种种办法来改善这种根本不能使他们满意的处境。维特的记事就属于这样的文件，他曾和内务大臣哥列梅金为在边疆地区设立地方自治机关的问题发生争论，决定草拟一份对地方自治机关的起诉书来特别显示一下自己的卓识远见和对专制制度的

---

① 当然，我说的只是一种由报刊上发表的作品配成的"解毒剂"，这决不是唯一的和特别"有效的""解毒剂"。

№ 2-3

Декабрь
1901-го г.

ЗАРЯ

Соціаль-демократическій
научно-политическій журналъ.
Издается при ближайшемъ
участіи Г. В. Плеханова, В. И.
Засуличъ и П. Б. Аксельрода.

Цѣна 3 руб.

Die
Morgenröthe
Heft 2-3
Dezember 1901

Stuttgart
J. H. W. Dietz Nachf. (G. m. b. H.)
1901

1901 年《曙光》杂志第 2—3 期合刊的封面。本合刊载有列宁的
著作:《地方自治机关的迫害者和自由主义的汉尼拔》、《土地
问题和"马克思的批评家"》前 4 章(原题为《土地问题上的
"批评家"先生们》)和《内政评论》

忠诚。①

地方自治机关的罪状就是它同专制制度不相容。它按本身的性质来说是立宪的,它的存在必然会使社会人士和政府人士之间产生摩擦和冲突。起诉书是根据非常(比较而言)广泛的和精心加工的材料写成的,因为这是关于政治问题(同时也是相当特殊的问题)的起诉书,所以可以相信,它读起来令人感到兴趣的程度和得到的益处,将不亚于我们报纸上过去刊载的政治诉讼方面的起诉书。

———

让我们来看看,关于我国的地方自治机关是立宪的这种说法有没有事实根据,如果说有,那么,是在什么程度上和在什么意义上说的。

在这个问题上,地方自治机关设立的时期具有特别重大的意义。农奴制的崩溃是一个重大的历史转折点,这个转折点不能不撕破掩盖着阶级矛盾的警察帷幕。最团结、最有教养和最习惯于政权的阶级——贵族阶级——非常明确地表示了要通过代议机关来限制专制政权的愿望。维特的记事提到了这一事实,这是非常有教益的。"1859—1860年的贵族会议就已发表过必须设立贵族的共同'代议机关','俄国各地有选出自己的代表向最高当局陈述

_____

① 《专制制度和地方自治机关。财政大臣谢·尤·维特的秘密记事,附有尔·恩·斯·的序言和注释》。由《曙光》杂志刊印。约·亨·威·狄茨的后继者1901年在斯图加特出版。序言 XLIV 页,正文 212 页。

意见的权利'的声明。""甚至还提出过'宪法'这个词。"①"有些省的农民问题委员会和参加起草委员会的农民问题委员会的委员也指出，必须号召社会参加管理。尼基坚科在他1859年的日记中写道：'代表们显然在为制定宪法而努力'。"

"1861年2月19日的法令颁布以后，对专制制度所抱的这些希望看来是完全落空了，而且行政机关中一些比较'赤色的'分子(如尼·米柳亭)受到排斥，不让他们来执行这个法令，于是拥护'代议制'的运动就更为一致了。这个运动表现在向1862年的许多贵族会议所提出的提案中，还表现在诺夫哥罗德、图拉、斯摩棱斯克、莫斯科、彼得堡、特维尔等地的贵族会议的一份份的呈文中。其中以莫斯科的呈文最为出色，它要求地方自治、公开审判、强制赎买农民土地、预算公开、出版自由，以及在莫斯科召开由各阶级组成的地方自治杜马来制定整个改革草案。2月2日特维尔贵族的决议和呈文最为尖锐，其中说到必须进行一系列的民政改革和经济改革(例如各等级权利平等，强制赎买农民土地)，必须'召开俄国全国代表会议，作为圆满解决2月19日的法令所提出的、但没有解决的问题的唯一手段'②。

尽管特维尔呈文的发起人③受到了行政处分和司法惩罚，——德拉哥马

---

① 德拉哥马诺夫《俄国地方自治机关的自由主义》第4页。记事的作者维特先生往往不说他是在抄录德拉哥马诺夫的话(例如，参看《记事》第36—37页和上述著作第55—56页)，虽然在其他地方他也引用了德拉哥马诺夫的话。

② 德拉哥马诺夫的著作第5页。《记事》第64页上的节录所引证的不是德拉哥马诺夫的话，而是德拉哥马诺夫所摘引的《钟声》杂志**15**第126期及1862年6月15日出版的《两大陆评论》杂志**16**上的话。

③ 顺便说一下。其中的一个发起人尼古拉·亚历山德罗维奇·巴枯宁，即闻名的米·亚·巴枯宁的弟弟，不久前(今年即1901年4月19日)死在特维尔省他自己的领地上。尼·亚·和他的弟弟阿列克谢以及其他的调停官曾在1862年的呈文上签名。一个曾在我们的一家报纸上发表过论述尼·亚·巴枯宁的短评的作者报道说，这一呈文的签名人都遭到了惩罚，在彼得保罗要塞监禁了一年才获释，但尼·亚·和他的弟弟阿列克谢却没有得到宽恕(他们没有在赦免请求书上签名)，因此，再也不准他们担任社会职务。此后，尼·亚·就再也没有而且也不可能在社会舞台上出现了…… 在最"伟大的改革"时期，我国政府就是这样来惩治进行合法活动的贵族地主的!而且，这是在1862年，在波兰起义**17**以前，当时就连卡特柯夫也曾建议召开全俄国民代表会议。

诺夫继续说，——（不过不是直接因为呈文，而是因为他们为集体辞去调停官职务进行激烈的辩解）但 1862 年和 1863 年初的各种贵族会议还是以这个呈文的精神发表了声明，同时还拟定了地方自治草案。

当时立宪运动也在'平民知识分子'中进行着，在这里，运动表现为组织秘密的会社和印发多少带有革命性的传单，如《大俄罗斯人》（1861 年 8 月至11 月；参加出版工作的有一些军官，如奥勃鲁切夫等），《地方自治杜马》（1862年），《土地和自由》（1862—1863 年）……　呈文的草案也附在《大俄罗斯人》里传播了出去，很多人说这个呈文应该在 1862 年 8 月纪念俄罗斯一千周年时呈递给皇上。"这个呈文草案说道："恳请陛下在我们俄罗斯祖国的两个首都之一，莫斯科或彼得堡，召开全俄代表会议，为俄罗斯草拟宪法……"①

如果我们再回忆一下《青年俄罗斯》[18]这份传单，对"政治"犯（奥勃鲁切夫、米哈伊洛夫等）的大肆逮捕和严厉惩罚，以及用非法和诬陷手段判处车尔尼雪夫斯基服苦役这等事情的话，那么，我们对于产生地方自治改革的社会背景也就清楚了。维特在《记事》中说，"建立地方自治机关的思想无疑是一种政治思想"，在统治阶层内"无疑已注意到"社会上的自由主义和立宪主义的情绪。这种说法只是说对了**一半**。《记事》作者处处流露出的那种对社会现象的官场的看法，在这里也表现了出来，这就是无视**革命**运动，掩盖政府为**防御**革命"政党"的攻击所采取的严厉镇压措施。诚然，以我们现代的眼光看来，谈论什么 60 年代初的革命"政党"和它的攻击似乎有些奇怪。40 年的历史经验大大提高了我们对所谓革命运动和革命攻击的要求标准。但是，不应忘记，在尼古拉统治了 30年的当时，谁也还不能预料到事变的发展进程，谁也不能判断出政府的实际抵抗力量和人民激愤的实际力量。欧洲民主运动的再起，波兰的动荡不安，芬兰的不满情绪，所有报刊和整个贵族阶级

---

①　参看弗·布尔采夫《一百年来》第 39 页。

的要求政治改革,《钟声》杂志在全俄国的广泛传播,善于通过被检查的文章来培育真正**革命者**的车尔尼雪夫斯基的强有力的宣传,传单的出现,农民对当局"常常"①动用军队和枪杀来**强迫**他们接受洗劫他们的《法令》25 所产生的激愤情绪,贵族-调停官26 的集体拒绝执行**这样的**《法令》,大学生的骚乱,——在这样的情况下,最慎重而冷静的政治家必然会承认革命的爆发是完全可能的,农民起义是当时非常严重的危险。在这样的情况下,专制政府**必定要**毫不留情地杀害一些个别人,一些自觉地坚决与暴政和剥削制度

① **隆·潘捷列耶夫**《60 年代的回忆》,《在光荣的岗位上》文集19 第 315 页。在这篇小论文中汇集了几件关于 1861—1862 年革命风潮及警察反动……的非常有意义的事实。"1862 年初,社会空气极为紧张;发生一点什么小的情况就能左右生活的进程。1862 年 5 月彼得堡发生的几次大火就起了这样的作用。"大火开始于 5 月 16 日,尤其厉害的是 22 日和 23 日的大火,23 日那天发生了大火 5 起,5 月 28 日阿普拉克辛大院起火,并烧毁了周围一大片地方。民众中有人指责大学生纵火,许多报纸也附和这些流言。《青年俄罗斯》这份传单曾宣称要同整个当前制度进行流血的斗争并说可以采取任何手段,这就使人们认为关于故意纵火的流言是确实的。"5 月 28 日后,彼得堡宣布进入一种类似戒严的状态。"成立了特别委员会,受命采取非常措施以保护首都。全城划分为 3 个区,均由军人省长领导。成立了审理纵火事件的战地法庭。《同时代人》杂志20 和《俄罗斯言论》杂志21 被停刊 8 个月,阿克萨科夫的《日报》22 也被查禁,宣布了严格的出版暂行条例(这个条例早在 5 月 12 日,**也就是说,在大火以前就已批准**,因此,"生活的进程"急剧地走向反动方面,而不是如潘捷列耶夫所认为的,是由于大火之故),公布了印刷所监督条例,接着就发生了无数政治性质的逮捕(车尔尼雪夫斯基、尼·谢尔诺-索洛维耶维奇、雷马连科和其他人),封闭了星期日学校和民众阅览室,对在圣彼得堡进行公开讲演加以刁难,封闭了文学基金会23 第二分部,甚至封闭了象棋俱乐部24。
　　调查委员会没有发现大火和政治有任何联系。委员会的成员斯托尔博夫斯基向潘捷列耶夫先生陈述,"他如何成功地在委员会里揭发了主要的假证人,这些人看来是警察密探的简单工具"(第 325—326 页)。所以,认为**关于大学生是纵火犯的流言是警察散布的**,这是有充分根据的。卑鄙地利用人民的无知来对革命家和抗议者进行诽谤,原来这在轰轰烈烈的"伟大改革时代"也是流行的。

为敌的人（即"革命政党"的"首领"），恫吓大批的不满者，并用微小的让步来收买他们，因为这样的政府认为它的最高使命，就是一方面要坚决卫护宫廷奸党和大批贪官污吏的无限权力和玩忽职守，另一方面要支持剥削阶级的恶劣的代表人物。谁对"伟大的解放"宁愿保持缄默而不愿说出愚蠢或虚伪的赞美之词，就判谁服苦役；谁对政府的自由主义赞不绝口，对进步的时代兴高采烈，就让谁来进行改革（**对专制制度和对剥削阶级无害的改革**）。

　　我们不想说，统治集团的全部成员或者至少也有几个成员，对这个预谋的反动警察策略有明确的认识，并且在系统地推行这个策略。当然，统治集团的个别成员，由于自己的局限性可能没有全面地考虑这个策略，他们幼稚地赞赏"自由主义"而没有察觉到它的警察躯壳。但整个说来，统治者的集体经验和集体智慧使他们坚定不移地推行这个策略，则是无疑的。大多数显贵大臣并没有白白地长期为尼古拉效劳和受到警察训练，可以说，他们都是饱经世故的。他们记得帝王们如何忽而奉承自由主义，忽而又成了杀害拉吉舍夫们的刽子手，"放出"阿拉克切耶夫之徒迫害忠良臣民；他们记得1825年12月14日[27]，并且履行了俄国政府于1848—1849年所执行过的那种欧洲宪兵的职能[28]。专制制度的历史经验，不但促使政府采取恫吓和利诱的策略，而且促使许多独立的自由派向政府推荐这一策略。科舍列夫和卡维林的议论就证明了这种见解的正确性。亚·科舍列夫在他的小册子《宪法、专制制度和地方自治杜马》（1862年莱比锡版）中表示**反对**立宪，赞成咨议性地方自治杜马，并设想出下面这样的反对意见：

　　"召开地方自治杜马，就意味着把俄国引向革命，也就是说，三级会议将在我们这里重现，这种三级会议后来变成了国民公会，最后以1792年的种种

事变,以剥夺人权、断头台、大量溺杀等等结束了它的活动。"科舍列夫回答
说:"不！先生们,并不像你们所理解的那样,召开地方自治杜马就会为革命
开辟或准备场所;其实,革命的发生,是由于政府方面行动不坚决、自相矛盾、
进退不定,由于政令和法律难以执行,由于禁锢思想言论;由于警察(公开地、
尤其恶劣的是秘密地)监视各等级和个人的行动,由于吹毛求疵地迫害某些
人,由于侵吞公款,由于任意挥霍公款和滥加犒赏,由于国家要人昏庸无能和
对俄国离心离德等等。在一个刚从长年的压迫中觉醒过来的国家里,军事屠
杀、严密监禁和流放更会引起革命(仍照你们所指的意义而言),因为久治不
愈的旧创伤比新创伤更使人感到痛楚。可是,不要害怕,你们所认为的在法
国由一些新闻记者和其他一些作家进行的革命,在我们国家里是不会发生
的。我们还可以希望,以暗杀作为达到自己目的的手段的狂热的冒险家团体
在俄国是组织不起来的(不过这一点难于保证)。最有可能和最危险的倒是,
在分裂的影响下,将出现地方警察、城市警察和秘密警察所觉察不到的农民
同小市民(包括年轻人和非年轻人,《大俄罗斯人》和《青年俄罗斯》等等的作
者和拥护者)的团结。这样的团结会破坏一切,它所宣扬的不是在法律面前
的平等,而是违反法律的平等(真是无与伦比的自由主义！自然,我们赞成平
等,但我们赞成的是**不违反**法律——不违反破坏平等的法律的平等！),它所
宣扬的不是人民的历史上的村社,而是它的病态的产儿;它所宣扬的不是某
些当政者如此惧怕的理性的权力,而是那些当政者本身所喜欢采用的粗暴力
量的权力,这样的团结,我认为,在我们这里更有可能产生,它比我们的官僚
们十分厌恶的、百般排挤和亟欲扼杀的那种温和的、善意和独立的反政府派,
也许更为强大有力。不要以为在国内有秘密的匿名刊物的政党人数很少和
力量薄弱,也不要认为你们已经连根带梢抓住了它;不！你们所采取的禁止
青年修完学业、把青年的淘气行为提到犯国事罪的高度、一味吹毛求疵地进
行迫害和监视的种种做法,只是十倍地加强了这个政党的力量,使它分布、繁
殖到帝国各处。当这种团结一旦爆发出它的力量时,我们的国家要人将采取
什么办法来对付呢？ 诉诸武力吗？ 但武力是不是一定能指望得上呢？"(第
49—51页)

从这段冗长言论的华丽词句中难道不是可以清楚地看出一种
策略,即要消灭"冒险家"和那些拥护"农民同小市民团结"的人,而
用一些让步来满足和分化"善意的温和的反对派"吗？ 不过政府表
现得比科舍列夫一类先生们所想象的更为聪明,更为巧妙,它所作

出的让步比"咨议性"地方自治杜马更小。

　　请看 1862 年 8 月 6 日康·德·卡维林给赫尔岑的一封私人信:"……俄国传来的消息,在我看来,并不那样坏。被捕的不是尼古拉,而是亚历山大·索洛维耶维奇。逮捕并不使我感到惊异,而且我承认,也不使我感到愤慨。革命政党认为可以采取一切手段来推翻政府,政府则采取一切手段来自卫。在卑鄙的尼古拉的统治下,逮捕和流放却是另外一回事。人们是为自己的思想、信念、信仰和言论而死的。我倒希望你能站在政府的地位上,让我看一看你将如何对付那些暗地里或公开反对你的政党。我爱车尔尼雪夫斯基,非常非常爱他,但像他这样一个 brouillon〈寻衅者,爱好争吵、性情乖僻、到处惹是生非的人〉,这样一个不机智的、自以为是的人,我还从来没有见过。死得毫无意义! 确实毫无意义! 几次大火都和传单有关,现在是不容怀疑的了。"①真是一个奴颜婢膝的教授式的深思熟虑的典型! 一切都是这些革命者的不是,他们竟如此自以为是地嘲弄夸夸其谈的自由派,如此热衷于暗地和公开进行反对政府的活动,如此不机智,以至陷入彼得保罗要塞。他这个自由派教授假如掌权,也会采取"一切手段"来惩治这些人的。

二

　　所以,地方自治改革是专制政府受到社会激愤情绪和革命

---

①　引自德拉哥马诺夫出版的康·德·卡维林和伊·谢·屠格涅夫同亚·伊·赫尔岑的通信集的德译本(泰·施曼出版的《俄国文献丛书》,1894 年斯图加特版第 4 卷第 65—66 页)。

攻击浪潮的冲击而被迫作出的一个让步。我们特别详细地论述这种攻击的特点，是为了补充和纠正《记事》的说法，因为身为官僚的《记事》作者抹杀了产生这种让步的斗争。但是这种让步的不够彻底和谨小慎微的性质，就是在《记事》中也描述得相当清楚：

> "起初，当刚刚着手进行地方自治改革的时候，无疑是打算在设立代议机关的道路上迈出第一步①；但后来，当瓦卢耶夫伯爵接替了兰斯科伊伯爵和尼·阿·米柳亭以后，'温和而模棱两可地'以'调和'精神行事的愿望就非常清楚地表现出来了，这种愿望就连前内务大臣自己也不否认。他当时说，'政府本身并没有弄清楚自己的意图'。总之，曾经有过要在两种对立的意见之间采取模棱两可的态度，并在满足自由主义意向的同时维持现存制度的尝试，可是遗憾得很，国家要人一再重复这种尝试，但他们总是收到不良的效果……"

这里，这句伪善的"遗憾得很"真是可笑之极！警察政府的大臣在这里竟把警察政府所**不能不遵循**的策略说成是偶然性的，其实，这个政府在颁布关于工厂视察制的各项法令、缩短工作日的法令**29**（1897年6月2日）时就采取过这种策略，而且它现在（1901年）通过万诺夫斯基将军的讨好"社会"的手段**30**还在采取这种策略。

> "一方面，在地方自治机关条例的说明书中说，草拟中的法令的任务就是尽可能充分地和逐步地发展地方自治的原则，'地方自治机关不过是同一个国家政权的特别机关……' 当时内务部的机关报《北方邮报》的许多文章非常明显地暗示，正在建立的机关将是代议机关的学校。

---

① "无疑"，《记事》的作者引述勒鲁瓦-博利厄的话时犯了官僚们夸大其词的通病。"无疑"，不论兰斯科伊或米柳亭都没有任何明确的打算，所以把米柳亭的模棱两可的话（"他原则上拥护宪法，但认为实施宪法为时尚早"）当做"第一步"是可笑的。

另一方面……地方自治机关在说明书中被称为私人的和公共的机关，它同各个团体和个人一样，服从于共同的法律……

不论是1864年条例的各项规定本身，或者特别是内务部在后来对地方自治机关所采取的措施，都相当清楚地表明，人们非常担心地方自治机关的'独立性'，并且害怕这些机关得到应有的发展，**因为他们完全了解，发展起来会造成怎样的结果。**〈所有黑体都是我们用的〉……　无疑，那些不得不去完成地方自治改革的人，他们实行这种改革，**只是向社会舆论让步，**目的是要像说明书中所说的那样，'去制止**不同等级因建立地方自治机关而激发起来的无法实现的期望和自由的意向**'；同时，这些人对它〈？改革？〉都有清楚的了解，**并且力图不让地方自治机关得到应有的发展，**使这种机关带有私人的性质，限制这种机关的权限等等。瓦卢耶夫伯爵用第一步决不会是最后一步的诺言来安慰自由派，在谈论，或者更确切地说，在重复自由派人士关于必须使地方自治机关具有实际的和独立的权力的论点的同时，就已**在拟定1864年条例之际竭尽全力限制这种权力，并把地方自治机关置于严格的行政监护之下……**

根据1864年条例建立的地方自治机关，由于没有贯穿一种主导思想，而成了两种对立倾向的妥协，当它们开始进行工作时，就显得既不符合于奠定它们基础的自治的根本观念，也不符合于被机械地加在它们头上的、而且是依然没有经过改革的和不适应新的生活条件的行政制度。1864年条例企图把两种互不相容的东西调和起来，并以此来同时满足地方自治的拥护者和反对者。**对拥护者提供了外表和对未来的希望，为了讨好反对者而对地方自治机关的权限作了极有伸缩性的规定。**"

当我们的大臣们想陷害某个同僚并显示自己的深谋远虑时，他们有时竟会在无意中说出何等中肯的话啊！所有心地善良的俄国小市民和所有信奉"伟大的"改革的人，如果把警察智慧的伟大训诫——"用第一步决不会是最后一步的诺言来安慰自由派"，对他们"提供外表和对未来的希望"——镶上金镜框挂在自己的墙壁上，将会是多么有益啊！特别是现在，在阅读报纸上关于万诺夫斯基将军的"殷切关怀"的每篇论文或短评时，对照这些训谕尤为有益。

　　所以,地方自治机关从建立之初就注定作为俄国国家管理机关这个四轮大车的第五个轮子,官僚政治只有在它的无限权力不受到损害时才**容许**这个轮子存在,而居民代表的作用只限于纯粹的事务工作,只限于单纯在技术上执行这些官僚所规定的各项任务。地方自治机关没有自己的执行机关,它们必须通过警察进行工作,地方自治机关彼此并无联系,地方自治机关一经成立就被置于行政当局监督之下。而且,政府在作了这种无损于自己的让步之后,在建立地方自治机关的第二天,就开始有步骤地对它们加以约束和限制:大权在握的官僚集团是**不能**同选举产生的一切等级的代议机关和睦相处的,所以就用种种方法对它进行迫害。关于这种迫害的材料搜集得尽管很不完全,但不失为《记事》中非常有意思的部分。

　　我们已经看到,自由派对待60年代初的革命运动是何等怯懦和荒唐。他们不是支持"小市民和农民同《**大俄罗斯人**》的拥护者的团结",而是害怕这种"团结"并用它来吓唬政府。他们不是起来保卫被政府迫害的民主运动的首领们,而是装模作样地表明自己与此事无关并替政府辩护。可是他们也因为这种夸夸其谈和软弱无耻的背叛政策而受到公正的惩罚。政府镇压了那些不仅善于谈论自由,而且善于为自由而**斗争**的人们以后,认为自己相当强大,完全可以把那些自由派也从他们"在当局许可下"所处的谦卑和次要地位上排挤出去。当"小市民和农民"同革命者的"团结"成了严重威胁的时候,内务部本身也嘟哝起"代议机关的学校",而当所谓"不机智的和自以为是的"空谈家和"寻衅者"一被排除,就毫不客气地对"学童们"严加管束起来。悲喜剧式的史诗就此开始:地方自治机关请求扩大权利,可是地方自治机关的权利却接二连三地

被剥夺,对于请求所作的回答是"慈父般的"训诫。但让历史事实来说话吧,即便是《记事》中所列举的也足以说明问题了。

1866 年 10 月 12 日内务部通令把地方自治机关的工作人员完全置于政府机关的支配之下。1866 年 11 月 21 日颁布一项法令,限制地方自治机关征收工商业营业税的权利。1867 年的彼得堡地方自治会议尖锐地批评了这项法令并通过了(根据安·彼·舒瓦洛夫伯爵的提议)向政府提出请愿的决定,请求"由中央行政当局和地方自治机关共同努力"来研讨这项法律所涉及的问题。政府以封闭彼得堡地方自治机关和进行迫害来回答这一请求:圣彼得堡地方自治局主席克鲁泽被驱逐到奥伦堡,舒瓦洛夫伯爵被驱逐到巴黎,参议员柳博辛斯基奉命辞职。内务部的机关报《北方邮报》[31]发表了一篇文章,说,"采取这种严厉的惩罚手段,是因为地方自治会议从一开始举行会议起就违反了法律〈违反什么法律?又为什么不对违法者**起诉**? 不是刚刚成立了紧急、公正和仁慈的法庭吗?〉,它们不是去支持其他省的地方自治会议,利用圣上赐给它们的权利来认真照顾委托给它们管理的地方自治机关的地方经济利益〈就是说,不是乖乖地顺从和执行官僚的"意向"〉,而是一味歪曲事实真相,曲解法律,力图**煽起不信任不尊重政府的情绪**"。无怪乎在这样的教训以后,"其他的地方自治机关就没有对彼得堡地方自治机关给以支持,尽管 1866 年 11 月 21 日的法令到处引起了强烈的不满;许多人在会议上说颁布这项法令就等于废除了地方自治机关"。

1866 年 12 月 16 日,参议院发表了一项"说明",它赋予省长一种权利,即对地方自治会议所推选的任何人物,如果省长本人认为不可靠,都有权拒绝批准。1867 年 5 月 4 日参议院又发表了另一项说明,认为把地方自治机关的设想通报给其他各省的做法是违反法律的,因为地方自治机关只应过问当地的事务。1867 年 6 月 13 日公布了圣上批准的国务会议[32]的意见:未经地方省领导当局的许可,禁止刊印地方的、市的和等级的公众集会上所作的决定,关于会议情况的报告,会议上的讨论内容等等。其次,这一法律还扩大了各地方自治会议主席的权力,赋予他们解散会议之权,并**以处分相威胁**,责成他们解散那些讨论违反法律的问题的会议。社会上对这个措施非常反感,认为这个措施严重地限制了地方自治机关的活动。尼基坚科在日记中写道:"大家都知道,地方自治机关被新法规束缚住了手脚,地方自治会议主席和省长从这个法规中获得了统治地方自治机关的几乎无限的权力。"1868 年 10 月 8 日的通令甚至规定刊印地方自治局的报告也须经省长许可,同时还限制各地方自治机关的交往。1869 年设立了国民学校的督学,目的是要排挤地方自治机关对国民教育的实际管理。1869 年 9 月 19 日圣上批准的大臣委员会条例认定,"地方自治机关不论按其组成或是按其根本原则来说都不是政府的权力机关"。1870 年 7 月 4 日的法律和 1870 年 10 月 22 日的通令肯定并加强了地方自治机关工作人员对省长的从属关系。1871 年对国民学校督学的指令,规定他们有权解聘那些被认为不可靠的教员,有权停止执行学校委员会的一切决定,而把问题提交学区督学裁决。1873 年 12 月 25 日,亚历山大二世在给国民教育大臣的诏书中,担心国民学校**在督学监督不力的情况下**可能变成"**败坏国民道德的工具,对此已有迹象可寻**",因此,他命令贵族代表要亲身参与其事,以保证这些学校的道德影响。随后在 1874 年颁布了国民学校新条例,将管理学校的全权交给了国民学校校长。地方自治机关"提出抗

议"——如果可以并非讽刺地把要求在地方自治机关代表参加下
修改这个法律的请愿书（1874年喀山地方自治机关的请愿书）称
为抗议的话。请愿书当然是被驳回了，如此等等。

三

内务部设立的"代议机关学校"给俄国公民讲授的最初课程就
是如此。政治学童在评论60年代的立宪声明时写道："现在不是
胡闹的时候了，应该着手做实际工作了，而实际工作现在只是在地
方自治机关内，此外没有别的地方了。"①除了这些政治学童以外，
幸而俄国还有一些不满于这种"机智态度"的"寻衅者"，他们在向
人民进行革命的宣传。尽管他们所举起的理论旗帜在本质上不是
革命的，但是他们的宣传依然激起了广大知识青年阶层的不满和
反抗情绪。尽管空想主义的理论是否定政治斗争的，但是运动的
发展终于使为数极少的英雄人物同政府展开了殊死的搏斗，形成
了争取政治自由的斗争。由于这个斗争，并且只是由于这个斗争，
事态才再度发生变化，政府才再次被迫让步，而自由派人士才再次
证明自己在政治上不成熟，没有能力给予战士们支持和对政府施
加真正的压力。地方自治机关的立宪意向暴露得很明显，但只是
一阵软弱无力的"冲动"而已，尽管地方自治自由派本身在政治方
面明显地前进了一步。尤其值得注意的是它曾试图成立秘密政党
和创办自己的政治机关报。维特的《记事》综合了一些秘密著作

---

① 1865年卡维林就莫斯科贵族请愿"召开俄国全国代表会议以讨论全国共同需
　　要"一事给亲属的信。

（坎南的、德拉哥马诺夫的、吉霍米罗夫的著作）的资料来说明地方
自治机关所走上的"不可靠的道路"（第98页）。70年代末曾经举
行过好几次地方自治自由派代表大会。自由派决定"采取措施，姑
且暂时制止一下极端革命政党的破坏活动，因为他们深信，如果恐
怖分子继续用暴力的威胁和行动来刺激和扰乱政府，采取和平手
段就将达不到任何目的"（第99页）。所以，自由派不是去关心如
何扩大斗争，如何发动较为广大的社会阶层去支持个别的革命者，
如何组织某种总攻击（如举行游行示威，地方自治机关拒绝支付强
派的开支等等），而是再一次采取老一套"机智态度"："不要刺激"
政府！用60年代显然已证明其毫不足取的那种"和平手段"来达
到目的！① 不言而喻，革命者绝没有停止或中断作战行动。地方
自治人士当时成立了"反对派同盟"，这个同盟后来变成"地方联合
和自治协会"或"地方自治机关联合会"。地方自治机关联合会的
纲领要求：（1）言论和出版自由；（2）人身保障；（3）召开立宪会议。
在加利西亚出版秘密小册子的尝试没有成功（奥地利警察没收了
原稿，逮捕了打算刊印小册子的人），于是由德拉哥马诺夫（原基辅
大学教授）在日内瓦编辑发行的《自由言论》杂志**33**就从1881年8
月起成为"地方自治机关联合会"的机关刊物。德拉哥马诺夫本人
在1888年写道："归根结底……出版《自由言论》杂志这样的地方
自治机关刊物的尝试不能认为是成功的，这至少是因为地方自治

---

① 德拉哥马诺夫说得对："其实俄国的自由派是不可能采取完全'和平的方法'
的，因为我国法律禁止发表关于改变最高管理机关的任何声明。地方自治自
由派应该坚决地越过这道禁令，这样做，至少也可以在政府和恐怖分子面前
显示自己的力量。既然地方自治自由派没有显示出这样的力量，他们就必然
落到连这些已被削弱的地方自治机关也要被政府逐步加以消灭的地步。"（上
述著作第41—42页）

机关的材料只是从 1882 年底才开始按时送达编辑部,而刊物到 1883 年 5 月就被禁止出版了。"(上述著作第 40 页)自由派机关刊物的失败是自由派运动软弱无力的自然结果。1878 年 11 月 20 日,亚历山大二世在莫斯科向各等级的代表发表了演说,希望他们给予"协助,以制止迷误的青年在不可靠分子的极力引诱下走上绝路"。后来在《政府通报》**34**(1878 年第 186 号)上又发表了要求社会给予协助的呼吁。5 个地方自治会议(哈尔科夫、波尔塔瓦、切尔尼戈夫、萨马拉和特维尔)对此作出反应,提出了关于必须召开国民代表会议的声明。《记事》作者维特详细地叙述了这些呈文(其中只有 3 份在报刊上全文发表)的内容以后写道:"也可以认为,如果内务部不及时采取措施禁止这些声明,通令在各省地方自治会议任主席的贵族代表,要他们绝对禁止在会上宣读诸如此类的呈文的话,那么,各地方自治机关关于召开国民代表会议的声明也许要多得多了。有些地方发生了逮捕和放逐议员的事件,在切尔尼戈夫,甚至有宪兵进入会场用暴力驱散与会者的事情发生。"(第 104 页)

　　自由派杂志和报纸都支持这个运动,"莫斯科 25 个有名望的公民"向洛里斯-梅利科夫递交的请愿书**35**提出召开由各地方自治机关代表组成的独立会议,并建议该会议参与管理国家大事。于是政府任命洛里斯-梅利科夫为内务大臣,**看来**政府作了让步。但仅仅是**看来**而已,因为不但没有采取任何坚决的步骤,而且连任何肯定的、不容曲解的声明也没有发表。洛里斯-梅利科夫召集彼得堡定期刊物的编辑,向他们阐明了他的"纲领":调查清楚居民的愿望、需要等等,使地方自治机关等有可能享有合法权利(自由派的纲领要保证各地方自治机关享有那些不断为法律所削减的"权

利"!)等等。《记事》的作者写道:

"大臣通过他的交谈者(召集他们正是为了这个目的)把自己的纲领传布到全俄国。其实这个纲领没有许诺什么肯定的东西。任何人都能从纲领中看到他所想要的东西,也就是说,里面什么都有,也什么都没有。当时有个秘密传单说得颇有自己的道理〈只是颇有"自己的"道理,而不是绝对"完全"有道理吗?〉,它说这个纲领既有'狐狸尾巴'若隐若现,又有'豺狼牙齿'格格作响。**36**伯爵把纲领告知出版界时一再劝告他们'不要徒劳无益地以自己虚妄的幻想煽动和扰乱人心',所以对纲领和它的作者进行这样的攻讦就更可理解了。"可是自由派地方自治人士没有听信秘密传单所说的这些**有道理的话**,竟把"狐狸尾巴"的摇摆看做可以信赖的"新的方针"。维特的《记事》引用秘密小册子《地方自治会议关于俄国现状的意见》的话说,"地方自治机关信赖和同情政府,似乎害怕冒进,害怕向政府提出过分的要求"。一些随意发表意见的地方自治机关支持者的自白很能说明问题:地方自治机关联合会在1880年的代表大会上刚刚决定"要在一院制和普选的必不可缺的条件下争取成立中央人民代表机关",——而实现这个**争取**的决定所采用的策略,却是"**不冒进**","**信赖和同情**"模棱两可的和不承担任何义务的声明! 地方自治人士有着一种不可原谅的幼稚的想法,他们认为提出请愿书就意味着"争取",所以以"地方自治机关发出"的请愿书好似"雪片纷纷"。1881年1月28日,洛里斯-梅利科夫上了一份奏折,提议成立一个由各地方自治机关推选的代表组成的委员会,以拟定体现"皇上意志"的法律草案,但这个委员会只有咨议权。亚历山大二世所任命的特别会议赞同这个措施,1881年2月17日,会议的决议得到了沙皇的批准,沙皇也同意了洛里斯-梅利科夫提出的政府通报全文。

《记事》作者维特写道："无疑，成立这样的纯咨议性委员会也还没有建立宪制。"他接着说，可是未必能够否认，这是朝着宪制而不是朝着别的什么前进了（在 60 年代改革以后）一步。该作者还引用国外刊物的报道说，亚历山大二世看到洛里斯－梅利科夫的奏折时说："这岂不是三级会议[37]"…… "他们向我们建议的无非是路易十六时代的显贵会议[38]。"

在我们看来，洛里斯－梅利科夫计划的实现，在一定条件下**可能是**朝着宪制迈进的一步，但是也可能不是这样，因为一切取决于是谁取得优势，是革命政党和自由派人士的压力取得优势，还是非常强大的、团结的、不择手段地坚决支持专制制度的党派的反抗取得优势。如果说的不是可能的假定，而是既成的事实，那就必须认定，政府的**摇摆不定**是毋庸置疑的事实。一些人主张坚决同自由派斗争，另一些人主张让步。但是（这一点特别重要）这后一部分人也是摇摆不定的，他们并没有任何十分明确的纲领，而且也不比做实际工作的官僚高明。

《记事》作者维特说："洛里斯－梅利科夫伯爵似乎不敢正视问题，不敢十分明确地定出自己的纲领，而是继续执行——不过是朝着另一个方向执行——过去瓦卢耶夫伯爵对地方自治机关早就采取过的转弯抹角的政策。

正如当时合法刊物所公正指出的，洛里斯－梅利科夫伯爵所宣布的纲领是很不明确的。这种不明确性在伯爵以后的全部行动和言论中也可以看出来。他一方面声明说，专制制度'脱离居民'，'他把社会的支持看做主要的力量……'，'没有把'筹划中的改革'看做某种最终的东西，而认为这种改革只是第一个步骤'等等。同时，另一方面，伯爵又向报界声明说，'……社会上激发起来的希望无非是一种虚妄的幻想……'，而在上呈皇帝的奏折中却断然声明说，国民代表会议将是'一种退回到过去的危险的尝试……'，他所筹划的措施从限制专制制度这点来说没有任何意义，因为这种措施和西方的一些

立宪形式毫无共同之处。总之,正像列·吉霍米罗夫所正确指出的,这个奏折本身在形式上是非常混乱的。"(第 117 页)

可是这个臭名远扬的"感化专政"[39]的英雄洛里斯-梅利科夫,对争取自由的**战士**所采取的"残酷手段却是空前绝后的,他竟因在一个 17 岁的少年身上搜得印刷的传单而将他处以死刑。洛里斯-梅利科夫没有忘记西伯利亚的遥远的角落,没有忘记要使那里因进行宣传活动而受难的人们的境况更加恶劣"(维·查苏利奇的文章,《社会民主党人》[40]第 1 集第 84 页)。在政府这样摇摆不定的情况下,只有能作严峻斗争的力量才能争得宪法,可是当时没有这种力量,因为革命者在 3 月 1 日已经耗尽自己的力量[41],工人阶级中既没有广泛的运动,也没有坚强的组织,自由派人士这一次在政治上还是表现得很不成熟,以致在亚历山大二世被害以后,他们还只是一味地上请愿书。请愿的有各地方自治机关和各城市,请愿的有自由派报刊(《秩序报》[42]、《国家报》[43]、《呼声报》[44]),请愿的还有起草报告书的自由派人士(维洛波尔斯基侯爵、契切林教授和格拉多夫斯基教授;维特的《记事》叙述了这些报告书的内容,他所根据的是伦敦的一本小册子①《洛里斯-梅利科夫伯爵的宪法》,这本小册子于 1893 年由自由俄国出版基金会在伦敦出版),这些自由派人士以一种特别善意的、狡黠的和暧昧的形式请愿,一心想"用巧妙的办法使君主自己不知不觉地越过神圣不可侵犯的界线"。不言而喻,所有这些谨小慎微的请愿和巧妙的设想由于没有

---

① 我们知道,《记事》的作者总是非常用心地抄袭秘密的小册子,并且认为"秘密报刊和外国书刊从自己的角度出发往往对问题作出相当正确的评价"(第 91 页)。在这位俄国博学的"国家学者"那里,只有某些素材才是原有的,而对俄国政治问题的一切基本观点,他必须借用秘密书刊。

革命的力量都是毫无用处的，所以虽然在 1881 年 3 月 8 日的大臣会议上多数人(7 比 5)**赞同**洛里斯-梅利科夫的计划，但是专制党还是胜利了。(那本小册子就是这样报道的，可是热心抄袭该小册子的《记事》作者维特不知为什么却声称："在 3 月 8 日的这次会议上发生了什么事和结局如何，详情不得而知；相信国外报刊上的传言未免轻率。"第 124 页。)1881 年 4 月 29 日发布了被卡特柯夫称之为"天降甘露"的关于巩固和保卫专制制度的宣言。**45**

　　农民解放以后，革命的浪潮再度被击退，自由派运动也接着因此而再度被**反动**所取代，俄国的进步社会对此当然深感痛心。我们已饱经痛心之事：我们痛心革命家们在攻击政府时的不机智和自以为是；我们痛心政府的犹豫不决，它看不到自己面前的真正力量，作假让步，而且出尔反尔；我们痛心"无思想和无理想的时代"，政府镇压了不为人民所支持的革命家之后，又力图重整旗鼓，准备新的斗争。

四

　　"感化专政"的时代(人们这样称呼洛里斯-梅利科夫内阁)向我国的自由派表明，在政府十分摇摆不定，大臣会议的多数赞同"改革的第一步"的情况下，如果没有足以迫使政府屈服的强大社会力量，则一个大臣的"立宪主义"，甚至一个首相的"立宪主义"也是保证不了什么的。同样有趣的是，亚历山大三世政府甚至在发布了关于巩固专制制度的宣言后，也还没有遽然下毒手，却认为必须对"社会"愚弄一个时期再说。我们说"愚弄"，并不是打算把政府的政策归咎于某一大臣、显官等的某种马基雅弗利式的计划[46]。
应当始终坚持这样的看法：假让步和某些看来似乎重要的"迎合"
社会舆论的措施，是任何现代政府，包括俄国政府所惯用的一套手
法，因为经过许多世代俄国政府也已经认识到，无论如何必须重视
社会舆论，经过许多世代它已经培养出一些善于在内政方面施计
弄术的国务活动家。接替洛里斯-梅利科夫的内务大臣伊格纳季
耶夫伯爵，就是这样的谋略家，他肩负的使命是掩护政府转向露骨
的反动。伊格纳季耶夫不止一次地表明自己是个十足的蛊惑家和
骗子手，所以《记事》作者维特表现了不少"警察的宽容"，把他担任
内阁的时期称为"在专制沙皇领导下建立地方自治区域的失败尝
试"。诚然，这样的"公式"是当时伊·谢·阿克萨科夫提出来的，
政府曾利用它进行欺骗，卡特柯夫则斥责它，想借以充分证明地方
自治和宪制之间的必然联系。但是，如果**说**警察政府采取这种人
所共知的策略（警察政府出于本性而必然采取的策略）是由于目前
某种政治见解占优势的缘故，那就未免太近视了。

    伊格纳季耶夫发表通令，应诺政府"将采取紧急措施，以确定
正确的方法，来保证地方上的活动家们在积极参与执行皇上的指
令方面获得最大的成功"。各地方自治机关以请求"召集人民代
表"的请愿书来回答这个"号召"（引自切列波韦茨地方自治机关某
议员的记事；基里洛夫斯科耶地方自治机关某议员的意见，省长甚
至未准刊印）。政府指示各省省长，这种请愿书"无需作进一步处
理"，"同时，看来也采取了措施，以免在其他会议上再提出类似的
请愿书"。于是进行了众所周知的活动：召集由大臣们挑选的"权
威人士"开会（讨论关于降低赎金、整顿移民、实行地方行政改革等
问题）。"专家委员会的工作没有引起社会的同情，**尽管采取了各**

种预防措施，但还是引起了地方自治机关方面的公然抗议。12 个地方自治会议提出请愿书，要求邀请地方自治人士参加立法活动，但不要只是在个别情况下，也不要由政府指定，而是要经常地参加，要由各地方自治机关选举产生。"在萨马拉地方自治机关内，这样的提案被主席制止了，"会议就此散会以示抗议"（德拉哥马诺夫的上述著作第 29 页，《记事》第 131 页）。关于伊格纳季耶夫伯爵如何**哄骗**地方自治人士，这可以从下面的事实中看出："波尔塔瓦的贵族代表乌斯季莫维奇先生，即 1879 年要求制定宪法的呈文草案的起草人，在省贵族会议上公开声明，他得到了伊格纳季耶夫伯**爵的明确的保证**〈原文如此！〉，说政府将召集全国的代表参加立法活动。"（德拉哥马诺夫的著作，同上）

　　用伊格纳季耶夫的这些把戏来掩护政府转向崭新的方针的做法结束了，1882 年 5 月 30 日被任命为内务大臣的德·安·托尔斯泰不是凭空赢得了"斗争大臣"的绰号的。各地方自治机关就连举行局部性会议的请求也被无礼地拒绝了，甚至根据省长对一个地方自治机关（切列波韦茨的）提出的"一贯采取反对派立场"的指控，就撤销了地方自治局，而代之以政府任命的委员会，地方自治局成员受到放逐的行政处分。德·安·托尔斯泰，卡特柯夫的这个忠实学生和追随者，根据一种基本思想（我们看到，这种思想的确已为历史所证实）即"反政府派已在地方自治机关内为自己筑造了结实的巢穴"（《记事》第 139 页：引自地方自治改革的最初草案），断然决定要对地方自治机关进行"改革"。德·安·托尔斯泰计划撤销地方自治局，而代之以隶属于省长的官署，并认定地方自治会议的一切决定须经省长批准。这可是个真正"彻底的"改革，不过，非常有趣的是，甚至卡特柯夫的这个学生"斗争大臣"，也"没有背离——按《记事》作者本人的话说——内务部对地方自治机关的一贯政策。他在自己的方案中没有直接表示出他实际上想撤销地方自治机关的想法；在正确发展自治原则的幌子下，他想要保留自治的外形，而完全去掉它的内容"。在国务会议内，这个英明的"狐狸尾巴"国家政策更得到了补充和发展，结果，1890年的地方自治条例就"成了地方自治机关历史上一项新的治标措施。这个条例没有撤销地方自治机关，但把它弄得不伦不类，黯无生气；没有消灭一切等级的原则，却给它增添了等级的色彩；……没有使那些地方自治机关成为真正的政权机关……却扩大了省长对地方自治机关的监护……加强了省长的异议权"。"1890年7月12日的条例，按照它的起草者的本意，是撤销地方自治机关的一个步骤，而决不是对地方自治的彻底改革。"

《记事》接下去说，新的"治标措施"并没有消灭反对政府的行动（不言而喻，反对反动政府的行动，是不可能靠加强这种反动性来消灭的），而只是使反对行动的**某些**表现变得隐蔽而已。第一，反对行动表现在，某些反对地方自治的——要是能这样说的话——法律遭到了抵制，因而实际上未能实行；第二，仍旧表现在立宪主义的（或者至少是有立宪主义气味的）请愿上。例如，1893年6月10日颁布的地方自治机关医务组织须遵守详细规章这一法律，就遭到上述第一种形式的反对。"各地方自治机关一致抵制了内务部，内务部因而退却，不得不中止施行已经拟妥的规章，把它搁置一旁以便收入法律大全，不得不根据完全相反的原则〈也就是说，对地方自治机关更有利的原则〉制定新的法案。"1893年6月8日颁布的不动产估价法，同样采用了制定规章的原则，并限制了地方自治机关的课税权利，这个法律也没有得到支持，而且在许多场合"实际上根本没有贯彻执行"。地方自治机关建立的对居民很有利（当然是和官僚政治比较而言）的医务机构和统计机构是很有力量的，足以使彼得堡官厅所制定的规章不起任何作用。

上述第二种反对行动可以从 1894 年新的地方自治机关的活动中看到，当时各地方自治机关给尼古拉二世的呈文再次非常明确地暗示，它们要求扩大自治，这些呈文招致了所谓毫无意义的幻想这种"有名的"评语。

地方自治机关的"政治倾向"并没有消失，这不能不使大臣先生们吃惊。《记事》作者援引了特维尔省省长对"紧密团结的、有自由主义倾向的一伙人"的痛心的抱怨（引自省长 1898 年的报告），说这些人包揽了省地方自治机关的一切事务。"从该省长 1895 年的报告中可以看出，同地方自治机关的反政府派的斗争，成了地方行政机关的艰巨任务，为了执行涉及地方自治机关不应过问的事务的内务部机密通令，在各地方自治会议中任主席的贵族代表有时甚至需要拿出'公民的勇气'〈居然如此！〉。"接下去又讲到，省的贵族代表如何在临开会前把职务推给县（特维尔县）的贵族代表，特维尔县的贵族代表又推给新托尔若克县的贵族代表，新托尔若克县的贵族代表也生病了，于是又把主席职务推给斯塔里察县的贵族代表，就这样，连贵族代表们也不愿履行警察职务而逃之夭夭了！《记事》作者抱怨说："1890 年的法律给地方自治机关增添了等级色彩，加强了会议中的政府成分，所有的县贵族代表和地方官都成了省地方自治会议的成员，如果这种不伦不类的等级官僚制地方自治机关仍然能够表现出政治倾向的话，那这一点倒是值得深思的。""……反抗并没有被消灭：不满的暗流，沉默的反对无疑是存在着，而且将一直存在到一切等级的地方自治机关消亡为

止。"官僚的智慧作出这样的结论:既然已被削弱的代议机关经常
引起不满,那么,按照通常的逻辑,消灭一切代议机关定会进一步
加强这种不满和反对。维特先生以为,如果把那些稍微显露出一
点不满的机关封闭掉一个,那不满就会消失! 你们是否认为,维特
因此会提出什么像撤销地方自治机关一类的坚决的提案? 不,根
本没有提出。维特为了哗众取宠而斥责转弯抹角的政策,其实他
自己除了这种政策以外,是提不出什么别的东西来的,——如果不
摆脱他那专制政府大臣的地位,他是不可能提出来的。维特嘟嘟
哝哝地说了些关于"第三条道路"的毫无价值的话:不是官僚的统
治,也不是自治,而是"正确组织""各种社会成分参加政府机关"的
行政改革。这样胡说一通并不难,但是,经过"权威人士"的各种试
验之后,现在这种无稽之谈已不能欺骗任何人了,因为非常明显,
如果**没有宪法**,则"各种社会成分参加"只能成为空中楼阁,只能使
社会(或从社会"招来"的某些人)从属于官僚。维特批评内务部的
局部措施——在边疆地区设立地方自治机关,但对他自己提出的
总的问题,却不能拿出什么新的东西,而只是重新搬出治标措施、
假让步、空口许愿等老一套手段。应该特别强调指出:在关于"国
内政策的方针"这个总的问题上,维特和哥列梅金是一致的,他们
之间的争论是自己人之间的争论,是同一伙人内部的争吵。一方
面,维特赶忙声明说,"我过去没有提出过,而且现在也没有提出什
么撤销地方自治机关、破坏现存秩序的提案……在当前情况下,恐
怕谈不上撤销它们〈现有的地方自治机关〉"。维特"自己认为,在
各地建立强大的政府权力机关,就有可能对各地方自治机关寄以
更大的信任"等等。建立了强力官僚机关以对抗自治(即削弱自
治),就可以更加"信任"自治。这是老调重弹! 维特先生害怕的只

是"一切等级的机关"，他"根本没有考虑到而且也不认为各种同业公会、协会、等级团体或工会的活动对专制制度是危险的"。例如，维特先生深信不疑，"村社"由于"因循守旧"是不会危害专制制度的。"农村居民把土地关系以及与此有关的利益看得高于一切，这就使他们养成了这样的精神特质：除了关心自己的狭隘小天地的政治以外对其他一切都漠不关心……　我国农民在乡会上忙于分摊税款……分配份地等等。此外，他们又是文盲或半文盲，——**这里能有什么政治可谈呢?**"可以看到，维特先生是非常清醒的。在谈到各等级团体时，他声明说，在各等级团体对中央政权的危险性这个问题上"它们利益的不一致具有重大的意义。政府在反对一个等级的政治要求时利用这种不一致，就常常能够在其他等级中找到支持和抗衡的力量"。维特的"正确组织各种社会成分参加政府机关"这个"纲领"，无非是警察国家想"分化"居民的无数次尝试中的一次尝试而已。

　　另一方面，同维特先生争论得如此激烈的哥列梅金先生自己也在运用同一套分化和迫害的政策。他证明(在他自己的记事中证明，维特对此记事作了答复)，为了监督地方自治机关，必需设立新的官职，他甚至反对准许地方自治活动家举行纯地方性的代表大会，他全力拥护1890年的条例，拥护这个撤销地方自治机关的步骤，他害怕各地方自治机关把"有倾向性的问题"列入评议工作计划之内，他害怕地方自治局的一切统计，他主张把国民学校从地方自治机关手中收回，交给政府机关管理，他证明，地方自治机关没有能力处理粮食问题(要知道，地方自治活动家"夸大了受灾范围和灾民的需要"!!)，他坚决拥护地方自治机关课税限额条例，"以保护地产免受地方自治机关过多增税的损害"。所以维特下面的话说得十分正确:"内务部对地方自治机关的整个政策就是慢慢地、但又接连不断地摧残地方自治机关的各个机构,逐渐削弱它们的作用,从而把它们的职能逐渐集中到政府机关手中。可以毫不夸大地说,在〈哥列梅金的〉记事中指出的,'最近期间为了调整地方自治机关的个别经济和行政部门所采取的措施',一旦得到彻底实施,实际上我们将无任何自治可言,——各地方自治机关将只剩下一个概念和一个没有任何实际内容的外壳而已。"所以,哥列梅金的(还有西皮亚金的)政策和维特的政策是殊途而同归的,所以,关于地方自治机关和立宪主义问题的争论,我们再重复一遍,不过是自家人内部的争吵罢了。夫妻吵嘴,只当开心。对维特和哥列梅金先生的"斗争"的结论就是这样。至于说我们对专制制度和地方自治机关这个总的问题的看法,最好还是在分析尔·恩·斯·①先生的序言时再来总结吧。

五

尔·恩·斯·先生的序言提供了许多有趣的东西。这篇序言牵涉的问题极广,它谈到俄国的政治改革、政治改革的各种方法以及导向改革的各种力量的作用。另一方面,这位同自由派,特别是同地方自治自由派显然过往甚密的尔·恩·斯·先生,在我们的"秘密"著作的合唱中,无疑唱的是一种新的调子。因此,无论是为了弄清地方自治机关的政治意义这个原则问题也好,或者是为了

---

① 司徒卢威先生所用的笔名。(这是作者为 1907 年版加的注。——编者注)

了解接近自由派的人们的趋向以及……情绪(我还不把它叫做思潮)也好,都非常需要详细考察一下这篇序言,分析一下这个新的调子是好还是坏,说好好到什么程度,说坏坏到什么程度和坏在什么地方?

尔·恩·斯·先生的见解的基本特点如下。从我们下面引证的他的文章的许多地方可以看出,他崇拜和平、渐进、绝对合法的发展。另一方面,他又真心反对专制制度,渴望政治自由。但是专制制度之所以成为专制制度,就是因为它禁止和压制**一切**趋向自由的"发展"。这一矛盾贯穿了尔·恩·斯·先生的整篇文章,使他的论述前后不一、软弱无力,摇摇摆摆。只有预计或者至少是假定专制政府**自己**会醒悟、厌倦和让步等等,才会把立宪主义同关心专制俄国的绝对合法发展的思想凑在一起。而尔·恩·斯·先生有时竟真的从他的公民义愤的高峰跌到最不发达的自由主义的这种庸俗观点上去了。下面就是一个例子。尔·恩·斯·先生在谈到自己时说道:"……我们认为,有觉悟的现代俄国人争取政治自由的斗争就是他们的汉尼拔式的誓言,这种誓言是十分神圣的,就像过去40年代的人们争取农民解放的斗争一样……"又说:"……不管我们这些发出同专制制度斗争的'汉尼拔式的誓言'的人感到多么困难",等等。说得多么漂亮,多么有力!如果他的整篇文章都贯穿了同样不屈不挠和不可调和的斗争精神("汉尼拔式的誓言"!),这些有力的言词也许可以作为文章的点缀。这些有力的言词正因为它十分有力,所以,在说这些话的时候,如果渗进一些勉强的和解及宽慰的调子,企图把和平的绝对合法的发展的观念强塞进去,那么这些言词也就成了虚伪的东西。可惜在尔·恩·斯·先生的文章里,这样的调子和企图简直是俯拾皆是。例如,他用了整整一页半的篇幅来详细"论证"这样一种思想："从道德观点和政治观点看来,尼古拉二世统治时代的国家政策,同亚历山大三世时代进行的亚历山大二世的重分份地的改革比起来,应该受到**更加**〈黑体和着重号是我们用的〉严厉的谴责。"为什么要受到**更加**严厉的谴责呢? 原来,因为亚历山大三世是同革命作斗争,而尼古拉二世则是同"俄国社会的合法要求"作斗争,前者要对付的是有政治觉悟的社会力量,而后者要对付的只是"十分平和的、有时甚至根本缺乏明确政治思想的社会力量"("他们甚至认识不到,他们的自觉的文化工作是在破坏国家制度")。实际上这是非常错误的,这点下面就要说到。但是即使抛开这点不谈,也不能不指出,作者的论述方法是非常奇怪的。他抨击专制制度,对两个专制君主中的一个抨击得**尤为厉害**,但是他所根据的不是那个原封未动的政策的性质,而是因为在这个专制君主面前已经没有(似乎如此)"自然"会引起强烈反击的"寻衅者",因而也就没有迫害的借口。有人说,我们的慈父沙皇根本用不着害怕召集善良人士,因为所有这些善良人士从来没有想到要越出和平的要求和绝对合法的范围。尔·恩·斯·先生提出上述论据,不是显然迁就了忠良臣民的这种论调吗? 维特先生在自己的记事中写道:"看来,在凡是没有政党,没有革命,任何人也不想争夺最高当局的权利的地方,也就用不着把行政当局同人民和社会对立起来……"①等等。我们在维特先生那里看到这种"思想方法"(或撒谎方法),是不会感到惊奇的。契切林先生在 1881 年 3 月 1 日以后给米柳亭伯爵的

---

①　第 205 页。尔·恩·斯·先生在对这段话所作的注释中指出:"这甚至是不明智的。"完全正确。但是尔·恩·斯·先生在他的序言的第 XI—XII 页所发的上述议论,难道不是同维特先生的说法如出一辙吗?

呈文中宣称:"当局首先必须表现出自己的毅力,证明它没有在威胁面前卷起自己的旗帜","只有当自由机关是和平发展和最高当局本身的心平气和的倡议的结果时,君主制度才能同它们相容",他建议建立"强有力的自由主义"政权,在"为选举因素所加强和革新的立法机关"的帮助下进行活动。① 我们对契切林先生的这种议论,是不会感到惊奇的。这样一位契切林先生如果认为尼古拉二世的政策应该受到更加严厉的谴责,倒是十分自然的,**因为**在尼古拉二世统治时代,和平发展和最高当局本身的心平气和的倡议是**可能**产生自由机关的。但是一个发出汉尼拔式的斗争誓言的人竟说出这样的话来,恐怕是不大自然、不大体面吧?

　　其实尔·恩·斯·先生是错了。他在比较现在的和上一代的皇帝的统治时说道:"现在……没有一个人会去认真考虑'民意党'活动家所设想的暴力变革了。"Parlez pour vous, monsieur! 请只代表您自己讲话吧! 我们清清楚楚知道,这一代皇帝在位时,俄国革命运动不仅没有衰亡,没有比前一代减弱,反而活跃起来并大大发展了。在革命运动的参加者中间,如果竟没有一个人肯去认真考虑暴力变革,那么这还配称什么"革命"运动呢? 也许,有人会反驳我们说:在上面引证的这段话中,尔·恩·斯·先生指的不是一般暴力变革,而是专指"民意党的"变革,就是说,是政治的同时也是社会的变革,是不仅要推翻专制制度,而且要夺取政权的变革。这种反驳是没有根据的,因为第一,在专制制度本身(即专制政府,而不是"资产阶级"或"社会人士")看来,重要的决不在于**为什么要**推翻它,**而在于**要推翻它。第二,还在亚历山大三世当政的初期,

<hr />

① 维特《记事》第122—123页。《洛里斯-梅利科夫伯爵的宪法》第24页。

"民意党"活动家就向政府"提出了"正像后来社会民主党人向尼古拉二世提出的抉择：或者是革命斗争，或者是放弃专制制度。（见1881年3月10日"民意党"执行委员会给亚历山大三世的信。信中提出两个条件：1. 大赦一切政治犯；2. 在实行普选制和出版、言论、集会自由的条件下，召开全俄人民代表会议。）尔·恩·斯·先生自己也明明知道，不仅知识界，而且工人阶级中间也有许多人在"认真考虑"暴力变革。请看一下他的文章的第 XXXIX 页及以下各页吧，那里谈到"革命的社会民主党"既有"群众基础，又有精神力量"，它从事"坚决的政治斗争"，从事"革命俄国同专制官僚制度的流血斗争"（第 XLI 页）。因此，丝毫用不着怀疑，尔·恩·斯·先生的"善意的言论"[47]不过是一种特别的手法，是一种想用表白自己（或别人）谦恭有礼来感动政府（或"社会舆论"）的尝试罢了。

同时，尔·恩·斯·先生认为，斗争这个概念可以作非常广泛的解释。他写道："撤销地方自治机关会给革命宣传提供有力的根据，——我们这样说是绝对客观的〈原文如此！〉，因为我们毫不厌恶通常所谓的革命活动，但是也不称赞和向往这种谋取政治进步和社会进步的斗争形式〈原文如此！〉。"这段议论是非常值得注意的。只要把这个用文不对题的"客观性"（既然作者自己提出了他倾向于某种活动形式或斗争形式的问题，那又说他的态度是客观的，这就是二二得蜡烛[48]了）装饰起来的貌似博学的议论拿近一看，就会发现它是一个陈旧不堪的论证：当权的老爷们，即使我拿革命吓唬你们，你们也可以相信我，因为我对革命一点也不感兴趣。所谓客观性的论调，无非是掩盖主观上憎恶革命和革命活动的遮羞布罢了。尔·恩·斯·先生所以需要遮遮盖盖，是因为这种憎恶态度同汉尼拔式的斗争誓言水火不能相容。

可是,我们对这位汉尼拔的了解是不是错了呢? 他是真的发誓要同罗马人斗争呢,还是仅仅要为迦太基的进步,为这种当然终归会损害罗马的进步而斗争呢? 对斗争这个词是否可以理解得不那样"狭窄"呢? 尔·恩·斯·先生认为是可以的。只要把汉尼拔式的誓言同上边的议论对照一下,就可以得出结论说,同专制制度的斗争可以有各种各样的"形式":一种是革命的、非法的斗争,另一种是一般的"谋取政治和社会进步的斗争",换句话说,是和平的、合法的活动,是在专制制度容许的范围内传播文化。我们丝毫不怀疑,即使在专制制度下,也是可以进行能够推动俄国进步的合法活动的。在某些情况下,这种活动可以相当迅速地推动技术的进步,在少数情况下可以轻微地推动社会的进步,在极个别的情况下可以微乎其微地推动政治的进步。至于这种微小的进步究竟能够大到什么程度和实现的可能性如何,个别的微小进步究竟能够在多大程度上抵销专制制度无时无地不在向居民施行的大规模政治诱惑,这是可以争论的。但是如果把和平的合法活动也包括在(哪怕是间接地)同专制制度斗争的概念之内,那就会有助于这种诱惑,就会削弱俄国普通人头脑中本来就非常薄弱的关于每个公民都应对政府的**一切**行为负责的意识。

可惜,在不合法的著作家中间,试图抹杀革命斗争同和平的文化活动之间的差别的不只是尔·恩·斯·先生一个人。还有他的一位前辈,这就是尔·姆·先生,他是著名的《〈工人思想报〉增刊》[49](1899 年 9 月)上刊载的《我国的实际情况》一文的作者。他在反驳革命社会民主党人时写道:"争取地方和城市社会自治的斗争,争取社会教育的斗争,争取社会法庭的斗争,争取给饥民以社会救济的斗争等等,都是同专制制度的斗争…… 这种社会斗争由于某种令人莫解的原因,没有受到俄国许多革命著作家的关切,但是我们看到,俄国社会进行这种社会斗争,已经不是一朝一夕的事情了……　当前的问题在于,怎样使这些个别的社会阶层……能更有成效地进行这种反对专制制度的斗争……　而我们的主要问题是:我国的革命者既然把工人运动看做推翻专制制度的最好手段,那么我国工人应该怎样进行这种反对专制制度的社会斗争。"(第8—9页)大家看到,尔·姆·先生甚至觉得用不着掩饰他对革命者的憎恶了;他竟干脆把合法的反对立场与和平工作叫做同专制制度作斗争,甚至把工人应当怎样进行"**这种**"斗争当做主要问题。尔·恩·斯·先生决不这样浅薄和这样露骨,但是我们的这位自由派同纯粹工人运动的极端崇拜者在政治倾向上的一脉相承,却是一目了然的。①

　　至于说到尔·恩·斯·先生的"客观主义",我们应当指出,他有时干脆把它也扔掉了。他谈到工人运动,谈到工人运动的有机发展,谈到革命社会民主党同专制制度未来的不可避免的斗争,谈到自由派组织秘密政党将是撤销地方自治机关的必然结果,当他谈到这些问题的时候,他是"客观的"。他的这些议论都说得非常实在,非常清醒,清醒得使我们可以庆幸,在自由派中间竟有人传播对俄国工人运动的正确理解。但是当他不是谈论同敌人作斗

---

　　① 尔·恩·斯·先生在另一个地方又说:"工人的经济组织,将是对工人群众进行现实的政治教育的学校。"我们愿意奉劝作者,在运用"现实的"这个已被机会主义勇士们用滥了的字眼时,最好慎重一些。不能否认,在某种条件下,工人的经济组织也可以使他们受到许多政治教育(同样也不能否认,在另一些条件下,这些经济组织也可以使他们受到某种政治诱惑)。但是,工人群众只有全面地参加革命运动,直到参加公开的街头斗争,参加反对政治和经济奴隶制的维护者的国内战争,他们才能受到**现实的**政治教育。

争,而是开始谈论敌人可能"顺从"的时候,他就会立刻丢掉自己的"客观主义",暴露出自己的真实情感,甚至竟一变叙述语气为命令语气。

　　"假使在当权者中间出现一种人,他们勇于顺从历史,并且能够迫使专制君主也顺从历史,那么,只有在这种情况下,才不会导致革命的俄国同专制官僚制度展开最后的流血斗争……　无疑,在上层官僚中间是有不同情反动政治的人的……　他们这些唯一能够接近圣上的人,从来也不敢大声说出自己的信念……　但是,不可避免的历史惩罚的巨大影子,伟大事变的影子,也许会引起政界的动摇,并及时摧毁反动政治的铁的制度。现在,要做到这一点是不需要费很大力气的……　也许,它〈政府〉也会不太晚地觉悟到,千方百计维护专制制度是注定要招致危险的。也许,当它还没有同革命遭遇以前,自己就已感到疲于同自由的自然的和历史必然的发展作斗争,并对自己的'不妥协的'政策发生动摇。只要它不再坚决与自由为敌,它也就不得不愈来愈大地向自由敞开门户。也许……不,不仅也许,而是**一定会如此!**"(黑体是原作者用的)

　　阿门!我们对于这篇善良而崇高的独白只能说一声阿门。我们的汉尼拔进步得真快,他竟然在我们面前以第三种形式出现了:第一种形式是同专制制度作斗争;第二种形式是传播文化;第三种形式是呼吁敌人顺从,试图拿"影子"来吓唬他。这是多么可怕啊!我们完全同意尊贵的尔·恩·斯·先生的说法:俄国政府的伪善者们在这个世界上最怕的恐怕就是"影子"。我们的作者在念影子咒之前,曾谈到革命力量的增长和日益迫近的革命爆发,接着他感叹地说道:"这种丧失理智的侵略保守的政策,既缺乏政治意义,又毫无道德根据,它将使人才和文化力量遭到可怕的牺牲,一想到这点,我们就感到非常难过。"从这段关于革命爆发的议论的结尾,可以看到一个多么深的学理主义和甜言蜜语的无底洞啊!作者丝毫不懂得,俄国人民哪怕只把政府好好地教训一次,那就会有多么巨大的历史意义。你们不提人民过去和现在为专制制度作出的"可怕的牺牲",唤起仇恨和愤怒,燃起斗争的决心和热情,反而妄谈什么**将来的**牺牲,吓唬人们,让他们放弃斗争。嘿,先生们! 你们与其用这样的结尾来糟蹋你们关于"革命爆发"的议论,还不如干脆不议论吧。看来你们并不想**组织**"伟大事变",而只想空谈"伟大事变的影子",而且也只是同那些"接近圣上的人"谈谈而已。

　　像这样的同影子论影子的谈话,大家知道,在我国的合法刊物上也是比比皆是。为了赋予影子实际的内容,人们常常举出"伟大改革"作例子,并且为它大唱谎话连篇的赞美诗。受检查的著作家撒谎,有时还是不能不加以原谅的,因为不这样,他就不能说出自己对政治改革的渴望。但是尔·恩·斯·先生从来没有受过检查。他写道:"设想出伟大的改革,并不是为了使官僚制度取得更大的胜利。"请看,这句辩护词说得多么委婉啊。是**谁**"设想出"的呢? 是赫尔岑、车尔尼雪夫斯基、温科夫斯基和他们的同路人吗? 但是这些人所要求的远比"改革"所做到的要多,而且他们还因为自己的要求而遭到实行"伟大"改革的政府的迫害。还是由政府以及那些盲目歌颂政府、追随政府、并且向"寻衅者"狂吠的人物"设想出"的呢? 但是政府已经采取了各种各样的办法,来尽量少作让步,尽量削减民主要求,而且**正是**"为了使官僚制度取得更大的胜利"才削减这些要求。尔·恩·斯·先生明明知道这一切历史事实,他所以要抹杀这些事实,正是因为这些事实完全推翻了他那关于专制君主可能"顺从"的善心理论。在政治上是没有顺从可言的,警察惯用的手法是:divide et impera,分而治之,让出次要的,保全主要的,左手给出去,右手拿回来。只有天真透顶的人(不管是纯朴天真的人,还是故作天真的人),才会把警察惯用的手法当做顺从。"……亚历山大二世的政府在设想和实施'伟大改革'的时候，并没有自觉的目的——千方百计截断俄国人民走向政治自由的一切合法道路，它还没有从这个观点来衡量它的每一措施、每一法律条文。"这是**撒谎**。亚历山大二世的政府在"设想"和实施改革的时候，从一开始就有完全自觉的目的：不能向当时提出的政治自由的要求让步。它自始至终都在截断一切走向自由的合法道路，因为它甚至对于普通的请愿也采取镇压手段，甚至从来不准人们随便谈论自由。只要看一看我们上面引证的维特《记事》所列举的一些事实，就可以完全驳倒尔·恩·斯·先生的赞颂。对于亚历山大二世政府中的要员，维特自己就曾经这样说过："应当指出，60 年代的杰出国务活动家当时做了许多他们的后继者也未必能做到的伟大事业，他们怀着虔诚的信仰，对皇帝忠心耿耿，从不违背圣意，兢兢业业地革新我们的国家制度和社会制度。这些人的芳名，将永远铭记在感恩戴德的后裔心中。"(《记事》第 67 页)什么怀着虔诚的信仰，对警察匪帮的头子皇帝忠心耿耿……　你们看，这倒真是实话实说。

　　读了上面这段话之后，我们对于尔·恩·斯·先生很少谈到地方自治机关在争取政治自由斗争中的作用这个极端重要的问题，就不会感到奇怪了。尔·恩·斯·先生除了一般地谈到地方自治机关的"实际"事务和"文化"事务而外，还轻描淡写地谈了谈地方自治机关的"政治教育意义"，他说："地方自治机关具有政治意义"，地方自治机关的"危险之处〈对现存制度〉"，正如维特先生所洞察到的，"就在于它这个立宪萌芽的发展的历史倾向"。他讲完了这些似乎是无意中说出的话之后，便对革命者开始攻击起来："我们重视维特先生的作品，不仅因为它说出了专制制度的真情，而且因为它是官僚制度自己发给地方自治机关的一份宝贵的政治证书。这份证书对于那些因为缺乏政治修养或者迷恋于革命空谈〈原文如此！〉，总是不愿意正视俄国地方自治机关的巨大政治意义和它的合法文化活动的人说来，是一个绝妙的回答。"究竟是谁缺乏政治修养或迷恋空谈呢？表现在什么地方，什么时候呢？尔·恩·斯·先生究竟是不赞成谁，又是为什么不赞成呢？作者对此没有作出回答，他的攻击除了说明他对革命者的憎恶而外，不能说明任何东西，他的这种憎恶，我们从他的文章的其他一些地方也都可以看到。下面这段更加奇异的注解，丝毫不能说明问题："我们讲这些话，决不是想〈?！〉中伤革命活动家，这些人在反对专横的斗争中表现出的大无畏精神，首先必须予以重视。"为什么要这样说？用意何在呢？大无畏精神和不善于重视地方自治机关又有什么联系呢？尔·恩·斯·先生未免弄巧成拙了。起先，他提出了毫无根据的"不指名的"（即不知针对谁的）责难，说什么有些人既无知又尚空谈，以此来"中伤"革命者，而现在，他又认为，只要承认革命者的大无畏精神，把指责他们无知的这颗苦药丸包上一层糖衣，就可以迫使他们吞下去，从而再一次"中伤"革命者。尔·恩·斯·先生不但谈不清问题，而且还自相矛盾起来，他宣称（同"迷恋革命辞藻的人"似乎是异口同声）："现代的俄国地方自治机关……并不是一种能直接靠自身力量争得别人敬仰或吓倒别人的政治力量……　它只是勉勉强强维持着自己的一块不大的阵地……""这种机关〈即地方自治机关〉……就其本身说来，只有在遥远的将来和随着国内整个文化的发展，才能构成对这个〈专制的〉制度的威胁。"

六

让我们来分析一下尔·恩·斯·先生这样怒气冲冲和这样空空洞洞地谈到的问题吧。我们上面举出的一些事实证明,地方自治机关的"政治意义",即它这个争取政治自由的因素的意义,主要有下列几点。第一,我国有产阶级(特别是土地贵族)代表组成的这一组织,经常以选举机关同官僚机关相对立,经常引起这二者之间的冲突,不断地揭露不负责任的沙皇官吏的反动本质,支持不满情绪,对专制政府持反对立场。① 第二,地方自治机关是加在官僚制度这一四轮大车上的第五个轮子,它渴望巩固自己的阵地,扩大自己的影响,渴望立宪(甚至像维特所说的,"无意识地走向"立宪),并为此上书请愿。因此它成了政府对付革命者的一个不中用的同盟者,它对革命者保持友好的中立态度,给予他们尽管是间接的、但却是无疑的帮助,在紧要关头使政府不能果断地采取镇压手段。可是直到今天为止,这种机关顶多也不过提出一些自由主义的请愿和保持友好的中立态度,因此当然也就不能把它看做是政治斗争的一个"强大的"和多少独立的因素,但是不能否认它是一个**辅助的**因素。从这个意义上说,我们甚至不妨承认,地方自治机关是宪制的一小部分。读者也许会说:这么说,你们是同意尔·恩·斯·先生的意见了,因为他肯定的也只是这一点。根本没有

---

① 见帕·波·阿克雪里罗得的小册子《俄国自由主义民主派和社会主义民主派的历史地位及其相互关系》(1898 年日内瓦版),这本小册子对问题的这一方面作了非常详细的说明,特别是第 5、8、11—12、17—19 页。

这回事。我们的分歧也正是从这里产生了。

地方自治机关是宪制的一小部分。就算是这样吧。但是这个一小部分,却是用来**诱使**俄国"社会"放弃真正的宪制的手段。这是一块完全无关紧要的阵地,专制制度把它让给勃兴的民主主义,是为了保存自己的主要阵地,为了分化和瓦解要求政治改革的人。我们已经看到,正是由于对地方自治机关("立宪的萌芽")的"信赖",这种瓦解手段不论在60年代或在1880—1881年间都获得了成功。地方自治机关与政治自由的关系问题,是改革与革命的关系这个总问题中的一个个别情况。我们可以通过这个个别情况,看到时髦的伯恩施坦派理论**50**的全部狭隘性和妄诞不经,这种理论用争取改革的斗争来代替革命的斗争,它宣布(例如通过别尔嘉耶夫先生之口)"进步的原则就是愈好愈妙"。这一原则,总的说来,和它的反面——愈坏愈妙——一样,都是不正确的。当然,革命者永远不会拒绝为改革而斗争,不会拒绝夺取敌人的、即使是无关紧要的个别的阵地,**只要**这一阵地能增强他们的攻击力量和有助于取得完全的胜利。然而,他们也永远不会忘记,有时敌人自动让出某一个阵地,正是为了瓦解进攻者和更容易地击溃他们。他们永远不会忘记,只有时刻记住"最终目的",只有从总的革命斗争的观点来评价"运动"的每一个步伐和每一项各别的改革,才能够保证运动不迈错步和不犯可耻的错误。

正是对问题的这一方面——地方自治机关的意义,就在于它是以不彻底的让步来**巩固**专制制度的工具,它是把相当一部分自由派人士吸引到专制制度方面去的工具——尔·恩·斯·先生却完全没有了解。他宁愿根据愈好愈妙这个"公式"来编造一个以直线连接地方自治机关和宪法的学理主义的图式。他向维特说道:

"如果您先撤销俄国的地方自治机关，然后再扩大个人的权利，那么您就会失掉一个给予国家温和的宪法的良好机会，因为这个宪法是在带有等级色彩的地方自治基础上历史地发展起来的。不管怎样，您都会给予保守主义的事业以非常不妙的效劳。"多么严谨而又美妙的概念啊！带有等级色彩的地方自治——接近圣上的英明的保守主义者，——温和的宪法。但遗憾的是，英明的保守主义者实际上已不只一次因为有地方自治机关而找到了**不**"给予"国家宪法的"良好机会"。

尔·恩·斯·先生的和平"概念"对他的口号的措辞也产生了影响；这个口号是在他的文章的末尾提出的，并且正像口号那样，用黑体排成了单独的一行："权利与拥有权力的全俄地方自治机关！"必须公开承认，这是对俄国广大自由派人士的政治偏见所作的一种无耻的奉承，它同我们在《工人思想报》上看到的对广大工人群众的政治偏见所作的那种奉承一样。不管是第一种奉承还是第二种奉承，我们都应该反对。有下面这样一种偏见，即认为亚历山大二世的政府没有切断通向自由的合法道路，地方自治机关的存在提供了一个给予国家温和的宪法的良好机会，"权利与拥有权力的地方自治机关"这个口号可以成为——姑且不说革命运动的，而只是立宪运动的——一面旗帜。这不是帮助区别敌人和同盟者、能够用来指导运动和领导运动的旗帜，这只是帮助一些最不可靠的人混到运动中来、并且便于政府再一次用响亮的诺言和不彻底的改革来敷衍了事的一块破布。所以，不必是预言家也可以预见到：我国的革命运动将达到自己的顶点，社会上自由主义的不满情绪将十倍地泛滥起来，政府中将出现一些打着"权利与拥有权力的地方自治机关"旗帜的新的洛里斯-梅利科夫们和伊格纳季耶夫们。至少，这对俄罗斯来说将是一种最不利的结局，而对政府来说将是一种最有利的结局。如果自由派中有相当一部分人相信了这面旗帜，并且由于醉心于它而从背后袭击"寻衅者"-革命分子时，那后者就可能陷于孤立，而政府就会只企图作些最低限度的、局限于实行某种咨议性的和宫廷贵族式的宪法的让步。这样的企图能不能成功，将取决于革命的无产阶级与政府决战的结局，——但是，自由派将成为受骗者，这是可以完全担保的。政府会利用尔·恩·斯·先生提出的这类口号（"拥有权力的地方自治机关"或者"地方自治人士"等等），像引诱小狗似的诱使他们离开革命者，一经引诱过去，就会抓住他们的衣领而缯以所谓反动的鞭笞。先生们，那时候我们也不会忘记说一声：**你们这是咎由自取！**

　　不提消灭专制制度的要求，而提出这种温和谨慎的愿望作为文章结尾的口号，这到底是为了什么呢？首先是为了通过这种庸俗的空论，来表示愿意"为保守主义效劳"，相信政府会被这种温和所感动而表示"顺从"。其次是为了"团结自由派"。是的，"权利与拥有权力的地方自治机关"的口号也许能够团结**所有的**自由派，——正如"每个卢布工资增加一戈比"的口号将能够团结（按"经济派"的意见）**所有的**工人一样。不过，**这样的**团结会不会是失利而不是得利呢？如果能够把被团结者提高到团结者的觉悟的和坚定的纲领的水平上来，这种团结就是有所得。如果把团结者降低到群众偏见的水平，这种团结就是有所失。毫无疑问，下面这种偏见在俄国广大自由派人士中是非常流行的：地方自治机关确实是"立宪的萌芽"①，它只是偶尔由于遭到了某些不道德的宠臣的阴

---

① 关于从地方自治机关那里可以期待到什么的问题，彼·弗·多尔戈鲁科夫公爵在他的 60 年代出版的《小报》**51** 上发表的一段评论是颇为有趣的（布尔采夫

谋阻挠而延缓了它的"自然的"、和平的和渐进的成长；只需几次请愿就足以使专制君主变得"顺从"；一般合法的文化工作，特别是地方自治机关的文化工作具有"重大的政治意义"，它可以使那些口头上仇视专制制度的人不必再去以某种形式积极支持反对专制制度的革命斗争，诸如此类，如此等等。把自由派团结起来当然是一件有益的好事情，但这种团结必须是以反对根深蒂固的偏见为目的，而不是迁就这些偏见，必须提高我们的政治成熟（更正确地说：不成熟）的平均水平，而不是肯定这种水平，——总之，团结起来是为了支持秘密的斗争，而不是为了机会主义式地空论合法活动的重大政治意义。如果说对工人提出诸如"罢工自由"的政治口号不能认为是正确的话，那么，对自由派提出"拥有权力的地方自治机关"的口号也同样不能认为是正确的。**在专制制度时代**，任何（哪怕是最"拥有权力的"）地方自治机关都必然要成为不能正常发育的畸形儿，而**到了立宪时期**，地方自治机关就会立刻失去它现今的"政治"意义。

的上述著作第 64—67 页）："我们在考察地方自治机关的主要的条例的时候，又碰到了政府那个秘而不宣但又经常流露出来的思想——用自己的宽宏大量迷惑人心，并高声宣布：'看，我赐予你们的有多少！'然而实际上却尽量地少给，一方面尽量少给，一方面还竭力设置障碍，使大家连它所赐予的那些东西也不能完全使用……　现在，在专制制度下面，地方自治机关不会有用处，而且也不可能有用处，它们不会起作用，而且也不可能起作用，但是它们拥有很多可以在未来大大发展的萌芽……　大概命运决定，新的地方自治机关将会成为俄国未来的立宪制度的基础……　但是，在俄国实行立宪的管理方式以前，在存在着专制制度的时候，在没有出版自由的时候，地方自治机关必然仍旧是一个政治怪影，是地方自治会议议员们**不敢议事**的集会场所。"由此可见，多尔戈鲁科夫甚至在热火朝天的 60 年代也没有沉湎于过分的乐观主义之中。而从那时起，这40 年使我们学会了很多东西，并且告诉我们，是"命运"（而在某种程度上是政府）决定地方自治机关成了**迷惑**立宪派的一系列措施的基础。

　　团结自由派可能有两种形式:通过建立独立的自由主义的(当然是秘密的)政党和通过组织自由派援助革命者。尔·恩·斯·先生自己指的是第一种可能,但是……如果把他所指出的这种可能当做自由主义的前途与希望的实际表现,那么这是不能使人过分乐观的。他写道:"如果没有地方自治机关,地方自治自由派将不得不成立自由主义的政党,或者作为一种有组织的力量而退出历史舞台。我们深信,自由派组织成一个秘密的(尽管从它的纲领和手段看来是非常温和的)政党,将是撤销地方自治机关的必然结果。"如果只是"撤销",那么这也还得等很久才能实现,因为甚至连维特也不希望撤销地方自治机关,而俄国政府向来就特别重视保持外表,即使这种外表已完全失掉了内容。说自由主义政党将是非常温和的,——这是十分自然的,因为对资产阶级运动(自由主义政党只能在这种运动中立脚)根本也不能够指望什么别的。但是这个政党的活动、它的"手段"究竟应该是怎样的呢? 这一点尔·恩·斯·先生并没有说明。他说道:"秘密的自由主义政党,就本身来说,既然是由最温和的和最不活跃的反对派分子所组成的团体,它就不可能展开特别广泛的或特别紧张的活动……" 我们认为,在一定的范围内,哪怕只是局限于地方的和主要是地方自治机关的利益这个范围内,自由主义政党本来完全可以展开既广泛而又紧张的活动——譬如组织政治揭露这样的活动…… "可是当其他政党,特别是社会民主党和工人党正在进行这种活动的时候,自由主义政党——甚至在没有同社会民主党人达成直接协议的情况下——可能成为一种非常重要的因素……" 说得完全正确,所以读者自然希望作者哪怕是极为概括地规定一下这个"因素"的工作。但是,尔·恩·斯·先生没有这样做,反而去描述革命的社会民主党的成长，并且这样结束道："当存在着鲜明的政治运动的时候……即使只有一点组织性的自由主义反对派也能够起重大的政治作用，因为温和派政党通过灵活的策略，总是能够从极端的社会分子之间的日益加剧的斗争中得到好处……" 仅此而已！"因素"（它已经由政党转化为"反对派"）的"作用"就在于从加剧的斗争中"得到好处"。关于自由派参加斗争的事一字不提，而关于自由派得到好处的事却已谈到。这一失言真可以说是天意……

俄国社会民主党人从来没有忽视下面一点：他们首先所争取的政治自由，会**首先**给资产阶级带来好处。根据这一点而反对同专制制度作斗争的，只有那种陷入空想主义或反动的民粹主义的拙劣偏见中的社会主义者。资产阶级利用自由，是为了安享清福，——无产阶级需要自由，是为了更广泛地开展争取社会主义的斗争。因此，不管资产阶级的这些或那些阶层对解放斗争抱什么样的态度，社会民主党将不倦地进行这一斗争。为了政治斗争的利益，我们应当支持所有抗拒专制制度压迫的反对立场，不管它是由于什么原因和在哪一个社会阶层中表现出来的。因此，我国的自由派资产阶级，特别是地方自治人士的反对立场，对我们来说决不是毫不相干的。自由派能够组织成秘密政党，——那就更好，我们将欢迎有产阶级中政治自觉的增长，我们将支持他们的要求，我们将尽力使自由派的活动和社会民主党人的活动能够互为补充。①

---

① 本文作者在4年前谈到"民权党"52时，曾经指出自由主义政党会带来好处。见《俄国社会民主党人的任务》(1898年日内瓦版)："……然而，如果在这个党〈民权党〉内也有不戴假面具，而是真正的非社会主义者政治家，非社会主义者民主主义者，那么这个党努力去同我国资产阶级中持反政府态度的分子接近……它就会带来不少的好处。"(第26页)(见本版全集第2卷第446页。——编者注)

如果他们不能组织起来，我们在这种（更有可能的）情况下也不会对自由派"置之不理"，我们将努力加强同个别人物的联系，向他们介绍我们的运动，通过工人报刊揭露政府的一切卑鄙龌龊行为和地方当局的各种勾当来支持他们，争取他们支持革命者。在自由派与社会民主党人之间，现在已在进行这种性质的互相帮助，这种互相帮助只是应该扩大和加强。但是，在随时准备进行这种互相帮助的时候，我们从来不会而且无论如何也不会放弃对政治不开展的俄国社会人士、尤其是俄国自由派人士中大量存在的那些幻想进行坚决的斗争。实际上我们可以把马克思关于1848年革命的名言应用到俄国的革命运动上来，我们也可以说：它的进步不在于取得某些积极的成果，而在于摆脱有害的幻想。① 我们摆脱了无政府主义和民粹派社会主义的幻想，摆脱了轻视政治、迷信俄国的独特发展、深信人民已有了革命准备的错误观点，摆脱了夺权和英勇的知识分子同专制制度单独决战的理论。

是时候了，我们的自由派应该摆脱在理论上看来最无根据的而在实践上却最不易消失的幻想了。照这种幻想看来，似乎还可能同俄国专制制度进行谈判，似乎某种形式的地方自治机关便是立宪的萌芽，似乎立宪的真诚拥护者们可以通过耐心的合法活动和呼吁敌人顺从的耐心的号召，来履行自己的汉尼拔式的誓言。

载于1901年12月《曙光》杂志　　　　　　　　译自《列宁全集》俄文第5版
第2—3期合刊　　　　　　　　　　　　　　第5卷第21—72页

---

① 参看《马克思恩格斯文集》第2卷第79页。——编者注

宝贵的招供

(1901 年 7 月)

最近的工潮再次引起了普遍的热烈议论。统治阶层也感到不安了,连《新时报》⁵³这样最亲官方的、一贯逢迎当局的报纸,由于它的第 9051 号(5 月 11 日)上发表了一篇《论工人骚乱》的文章,也被认为必须给以停刊一周的"惩罚",由此可见,他们的不安的确相当严重。这家报纸受到惩罚当然不是因为那篇文章的内容,那篇文章对政府表示了最大的善意,对政府的利益表示了最诚挚的关怀。现在,一讨论这些"扰乱人心"的事件,一提到这些事件的扩大和它们的重要性,就被认为是危险的。我们在下面引证的密令(也是 5 月 11 日发出的)规定,**只有经警察司许可**,才能登载有关我国工厂中的骚乱和工人如何对待厂主的文章⁵⁴,这比任何论断都更有力地证明,政府本身是多么想把工潮当做国家大事。《新时报》的这篇文章所以使人特别感兴趣,正是因为它拟定了一个完整的国事纲领,实质上,这个纲领概括起来说就是:打着关心、同情等等的响亮招牌,施舍一点带有欺骗性的小恩小惠来平息不满,并趁机加强官僚控制。但是这个并不新奇的纲领,可以说,不仅体现了俄国一个国家的,而且也体现了西欧的现代国家要人的"超群"睿智,因为在以私有制和一小撮富翁奴役千百万无产者和劳动者为基础的社会里,政府不能不是剥削者的最忠实的朋友和同盟者,不能不是剥削者的统治地位的最忠实的捍卫者。在现代,要成为一个可靠的捍卫者,仅仅有大炮、刺刀和皮鞭是不够的,还必须努力使被剥削者相信,政府是超阶级的,它不是为贵族和资产阶级利益服务的,而是为公正的利益服务的,它是关心保护弱者和穷人,反对富人和强者的,等等。法国的拿破仑第三、德国的俾斯麦和威廉二世都曾花费不少力气用这种办法来讨好工人。但是,在欧洲,由于还讲一点出版自由和人民代议制,还可以竞选,还有一些已经建立起来的政党,所有这些骗人的把戏很快就被揭穿了。而在亚洲,其中也包括俄国,人民群众闭塞无知,信任慈父沙皇的偏见很深,因而这样的把戏仍能收效很大。而在近一二十年中这种政策**不灵了**,这是欧洲精神传入俄国的最明显的标志之一。这种政策使用过许多次,但每次总是在公布了一项“关心”(似乎是关心)工人的法令以后,过了若干年,一切又恢复了原状——不满的工人增多了,不满情绪增长了,风潮加剧了——于是又大吹大擂地提出了“关心”政策,体贴工人的花言巧语高唱入云,再公布一项什么法令,给工人3戈比的好处,1卢布的空话和谎言——过若干年后,老一套又重演一次。政府像松鼠蹬轮子似的忙得团团转,一会儿扑到东,一会儿扑到西,拼命想用一块破布堵住工人的不满,可是在另一处却爆发了更强烈的不满。

真的,请回顾一下俄国“工人立法”史上的几个最大的里程碑吧。70年代末,彼得堡发生了数次大罢工,社会主义者便试图趁机加强鼓动工作。亚历山大三世在他的所谓“人民的”(事实上是贵族警察的)政策中列入了工厂立法。1882年建立了工厂视察制,最初甚至还公布过视察报告书。政府当然不喜欢这种报告书,于是便**禁止发表**。关于工厂监督的法令就变成了一块破布。

1884—1885年度来到了。工业危机引起了大规模的工人运动和中部地区一连串汹涌澎湃的罢工(莫罗佐夫工厂的罢工[55]尤其值得注意)。于是又提出了"关心"政策,这一次是由卡特柯夫在《莫斯科新闻》[56]上特别卖力地提出的。卡特柯夫由于莫罗佐夫工厂的罢工者被送交陪审法庭而大发雷霆,他把法庭提交陪审员解决的101个问题,称做"庆祝在俄罗斯出现的工人问题的101响礼炮",但是,他同时又要求"国家"出来替工人说话,取消终于触怒了莫罗佐夫织布工的无理罚金。1886年的法令颁布了,这一法令大大加强了工厂监督,禁止厂主任意罚款。过了10年,工潮又爆发了。1895年的各次罢工和1896年那次规模特别大的罢工[57],使政府胆战心惊(特别是因为社会民主党人现在已经常同工人携手前进),于是它便空前迅速地颁布了一项关于缩短工作日的"关心"法令(1897年6月2日);内务部的官员,包括警察司司长,在讨论这项法令的委员会里声嘶力竭地喊道:必须使工厂工人把政府看做他们的可靠的保卫者、公正而仁慈的庇护者(见小册子《有关1897年6月2日法令的秘密文件》)。但是,这项关心法令又被同一个政府竭力设法用各种指令悄悄地削弱和取消了。新的工业危机来到了,工人已是第一百次确信,警察政府的任何"关心"都不能使他们的状况有什么真正的改善,都不能给予他们自己关心自己的自由,——风潮和街头搏斗又爆发了,——政府又不安起来,——警察又谈起"国家的关心"来了,这一次是由《新时报》郑重其事地说出来的。先生们,用竹篮打水,你们不感到厌烦吗?

不,政府当然会永远不厌其烦地一次又一次地试图把不肯顺从的工人吓倒,用一点小恩小惠把那些比较软弱、比较愚蠢和比较胆小的人拉过去。但是,我们也会永远不厌其烦地揭穿这种企图的真正用意,揭露那些"国家"要人,指出他们今天在大谈其关心,而昨天还命令士兵向工人开枪,他们昨天曾声明自己主持正义,保护工人,而今天却不加审讯就把工人和知识分子中的优秀人物一批一批地抓去交给警察惩治。因此,我们认为有必要在另一个新的"关心"法令公布之前,先来谈谈《新时报》的"国事纲领"。而且,一个在我国对内政策方面如此"权威的"机关报这个时候的招供也是值得注意的。

《新时报》不得不承认,"工人问题方面令人惋惜的现象"不是偶然的。当然,这也是社会主义者的罪过(该报忌讳用"社会主义者"这个可怕的名词,而宁肯比较含糊地说什么"有害的邪说","危害国家和危害社会的思想的宣传"),但是……但是为什么恰恰是社会主义者在工人当中受到欢迎?《新时报》当然不会放过责骂工人的机会:工人太"不开展和愚昧"了,竟然乐意听信社会主义者扰乱警察安宁的宣传。可见,社会主义者和工人都有罪,——宪兵早就在同这些罪犯作殊死的战斗,监狱和流放地已有人满之患。但是无济于事。很明显,是**工厂工人的生活条件**"引起并加深工厂工人对自己现状的不满",从而"促使"社会主义"受到欢迎"。"当工厂工人还能干活时,他在极坏的生活环境下干重活的所得,顶多只够他糊口,而当发生意外,在一段时间内失去工作时,他便会陷入绝境,像前几天报纸上报道的巴库油田工人的遭遇那样。"可见,政府的拥护者不得不承认,社会主义受欢迎的原因是工人的境况的确太恶劣了。但是,他们在承认这一点的时候,含糊其词,转弯抹角,还有许多保留,这就清楚地说明,这种人是根本不肯触动压迫工人的资本家的"神圣私有制"的。《新时报》写道:"很遗憾,关于我们俄国工人问题方面的实际情况,我们知道得太少了。"的确,很遗憾！但"我们"所以知道得很少，恰恰是因为我们听任警察政府把所有的报刊都置于自己的奴役之下，禁止对我国的各种丑事进行任何真实的揭露。同时，"我们"却竭力使工人不去仇恨这个亚洲式的政府，而去仇恨"异族人"：《新时报》把罪过都推到"异族人的工厂行政当局"身上，说他们"粗暴和贪婪"。这种做法只能使最不开展、最愚昧的工人上当，以为全部不幸都是"德国人"或者"犹太佬"造成的，而不知道，德国工人和犹太工人也团结一致地在同自己德国的和犹太的剥削者作斗争。不过，就是不知道这一点的工人也能从千百次事件中看到，最"贪婪"最蛮横的还是俄国资本家，最"粗暴"的还是俄国警察和俄国政府。

工人已不像农民那样愚昧和驯服了，《新时报》对此表示遗憾，这也是很有意思的。工人"脱离了他们农村的家园"，"工厂区聚集了集合在一起的群众"，"乡下人脱离了农村及其简朴的〈这才是问题的本质〉但是独立的社会经济利益和关系"，对于这一切，《新时报》感到悲伤了。的确，怎么能不悲伤呢？"乡下人"依恋自己的家园，由于害怕失掉家园，就不敢向地主提出要求，不敢用罢工来吓唬地主，等等；乡下人不知道其他地方的情形，只关心自己的小村庄（这就是政府的拥护者所说的：乡下人的"独立的利益"；安分守己，不问政治——还有什么能比这更使当局称心如意的呢？），——但是，在这个小村庄里，当地的吸血鬼，地主或者富农对所有的人都了如指掌，而所有的人从父辈，甚至从祖父那里就学会了一门当奴隶的学问——服从，也没有人来启发他们的觉悟。而在工厂里，人们是"集合在一起的"，不依恋家园（在哪里工作都是一样），阅历多，勇敢，关心世界上的一切事物。

尽管纯朴的庄稼人变成觉悟工人的这个过程是令人悲伤的，

但是我国警察司里的聪明人却仍然希望用"国家对改善工人生活的关心"来哄骗工人群众。为了帮助这种希望实现,《新时报》提出了下述陈腐不堪的议论:"资本主义在西欧是骄傲的和全能的,但在我国,目前还是一个孱弱的孩子,非要人领着走不可,政府正在领着它走……"恐怕只有纯朴的农民才会相信这种赞美当局万能的陈词滥调吧!工人却常常看到警察和僧侣、文官和武官怎样被资本家"领着走"。《新时报》继续说道:由此可见,全部问题在于政府"**坚决主张**"改善工人生活,也就是说,要求厂主做到这一点。请看,多么简单:一道命令,就万事大吉。但是,随便说说是容易的,实际上,当局的命令,即使是最"一般的"命令,如要求在工厂设立医院,资本家也拖延了几十年没有执行。政府既不破坏"神圣的"私有制,也就不敢要求资本家认真做点什么。同时,政府也不愿真正改善工人的生活,因为在许多场合下,政府本身就是老板,它本身就克扣和压榨奥布霍夫工厂和成百个其他工厂的工人,以及成千上万的邮政职员和铁路职员等等。《新时报》自己也感到,我们政府的命令谁也不会相信,于是便竭力找出一些历史范例作自己的依据。关于改善工人生活的问题,它说:应该"像半世纪以前政府解决农民问题时所遵循的一个英明主张那样,与其等待从下面提出改革要求,不如先从上面实行改革来防止这种要求"。

这真是宝贵的招供!在农民解放之前,沙皇向贵族暗示人民起义就要爆发,曾经说:与其等待下面起来自己解放自己,不如从上面解放他们。这家效忠于政府的报纸现在也供认,工人情绪使它产生的恐惧,不亚于"解放前夕"的农民情绪。"与其从下面,不如从上面"!专制政府的御用报纸若认为那时的改革要求同现在的改革要求有"相似之处",他们就大错特错了。农民要求废除农奴制,但丝毫也不反对沙皇政权,并且信任沙皇。工人则首先和主要是反对政府,工人看到,他们在警察专制制度下的无权地位束缚了他们的手脚,妨碍他们同资本家进行斗争,因此,工人要求摆脱政府的专横统治和野蛮压迫。工人骚动也是发生在"解放前夕"——但这将是向专制制度夺取政治自由的全体人民的解放。

＊　　　＊　　　＊

你们知道有人想用什么样的伟大改革来平息工人的不满并向他们表示"国家的关心"吗? 不妨相信下面这些甚嚣尘上的传闻:财政部正在同内务部争吵,后者要求把工厂视察工作交给它管辖,它保证说,这样就能少纵容资本家,多关心工人,也就能防止骚动。让工人们等着沙皇的新恩典吧:工厂视察员将换上新制服,编入另一个机关(薪俸可能还要增加),这个机关(尤其是警察司)早就如此殷切地关心着工人了。

载于 1901 年 7 月《火星报》
第 6 号

译自《列宁全集》俄文第 5 版
第 5 卷第 73—80 页

危机的教训

（1901 年 8 月）

工商业危机延续快两年了。显然，危机愈来愈扩大，波及新的工业部门，扩展到新的区域，并且由于又一批银行的破产而更加尖锐化了。我们的报纸从去年 12 月开始，每一号都以某种方式指出了危机的发展和它的毁灭性的作用。现在是提出这种现象产生的原因和它的意义这个总问题的时候了。这种现象，对俄国来说，还是比较新的，正像我国整个资本主义还是新的一样。在一些老的资本主义国家里，那里大多数产品为销售而生产，大多数工人既没有土地，也没有劳动工具，只好出卖自己的劳动力，受雇于他人，受雇于那些占有土地、工厂、机器等等的私有者，在这些资本主义国家里，危机是一种老现象，不时反复出现，好像慢性病发作一样。所以，对危机是可以作预言的，当资本主义在俄国特别迅速地发展起来的时候，社会民主党的书刊里就对目前的危机作过预言。1897 年底写成的《俄国社会民主党人的任务》这本小册子里曾说过："我们现在显然正处在资本主义周期（这是一种像四季循环一样不断重复着同样一些现象的过程）的这样一个时期：工业'繁荣'，商业昌盛，工厂全部开工，无数新工厂、新企业、股份公司、铁路建筑等等如雨后春笋般地出现。不是预言家也能预言，不可避免的破产（相当厉害）必定在这种工业'繁荣'以后接踵而来。这种破产将使大批小业主破落,把大批工人抛到失业者的队伍里去⋯⋯"① 破产终于到来,来势凶猛,在俄国还是前所未有的。资本主义社会的这种可以预言的按时复发的可怕的慢性病,是由什么决定的呢?

　　资本主义的生产,只能跳跃式地发展,即进两步退一步(有时两步都退回来)。我们已经指出,资本主义的生产,是为销售而生产,是为市场生产商品。而管理生产的是单个的资本家,他们各干各的,谁也不能准确知道市场上究竟需要多少产品和需要哪些产品。他们盲目地进行生产,所关心的只是要超过对手。这样,产品的数量就可能不符合市场上的需要,这是很自然的。而当广大市场突然扩展到新的、未曾开拓过的、广阔的领域时,这种可能性就尤其大了。不久前我们所经历的工业"繁荣"开始时的情况就是这样。整个欧洲的资本家把魔掌伸向拥有亿万居民的世界的另一洲——亚洲,那里在此以前,只有印度和不大一部分边缘地区同世界市场有密切联系。外里海铁路已开始为资本"开辟"中亚细亚,"西伯利亚大铁路"(所谓大,不仅指它的长度,而且指建筑人无限掠夺国家钱财,无限剥削筑路工人)开辟了西伯利亚。日本已开始变成工业国,并曾试图在中国的万里长城上打开缺口,而当它发现这块肥肉的时候,这块肥肉已经一下子被英、德、法、俄以及意大利的资本家叼走了。大铁路的修筑、世界市场的扩大、商业的昌盛,——这一切引起了工业的突然活跃,新企业的增加,对销售市场的疯狂追逐,对利润的追逐,以及新公司的创建和大批新资本(其中一部分是小资本家为数不多的储金)的投入生产。对情况不

---

① 见本版全集第 2 卷第 447—448 页。——编者注

明的新市场的这种世界性的疯狂追逐,引起了巨大的破产,这是没
有什么可奇怪的。

　　要想认清这种追逐,就应当注意一下有哪些巨头参加了追逐。
当人们说到"单个的企业"、"单独的资本家"时,常常忘记,这种说
法其实是不确切的。实质上,只有利润的占有才是单个的和单独
的,而生产本身已成为社会的了。巨大的破产之所以会发生而且
不可避免,是因为强大的**社会**生产力受一伙唯利是图的富豪所支
配。关于这一点,让我们用俄国工业的例子来加以说明。近来危
机已经扩展到石油工业方面。而在石油工业中占支配地位的是
"诺贝尔兄弟石油生产公司"这样一些企业。1899 年该公司售出
石油产品 16 300 万普特,价值 5 350 万卢布,而 1900 年已售出
19 200 万普特,价值 7 200 万卢布。一年之内,一个企业的生产竟
增加了 1 850 万卢布! 这样"一个企业"的存在是靠几万以至几十
万工人的联合劳动来维持的,这些工人有的开采石油,提炼石油,
通过输油管、铁路、海洋和河流运输石油,有的建造这些方面所必
需的机器、仓库、材料、驳船、轮船等等。这几万工人都是为整个社
会工作的,而支配他们劳动的是一小撮百万富翁,这一小撮富翁把
群众的这种有组织的劳动所创造的全部利润据为己有。(诺贝尔
公司 1899 年所获纯利为 400 万卢布,1900 年为 600 万卢布,其
中股东每 5 000 卢布股金可得 1 300 卢布,而 5 个董事得到的**奖金**
共 528 000 卢布!)如果有几个这样的企业为了在情况不明的市场上
夺取地盘而展开疯狂的追逐,那么,危机的到来还有什么奇怪呢?

　　况且,要想从企业中获得利润,就必须把商品卖出去,就必须
找到主顾。而主顾应该是所有的居民,因为大企业生产出堆积如
山的产品。可是在所有的资本主义国家中,居民有十分之九是穷

人:工资微薄的工人和大多比工人过得还要坏的农民。就这样,大工业在繁荣时期拼命大量生产,把大量产品抛向市场,而占人口多数的穷人则无力购买。机器、工具、仓库、铁路等等的数量日益增长,但是这种增长却不时中断,因为人民群众仍然处于赤贫境地,而所有这些改善了的生产方式归根到底是为人民群众准备的。危机表明,如果土地、工厂、机器等等不是被一小撮靠人民贫困而获得亿万利润的私有者所窃据,那么,现代社会就能够生产出更丰富得多的产品来改善全体劳动人民的生活。危机表明,工人的斗争不能局限于争取资本家的个别让步:在工业复苏时期,这种让步是能够争得的(俄国工人在1894—1898年期间进行了坚决的斗争,不止一次争得了让步),但破产到来时,资本家不仅要收回曾经作过的让步,而且要利用工人的孤立无援更大幅度地降低工资。在社会主义无产阶级大军还没有把资本和私有制的统治推翻之前,这种情形将不可避免地会继续发生。危机表明,两年前吵吵嚷嚷说破产的可能性现在变得更小了的那些社会主义者(这些人自称为"批评家",大概是因为他们不加批判地抄袭资产阶级经济学家的学说)的目光是多么短浅。

危机揭露了社会生产受私有制支配的全部荒谬性;它给人们的教训极其深刻,以致资产阶级报刊现在也要求加强监督了,例如对银行的监督。但任何监督也无碍于资本家在复苏时期开办一些日后必然要破产的企业。已经破了产的原哈尔科夫土地银行和商业银行的创办人阿尔切夫斯基,曾不择手段地弄到几百万卢布来开办和支持一些估计可能获得巨额利润的矿业企业。工业的停滞毁掉了这些银行和矿业企业(顿涅茨-尤里耶夫公司)。而资本主义社会的企业的这种"毁灭"是什么意思呢?这就是说,较弱的资本家,"二等"资本家被更强的百万富翁所排挤。哈尔科夫的百万富翁阿尔切夫斯基被莫斯科的百万富翁里亚布申斯基所代替,这个更富有的资本家将更加残酷地压榨工人。二等富翁被头等富翁代替,资本力量增大,大批小私有者破产(如小额存款人随着银行的破产而丧失全部财产),工人阶级极端贫困化,——这就是危机所造成的后果。我们还要提一提《火星报》上所谈到的情况:资本家延长工作日,极力设法解雇有觉悟的工人,换上俯首听命的农民。

在俄国,危机的影响,一般比在其他任何国家都大得多。在我们这里,工业停滞的同时,还有农民的饥饿。可以把失业的工人从城市赶到农村,但又把失业的农民赶到哪里去呢? 赶走工人,原是想把不安分的人从城市里清除出去,可是,被赶走的人难道不可能使一部分农民从世代相传的那种俯首听命的状态中苏醒过来,并发动他们不仅提出请求,而且提出**要求**吗? 现在工人与农民日益接近起来,这由于他们不仅都面临着失业与饥饿,而且都面临着警察的压迫,这种压迫使工人无法进行联合与自卫,使农民甚至得不到乐善好施者的救济。警察的魔掌,对于千百万丧失一切生活资料的人民,变得百倍可怕。城市的宪兵和警察,农村的地方官和巡官清楚地看到,人民对他们的仇恨日益加深,他们不仅开始害怕农村食堂,而且害怕报纸上关于募捐的公告。害怕捐款! 真是做贼心虚。当窃贼看到过路人施舍东西给他行窃过的那个人时,就开始感到:他们相互帮助,是要齐心协力来对付他。

载于 1901 年 8 月《火星报》　　　　　译自《列宁全集》俄文第 5 版
第 7 号　　　　　　　　　　　　　　　第 5 卷第 81—86 页

农奴主在活动

(1901 年 8 月)

关于西伯利亚官地拨给私人的 1901 年 6 月 8 日新法令颁布了。要知道新法令的执行情况，还有待于将来。但是这个新法令的性质本身就大有教益，它十分明显地暴露了沙皇政府的真面目和它的真实意图，所以值得把这个法令详尽地分析一下，并且设法让工人阶级和农民都能普遍了解这项法令。

我国政府给予高贵的贵族地主赏赐是由来已久的：政府为他们开设贵族银行，在贷款和延长付款期限方面给予无数优惠条件，帮助百万豪富的制糖厂厂主组织同盟歇业来提高价格和增加利润，照顾荡尽家业的贵族子弟获得地方官的职位，现在又为高贵的酿酒厂厂主们打开有利的销路，由国家收购他们的伏特加酒。可是，政府通过拨给私人土地的手段，已经不仅是给予最富有、最显贵的剥削者赏赐，而且是在造成一个**新的**剥削者阶级，使千百万农民和工人长期遭受新地主的奴役。

让我们来看看新法令的主要根据吧。首先应该指出，在农业和国家产业部大臣把这个法案提交国务会议以前，已先**在贵族等级事务特别会议上**讨论过了。大家知道，目前俄国最穷困的不是工人，也不是农民，而是贵族地主，所以"特别会议"迫不及待地要想方设法帮助他们摆脱穷困。西伯利亚的官地将出售或出租给

"私人"以供"私人经营",并且**永远绝对禁止**非俄罗斯臣民和异族人(异族人中也包括犹太人)获得这些土地,而只允许贵族租赁土地(我们将会看到,这对于未来的地主是最有利的做法),法令宣称:"贵族在经营方面稳妥可靠,从政府的意图来看,他们是西伯利亚理想的土地占有者。"可见,政府的意图就是要劳动居民完全受大土地占有者贵族的奴役。这些大土地占有者究竟有多大,从下面情况可以看出来,按照法令,购买土地的数量不得超过 **3 000 俄亩**,租赁土地的数量完全不受限制,而租期竟规定为**不超过99 年**!西伯利亚的农民每户分得 15 俄亩土地,而一个穷困的地主,按我们政府的计算,却需要比农民多 **200 倍**的土地。

此外,法令给予地主的优待和特权,真是应有尽有!租地者头五年可以不交纳任何租金。如果他要购买他所租的土地(按照新法令他有这个**权利**),地价可以在 37 年内分期付清。经特别许可,拨出供出售的土地可以超过 3 000 俄亩,而且可以按自由价格出售而不公开拍卖,付款可以延期一年,甚至三年。不要忘记,享受新法令的只是一些高级官员以及同宫廷等有关系的人物,他们只须在客厅里同省长或大臣谈上三两句话,就能毫不费力地得到这些优待和特权。

可是,倒霉的事也就来了。所有这些占有土地的官员们要是找不到不得不为他们干活的"庄稼人",那纵然有 3 000 俄亩的土地,又有什么用处呢?不管西伯利亚人民的贫困增长得怎样快,当地农民比起"俄罗斯"农民来,还是要独立得多,他们很不习惯在棍棒下工作。新法令竭力要他们养成这样的习惯。法令第 4 条说:"预定拨给私人经营的土地应**尽可能**同分配给农民的土地**交错在一起**。"沙皇政府是在关心贫苦农民的"谋生"问题。就是这位现在向国务会议提出了关于西伯利亚官地拨给私人的法令的农业和国家产业部大臣叶尔莫洛夫先生,在 10 年前就出版了《歉收和人民的灾难》一书(没有署名)。在这本书中,他直截了当地说,没有理由允许那些在当地的地主那里可以"谋生"的农民迁往西伯利亚。俄国的国家要人毫不客气地表达彻头彻尾的农奴主观点:农民生来就是为地主工作的,既然农民移居会使地主失去廉价的工人,就不应当"允许"他们随意迁移。但是农民不顾一切困难,不顾拖延刁难,甚至不顾公开的禁令,成千上万地继续迁往西伯利亚,于是沙皇政府就像过去老爷家的总管那样,紧跟在他们后面,以便在新的地方压榨他们。如果高贵的地主的 3 000 俄亩土地同贫瘠的份地和农民的土地(其中好的土地已被占去)"交错在一起",那么向西伯利亚移民的吸引力也许很快就会减退。附近农民的生活愈艰难,新地主的土地的价格就上涨得愈快,因为这些农民将不得不廉价受雇于地主,或高价租地主的土地,这样一来就和"俄罗斯"完全一样了。新法令直接关心的就是要尽快地为地主建造新的天堂,为农民建造新的地狱。新法令对于出租**一茬**土地作了特别的保留。一般说来,要转让租来的官地必须得到特别的许可,但是转让一茬土地可以完全自由。地主须要费心的只是雇一个管家,由他把土地按俄亩租给居住在同地主领地"交错在一起"的土地上的农民,并且将现钱寄给老爷。

但是,贵族们就连这样的"经营"也并不是在任何时候都愿意的。他们要是把官地转卖给真正的业主,他们一下子就可以得到一笔巨款。新法令在现在这样的时刻颁布不是没有原因的,因为通往西伯利亚的铁路已经铺设好了[58],流放西伯利亚的刑罚已经废除了[59],西伯利亚的移民大量增加,这一切必然会造成(而且已经造成)土地价格的上涨。所以,在目前把官地拨给私人,本质上就是让贵族盗窃国家资产:官地的价格正在上涨,把这些土地以特别优惠的条件出租或出售给各种各样的官员,让他们从涨价中捞到好处。例如,乌法省有一个县的贵族和官吏用他们买来的(根据类似的法令)土地做了这样一笔交易:他们花 6 万卢布买下官地,两年后又以 58 万卢布的价格出售,这就是说,一转手之间就获得了 **50 多万卢布**! 从这个例子可以想见,由于整个西伯利亚的土地拨给私人,会有多少百万的卢布落入穷困的地主的腰包。

政府和它的支持者为了掩盖这种赤裸裸的盗窃,提出了种种冠冕堂皇的理由。他们谈到要发展西伯利亚的文明,说什么建立示范农场具有重要的意义。事实上,逼得邻近的农民走投无路的大领地,在目前只能加强最不文明的剥削手段。靠盗窃国家财产建立不了示范农场,土地拨给私人,只是使贵族和官吏能够利用土地居间渔利,或者使盘剥性的和高利贷的经营方式更加盛行。高贵的贵族同政府勾结,排斥犹太人和其他异族人(在无知的人民面前,贵族力图把这些人说成是最无耻的剥削者),不让他们获得西伯利亚的官地,以便使**自己**能够畅通无阻地进行最卑劣的富农盘剥。

他们还谈到西伯利亚的贵族领主等级的政治意义,据说,在那里的知识分子中间,过去的流放犯这种不可靠的人特别多,所以应该建立可靠的国家政权支柱,培养可靠的“地方”分子,来同这些人相抗衡。这些议论所包含的道理比《公民》[60]和《莫斯科新闻》所想象的要多得多,也深刻得多。警察国家触犯了众怒,因此必须人为地建立起能作为国家支柱的集团。它必须造成一个大剥削者阶级,使这些人在一切方面都对政府感恩戴德,都依靠政府的恩赐,让他们用最卑劣的手段(居间渔利,高利盘剥)攫取巨额收入,从而会始终成为任何专横和任何压迫的可靠支持者。亚洲式的政府需要有亚洲式的大土地占有制作为支柱,需要有农奴制的"分配领地"制度作为支柱。既然目前不能分配"有居民的领地",那可以分配同贫苦农民的土地**交错在一起的**领地;既然不便直接把几千俄亩土地分送给宫廷的走狗,那可以用附有无数优惠条件的出售和"出租"(为期99年)来掩盖这种分配。这种土地政策同现代的先进国家如美国的土地政策相比,怎能说不是农奴制政策呢?在美国,谁也**不敢**议论允许不允许移民的问题,因为每一个公民都有随意迁移的权利。那里,凡是愿意从事农业的人,**在法律上**都有权利占用本国边疆地区的空地。那里形成起来的不是亚洲式的暴吏阶级,而是发展本国的一切生产力的积极肯干的农场主阶级。那里由于空地很多,工人阶级的生活水平居于首位。

而我国政府是在什么时候提出它的农奴制法令的呢!是在发生最严重的工业危机,数万、数十万人找不到职业,几百万农民遭到新的饥荒的时候。政府煞费心机要制止叫苦的"喊声"。为此,它把失业工人遣送回乡;为此,它把地方自治机关管理的粮食工作交给警官管理;为此,它禁止私人为饥民开办食堂;为此,它封住了报纸的嘴巴。这样一来,饱腹者所讨厌的叫饿"喊声"总算停止了,慈父沙皇就开始援助穷困的地主和不幸的宫廷官员们了。我们再说一遍:我们现在的任务,就是要广为传播新法令的内容。最不开展的工人阶层和最无知最闭塞的农民了解了这个法令,他们就会懂得,政府是为谁服务的,人民需要的是什么样的政府。

载于1901年9月10日《火星报》第8号

译自《列宁全集》俄文第5版第5卷第87—92页

地方自治人士代表大会

（1901 年 8 月）

今年春天的事件引起的社会骚动，像潮水般波及全国各地，至今还没有停止。在今年 1 月间，俄国社会还是那样死气沉沉，俄国社会民主党还是那样难于进行自觉的工作，而现在这一骚动对俄国各个社会阶层都产生了不同形式的影响。政府竭尽全力，想拿惯用的肥皂泡来尽快地平息社会上动荡不安的心情，比如发表 3 月 25 日那种"殷切关怀"的宣言，实行所谓万诺夫斯基改革，或者派西皮亚金和沙霍夫斯科伊到俄国各地作一次隆重而可笑的视察……某些天真的俄国小市民真的会对这些措施感到快慰，但决非所有的人都会如此。现在的地方自治人士有一半是吓破了胆的官吏，他们在已经成为历史的"沙皇-和平维护者"的苦难时代，一直处于胆战心惊的状态，看来，现在连他们也开始摆脱这种状态了。

恬不知耻的官僚大人，使他们这些几乎失去公民的勇气和美德的怯懦者也感到愤慨和厌恶了。

据悉，在 6 月底某城（为谨慎起见，我们不说出城市的名字）举行了地方自治活动家代表大会。据说，出席大会的有几个省的 40—50 位地方自治人士。

地方自治人士开会，当然不是为了解决政治问题，而是为了解决和平的、纯属地方自治机关的任务，他们开会，正像地方自治条例（第 87 条）所描述的那样，并"不侵犯主管机关的管辖范围和管辖权限";但是这次会议的召开没有得到行政当局的批准,也没有通知行政当局,因而,用这个条例的话说,会议的召开"违反了地方自治机关活动的程序",而参加会议的地方自治人士竟不知不觉地从和平的、无害的问题转而讨论了总的局势。生活的逻辑就是这样:尽管诚实的地方自治人士有时拒绝激进主义,拒绝非法活动,但是在形势的推动下,他们必然要去成立非法的组织,采取更坚决的行动。当然,我们不会斥责这条顺乎自然的、完全正确的道路。以前政府一直为所欲为,扼杀农村自治,破坏城市和地方自治,并且一意孤行地要彻底砍掉最后剩下的一些地方自治机关。现在地方自治活动家给予政府以有力的、有组织的回击的时刻终于来到了。听说在代表大会讨论如何反对关于规定地方自治机关抽税限额的法律时,一位年高德劭的地方自治人士高声喊道:"地方自治人士终于该说出自己的意见了,不然他们就永远不能说了!"我们完全同意自由派活动家这种准备向官僚专制制度公开挑战的呼声。地方自治机关正处在内部破产的前夕。要是杰出的地方自治人士不立即采取坚决的措施,不抛弃自己平时那种马尼洛夫精神[61],不抛弃细小琐碎的、无关紧要的问题(如一位德高望重的地方自治人士所说的"脸盆镀锡"问题),地方自治机关就会名存实亡,变成一个普通的"政府机关"。这种不光彩的结局是不可避免的,几十年来地方自治机关一向畏首畏尾、对政府感恩戴德、低声下气地上书请愿,这不能不受到应得的惩罚。现在应该威胁政府,向政府提出要求,不要再干那些无聊的事,而应该着手进行真正的工作了。

载于1901年9月10日《火星报》
第8号

译自《列宁全集》俄文第5版
第5卷第93—94页

土地问题和"马克思的批评家"[62]

(1901年6—9月和1907年秋)

去年,《俄国财富》杂志[63]通过维·切尔诺夫先生之口宣告:"……证明……教条式的马克思主义在土地问题上已被击败而退出了阵地,——这就等于去敲敞开的大门了……"(1900年第8期第204页)这个"教条式的马克思主义"具有多么奇怪的特性啊!多年以来,欧洲的一些有学问的和学问很大的人都郑重其事地宣告(而报章杂志的撰稿人则反复地加以重述):马克思主义已经被"批判得"退出了阵地,可是每一个新的批评家对这个似乎已经被摧毁的阵地总是要重新轰击一番。例如,维·切尔诺夫先生在《俄国财富》杂志上以及《在光荣的岗位上》这本文集中同读者"谈论"赫茨著作的时候,就用了**整整240页**的篇幅"去敲敞开的大门"。赫茨的这部本身又是在谈论考茨基著作的书被转述得非常详尽。这本书已经译成了俄文。布尔加柯夫先生为了履行自己的诺言,要驳倒同一个考茨基,于是出版了整整两大卷的研究著作。现在看来,"教条式的马克思主义"已经被这些堆积如山的批判性出版物压得粉身碎骨,大概谁也找不到它的残骸了。

XV.

1906.

ОБРАЗОВАНІЕ.

ЖУРНАЛЪ

Литературный

и

общественно-политическій.

№ 2.

❧——✳——❧

С.-ПЕТЕРБУРГЪ.
Типо-литографія Б. М. Вольфа. Разъѣзжая, 15.
1906.

1906 年载有列宁《土地问题和"马克思的批评家"》一书
第 5—9 章的《教育》杂志第 2 期的扉页

一

土地肥力递减"规律"

　　我们先来看一下批评家们的理论全貌。布尔加柯夫先生在《开端》杂志[64]上就发表过文章批判考茨基的《土地问题》一书,而且当即施展出自己的全部"批判"手法。他以一个真正骑手的剽悍无所顾忌地把考茨基"驳得体无完肤",把考茨基没有讲过的话硬加在他的头上,有些情况和论据考茨基本人已经作了确切的阐明,而他却责备考茨基忽略了这些情况和论据,并且把考茨基的结论冒充**自己的**批判结论奉献给读者。布尔加柯夫先生充做内行,责备考茨基把技术和经济混为一谈,但是他自己在这里不仅暴露了极端严重的糊涂观念,而且暴露出他根本不愿把他从自己的论敌的著作中引来的那几页材料看完。不用说,这位未来的教授所写的文章满篇都是对社会主义者、对"崩溃论"、对空想主义、对相信奇迹等等所进行的陈腐的攻击。[①]　现在,布尔加柯夫先生在他的博士论文(《资本主义和农业》1900年圣彼得堡版)里,彻底清算了马克思主义,使自己的"批判的"发展达到了它的逻辑终点。

　　布尔加柯夫先生把"土地肥力递减规律"当做自己的"农业发展理论"的基石。他给我们摘录了确定这一"规律"(根据这一规

---

　　① 针对布尔加柯夫先生发表在《开端》杂志上的文章,我当即写了《农业中的资本主义》一文。由于《开端》杂志停刊,该文发表在1900年《生活》杂志[65]第1期和第2期上(见本版全集第4卷。——编者注)。(这是作者为1908年版加的注。——编者注)

律,每次投入土地的追加劳动和追加资本所提供的产品数量,不是相应增加而是递次减少)的经典作家的著作。他还给我们列举了承认这一规律的英国经济学家的名单。他要我们相信,这个规律"具有普遍意义",这是"一个显而易见的颠扑不破的真理","只要明确地加以肯定就够了",如此等等。布尔加柯夫先生说得愈坚决,我们就看得愈清楚,他**是在开倒车**,倒退到用虚构的"永恒规律"来掩盖社会关系的资产阶级政治经济学那里去了。臭名远扬的"土地肥力递减规律"的"显而易见"究竟在什么地方呢? 就在于:如果后投入土地的劳动和资本所提供的产品不是递次减少而是数量相等,那就根本用不着扩大耕地了,在原有的土地面积上(不管多么小)就可以生产更多的粮食,"全世界的农业就可以容纳在一俄亩土地上了"。这就是常见的(**也是唯一的**)为这一"普遍"规律辩护的论据。任何人只要稍加思考,就会明白,这个论据是一个毫无内容的抽象概念,它抛开了技术水平和生产力状况这些最重要的东西。事实上,"追加的(或连续投入的)劳动和资本"这个概念本身,就是**以生产方式的改变和技术的革新为前提**的。要大规模地增加投入土地的资本的数量,就必须**发明**新的机器、新的耕作制度、新的牲畜饲养方法和产品运输方法等等。当然,较小规模地"投入追加劳动和追加资本",可以在原有的、没有改变的技术水平的基础上实现(而且正在实现)。在这种情况下,"土地肥力递减规律"**在某种程度上**倒是适用的,这就是说,如果技术情况没有改变,能够投入的追加劳动和追加资本就是非常有限的。可见,我们得出的并不是普遍的规律,而是极其相对的"规律",相对得说不上是一种"规律",甚至说不上是农业的一个重要特征。让我们来看看下面的情况:经营的是三圃制,播种传统谷物,靠饲养牲畜积肥,没有改良的牧场和改良的农具。很明显,在这些条件没有改变的情况下,能够投入土地的追加劳动和追加资本是极有限的。但就是在这种仍旧有可能投入追加劳动和追加资本的有限范围内,每次追加投资的生产率**决不是在任何时候都一定会降低的**。拿工业来说吧。我们用世界贸易还没有开展,蒸汽机还没有发明以前的面粉业和冶铁业来作例子。在这种技术状况下,能投入手工打铁炉、风力磨坊和水力磨坊的追加劳动和追加资本是极有限的;在生产方式的根本变革还没有为工业的新形式建立基础以前,小型打铁炉和磨坊必然会得到大量推广。

可见,"土地肥力递减规律"完全不适用于技术正在进步和生产方式正在变革的情况,而只是极其相对地、有条件地适用于技术没有改变的情况。所以,马克思也好,马克思主义者也好,都不谈这个"规律",只有像布伦坦诺之流的资产阶级学者才会高谈这个"规律",因为他们怎样也摆脱不了旧政治经济学的偏见及其抽象的、永恒的、自然的规律。

布尔加柯夫先生为"普遍规律"进行辩护,竟提出非常可笑的论据。

"从前是自然界的无偿赐物的东西,现在却要人来生产了。那时,风雨疏松了养分充足的土壤,人们只要花很少的力气,就能得到所需要的一切。随着时间的推移,愈来愈多的生产劳动落到了人的肩上;不论在任何地方,人工过程日益代替自然过程。如果说,在工业中这种现象说明人征服了自然,那么,在农业中,这却表明生存日益困难,因为自然界的赐物减少了。

在这种情况下,食物生产的日益加剧的困难,是表现为人的劳动的增加,还是表现为人的劳动产品的增加如生产工具或肥料等等的增加,反正都一样"(布尔加柯夫先生想说:食物生产的日益加剧的困难,表现为人的劳动的增加,还是表现为人的劳动产品的增加,反正都一样);"重要的是:人获得食物所花的代价愈来愈大了。用人的劳动代替自然力量,用生产的人工因素代替生产的自然因素,这就是土地肥力递减规律"。(第16页)

司徒卢威和杜冈-巴拉诺夫斯基两位先生曾得出高论,认为不是人借助机器进行工作,而是机器借助人进行工作,看来,布尔加柯夫先生对这两位先生的成就是颇为羡慕的。布尔加柯夫先生谈到人的劳动**代替**自然力等等的时候,也像上面两位批评家一样,堕落到了庸俗经济学的水平。一般说来,人的劳动是无法代替自然力的,就像普特不能代替俄尺一样。无论在工业或农业中,人只能在认识到自然力的作用以后利用这种作用,并借助机器和工具等等以**减少**利用中的困难。说原始人获得的必需品是自然界的无偿赐物,这是拙劣的童话,连刚进大学的学生听了也会给布尔加柯夫先生喝倒彩。过去从来没有过什么黄金时代,原始人完全被生存的困难,同自然斗争的困难所压倒。机器和更完善的生产方式的采用,使人类进行这一斗争,特别是进行食物生产容易得多了。不是生产食物更加困难,而是工人取得食物更加困难了,因为资本主义的发展抬高了地租和地价,使农业集中在大大小小的资本家的手中,使机器、工具和货币更加集中,而没有这些东西就不可能顺利地进行生产。说工人生活日益困难是由于自然界减少了它的赐物,这就是充当资产阶级的辩护士。

布尔加柯夫先生接着说:"我们承认这个规律,但是决没有肯定食物生产的困难在不断地增加,也决没有否定农业的进步,因为肯定前者和否定后者,就等于违背显而易见的事实。毫无疑问,这种困难不是不断地增长，发展过程是曲折的。农学上的发现和技术的改良，正在把贫瘠的土地变为肥沃的土地，暂时制止了土地肥力递减规律所表明的趋势。"（同上）

这不是太奥妙了吗？

技术进步是"暂时的"趋势，而土地肥力递减规律，即在技术没有改变的基础上追加投资的生产率递次降低（而且并非永远如此）的规律，却"具有普遍意义"！这就如同说，火车在车站停车是蒸汽机运输的普遍规律，而火车在两站之间行驶却是使静止的普遍规律不发生作用的暂时趋势。

最后，关于农业人口和非农业人口的大量资料，也有力地推翻了土地肥力递减规律的普遍意义。布尔加柯夫先生自己也承认："如果每个国家都只依靠本国的自然资源，那么，为了获得食物，就必须经常相对地〈请注意这一点！〉增加劳动量，即增加农业人口。"（第19页）西欧农业人口在逐渐减少，这是由于粮食的进口排除了土地肥力递减规律的作用。解释真是妙极了！我们这位学者只是忘记了一件小事情：农业人口相对减少的现象，在所有的资本主义国家，包括农业国家和进口粮食的国家，都可以看到。美国和俄国的农业人口都在相对地减少，法国的农业人口从18世纪末起就在减少了（见布尔加柯夫先生上述著作第2卷第168页上的数字），而且，这种相对的减少有时甚至会变成绝对的减少，而粮食的入超，在30年代和40年代还是微不足道的，粮食出超的现象**只是从1878年起**，才完全绝迹。① 在普鲁士，农村人口从1816年的73.5％，相对地减少到1849年的71.7％和1871年的67.5％，而

---

① 《法国农业统计。1892年的调查》1897年巴黎版第113页。

黑麦的进口从 60 年代初才开始,小麦的进口从 70 年代初才开始(同上,第 2 卷第 70 页和第 88 页)。最后,我们考察一下欧洲进口粮食的国家,如近 10 年来的法国和德国,就可以看到,在农业取得**无可怀疑的进步**的同时,农业工人的人数却在**绝对地减少**。在法国,农业工人从 1882 年的 6 913 504 人减少到 1892 年的 6 663 135 人(《农业统计》第 2 册第 248—251 页);在德国,农业工人从 1882 年的 8 064 000 人减少到 1895 年的 8 045 000 人①。因此可以说,19 世纪的**全部**历史,用极为不同国家的大量资料确凿地证明:技术进步的"暂时"趋势使土地肥力递减的"普遍"规律**完全不发生作用**,技术的进步可以使相对(有时甚至是绝对)减少的农村人口为日益增多的总人口生产愈来愈多的农产品。

顺便指出,这些大量的统计资料也彻底驳倒了布尔加柯夫先生"理论"中的两个重要的论点:第一个论点是,他认为不变资本(生产工具和生产材料)比可变资本(劳动力)增长更快的理论"完全不适用于农业"。布尔加柯夫先生煞有介事地宣称这个理论是错误的,为了证实自己的见解,他援引了(1)"亚·斯克沃尔佐夫教授"的话(此人最出名的一点就是硬说马克思的平均利润率理论是

---

① 《德意志帝国统计》新编第 112 卷:《德意志帝国的农业》1898 年**柏林版第 6 页**★。在农村人口减少的情况下技术进步的事实,彻底摧毁了布尔加柯夫先生的马尔萨斯主义66,这个事实当然使他不高兴。于是我们这位"**严峻的学者**"就要了一个花招:不谈本来意义上的农业(耕作业、畜牧业等等),而谈(在引用了每公顷**农**产品增产数量的资料以后!)"广义的农业",按德国的统计,温室蔬菜业、商业性蔬菜业、**林业和渔业**都包括在"广义的农业"之内!结果,实际从事"农业"的总人数增加了!!(布尔加柯夫的书第 2 卷第 133 页)正文所引的只是以农业为**主要**职业的人数。以农业为副业的人数从 3 144 000 人增加到 3 578 000 人。把这两个数字和前两个数字加在一起,是不够恰当的,但是即使如此,增加的数字也是很有限的:从 11 208 000 人增加到 11 623 000 人。

恶意的宣传)以及(2)在经营集约化的情况下耕种单位面积土地所需的工人增多的事实。这是时髦的批评家们通常对马克思的有意误解。请想一下,不变资本比可变资本增长更快的理论,竟被单位**面积可变资本**增多的事实驳倒了!布尔加柯夫先生竟**没有发现**,他自己引用的大量统计资料恰恰证实了马克思的理论。从1882年到1895年,德国整个农业中的工人人数从8 064 000人减少到8 045 000人(加上以农业为副业的人,才从11 208 000人增加到11 623 000人,即只增加3.7%);而牲畜头数在同一时期却从2 300万头增加到2 540万头(把全部牲畜折合成大牲畜计算),即增加了10%以上;5种主要机器的使用架次从458 000架次增加到922 000架次,即增加一倍多;进口的肥料从636 000吨(1883年)增加到1 961 000吨(1892年),钾盐从304 000公担增加到2 400 000公担。① 同可变资本相比,不变资本占的比重不断有所增长,这还不明显吗?至于这些笼统的资料在很大程度上掩盖了大生产的进步,我们现在就不谈了。这一点下面再谈。

第二,在农村人口减少或者绝对增加量极小的情况下所取得的农业进步,完全粉碎了布尔加柯夫先生妄想复活马尔萨斯主义的荒谬尝试。在俄国的"前马克思主义者"中间,司徒卢威先生大概是第一个在他的《评述》中作了这样的尝试,但终究不过是一些羞羞答答的、吞吞吐吐的、模棱两可的意见,一些没有考虑成熟、没有形成一套系统的观点。布尔加柯夫先生却更勇敢更彻底,他毫不犹豫地把"土地肥力递减规律"变为"文明史上最重要的规律之一"(原文如此!第18页)。"19世纪的全部历史……以及该世纪

---

① 《德意志帝国统计》第112卷第36页 ★;布尔加柯夫的书第2卷第135页。

的贫富问题,离开这一规律是无法理解的。""我毫不怀疑,社会问题,按它现在的提法,是同这一规律密切联系的"(我们这位严峻的学者在他的"研究性著作"第18页上就宣布了这一点)!……　他在该书的结尾说:"毫无疑问,在人口过剩的情况下,某一部分贫困应该算做**绝对贫困**,即生产的贫困,而不是分配的贫困。"(第2卷第221页)"在我看来,农业生产的条件所造成的特殊形式的人口问题,至少在目前已经成为农业经营中比较广泛地实现集体化或协作化原则的主要困难。"(第2卷第265页)"过去给将来遗留下来的,比社会问题更可怕、更困难的粮食问题,是生产问题,而不是分配问题"(第2卷第455页),如此等等。这一"理论"同土地肥力递减的普遍规律有密切联系,土地肥力递减规律上面已经分析过了,因此这一"理论"的科学价值,就用不着多谈了。向马尔萨斯主义献媚的批判,按其必然的逻辑发展,一定会成为最庸俗的资产阶级辩护术;我们所引的布尔加柯夫先生的结论,就再坦率不过地证实了这一点。

在下一篇论文中,我们将研究一下我们的批评家们引用的一些新的材料中的资料(他们喋喋不休地说正统派回避详尽的探讨),并说明布尔加柯夫先生把"人口过剩"一词完全变成一个死板的公式,借此回避作任何的分析,特别是对"农民"内部阶级矛盾的分析。现在我们既然只限于谈土地问题的一般理论方面,那地租理论也应该谈一谈。布尔加柯夫先生写道:"至于马克思,他在《资本论》第3卷(现在我们所看到的第3卷)中,并没有给李嘉图的级差地租论增添任何值得注意的东西。"(第87页)我们要记住"没有任何值得注意的东西"这句话,并且把批评家的这一评语同他过去说的下面一段话比较一下,他曾说过:"尽管马克思对这个规律〈土地肥力递减规律〉持明显的否定态度,但是就一些根本原则来说,他还是汲取了李嘉图的以这一规律为基础的地租理论。"(第13页)按照布尔加柯夫先生的说法,马克思岂不是没有发现李嘉图的地租理论同土地肥力递减规律的联系,因而就前后不一致了么!对于这种说明,我们只能说,前马克思主义者这样歪曲马克思的理论,这样肆……肆……肆无忌惮地把一千零一条死罪加在他们所批判的著作家头上,这是任何人所望尘莫及的。

布尔加柯夫先生的论断是对事实真相的令人愤慨的歪曲。事实上,马克思不仅发现了李嘉图的地租理论同他的错误的土地肥力递减学说之间的联系,并且十分明确地揭示了李嘉图的错误。凡是稍微"注意"阅读《资本论》第3卷的人,都不能不看到这样一个非常"值得注意"的情况:正是马克思使级差地租论**摆脱**了它同臭名远扬的"土地肥力递减规律"的**一切联系**。马克思指出,对土地的不同投资产生不同的生产率这一事实,是形成级差地租的必要的和足够的条件。因此,由耕种优等地到耕种劣等地也好,由劣等地到优等地也好;对土地追加投资的生产率降低也好,提高也好,都是无关紧要的。在现实中,各种情况是错综复杂地结合在一起的。任何一个总的规则都概括不了这些情况。例如,马克思首先描述了由于投资的土地不同,生产率不同而产生的级差地租第一形态,并且列出图表加以说明(布尔加柯夫先生一提到这些图表,就严厉地斥责"马克思太好给自己那些往往很简单的思想披上复杂的数学外衣"。所谓复杂的数学外衣,其实不过是算术四则而已,而很简单的思想,看来,这位博学的教授却一点也没有懂)。马克思分析了这些图表,并得出结论说:"因此,在威斯特(West)、马尔萨斯、李嘉图等人那里还占统治地位的有关级差地租的第一个错误假定就被推翻了。按照这个错误的假定,级差地租必然是以耕种越来越坏的土地或农业肥力越来越下降为前提的。我们已经看到,在耕种越来越好的土地时,能产生级差地租。当较好土地代替以前的较坏土地而处于最低等级时,也能产生级差地租;级差地租可以和农业的进步结合在一起。它的条件只是土地等级的不同。"(马克思在这里并没有谈到连续对土地投资的生产率不同的问题,因为这样产生的是级差地租**第二**形态,而该章谈的是级差地租**第一**形态。)"在涉及生产率的发展时,级差地租的前提就是:土地总面积的绝对肥力的提高,不会消除这种等级的不同,而是使它或者扩大,或者不变,或者只是缩小。"(《资本论》第 3 卷下册第199 页)①布尔加柯夫先生**没有觉察到**马克思的级差地租理论和李嘉图的地租理论之间的这一根本差别。他宁愿到《资本论》第 3 卷中去寻找"更能看出马克思远不是对土地肥力递减规律抱否定态度的片段"(第 13 页脚注)。请读者原谅,我们不得不用很大的篇幅来摘录一段不重要的(从我们和布尔加柯夫先生都关心的问题来说)引文。既然现代批评界的英雄们(他们还竟敢指责正统派强词夺理)用断章取义的手法和用残缺不全的译文,来歪曲他们所敌视的学说的十分清楚的思想,那不这样做又有什么办法呢? 布尔加柯夫先生把他找到的一段话摘引如下:"从资本主义生产方式的观点来看,(**农业**)产品总会变得相对昂贵,**因为**〈请读者特别注意**我们**加了着重标记的地方〉为了获得某个产品就必须支出一定的费用,必须对以前无须付费的东西付费。"马克思接着说:作为要素加入生产但无须付代价的自然要素,是劳动的无偿的自然生产力,

---

如果必须在不利用这种自然力的情况下生产追加产品，那么就必须付出新的资本，这样就使生产更加昂贵。

　　关于这种"摘引"的手法，我们要指出三点。第一，"因为"这两个字是布尔加柯夫先生自己加的，加上这两个字，就使整段话具有确立某种"规律"的绝对意义。原文（《资本论》第 3 卷下册第 277—278 页）用的不是"因为"，而是"如果"。① 如果必须对以前无须付费的东西付费，那么，产品就总会变得相对昂贵。这个论点同承认土地肥力递减"规律"有什么相似之处呢？ 第二，"农业"两个字连同括号也是布尔加柯夫先生加的。原文根本没有这两个字。布尔加柯夫先生大概用批评家先生们所固有的轻率态度，断定马克思在这里指的只能是农业产品，因而迫不及待地向读者作了颠倒黑白的"解释"。其实，马克思在这里是指一般的产品。在布尔加柯夫先生所摘引的这一段话的前面，马克思说："一般地说还必须指出以下一点。"无偿的自然力也可以加入工业生产，马克思在地租这一篇里还引用了某工厂用瀑布代替蒸汽动力的例子。如果要在不利用这种无偿的力量的情况下生产额外产品，那么，产品就总会变得相对昂贵。第三，必须看一下这段话的上下文。马克思在这一章谈的是从最坏的耕地上取得的级差地租，并且和往常一样，分析了两种在他看来是完全相等的和完全同样可能的情况：第一种情况是连续投资的生产率提高（第 274—276 页）②；第二种情况是连续投资的生产率降低（第 276—278 页）③。关于后一种可能发生的情况，马克思说："关于在连续投资时土地生产率

----

① 参看《马克思恩格斯文集》第 7 卷第 843 页。——编者注
② 同上书，第 839—841 页。——编者注
③ 同上书，第 841—843 页。——编者注

降低的情形,可参看李比希的著作……　　**但是一般地说**还必须指出以下一点。"(黑体是我们用的)接下去就是布尔加柯夫先生所"翻译的"那一段话:如果必须对以前无须付费的东西付费,那么,产品就**总会**变得相对昂贵。

把马克思关于可能情况之中的一种情况的意见说成是马克思认为这种情况是一种普遍"规律",这种批评家究竟有没有科学的求实态度,我们让读者自己去判断吧。

请看布尔加柯夫先生对他找到的这段话所发表的结论性的意见:

"这段话当然是含糊不清的……"　　那当然了!经布尔加柯夫先生一改词换字,这段话竟一点意思也没有了,"……但是决不能有别的理解,只能理解为这是间接地甚至直接地承认〈请听!〉土地肥力递减规律。我不知道,马克思是否还在别的什么地方对这一规律直接表示过意见"(第1卷第14页)。前马克思主义者布尔加柯夫先生,竟"不知道"马克思曾经直接指出,威斯特、马尔萨斯、李嘉图认为级差地租以耕种越来越坏的土地为前提,或者以土地肥力越来越下降为前提这种假定是完全错误的。[①]布尔加柯夫先生"不知道",马克思在对地租进行充分的分析的整个过程中,曾**多次**指出:他认为追加投资的生产率的降低和提高,是两种同样可能的情况!

---

① "批评家"布尔加柯夫先生步他老师布伦坦诺的后尘,显然不加批判地接受了被马克思所推翻的古典经济学的这一错误假设。布尔加柯夫先生写道:"土地肥力递减规律是产生地租的条件……"(第1卷第90页)"……英国的地租……实际上已经显示了连续的投资具有不同的,但总的说来是不断降低的生产率。"(第1卷第130页)

二

地 租 理 论

布尔加柯夫先生根本没有弄懂马克思的地租理论。他以为他提出如下两点反驳意见就可以粉碎这个理论：(1)按马克思的观点，农业资本也参与利润率的平均化，因此超过平均利润率的超额利润就构成地租。在布尔加柯夫先生看来，这是不对的，因为土地占有权的垄断，排除了利润率平均化过程所必需的竞争自由。农业资本并不参与利润率平均化的过程。(2)绝对地租只是级差地租的一种特殊情况，把它和后者区别开来是不正确的。这种区别的根据就是对同一事实(一种生产因素被垄断的事实)任意作出的两种解释。布尔加柯夫先生深信自己的论据有极大的威力，竟情不自禁地用一大堆激烈的字眼来反对马克思，说什么：缺乏论据的论据，非马克思主义，逻辑的拜物教，马克思丧失了丰富的想象力，等等。其实，他这两个论据都来自一个相当严重的错误做法。布尔加柯夫先生在前面把问题片面地简单化，把可能发生的两种情况中的一种(即追加投资的生产率降低的情况)引申成为土地肥力递减的普遍规律。在现在这个问题上，又是这种片面的简单化的毛病，使他不加批判地使用"垄断"这个概念，把这个概念也引申成为某种普遍的东西，从而混淆了在资本主义农业组织的条件下所产生的两种结果：一种是由于**土地的有限**而产生的，一种是由于**土地私有制**而产生的。要知道，这是两个截然不同的东西。下面我们就要说明这一点。

　　布尔加柯夫先生写道:"土地生产力的有限和人对于土地生产力的无限增长的需要,这一情况使土地的垄断有了可能,同时也是产生地租的一个**条件**(虽然不是产生地租的根源)。"(第 1 卷第 90 页)不应当说"土地生产力的有限",而应当说"**土地的有限**"。(我们已经指出,土地生产力的有限,应该归结为现有技术水平和现有生产力状况的"有限"。)在资本主义社会制度下,土地的有限的确是以土地的垄断为前提的,**但是这说的是作为经营对象的土地,而不是作为所有权对象的土地**。在设想资本主义农业组织的时候,必须设想到全部土地被各个私人农场所占用,**但是绝对不能设想全部土地都是这些业主或其他人的私有财产,或者都归私人占有**。对土地所有权的垄断和对土地经营的垄断,不仅在逻辑上而且在历史上,都是两种完全不同的现象。在逻辑上,我们完全可以设想完全没有土地私有制,土地归国家或村社等等所有这样一种纯粹的资本主义农业组织。在现实中,我们也看到,在所有发达的资本主义国家里,全部土地都被各个私人农场占用着,但是,这些农场不仅经营自己私有的土地,同时还经营从私有者那里租来的土地以及国家的土地和村社的土地[67](例如在俄国就是如此,大家知道,在俄国的农民村社土地上的各种私人农场,主要的是资本主义的农民农场)。难怪马克思在分析地租问题时一开始就指出,资本主义的生产方式遇到了(并且控制了)各种不同的土地所有制形式,从克兰所有制[68]和封建所有制起一直到农民村社所有制。

　　可见,土地的有限必然只是以土地经营的垄断为前提的(在资本主义统治的条件下)。试问,**这种垄断会对地租问题产生哪些必然的后果呢?** 土地的有限使粮食价格不取决于中等地的生产条件,而取决于劣等耕地的生产条件。粮食的这种价格使农场主(=农业中的资本主义企业主)能够补偿生产费用并且取得所投资本的平均利润。优等地的农场主得到超额利润,这种超额利润便形成**级差地租**。有没有土地私有制的问题同级差地租的形成问题毫无关系,因为在资本主义农业中,即使在村社的、国家的、无主的土地上,级差地租也是不可避免的。在资本主义制度下,土地有限的唯一后果就是:不同投资的不同生产率形成级差地租。布尔加柯夫先生却认为第二个后果是排除了农业中的竞争自由,他说没有竞争自由就会妨碍农业资本参与平均利润形成的过程。这显然是把土地经营问题和土地所有权问题混淆起来了。在逻辑上,从土地有限(与土地的私有制无关)这一事实只能得出全部土地将被资本主义农场主所占用的结论,而决不能得出农场主之间的竞争自由必然受到某种限制的结论。土地有限是一种普遍的现象,它必然给任何的资本主义农业打上自己的烙印。历史也确凿地证明,把这两种不同的东西混为一谈,在逻辑上是站不住脚的。我们更不用说英国了。在那里,土地占有同农业经营的分离是十分明显的,农场主之间的竞争几乎是完全自由的,工商业资本过去和现在都在大量地流入农业。而在所有其他的资本主义国家内也同样在发生(这同布尔加柯夫先生的见解恰恰相反。布尔加柯夫先生步司徒卢威先生的后尘,枉费心机地把"英国的"地租说成是一种非常独特的东西)土地占有同农业经营分离**这一过程**,只是形式各不相同罢了(租佃、抵押[69])。布尔加柯夫先生看不到(马克思大力强调的)这一过程,也可以说是,居然看不见大象。在欧洲各国,我们看到,在农奴制崩溃之后,等级土地占有制被破坏了,地产得到转移,工商业资本不断流入农业,租佃和抵押债务日益增多。而在俄国,尽管农奴制的残余还非常多,但是我们看到,在改革之后,农民、平民和商人都在加紧购置土地,私有主土地、国家土地和**村社**土地的租佃日益发展,等等。这一切现象说明了什么呢? 说明**尽管**存在着**土地所有权**的垄断,尽管这种所有权的形式层出不穷,但是在**农业**中还是形成了自由竞争。现在,在一切资本主义国家里,任何一个拥有资本的人都可以对农业投资(用买地或租地的办法),而且像对任何一个工商业部门投资一样容易,或者说差不多一样容易。

布尔加柯夫先生在反驳马克思的级差地租理论时指出:"所有这些差别〈农产品生产条件的差别〉都是相互矛盾的,并**可能**〈黑体是我们用的〉相互抵消,如洛贝尔图斯曾经指出的,距离可以用肥沃程度来抵消,而不同的肥沃程度又可以用在比较肥沃的土地上加紧生产的办法来加以拉平。"(第1卷第81页)马克思指出过这一事实,但是并未对它作出这种片面的评价,我们这位严峻的学者不该忘记这一点。马克思写道:"很明显,级差地租的这两个不同的原因,肥力和位置〈地段的位置〉,其作用可以是彼此相反的。一块土地可能位置很好,但肥力很差;或者情况相反。这种情况很重要,因为它可以向我们说明,一国土地的开垦为什么既可以由较好土地推向较坏土地,也可以相反。最后,很明显,整个社会生产的进步,一方面,由于它创造了地方市场,并且通过建立交通运输手段而使位置变得便利,所以对形成级差地租的位置〈地段的位置〉会发生拉平的作用;另一方面,由于农业和工业的分离,由于一方面大的生产中心的形成,以及由于另一方面农村的相对孤立化(relative Vereinsamung des Landes),土地的地区位置的差别又会扩大。"(《资本论》第3卷下册第190页)①可见,当布尔加柯夫

---

① 见《马克思恩格斯文集》第7卷第733页。——编者注

先生以胜利者的姿态重复早已为人所知的关于差异**可能**互相抵消的说法时，马克思却**进一步**提出了变这种可能性为现实性的问题，指出除拉平的作用以外，还有分化的作用。大家都知道，这些相互矛盾的作用的最终结局，就是在所有的国家，各个地方地段的肥沃程度和位置都**存在着**巨大的差别。布尔加柯夫先生的反驳，只能证明他提出意见根本没有经过深思熟虑。

布尔加柯夫先生继续反驳说：生产率最低的最后一次投入的劳动和资本这一概念，"李嘉图和马克思都同样不加批判地加以应用。不难看出，这个概念有着多么大的随意成分。假定投入土地的资本为 10**a**，而且每次追加的 **a** 的生产率都依次递减，土地的总产量为 **A**。显然，每次投入的 **a** 的平均生产率将等于 **A**/10，如果把全部资本看做一个整体，那么，价格就将由资本的这一平均生产率来决定"（第 1 卷第 82 页）。对此我们只能说，显然，布尔加柯夫先生只顾高谈"土地生产力有限"，而忽略了土地有限这件**小事**。土地的有限（这同任何土地**所有制**完全无关）造成一定的垄断，就是说，既然全部土地都被农场主占用，既然市场需求的是全部土地所生产的全部粮食，其中包括最贫瘠、距离市场最远的土地所生产的粮食，那么很明显，粮食价格就取决于劣等地的生产价格（或者说，取决于生产率最低的最后一次投入的资本的生产价格）。布尔加柯夫先生的"平均生产率"不过是一个空洞的算术习题罢了，因为土地的有限妨碍了这种平均生产率的实际形成。要形成这种"平均生产率"，并由它来决定价格，那就必须使每个资本家不仅能够一般地投资于农业（既然正如我们所说的，农业中存在着竞争自由），而且还要使每个资本家在任何时候都能够（突破现有的农业企业的数目）建立**新的**农业企业。如果情况是这样，工农业之间就不会有任何差别了,任何地租也不可能产生了。但是,正是由于土地的有限,情况并非如此。

再往下看。我们在上面的议论中完全抛开了土地所有制问题。我们看到,无论从逻辑上考虑,还是从证明资本主义农业在任何土地占有形式下都可能产生和发展的历史资料考虑,这种论述方法是完全必要的。现在来谈谈这个新的条件。假定全部土地都是私人占有,这对地租会发生什么样的影响呢?土地占有者将依靠他的土地所有权,向农场主索取级差地租。既然级差地租是超过资本正常的平均利润的额外利润,既然在农业中存在着(或者说,资本主义的发展正在创造着)竞争自由,即对农业投资的自由,那么,土地占有者随时都可以找到愿意只拿平均利润而把超额利润让给他这个土地占有者的农场主。土地私有制并不创造级差地租,它只是使级差地租从农场主手中转到土地占有者手中。土地私有制的影响是否仅限于此呢?能不能设想,土地占有者肯把只能提供资本平均利润的,土质贫瘠、位置最坏的土地,**白白**交给农场主耕种呢?当然不能。土地占有权是一种垄断,土地占有者依靠这种垄断向农场主索取这块土地的租金。这种租金就是**绝对地租**,它和不同投资的不同生产率毫无关系,它**是由土地私有制产生的**。布尔加柯夫先生责备马克思对同一种垄断随意作出两种解释,却没有用心想一想,我们所谈的实际上是两种垄断。一种是土地经营(资本主义的)的垄断。这种垄断是由于土地的有限而产生的,因此是任何资本主义社会的必然现象。**这种垄断的结果使粮食价格取决于劣等地的生产条件**,而对优等地的投资,或者说,生产率较高的投资所带来的额外剩余利润,则构成级差地租。级差地租的形成和土地私有制毫无关系,土地私有制只是使土地占有

者有可能从农场主手中取得这种地租。另一种是土地私有权的垄
断。无论从逻辑上或历史上来看,这种垄断同前一种垄断并没有
密切的联系。① 对于资本主义社会,对于资本主义农业组织来说,
这种垄断并不是**必要的**。一方面,我们完全可以设想一种没有土
地私有制的资本主义农业,而且许多彻底的资产阶级经济学家都
要求过土地国有化。另一方面,在现实中我们也看到没有土地私
有制的资本主义农业组织,例如在国有土地和村社土地上的资本
主义农业组织。因此,把这两种垄断区别开来是绝对必要的,因而
除了级差地租外,承认土地私有制所**产生**的绝对地租的存在②也

①　也许用不着再提醒读者,我们这里谈的只是关于地租,关于资本主义农业组
　　织的一般理论,并不涉及一些具体事实,比如:土地私有制的悠久历史以及它
　　的普遍性;海外竞争对我们所说的后一种垄断(在某种程度上也对**两种垄断**)
　　的破坏等等。

②　在 1905 年出版的《剩余价值理论》第 2 卷第 2 册(《Theorien über den Mehr-
　　wert》,Ⅱ.Band,Ⅱ.Theil)中,马克思对绝对地租问题作了解释,这些解释证明
　　我的说明(特别是关于两种垄断的说明)是正确的。下面就是马克思关于这
　　个问题的一段话:"如果土地——不仅相对于资本和人口来说,而且实际上也
　　是一个无限的要素(像空气和水一样"无限")——'数量无限'〈引自李嘉图〉,
　　那么,一个人对土地的占有实际上不可能排斥另一个人对土地的占有。这
　　样,就不可能有任何私人的(也不可能有"公共的"或国家的)土地所有权存
　　在。在这种情况下,如果所有的土地质量相同,那就根本不可能为土地支付
　　地租……　因此,问题的关键在于:如果土地对资本来说作为自然要素而存
　　在,那么,资本在农业方面的活动就会同它在其他任何生产部门的活动完全
　　一样。在这种情况下就不存在土地所有权,不存在地租……　相反,如果土
　　地(1)是有限的,(2)是被占有的,如果资本遇到作为前提的土地所有权——
　　在资本主义生产发展的国家,情况正是这样,而在那些不是像旧欧洲那样存
　　在着这种前提的国家,资本主义生产本身就为自己创造这种前提,例如美国
　　就是这样,——那么,土地对资本来说一开始就不是自然要素那样的活动场
　　所。因此,就会有[绝对]地租存在;这里撇开级差地租不谈。"(第 80、81 页(参
　　看《马克思恩格斯全集》第 1 版第 26 卷第 2 册第 348—349 页。——编者注))
　　这里,马克思非常明确地把土地的有限同土地的私有区别开来了。(这是作
　　者为 1908 年版加的注。——编者注)

是必要的。

马克思认为农业资本的剩余价值所以能产生绝对地租,是因为农业中的可变资本在总的资本构成中所占的比重比一般的要高(在农业技术比工业技术肯定落后的情况下,这种推测是十分自然的)。既然如此,农产品的价值一般地总是高于它的生产价格,剩余价值总是高于利润。但是,土地私有权的垄断妨碍这一余额全部参与利润平均化的过程,于是从这种余额中产生了绝对地租。①

　　布尔加柯夫先生对这种解释很不满意,他高声地说:"这种剩余价值既然像呢绒、棉花或其他某种商品一样,可以充分地或不充分地满足可能的需求,那么它到底是一种什么东西呢。首先,这不是一种物质的东西,而是用来表现一定的社会生产关系的一种概念。"(第1卷第105页)这种把"物质的东西"同"概念"对立起来的做法,是目前人们最喜欢用来冒充"批判"的经院哲学的一个明显的例证。关于一部分社会产品的"概念",如果没有一定的"物质的东西"与之相应,那它能有什么意义呢? 剩余价值是由一定数量的呢绒、棉花、粮食等商品所构成的剩余产品的货币当量。(所谓

---

　　① 顺便指出,我们所以认为有必要特别详细地谈一谈马克思的地租理论,因为我们看到,彼·马斯洛夫先生对马克思的地租理论的理解也不正确(1901年《生活》杂志第3期和第4期:《论土地问题》)。他认为追加投资的生产率的递减,即使不是一种规律,也是一种"常见的"、似乎是正常的现象,他把这一现象同级差地租联系在一起,否定了绝对地租的理论。彼·马斯洛夫先生这篇颇有趣味的文章,对批评家们作了许多正确的评述,但也存在着极大的缺点,因为作者犯了刚才指出的理论错误(作者在捍卫马克思主义的同时,却没有去认真辨别"自己的"理论同马克思的理论有什么不同),又作了一些轻率的、极不公正的论断。例如,他说别尔嘉耶夫先生"彻底摆脱了资产阶级作家的影响",他的特点是"既不损害客观性,又能坚持阶级观点";说什么"考茨基的分析在许多方面都是……带有偏颇性的",考茨基"根本没有断定农业生产力在朝什么方向发展",等等。

"一定数量"，当然并不是说，科学可以具体地算出这一数额，而是说，大体上确定这一数额的条件是已知的。)在农业中，剩余产品比工业部门中要多些(按同资本的比例来说)，而这种余额(由于土地所有权的垄断，它并不参与利润的平均化)当然可以"充分地或不充分地满足"土地垄断占有者的"需求"。

布尔加柯夫先生谦虚地说，他的地租理论是"靠自己的努力"、"走自己的道路"创立的(第1卷第111页)；关于这一理论，我们不必向读者作详细的叙述了。只要略作几点说明，就足以评定这位教授的"生产率最低的最后一次投入的劳动"的这种产品。他的"新"地租理论，是按照"既然是蘑菇，就得叫人采"这句老话炮制出来的。既然是竞争自由，就决不应当对它有任何限制(尽管这种绝对的竞争自由是任何时候、任何地方都未曾有过的)。既然是垄断，就没有什么可说的了。就是说，地租根本不是来自剩余价值，甚至不是来自农产品，而是来自非农业劳动的产品，地租不过是一种贡赋、捐税，是对整个社会生产的克扣，是给土地占有者的期票。"这样一来，农业资本连同它的利润以及农业劳动，总之作为投入劳动和资本的领域的农业，成了资本主义王国的国中之国……关于资本、剩余价值、工资和一般价值的一切〈原文如此!〉定义，一应用到农业上，就都成为虚数了。"(第1卷第99页)

原来如此。现在一切都清楚了：农业中的资本家和雇佣工人原来都是虚数。布尔加柯夫先生虽然有时候这样胡说八道，可有时候也说得有点儿道理。翻过14页以后有这样几句话："社会为农产品的生产耗费了一定数量的劳动，这就是农产品的价值。"好极了。就是说，价值的"定义"至少不完全是一种虚数。他接着说："既然生产是按资本主义方式组织起来的，而控制生产的是资本，

那么粮食价格将根据生产价格来决定,就是说将要参照社会平均
生产率来计算这种劳动和资本支出的生产率。"妙极了。就是说,
资本、剩余价值和工资的"定义"也不完全是一种虚数。就是说,竞
争自由(虽然不是绝对的)是存在的,因为资本要是不能在农业和
工业之间来回流转,就不可能"参照社会平均生产率来计算生产
率"。他接着又说:"由于土地的垄断,价格上涨到价值以上,一直
上涨到市场条件容许的限度。"太妙了。但是布尔加柯夫先生在什
么地方看见过贡赋、捐税、期票等等是取决于市场条件的呢? 既然
由于垄断的关系,价格上涨到市场条件容许的限度,那么,"新的"
地租理论和"旧的"地租理论的全部差别就在于:走"自己的道路"
的作者,既不了解土地有限的影响同土地私有制影响之间的差别,
也不了解"垄断"和"生产率最低的最后一次投入的劳动和资本"这
两个概念之间的联系。下面再翻过 7 页以后(第 1 卷第 120 页),
布尔加柯夫先生竟完全忘记了"自己的"理论,大谈其"土地占有
者、资本主义农场主和农业工人三者分配这种产品〈农产品〉的方
式",这有什么可奇怪的呢? 这是出色的批判的出色的结局! 这是
从此丰富了政治经济学的新颖的**布尔加柯夫地租理论**的卓越
成果!

三

农业中的机器

　　现在我们再来谈谈赫茨的这部如布尔加柯夫先生所说的"出
色的"著作(《土地问题及其同社会主义的关系》1899 年维也纳版。

A.伊林斯基的俄译本,1900年圣彼得堡版)。但是,有时我们还得把这两位作家相同的论据一并加以分析。

农业机器问题以及与此密切相关的农业中的大生产和小生产的问题,经常成为"批评家""驳斥"马克思主义的论据。后面我们将详细分析他们所引用的一些具体资料,现在只考察一下与此有关的一般论点。批评家们用了很多篇幅十分详细地说明,在农业中使用机器所遇到的困难比在工业中要大,因而机器使用得比较少,意义也比较小。这一切是无可争辩的,就是那个考茨基(布尔加柯夫、赫茨和切尔诺夫等先生们一听见他的名字几乎就失去了控制自己的能力)也十分肯定地指出了这一点。但是这个无可争辩的事实丝毫也驳斥不了下面这个情况,即机器在农业中的应用也推广得很快,对农业起着强有力的改造作用。批评家们只得用些深奥的议论来"回避"这个必然的结论,说什么……"农业的特征就在于自然在生产过程中主宰一切,人的意志是不自由的。"(布尔加柯夫的书第1卷第43页)……　"它〈工业中的机器〉代替人的不可靠、不精确的工作,而以数学的准确性完成十分精密和十分庞大的工作。对于农产品的生产,机器却起不了任何类似的作用〈?〉,因为直到今天为止,这种劳动工具还不是掌握在人的手里,而是掌握在自然-母亲的手里。这并不是比喻"(同上)。的确,这不是比喻,而不过是一句空话,因为谁都知道,蒸汽犁、条播机、脱粒机等等都在**使**工作**更加**"可靠和精确",因此,说什么"起不了任何类似的作用",简直是胡说八道! 这就等于说农业机器"丝毫〈原文如此!〉不能使**生产**革命化"(布尔加柯夫的书第1卷第43—44页,他同时还援引了农业机器制造专家的意见,但是这些专家谈的只是农业机器同工业机器的相对的差别),或者等于说"机器在这里不仅不能把劳动者变成自己的附属品〈?〉,而且这个劳动者依然起着过程的操纵者的作用"(第44页)。这是不是指的例如脱粒机上的递捆手呢?

布尔加柯夫先生为了反对农业机器制造专家和农业经济学专家(菲林格、佩雷尔斯)的结论,援引施图姆普费和库茨勒布的著作(论述小经济同大经济竞争的能力的著作),竭力贬低蒸汽犁的优越性,并且搬出种种的论据,例如,使用蒸汽耕作需要有特种的土壤①和"特大的田庄"(在布尔加柯夫先生看来,这条论据居然不是反对小经济的,而是反对蒸汽犁的!),在深耕 **12 英寸**的情况下,使用畜力比使用蒸汽**更为便宜**,等等。这种论据多得可以写成几本书,但是丝毫不能驳倒蒸汽犁能够深耕(深于 12 英寸)的事实以及蒸汽犁的应用得到迅速推广的事实:英国在 1867 年,使用蒸汽犁的只有 135 个田庄,到 1871 年,使用的蒸汽犁已达 2 000 架以上(考茨基);德国使用蒸汽犁的农户,在 1882 年只有 836 个,到1895 年已增加到 1 696 个。

在农业机器问题上,布尔加柯夫先生不止一次地引用被他推崇为"农业机器专著的作者"的弗兰茨·本辛格的见解(第 1 卷第44 页)。如果我们在这里不说明一下布尔加柯夫先生是**怎样**引用的,他又是**怎样**被他自己提出的证人打了嘴巴,那就太不公平了。

布尔加柯夫先生硬说马克思关于不变资本比可变资本增长更快的"结构"不适用于农业,他援引了劳动力消耗随着农业生产率的增长必然愈来愈大的事实,同时还引用了本辛格的计算。"不同的

---

① 赫茨以"胜利者"的姿态坚持这一点,说那种认为蒸汽犁"在任何情况下"都比马拉犁优越的"绝对"推断(第 65 页;俄译本第 156 页)是错误的。这才真是去敲敞开的大门!

经营制度对人力的总需要量如下:实行三圃制经营",每种 60 公顷土地"需要 712 个工作日;实行诺福克式的轮作经营需要 1 615 个工作日;实行大规模种植甜菜的轮作经营需要 3 179 个工作日"。(**弗兰茨·本辛格**《农业机器对国民经济和私有经济的影响》1897 年布雷斯劳版第 42 页。布尔加柯夫的书第 1 卷第 32 页。)只是不幸的是,本辛格恰恰是想用这一计算来证明机器的作用在不断扩大。本辛格用这些数字来推算德国整个农业,认为如果用三圃制来耕作土地,现有的农业工人刚刚够用,因此,假如不采用机器,就根本**不可能**实行轮作制。大家都知道,在普遍采用旧三圃制的时候,几乎完全不使用机器,因此,本辛格的计算所证明的东西同布尔加柯夫先生想证明的恰巧**相反**。这就是说,这一计算证明,农业生产率的提高必然是在不变资本比可变资本增长更快的条件下实现的。

还有一个地方,布尔加柯夫先生断言"机器在加工工业中的作用同在农业中的作用有着根本性的〈原文如此!〉差别",并且援引了本辛格下面这段话:"农业机器不能像工业机器那样无止境地提高生产……"(第 1 卷第 44 页)布尔加柯夫先生又是运气不好。本辛格在题为《农业机器对总收入的影响》的第 6 章一开头,就指出了农业机器和工业机器的这一绝非"根本性的"差别。本辛格详细地分析了农业专门著述中和他特意作的调查中有关每种机器的资料,得出了一般性的结论:使用蒸汽犁会使总收入增加 10%;使用条播机增加 10%;使用脱粒机增加 15%,而且使用条播机可以节省 20%的种子;只有使用马铃薯收割机会使总收入下降 5%。布尔加柯夫先生断言:"不管怎么说,农业机器中的蒸汽犁是唯一可能有某些技术根据的机器。"(第 1 卷第 47—48 页)**不管怎么说**,这个论断是被粗心大意的布尔加柯夫先生在这里所援引的本辛格的话驳倒了。

为了使人对于农业机器的意义有一个更确切、更完整的认识，本辛格十分详细地计算了使用机器的经营效果，从不使用机器，使用一架机器、两架机器等等一直计算到使用一切主要机器，其中包括蒸汽犁和农业用的田间铁路（Feldbahnen）。计算表明，在不使用机器的情况下，总收入＝69 040马克，支出＝68 615马克，纯收入＝425马克，即每公顷纯收入为1.37马克；而在使用一切主要机器的情况下，总收入＝81 078马克，支出＝62 551.5马克，纯收入＝18 526.5马克，即每公顷纯收入为59.76马克，**比前一种情况多40倍以上**。这仅仅是使用机器的影响，经营制度还是假定不变！正如本辛格的计算所表明的，随着机器的采用，不变资本大量增加，而可变资本（即耗费在劳动力上的资本以及工人人数）却不**断减少**，这是不言而喻的了。总之，本辛格的著作完全驳倒了布尔加柯夫先生，它不仅证明了农业中大经济的优越性，而且证明了关于减少可变资本而使不变资本增长的规律也同样适用于农业。

只有一点布尔加柯夫先生和本辛格是接近的，这就是：本辛格采取了纯粹资产阶级的观点，根本不了解资本主义所固有的矛盾，泰然自若地闭上眼睛，不看机器排挤工人的事实等等。德国教授们的这位温和谨慎的高足，也像布尔加柯夫先生一样，一谈起马克思就深恶痛绝。不过本辛格更加彻底，他把马克思叫做一切"机器的反对者"，说马克思既反对农业机器，又反对工业机器，说马克思谈到机器对工人的有害影响时，把一切灾祸统统归罪于机器，这是"歪曲事实"（上引本辛格的书第4、5、11页）。布尔加柯夫先生对本辛格的态度又一次告诉我们，"批评家"先生们从资产阶级学者那里接受的是什么，假装看不见的又是什么。

赫茨的"批判"究竟是什么货色,从下面这个例子可以看得十分清楚:他在第149页(俄译本)上责备考茨基采用"杂文的笔法",在150页上又提出以下理由来"驳斥"关于大生产在使用机器方面的优越性的论断。第一个理由是:小农户用协作的办法也**能够**购买机器。请看,这样就可以驳倒机器在大农户中更加普遍的**事实**!至于谁更**能够**得到协作好处的问题,我们将在第二篇论文中同赫茨专门谈一谈。第二个理由是,大卫在《社会主义月刊》[70](第5期第2页)中指出:在小农户中,使用机器"十分普遍而且还在急剧地增加……条播机甚至在很小的农户中也常常〈原文如此!〉可以看到。割草机和其他机器也是如此"(第63页;俄译本第151页)。读者只要翻一下大卫的文章[①],就会看到,他引用的是使用机器的**农户**的**绝对数字**,而不是这种农户在同类农户中所占的百分比(而考茨基当然是这样做的)。

让我们把1895年全德国的有关数字[②]比较一下:

农 户 类 别	农户总数	使用机器的农户数目					
		播种机	百分比	条播机	百分比	割草机和收 割 机	百分比
2公顷以下……	3 236 367	214	0.01	14 735	0.46	245	0.01
2— 5 公顷…	1 016 318	551	0.05	13 088	1.29	600	0.06
5— 20 公顷…	998 804	3 252	0.33	48 751	4.88	6 746	0.68
20—100 公顷…	281 767	12 091	4.29	49 852	17.69	19 535	6.93
100 公顷以上……	25 061	12 565	50.14	14 366	57.32	7 958	31.75
总 计	5 558 317	28 673	0.52	140 792	2.54	35 084	0.63

---

① 大卫在《社会主义和农业》(1906年圣彼得堡版)一书中又采用了这一错误的方法(第179页)。(作者为1908年版加的脚注。——俄文版编者注)

② 《德意志帝国统计》第112卷第36页★。

　　大卫和赫茨说,播种机和割草机"甚至在很小的农户中"也"常常"可以看到,这话不是得到证实了吗? 既然赫茨得出"结论"说:"从统计资料来看,考茨基的论断是完全经不起批驳的",那究竟是谁真正在玩弄杂文的笔法呢?

　　有一桩滑稽事应该提一提,就是这些"批评家们"虽然否认大农户在使用机器方面的优越性,否认由此而造成的小农户劳动过度和消费不足的事实,但是他们在不得不涉及实际情况的时候(并且在他们忘记了自己的"首要任务"是驳斥"正统"马克思主义的时候),却无情地打了自己的嘴巴。例如,布尔加柯夫先生在自己著作的第2卷(第115页)里说:"大农户投资的集约程度总是比小农户高,因此,自然就宁愿使用机器生产因素,而不愿使用活的劳动力。"身为"批评家"的布尔加柯夫先生,追随司徒卢威和杜冈-巴拉诺夫斯基先生,也赞同庸俗的经济学的观点,把机械"生产**因素**"同活的"生产**因素**"对立起来,——这的确是十分"自然的"。但是,他这样轻率地否定大农户的优越性,这是自然的吗?

　　农业生产的积聚被布尔加柯夫先生说成不外是一种"神秘的积聚规律"等等。但是,他也不得不研究英国的资料,原来农户积聚的趋势从50年代到70年代末就已存在了。布尔加柯夫先生写道:"小的消费农户合并成了较大的农户。土地的**这种**集中,决不是大生产和小生产竞争的结果⟨?⟩,而是由于地主们有意识地⟨!?⟩用合并若干小农户的办法来抬高地租,因为小农户只能交付很少的地租,而大农户则能交付高额地租。"(第1卷第239页)读者,你们知道吗? **不是**大生产同小生产竞争,**而是**后者收入少而被前者排挤掉了。"既然经济建立在资本主义的基础上,因此在一定的范围内,大资本主义农户无疑要比小资本主义农户优越,这是无可争辩的。"(第1卷第239—240页)既然这是无可争辩的,那为什么考茨基在他论述大生产和小生产的那一章(在《土地问题》中)的**开头**说了一句"农业愈带有资本主义性质,农业大生产同小生产在技术上的质的差别也就愈大"的话,布尔加柯夫先生就对他大发雷霆(过去是在《开端》杂志上)呢?

　　但是,不仅在英国农业的繁荣时期,而且在危机时期也能得出不利于小农户的结论。近年来一些委员会的报告"都十分肯定地断言:被危机压得最厉害的就是小业主"(第1卷第311页)。有一份关于小私有者的报告说:"他们的住房比工人的普通住房还要坏…… 他们所有人的劳动都非常繁重,工作时间比工人长得多,而且他们当中许多人都说:他们的物质状况比工人差,生活不那么好,很少能吃上新鲜的肉…… 债台高筑的自耕农首先遭到毁灭。"(第1卷第316页)"……他们处处都要节省,而像这样过日子的工人是为数不多的…… 小农依靠家庭成员的无酬劳动,勉强还能应付…… 小农的生活比工人要艰苦得多,这是用不着多说的。"(第1卷第320—321页)我们摘引了这几段话,读者可以判断一下,布尔加柯夫先生的下面这个结论是否正确,他说:"保全到农业危机时期的农户遭到严重的破产,只是说明〈!!〉小生产者在这种情况下比大生产者破产得更快,仅此而已〈原文如此!!〉。从这里要得出什么关于小生产者的一般经济生命力的一般结论,是根本不可能的,因为在危机时期,英国的整个农业都是摇摇欲坠的。"(第1卷第333页)这不是说得很好吗? 布尔加柯夫先生在论述农民经济一般发展条件的那一章里,甚至用这种绝妙的论述方法作出概括:"价格的突然跌落,严重地影响到各种形式的生产,但是农民生产拥有的资本最菲薄,自然就比大生产更加不稳定(这毫不影响农民生产的一般生命力问题)。"(第 2 卷第 247 页)总之,在资本主义社会中,资本菲薄的农户虽然更加不稳定,但是这并不影响它们的"一般"生命力!

从论述的前后一贯性来说,赫茨的情况也不见得强一些。他"驳斥"(也是用上述手法)考茨基的言论,可是谈到美国的时候,他却承认美国大农户的优越性,承认大农户能够"以更大的规模使用机器,而我国的小农户却做不到这一点"(第 36 页;俄译本第 93 页);他承认,"欧洲农民在经营方面,往往沿用因循守旧的生产方式,像工人那样只是为了一小块面包而疲于奔命(robotend),没有向上的志向"(同上)。赫茨总的说来也承认"小生产比大生产使用的劳动要多得多"(第 74 页;俄译本第 177 页),他甚至可以向布尔加柯夫先生提供由于使用蒸汽犁而提高收成等等的资料(第 67—68 页;俄译本第 162—163 页)。

我们的批评家们在理论上对农业机器的意义的看法是很不固定的,因此自然会一筹莫展地一再搬用对机器抱反感的大地主的十分反动的结论。赫茨在这个棘手的问题上的确还是很不果断的;他谈到农业使用机器的"困难"时说:"有一种意见认为,冬季有许多空闲时间,因此使用手工脱粒更为有利。"(第 65 页;俄译本第 156—157 页)看来,赫茨想用他固有的逻辑从这里得出结论说:这个事实并不说明小生产不好,也不说明资本主义妨碍使用机器,而是说明机器本身不好!难怪布尔加柯夫先生要责备赫茨,说他"过于受自己党的意见的束缚"(第 2 卷第 287 页)。这位俄国教授当然不受这种侮辱性"束缚"的限制,他骄傲地说:"我完全摆脱了那种十分普遍的,特别是在马克思主义文献中十分普遍的偏见,那种偏见认为,任何机器都是一种进步。"(第 1 卷第 48 页)可惜,具体的结论完全不符合这段绝妙的议论所反映出的丰富想象力。布尔加柯夫先生写道:"蒸汽脱粒机使许许多多工人在冬季没有工作可做,因此无疑是对工人的一大祸害,这种祸害是技术上的效果所弥补不了的。[①] 哥尔茨也指出了这一点,他甚至提出了一个空想的希望"(第 2 卷第 103 页),即希望**限制**脱粒机特别是蒸汽脱粒机的应用,"以便改善农业工人的境况,减少移居国外和迁徙的现象",——哥尔茨还补充了这么一句。(我们也来补充一句:哥尔茨说的迁徙,大概是指迁入城市吧。)

我们提醒读者一下,考茨基在《土地问题》一书中,指出的正是哥尔茨的这种思想。因此,在对待具体的经济问题(机器的意义)和政治问题(要不要限制机器?)方面,看一看充满马克思主义偏见的狭隘正统派抱什么态度,再看一看充分领会了"批判主义"全部精神实质的现代批评家抱什么态度,这是很有意义的。

考茨基说(《土地问题》第 41 页):哥尔茨硬说脱粒机具有特别"有害的影响",因为它剥夺了农业工人冬季的主要工作,把他们赶进城市,使农村更加荒凉。因此哥尔茨建议限制脱粒机的使用。考茨基补充说,这种建议"看来似乎是为了农业工人的利益,实际上却是为了地主的利益,因为对于地主说来",正如哥尔茨自己所说的,"即使不能马上补偿,将来也能通过在夏季增加劳动力的办法绰绰有余地补偿这种限制所造成的损失"。考茨基继续说道:"幸亏,这种对工人的保守的友情,不过是一种反动的空想。使用脱粒机'现在'就十分有利,地主决不会为了'将来'的利润而不去

[①] 参看第 1 卷第 51 页:"……冬季工作本来就不多,蒸汽脱粒机……却担负了冬季的主要工作(因而这种机器对于整个〈原文如此!!〉农业的好处是大可怀疑的;下面我们还会看到这样的事实)。"

使用它。因此,脱粒机将继续发挥它的革命作用:继续把农业工人赶进城市,从而一方面成为提高农村工资的有力手段,另一方面成为促进农业机器制造业继续发展的有力手段。"

　　布尔加柯夫先生对这位社会民主党人和大地主的这种问题的提法所持的态度,是非常典型的,这是现代整个"批评界"在无产阶级政党和资产阶级政党之间所采取的立场的一个缩影。当然,这位批评家不是那种狭隘死板的人,他是不会采取阶级斗争的观点和资本主义使一切社会关系革命化的观点的。但是,另一方面,我们的批评家虽然"变得聪明了一些",可是一想起过去"年轻无知"的时候曾经赞同过马克思主义的偏见,就不敢全盘接受他的新伙伴大地主的纲领,不敢像这位大地主那样鉴于机器"对**整个农业**"有害而提出十分合情合理的要求:禁止使用! 我们这位善良的批评家成了站在两捆干草之间的布利丹毛驴[71]。一方面,他已经完全丧失了阶级斗争的观点,现在竟说机器"对**整个农业**"有害,忘记了现代的**整个**农业主要操纵在唯利是图的企业主手中,他完全忘记了当他曾经是个马克思主义者的"青年时代",竟提出了一个十分荒谬的问题:机器的技术效果是不是能够"弥补"它对工人的有害影响(其实造成这种有害影响的不仅有蒸汽脱粒机,而且还有蒸汽犁、割草机、谷物清选机等等)? 他甚至没有看到,大地主实际上就是想在冬季和在夏季都能加强对工人的奴役。但是另一方面,他又模糊地记起那个陈旧的"教条主义的"偏见:禁止使用机器是一种空想。可怜的布尔加柯夫先生,他到底能不能摆脱这种尴尬的境地呢?

　　有趣的是,我们的批评家们竭力贬低农业机器的意义,甚至搬出"土地肥力递减规律",但同时却忘记(或者故意不想)提起电工

技术正在准备的新的农业技术革命。与此相反,考茨基早在 1899
年就指出了电力在农业中的意义(《土地问题》)。彼·马斯洛夫先
生说考茨基"根本没有肯定农业生产力在朝什么方向发展,因而犯
了重大的错误"(1901 年《生活》杂志第 3 期第 171 页),这是极不
公平的。目前,即将到来的技术革命的迹象已经看得更清楚了。
人们正在试图从理论上阐明电工技术在农业中的意义(见奥托·
普林斯海姆博士《农业工场手工业和电气化农业》,《布劳恩文
库》[72]1900 年版第 15 卷第 406—418 页,以及卡·考茨基发表在
《新时代》杂志[73]第 19 年卷(1900—1901)第 1 册第 18 期上的文
章:《农业中的电力》);一些从事实际经营活动的地主在纷纷谈论
自己应用电力的经验(普林斯海姆就引用了阿道夫·佐伊费尔黑
德阐述自己农场经验的著作),他们认为电力是一种使农业能够重
新盈利的手段,他们要求政府和地主建立中心电力站,为农村的业
主大量生产电力(去年柯尼斯堡出版了东普鲁士地主 P·马克的
一本书:《缩减生产费用以提高我国农业生产(关于机器和电力对
农业的功用的研究)》)。

　　普林斯海姆提出一个我们认为很正确的见解,他说,现代农
业,从它一般的技术水平以及经济水平来说,接近于马克思称为
"工场手工业"的那个工业发展阶段。手工劳动和简单协作占据优
势,采用机器不普遍,生产规模比较小(譬如从一个企业每年出售
的产品总量来看),市场容量多半很有限,大生产同小生产保持着
联系(而且,就像大工场手工业主同手工业者的关系一样,后者为
前者提供劳动力,或者前者向后者收购"半成品",譬如大业主向小
业主收购甜菜、牲畜等等),——所有这些迹象实际上说明:农业还
没有达到马克思所说的真正的"大机器工业"阶段。农业中还没有

一个联结成一整套生产结构的"机器体系"。

当然,不应当夸大这种类似之处。因为一方面,农业有许多绝对不能消除的特点(如果把在实验室制造蛋白质和食物这种过于遥远和过于不可靠的可能性撇开不谈的话)。由于这些特点,农业中的大机器生产永远也不会具备工业中的大机器生产的**全部**特点。另一方面,在工场手工业时期,工业中的大生产就已经取得优势,并且在技术上显示出比小生产优越得多。很久以来,小企业主一直试着用延长工作日、减少消费的办法来抵制这种优越性,手工业者和现代的小农通常也是采用这种办法。在工场手工业时期手工劳动占主要地位,这就使小生产靠这种"英勇的"手段还可以勉强维持。但是那些被这一情况迷惑而大谈手工业者的生命力的人(就像现在的批评家们大谈农民的生命力一样),很快地就被那种使技术停滞这一"普遍规律"不发生作用的"暂时的趋势"给驳倒了。例如,请回忆一下俄国的调查者对 70 年代莫斯科省的手工织布业所作的调查。他们说:就棉纺织业来说,手工织布失败了,机器占了上风,但是在丝织业中,手工业者还能站得住脚,机器还很不完善。20 年过去了,技术夺走了小生产的又一个最后避难所,凡是有耳可听、有眼可看的人,都会从中领悟到:经济学家要永远向前看,向技术进步这方面看,否则他马上就会落后,因为谁不愿意向前看,谁就要掉头向后看,不前不后的情况是没有的,也是不可能有的。

普林斯海姆一针见血地指出:"像赫茨那样高谈农业中小生产同大生产的竞争,而忽略了电工技术作用的著作家们,应当再重新开始研究。"普林斯海姆这段评语用来说明布尔加柯夫先生那两卷著作,那就更加贴切了。

电力比蒸汽动力便宜,它的特点是具有更大的可分性,更易于作长距离的输送,机器的运转也更准确更平稳,因此电力更适于做脱粒、耕地、挤奶、切饲料①等工作。考茨基描写了一个匈牙利的大地产②,那里电力从一个中心电站输向四面八方,直到田庄最远的地方,电力带动各种农业机器,并且还用来切甜菜、提水、照明等等。"每天要从 29 公尺深的井中把 30 000 升的水汲到 10 公尺高的水槽,要为 240 头奶牛、200 头小牛、60 头耕地的犍牛和马准备饲料,切刨甜菜或其他饲料,做这么多工作,冬季需要 4 匹马,夏季需要 2 匹马,总共要花费 1 500 德盾。现在用一台 3—5 马力的电动机来代替马匹工作,全部费用不过 700 德盾,即减少了 800 德盾。"(上引考茨基的书)据马克计算,一匹马干一天活要花 3 马克,而换用电力,同样的活只要花 40—75 芬尼就够了,这就是说,要便宜 400%—700%。他说:再过 50 年或者更多一点时间,假如在德国农业中,电力将替换 175 万匹马(1895 年,在德国农业中,在田间干活的有 260 万匹马、100 万头犍牛、230 万头牝牛,其中土地超过 20 公顷的农户有 140 万匹马和 40 万头犍牛),那么,支出可以从 100 300 万马克减少到 26 100 万马克,即减少 74 200 万马克。种植牲畜饲料的大片土地就可以改种供人吃的东西,改善工人的饮食。而布尔加柯夫先生却拿"自然界赐物的减少"、"粮食问题"等等来吓唬工人。马克始终建议把农业同工业结合起来,以便经常使用电力;他建议开凿马祖里运河,这样就能使 5 个中心电站发电,向电站周围 20—25 公里以内的农村业主供应电力;他还建

① 这一点应该让狂妄的布尔加柯夫先生知道,因为他曾经狂妄而武断地说:"像畜牧业这样的农业生产部门根本不可能使用机器。"(第 1 卷第 49 页)
② 这一点还应该让布尔加柯夫先生知道,因为他说"大经济面临大地产的退化"!

议利用泥炭来发电,并且要求农村业主联合起来,他说:"只有同工业,同大资本进行协作,才能使我们这一工业部门重新盈利"(马克的书第48页)。当然,采用新的生产方式会遇到种种困难,道路不会是平坦的,而是曲折的。但是,新的生产方式一定会采用,农业必然会革命化,这是无可怀疑的。普林斯海姆说得好:"电动机代替大部分畜力,这件事说明在农业中采用机器体系是有可能的…… 蒸汽动力做不到的事情,电工技术一定能做到,也就是说,它一定能使农业从旧的工场手工业变为现代化的大生产。"(上引书第414页)

我们不想详述农业中应用电工技术会使大生产取得(而且部分地已经取得了)多么巨大的胜利,这一点是十分明显的,用不着多讲了。我们最好还是看一下,靠中心电力站的动力来运转的"机器体系"的萌芽,究竟出现在当前的哪些农户里。要知道,采用机器体系,首先必须试用各种机器,必须有多种机器联合使用的范例。1895年6月14日发表的德国农户调查报告,回答了这个问题。我们可以看到关于使用自己机器或别人机器的各类农户数目的资料(布尔加柯夫先生在第2卷第114页上也部分地引用了这些资料,但是他错误地以为这里指的是**机器**的数目。顺便指出一点,从使用自己机器或别人机器的农户数目的材料中所看到的大生产的优越性,自然比实际的优越性要差一些。大农户拥有自己机器的要比小农户多,小农户则要用高价租用机器)。这些资料或者是关于使用一般机器的情况,或者是关于使用某一种机器的情况,因此我们不能断定各类农户究竟**各使用了多少机器**。但是,如果我们按农户类别把使用某一种机器的农户的数目加在一起,我们就会得出各种农业机器的**使用的架次**。下面就是按这种方法整

理的资料,这些资料表明,农业中的"机器体系"在怎样地形成起来:

农 户 规 模	每 100 个农户中	
	使用农业机器的农户(1895)	使用这种或那种农业机器的架次(1895)
2 公顷以下 ………………	2.03	2.30
2— 5 公顷 …………	13.81	15.46
5— 20 公顷 …………	45.80	56.04
20—100 公顷 …………	78.79	128.46
100 公顷以上 …………	94.16	352.34
总 计……	16.36	22.36

可见,在 5 公顷土地以下的小农户中(这类农户占农户总数的 $^3/_4$ 以上,即在 550 万户中有 410 万户,也就是占 75.5%;但是它们在 3 250 万公顷土地中却只占 500 万公顷,即只占 15.6%),使用各种农业机器(我们把牛奶业的机器也计算在内)的**架次**是微不足道的。在中等农户(5—20 公顷)中,使用一般机器的农户不足半数,而且每 100 个农户只使用农业机器 56 架次。只有在资本主义大生产中①,我们才能看到**大多数农户**($^3/_4$—$^9/_{10}$)在使用机器,而且**机器体系正在开始形成**:每个农户使用机器都在一架次以上。可见,一个农户使用的机器有好几架,例如,每个土地超过 100 公顷的农户使用的**机器大约有 4 架**(使用机器的农户占 94%,而使用机器的架次达 352%)。在 572 个大地产(占地 1 000 公顷以上的农户)中,有 555 个使用了机器,共使用 2 800 架次,就是说,每个农

---

① 在 550 万个农户中,土地超过 20 公顷的农户只有 30 万户,即只占农户总数的 5.5%,但是它们却拥有 3 250 万公顷土地中的 1 770 万公顷,即全部农业面积的 54.4%。

户**平均使用 5 架机器**。由此可以看出,究竟哪些农户在准备着"电气"革命,哪些农户最能从这一革命中得到益处。

四

城乡对立的消灭。
"批评家们"提出的几个问题

　　上面谈到赫茨,现在再来谈谈切尔诺夫先生。后者只是"谈论"前者的著作,因此我们在这里只是简略地评述一下赫茨的论述手法(以及切尔诺夫先生翻版复制的手法),以便进一步(在下一篇论文中)分析"批评家们"提出的一些新的事实材料。

　　赫茨是一个什么样的理论家呢? 这一点只要举出**一个**例子就可以说明。我们看到,他那本书开头的一节用了一个了不起的标题,叫做《民族资本主义的概念》。赫茨只是想给资本主义下个定义。他写道:"我们当然可以把它描述成为这样一种国民经济体系,这种体系的**法律**基础是彻底实现了的人身自由和财产自由的原则,它的**技术**基础是广泛规模的〈大规模的?〉生产①,它的**社会**基础是生产资料同直接生产者的分离,它的**政治**基础是资本家依靠唯一的财产分配的经济基础而掌握中央政权〈国家的集中的政治力量?〉。"(俄译本第 37 页)赫茨说,这种定义是不完全的,须要再加上一些限定,例如,除大生产外,到处都还存在着家庭劳动和

---

　　① 　维·切尔诺夫先生译成(《俄国财富》杂志第 4 期第 132 页):"达到高度发展阶段的生产"。他对德文"auf grosser Stufenleiter"这一短语竟有这样独到的"理解"!!

小块土地的租佃。"把资本主义说成是生产受资本家〈资本占有者〉监督〈统治和监督〉的体系，这种**现实的**〈原文如此!〉定义也是不十分恰当的。"这种把资本主义说成是资本家统治的"现实的"定义不是很妙吗? 这种追求罗列所有的个别特征和个别"因素"的做法，这种时髦的、貌似现实主义的而实际上是折中主义的做法，是多么典型啊。把个别现象的各个局部特征统统装进一个总的概念里，或者相反，"避免同千差万别的各种现象冲突"，这种荒谬的做法，这种只能说明根本不懂什么叫做科学的做法，当然只会使"理论家"只见树木不见森林。例如，赫茨竟忘记了商品生产以及劳动力转化为商品这样的小事! 但是他却杜撰了一个**遗传学的**定义，为了惩罚这位杜撰者，应把这一定义全文摘引出来:资本主义是"这样一种国民经济状态，在这种状态下，自由流转、人身自由和财产自由等原则的实现，已经达到每个单个国民经济的经济发展和经验主义条件所决定的最高点(相对地说)"(第 10 页;俄译本第 38—39 页，译文不十分确切)。维·切尔诺夫先生当然是怀着十分崇敬的心情抄录和描述了这些肥皂泡，并且用了整整 30 页的篇幅来"分析"民族资本主义的各种类型，用以款待《俄国财富》杂志的读者。从这个大有教益的分析中，可以得到许多非常宝贵的、一点也不公式化的启示，例如，说什么"英国人具有独立、傲慢和刚毅的性格"，英国资产阶级"稳健庄重"，它的外交政策"不讨人喜欢"，"罗曼语种族有磅礴的热情"，"德国人富于精确性"。(《俄国财富》杂志第 4 期第 152 页)这样一分析，"教条式的"马克思主义当然就被彻底粉碎了。

　　赫茨对于抵押材料的分析，也具有同样的威力。至少切尔诺夫先生对这个分析是很赞赏的。他说:"事实是……还没有一个人能推翻赫茨的材料。考茨基在反驳赫茨的著作时,过多地注意到某些细节〈如证实赫茨玩弄**偷天换日**的手法! 好一个"细节"!〉,但是对于赫茨有关抵押问题的论据,却**只字未提**。"(《俄国财富》杂志第 10 期第 217 页,黑体是切尔诺夫先生用的)从《俄国财富》杂志同一期第 238 页上的引文可以看出,切尔诺夫先生读过考茨基那篇反驳文章(《我的〈土地问题〉的两位批判者》,载于《新时代》杂志第 18 年卷(1899—1900)第 1 册);而且切尔诺夫先生也不可能不知道,载有这篇文章的杂志,在俄国是被书报检查机关禁止发行的。切尔诺夫先生用了黑体的那句话,是**彻头彻尾的谎言**,因为在**切尔诺夫先生提到的那篇文章**的第 472—477 页上,考茨基恰恰是在抵押问题上**驳斥**了"赫茨、大卫、伯恩施坦、席佩耳、布尔加柯夫之流"[①],这一事实很能说明现代"批评界"的全貌。恢复被歪曲的事实的真相,这个任务是枯燥乏味的,但是,既要同切尔诺夫先生之流打交道,这个任务就是无法推卸的。

考茨基对赫茨自然是嘲笑了一番,因为在这个问题上,赫茨也暴露出自己不善于或者不愿意了解事情的究竟,而喜欢重复资产阶级经济学家的陈词滥调。考茨基在《土地问题》一书中谈到了(第 88—89 页)抵押积聚的问题。考茨基写道:"农村中为数众多的小高利贷者日益被排挤到次要地位,让位给那些垄断抵押贷款的庞大而集中的资本主义机构或公共机构。"考茨基列举了若干这种资本主义机构和公共机构,提到了土地信贷公司(genossen-schaftliche Bodenkreditinstitute),指出**储金局**、保险公司和其他许多团体(第 89 页)都把自己的基金投入抵押贷款等等。例如,普

---

① 考茨基语,《新时代》杂志第 427 页。

鲁士的 17 个信贷公司到 1887 年已经发行了 165 000 万马克的抵押券[74]。"这些数字表明,地租已经大量地集中**在少数中央机构的手中**〈黑体是我们用的〉,而且这种集中过程还在迅速地发展着。1875 年德国的抵押银行共发行了 9 亿马克的抵押券,1888 年发行了 25 亿马克,到 1892 年已达到 34 亿马克,这些抵押券集中在 31 家银行(1875 年是 27 家)手中。"(第 89 页)地租的这种集中明显地说明**土地所有权**的集中。

　　赫茨、布尔加柯夫、切尔诺夫之流却回答说:不,"我们看到的是一种极其强烈的分散的趋势,即所有权分割的趋势"(《俄国财富》杂志第 10 期第 216 页),因为"四分之一以上的抵押贷款集中在拥有大量小存户的民主的〈原文如此!〉信贷机关手中"(同上)。赫茨非常热心地引证了一大堆表格,证明储金局的大量存户是**小存户**等等。试问,这一切又能说明什么呢? 要知道,考茨基自己也谈到过信贷公司和储金局(当然他没有像切尔诺夫先生那样,把它们看做一种特别"民主的"机构)。考茨基谈的是地租集中在少数中央机构手中,而有人却向他指出储金局拥有大量的小存户!! 并且把这叫做"所有权的分割"! 但是,抵押银行的存户数目同农业(这里谈的是地租的集中)又有什么关系呢? 难道大工厂的股票分散在大量小资本家手中,它就不再算生产的集中了吗? 考茨基在回答赫茨时写道:"在赫茨和大卫没有告诉我以前,我不知道储金局的钱是从哪儿弄来的。我还以为它们用的是路特希尔德和万德比尔特家族的私蓄。"

　　在谈到将抵押贷款转为国家所有的时候,赫茨说:"这是对付大资本的最拙劣的手段,但是用它来激发人数愈来愈多的小私有者大军特别是雇农大军,来反对这一改革的倡导者,这当然是绝妙的手段。"（第29页；俄译本第78页。切尔诺夫先生在《俄国财富》杂志第217—218页上津津乐道地重述了这段话。）

考茨基反驳说：请看伯恩施坦之流惊呼人数愈来愈多的"私有者"都是些什么人吧！这是一些在储金局有20马克存款的女佣人！说什么社会党人要用"剥夺"办法洗劫劳动者大军，这种攻击社会党人的论调是多么陈腐不堪啊。正是欧根·李希特尔在他的小册子里煞费苦心地提出过这一论据，这本小册子是在反社会党人非常法75废除以后出版的（厂主们一买就是几千册，免费发给工人阅读）。欧根·李希特尔在这本小册子中提出了他那著名的"节俭的阿格尼斯"：她是一个穷裁缝，在储金局里存了几十个马克，但是却被那些夺得政权并且把银行收归国有的狠心的社会党人抢走了。请看，布尔加柯夫①、赫茨和切尔诺夫之流就是从这种地方搜寻他们"批判的"论据的！

考茨基在谈到欧根·李希特尔"著名的"小册子时说："当时，欧根·李希特尔的这一论调曾遭到所有社会民主党人一致的嘲笑。而现在，社会民主党人中间竟有人在我们的中央机关报上（可能是指大卫发表在《前进报》76上的一篇文章）歌颂一篇重复同一思想的著作：赫茨，我们赞美你的功绩！

对于已进入风烛残年的可怜的欧根来说，这真是一个大胜利。为了让欧根高兴，我不能不再引用一下赫茨在同一页上所说的下面一段话：'我们看到，剥夺小农、城市房产主的，特别是剥夺大农的，正是下层和中层阶级，这些阶级的基本成员无疑来自农村居民。'"（赫茨的书第29页；俄译本第77页。《俄国财富》杂志第10期第

---

①　关于抵押问题，布尔加柯夫先生在《开端》杂志和德文版的布劳恩《文库》中，曾提出同样的论据来反驳考茨基。

216—217页兴高采烈地转述了这段话。)"大卫的关于用集体的工资合同(Tarifgemeinschaften)和消费合作社来'挖空'(Aushöhlung)资本主义的理论现在已经被人超过了。它在赫茨的用储金局来剥夺剥夺者的理论面前,已经黯然失色。被认为已经去世了的节俭的阿格尼斯,现在又重新复活了。"(上引考茨基的书第475页)俄国的"批评家"和《俄国财富》杂志的政论家,也急忙把这位复活了的"节俭的阿格尼斯"搬到俄国来,用以诋毁"正统的"社会民主党。

　　维·切尔诺夫先生看到赫茨所重述的欧根·李希特尔的这些论据,就欣喜若狂。正是这位先生,在《俄国财富》杂志和《在光荣的岗位上》这本献给尼·米海洛夫斯基先生的文集里,把考茨基"驳得"体无完肤。我们要是不把这种斥责的某些精辟之处指出来,未免太不公平了。切尔诺夫先生在《俄国财富》杂志第8期第229页上写道:"考茨基又追随马克思,认为资本主义农业的进步会造成土地的贫瘠,因为向土地不断夺取各种产品,运往城市,而没有归还土地什么东西……　可见,在土地肥力规律的问题上,考茨基无可奈何地〈原文如此!〉重复着马克思的话,而马克思又是以李比希的理论为根据的。但是,在马克思写他的第1卷的时候,李比希的'肥力恢复律'还是农学上的一个最新成就。自从这一规律发现以来,已经过去半个多世纪了。我们对土地肥力规律的认识,已经经历了整整一次革命。事实怎样呢? 李比希以后的整个时代,巴斯德和维尔在后来的一切发现,索拉里使用氮气的实验,贝特洛、黑尔里格尔、威尔法尔特以及维诺格拉茨基在土壤细菌学方面的种种发现,——这一切都没有给考茨基留下任何印象……"亲爱的切尔诺夫先生! 他同屠格涅夫笔下的伏罗希洛夫[77]是多么惊人地相似啊! 大家还记得《烟》里面那位曾到国外游历过的年轻的俄国大学讲师吗？他平时总是一声不吭,但有时心血来潮,又滔滔不绝地一连说出几十个、几百个大大小小的学者和名流的名字。我们这位博学多识的切尔诺夫先生同伏罗希洛夫一模一样,他把不学无术的考茨基彻底消灭掉了。不过……不过我们是不是应该翻阅一下考茨基的书,哪怕看一下书的目录也好？我们看看第4章《现代农业》,第4节是《肥料、细菌》。翻开这一节,可以看到这样一段话:

"80年代的后5年,人们发现豆科植物和其他作物不同,它所储备的氮素差不多全部是从空气中摄取的,而不是从土壤中摄取的,豆科植物不仅不会使土壤中的含氮量减少,反而会使它增多。但是只有在土壤中有某种微生物附着在植物根部时,豆科植物才具有这种特性。在没有这种微生物的地方,可以进行适当的接种,使豆科植物能够把含氮少的土壤变成含氮量丰富的土壤,从而在一定程度上为这块土壤种植其他作物施了肥。一般说来,把细菌接种到豆科植物上,再施用适当的矿物肥料(磷酸盐和钾肥),即使不施用粪肥,也能经常获得大丰收。正是由于这一发现,'自由经营'才获得了十分稳固的基础。"(考茨基的书第51—52页)是谁科学地论证了固氮菌的卓越发现呢？是黑尔里格尔……

考茨基的过错在于他有一种坏毛病(这种毛病在许多狭隘正统派的身上也可以看到),即在任何时候都不肯忘记,一个战斗的社会党的成员就是在写学术著作时也不应当忽视工人读者,应当力求写得**简单明了**,避免不必要的舞文弄墨,避免在外表上摆出"渊博"的样子。因为这些只是颓废派和官方科学界那些有学衔的人物所热衷的事情。考茨基在这里宁愿清清楚楚地阐明什么是农学上的最新发现,也不去罗列那些对于十分之九的读者来说是毫无意义的学者的姓名。伏罗希洛夫之流的做法却相反,他们宁愿搬出一大串农学家、政治经济学家和批判哲学家等等的名字,用这些学术垃圾来遮盖问题的实质。

例如,伏罗希洛夫—切尔诺夫把捏造的罪名加在考茨基的头上,说他不知道知名的学者和科学上的发现,以此来掩饰和遮盖现代批评界的一个十分有趣、十分有教益的情节,即:资产阶级经济学对消灭城乡对立的社会主义思想的进攻。例如,路约·布伦坦诺教授断言,人口从乡村流入城市,并不是特定的社会条件所造成的,而是由于**自然的必要性**,是由于土地肥力递减规律的缘故。①布尔加柯夫先生追随他的老师,在《开端》杂志(1899 年 3 月第 29页)上就已宣称消灭城乡对立的思想是一种"不折不扣的空想","只能引起农学家的嘲笑"。赫茨在书中写道:"消灭城乡的差别,的确

---

① 见考茨基发表在《新时代》杂志第 19 年卷(1900—1901)第 2 册第 27 期上的一篇文章《托尔斯泰和布伦坦诺》。考茨基把列·托尔斯泰的学说以及资产阶级的经济学同现代科学社会主义作了比较,认为托尔斯泰的理论虽然有其反动幼稚的方面,但是他仍然不失为资产阶级制度的深刻的洞察者和批判者,而资产阶级经济学的"泰斗"布伦坦诺(谁都知道,他是司徒卢威、布尔加柯夫、赫茨等先生的老师),却暴露了极端严重的糊涂观念,把自然现象同社会现象混为一谈,把生产率同利润率,价值同价格等等概念混为一谈。考茨基公正地指出:"这与其说是布伦坦诺个人的特征,不如说是他所属的那个**学派**的特征。现代的资产阶级经济学**历史学派**78,把全面认识社会结构说成是已经超越了的阶段(überwundener Standpunkt)。按照这种观点,经济科学不应当研究各种社会规律和把这些规律归结为一个完整的体系,而应当只限于记录过去和现在的各个社会事实。因此它也就习惯于只涉及现象的表面。这个学派的某个代表一旦试图考察现象的更深刻的根源,就完全不能辨别方向,而无可奈何地兜起圈子来了。近来,在我们党内有人并不是想用任何其他理论,而是想用历史学派所特有的毫无理论(Theorielosigkeit)来代替马克思的理论,力图把理论家降低到报纸记者的水平。凡是希望朝着伟大目标勇往直前,而不愿意在一些具体事件上毫无目的地跳来跳去(Fortwurschteln)的人,应当把我们所揭露的布伦坦诺的糊涂观念作为借鉴,不要采用历史学派现在的这种方法。"(第 25 页)

是老空想家〈甚至还有《共产党宣言》〉的基本愿望。但是我们还是不能相信,一个具备一切条件使人类文化达到高峰的社会制度,真的会消灭大城市这样充满朝气的和文化发达的大中心,并且为了迎合被损害的美学感情,竟会抛弃这些为进步所不可缺少的丰富的科学艺术宝藏。"(第76页;俄译者在第182页中,居然把"potenzirt"①一词译为"潜在的"。这种俄译本真是叫人没有办法! 在第270页中,这位译者又把"Wer isst zuletzt das Schwein?"②译成了"到底谁是猪呢?")你们可以看出,赫茨是在用空话来维护资产阶级制度,使之不受社会主义"空想"的冲击,他所谈的"为唯心主义而斗争"的空话并不比司徒卢威和别尔嘉耶夫先生谈的少! 但是这些夸夸其谈的唯心主义空话对于维护资产阶级制度没有任何好处。

社会民主党人是善于珍视充满朝气和文化发达的大中心的历史功绩的。他们坚决反对把一切人口特别是农民和农业工人束缚在一个地方,这就是明证。因此,他们和批评家们不同,不会落入大地主那种想给"农夫"找点冬"活"干的圈套。但是,完全肯定资本主义社会大城市的进步性,丝毫不妨碍我们把消灭城乡对立当做我们的理想(并且列入我们的行动纲领,至于无法实现的理想,还是让给司徒卢威和别尔嘉耶夫先生吧)。说这样做就是抛弃科学艺术的宝藏,是不对的。恰恰相反,为了使这些宝藏**为全体人民所享用**,为了消灭千百万农村人口同文化隔绝的现象,即消灭马克思所正确指出的"农村生活的愚昧状态"③,这样做是完全必要的。

---

① 倍加的,丰富的。——编者注
② "到底谁吃猪呢?"——编者注
③ 见《马克思恩格斯文集》第2卷第36页。——编者注

现在,已经有可能把电力输送到遥远的地方,运输技术已经非常发达,只须花较少的(同现在相比)费用就能以每小时 200 多俄里的速度载运旅客[①],因此,要让大体上平均分布于全国各地的全体居民共同享用几世纪来在少数中心城市积聚起来的科学艺术宝藏,在技术上已经没有任何困难了。

　　既然没有什么东西能够妨碍消灭城乡对立(当然,也不应当设想消灭这种对立可一蹴而就,而是要采取一系列的措施),这就决不只是"美学感情"的要求。在大城市中,用恩格斯的话来说,人们都在自己的粪便臭味中喘息,所有的人,只要有可能,都要定期跑出城市,呼吸一口新鲜的空气,喝一口清洁的水。[②] 工业也在向各地疏散,因为工业同样需要清洁的用水。利用瀑布、运河和江河来发电,将进一步促进"工业的疏散"。最后(最后但不是最不重要),为了合理地利用对于农业十分重要的城市污水特别是人的粪便,也要求消灭城乡对立。批评家先生们想根据农学来反驳的正是马克思和恩格斯的这一论点(恩格斯在《反杜林论》一书中曾经就这个问题非常详细地阐述了他们的理论[③],批评家先生们不肯去全面地分析这一理论,而只是照例断章取义地把某个布伦坦诺的思想拿来加以改头换面)。他们推论的程序是这样的:李比希证明,我们从土地索取多少,必须归还多少。因此,他认为把城市的污水倾入江海,这是荒唐而野蛮地浪费农业所必需的物质。考茨基同意李比希的理论。**但是**,现代农学表明,施用人造肥料、采取给豆

---

①　在曼彻斯特和利物浦之间修建这种铁路的计划没有被国会批准,仅仅是由于害怕旧公司破产的铁路大王出于自私的目的而加以反对。
②　参看《马克思恩格斯文集》第 3 卷第 326 页。——编者注
③　参看《马克思恩格斯文集》第 9 卷第 301—315 页。——编者注

科植物接种一定的固氮菌等措施,完全可以恢复土地的生产力,而不必施用厩肥。**可见**,考茨基和所有这些"正统派"不过是些落后分子。

　　我们回答说,可见,批评家先生们在这里又是在进行他们那种数不胜数的层出不穷的**歪曲**。考茨基论述了李比希的理论以后,**立即**指出:现代农艺学证明,"不使用厩肥是完全可以的"(《土地问题》第50页;参看上面引证的一段话);但是他又补充说:同城市卫生体系造成的浪费人的粪便的情况比起来,这只是**一种治标的办法**。批评家们如果有本领就问题的实质进行争论,他们就应当驳倒这一点,证明这并不是治标的办法。但是这一点他们连想都没有想到。十分明显,人造肥料代替天然肥料的可能性以及这种代替(**部分地**)的事实,丝毫也推翻不了下述事实:把天然肥料白白抛掉,同时又污染市郊和工厂区的河流和空气,这是很不合理的。就在目前,一些大城市周围也还有一些农田利用城市的污水进行灌溉,使农业受益很大,但是,能这样利用的只是很少一部分污水。有一种反对意见认为,现代农学似乎已经推翻了城市在农艺上剥削农村的事实,这种意见竟被批评家先生们当做一种新的见解奉献给考茨基。考茨基在自己著作的第211页上,回答这种反对意见说:人造肥料"提供了防止土地肥力降低的可能性,但是,愈来愈多地施用人造肥料的必要性,只是给农业数不胜数的负担又增加了一个负担。农业的这些负担**决不是自然的必要性,而是现有的社会关系造成的**"[①]。

　　我们加上了着重标记的这些话,便是批评家们极力加以混淆

[①]　考茨基接着说:当然,人造肥料不会随着资本主义的崩溃而消失,但是它将以特殊的物质来肥沃土地,而不是担负起恢复土地肥力的**全部**任务。

的问题的全部"关键"。有些著作家也和布尔加柯夫先生一样,把"粮食问题"说得比社会问题更加可怕更加重要,以此吓唬无产阶级,他们赞扬人工节制生育,说什么"调节人口增殖"是农民富裕的"根本的〈原文如此!〉经济条件"(第2卷第261页),说什么这种调节值得"推崇",说什么"农民人口的增长在悲天悯人的〈!?〉道德论者中间引起了许多伪善的愤懑〈仅仅是伪善的愤懑,而不是对现代社会制度正当的愤懑吗?〉,似乎无节制的淫欲〈原文如此!〉倒是一种美德"(同上)。这班著作家自然而然地、不可避免地会竭力掩盖**资本主义**对农业进步的阻碍,把一切都归罪于"土地肥力递减"这一自然"规律",把消灭城乡对立说成是"不折不扣的空想"。然而切尔诺夫先生之流附和了这种论调,同时又责备批判马克思主义的批评家"缺乏原则性,犯有折中主义和机会主义的错误"(《俄国财富》杂志第11期第246页),这该是多么轻率啊?!切尔诺夫先生竟责备别人缺乏原则性,犯有机会主义错误,还有什么能比这更滑稽的吗?

我们这位伏罗希洛夫树立的其他的批判功勋,同我们方才所分析的也一模一样。

如果伏罗希洛夫要你们相信考茨基不了解资本主义信贷和高利贷之间的区别,说考茨基谈到农民起着企业主的作用,农民像厂主那样处于同无产阶级对立的地位,这就是根本不善于或者不愿意理解马克思,如果伏罗希洛夫还拍着胸脯高声说:"我感到〈原文如此!〉有充分根据,所以才敢于这样说。"(《在光荣的岗位上》第169页)那你们听了可以放心,伏罗希洛夫又在肆无忌惮地混淆黑白,又在肆无忌惮地自吹自擂了。他"没有看到"考茨基著作中论述高利贷的那些段落(《土地问题》第11、102—104页,特别是第

118、290—292 页），却拼命去敲敞开的大门，照例地大喊大叫，说考茨基有"学理主义的形式主义"、"在道德上冷漠无情"、"嘲弄人类的苦痛"等等。至于农民起企业主作用这一十分奥妙的现象，显然已经超出了伏罗希洛夫的理解能力。在下一篇论文中我们将设法用最具体的事例向他说明这个道理。

如果伏罗希洛夫想证明他是"劳动利益"的真正代表者，斥责考茨基不该把流氓无产阶级、仆人、手工业者等等"为数众多的真正的工人排斥于无产阶级行列之外"（同上，第 167 页），那你们就该知道，伏罗希洛夫又把问题搞乱了。考茨基在这里分析的是创造了现代"社会民主主义的无产阶级运动"的"现代无产阶级"的特征（《土地问题》第 306 页），而伏罗希洛夫之流至今还未曾发现游民、手工业者和仆人创造过什么社会民主主义运动。责备考茨基把仆人（现在在德国仆人也开始参加运动了）、手工业者等等"排斥于"无产阶级行列之外，只是充分暴露了伏罗希洛夫之流的恬不知耻，因为这种词句愈是缺乏实际意义，对俄国书报检查机关所禁止的《土地问题》**第 2 部分**进行攻击愈是不担风险，他们就愈加愿意对"真正的工人"献殷勤。不过，在恬不知耻方面还有更精彩的例子。切尔诺夫先生把尼·—逊和卡布鲁柯夫先生大大赞扬了一番，闭口不谈马克思主义者对这两个人的批评，并且佯作天真地问道：德国社会民主党人所说的俄国"同志"是指的什么人呢？ 你们要是不相信《俄国财富》杂志会提出这样的问题，那就请看该杂志第 7 期第 166 页。

如果伏罗希洛夫武断地说，恩格斯关于比利时工人运动由于受到蒲鲁东主义[79]影响必将毫无成果的"预言"已经"破产了"，那你们就该知道，伏罗希洛夫过于相信自己可以"不负责任"，又在歪曲事实了。请看他是怎么写的："比利时从来也没有成为正统派马克思主义的国家,这决不是没有原因的,由此对比利时不满的恩格斯预言,比利时的运动由于受到'蒲鲁东主义原则'的影响,必将'从无,经过无,到无',这也不是没有道理的。可惜！恩格斯的预言破产了,比利时的运动广泛全面的发展,使它现在成了典范,许多'正统'国家都可以从中得到许多教益。"(《俄国财富》杂志第 10 期第 234 页)事情是这样的:1872 年(1872 年!),恩格斯曾在社会民主党的《人民国家报》**80**上同德国蒲鲁东主义者米尔柏格展开论战,反对夸大蒲鲁东主义的意义,他说:"工人运动直接受蒲鲁东的'原则'影响的唯一国家就是比利时,正因为如此,比利时的工人运动才像黑格尔所说的那样'从无通过无到无'。"①

　　可见,说恩格斯似乎"预测"和"预言"了什么东西,这简直是**撒谎**。恩格斯说的只是**实际情况**,即 1872 年的情况。**当时**比利时的运动所以裹足不前,正是由于蒲鲁东主义的盛行,由于蒲鲁东主义的领袖们反对集体主义,反对无产阶级进行独立的政治活动,——这是无可怀疑的历史事实。只是到 1879 年才成立了"比利时社会党",只是从这时才开始进行争取普选权的鼓动,这标志着马克思主义对蒲鲁东主义的胜利(承认组成独立的阶级政党的无产阶级应该进行政治斗争),标志着运动开始取得辉煌的成就。"比利时工人党"的现行纲领接受了(这并不是指个别的不大重要的条文)马克思主义**所有的**基本思想。因此,恩格斯在 1887 年为论住宅问题一书的第 2 版写序言时,特别强调指出:"国际工人运动在最近

---

①　见小册子《论住宅问题》1887 年苏黎世版。该书收入了恩格斯 1872 年批评米尔柏格的文章,以及他在 1887 年 1 月 10 日写的引言。这里引的是该书第 56 页(见《马克思恩格斯文集》第 3 卷第 311 页。——编者注)。

14年来已经有了多么巨大的进步。"①他说:这一进步是同蒲鲁东主义的被排挤密切相关的,**从前**蒲鲁东主义盛行一时,而**现在**几乎被人遗忘了。恩格斯指出:"在比利时,佛来米人已经把瓦隆人从运动的领导地位上排除出去了,已经废黜了(abgesetzt)蒲鲁东主义而大大提高了运动的水平。"(该小册子第4页,序言)②看来,《俄国财富》杂志说的不是很真实吗?

如果伏罗希洛夫……够了!合法刊物可以像诬蔑死人一样,月月诬蔑"正统的"马克思主义,对这样的刊物我们当然是批不胜批的。

五

"先进的现代小农户的繁荣"。
巴登的例子③

布尔加柯夫先生在《开端》杂志(第1期第7页和第13页)上,大声疾呼:详细一点,详细一点!所有的"批评家"都在用数百种调子数百次地重复这一口号。

好吧,先生们,我们就来详细探讨一下吧。

你们用这个口号来攻击考茨基,是毫无意义的,因为土地问题

① 见《马克思恩格斯文集》第3卷第240页。——编者注
② 同上书,第241页。——编者注
③ 本文第5—9章发表在《教育》杂志上,并附有以下作者注:"这几篇论文是在1901年写成的。其中的第一部分曾于去年在敖德萨印成小册子出版(海燕出版社版)。第二部分是第一次发表。每篇论文都是比较独立和完整的。这几篇论文的总的题目就是探讨俄国著作界对马克思主义的批评。"——俄文版编者注

充满了无数互不联系的细节,对土地问题进行科学研究的首要任务,就是要概括地说明现代整个土地制度的发展情况。你们的口号只是掩饰你们的缺乏科学原则性,以及你们害怕任何完整严密的世界观的机会主义的心理。你们如果不是用伏罗希洛夫的态度对待考茨基的著作,你们本可以从中得到很多启示,可以知道应该怎样利用详细的材料,怎样整理这些材料。但是你们却不善于利用这些详细的材料,现在让我们用**你们自己挑选的**许多例子来证明这一点。

爱·大卫在伏罗希洛夫之流的先生们主编的《社会主义〈??〉月刊》(第3年卷(1899)第2期)上,发表了一篇反驳考茨基的文章,题为《农村的野蛮人》。在这篇文章里,爱·大卫扬扬得意地引证了最近出版的论述农民经济的**"一部论据极其充分的、颇有价值的专题著作"**,这就是莫里茨·黑希特(Hecht)的《巴登[81]哈尔特山区的三个村庄》(1895年莱比锡版)。赫茨立刻加以附和,跟着大卫重复了这部"杰出著作"中的某些数字(第68页;俄译本第164页),并且"竭力推荐"(第79页;俄译本第188页)大家阅读这部著作的原著或大卫的摘录。切尔诺夫先生急忙在《俄国财富》杂志上转述了大卫和赫茨的言论,并且拿黑希特所描绘的"先进的现代小农户繁荣的鲜明图画"(第8期第206—209页)来反驳考茨基。

现在我们来看看黑希特的著作。

黑希特描写了距离卡尔斯鲁厄4—14公里的三个巴登村庄——哈格斯菲尔德村、布兰肯洛赫村和弗里德里希斯塔尔村。虽然那里的地块很小,每个业主只有1—3公顷土地,但是收成非常好,农民都过着富裕文明的生活。大卫(跟在他后面的还有切尔诺夫)拿这个地方的收成同德国的平均收成作了比较(以德制公担为单位,每公顷马铃薯产量是 150—160 比 87.8;黑麦和小麦是 20—23 比 10—13;干草是 50—60 比 28.6),并且感慨地说:怎么样? 请看,这就是"落后的小农"! 我们的回答是,第一,这里没有对相同条件下的小农户和大农户作任何比较,因此拿这一点作为反驳考茨基的论据,是非常可笑的。更可笑的是,这位切尔诺夫先生在《俄国财富》杂志第 8 期第 229 页上硬说"在考茨基迂腐的见解〈关于城市在农艺上剥削农村〉中,甚至夸大了资本主义的阴暗面",然而在第 209 页上为了**反驳**考茨基,却恰恰选了这样的村庄作例子,那里由于位置靠近城市而**排除了**这种资本主义对农业进步的障碍。资本主义使农村日益荒凉,使人口集中于城市,绝大多数农村人口因而丧失了大量的天然肥料,但是与此同时,极为少数的市郊农民却依靠他们位置的优越而获得特殊的利益,依靠多数人的贫困而发财致富。上面说的那些村庄有这样好的收成是不足为奇的,因为它们每年用 41 000 马克向邻近三个城市(卡尔斯鲁厄、布鲁克扎尔、杜尔拉赫)的驻军购买厩肥,向城市污秽处理机关购买污水(黑希特的书第 65 页),而购买人造肥料只花了 7 000 马克。① 用具备这种条件的小农户的例子来反驳大农户的技术优越性,只能证明自己的无能。第二,从这个例子中,真的能看到像大卫及其追随者赫茨、切尔诺夫所说的"名副其实的小农"(echte

————
① 顺便说一句,切尔诺夫先生要《俄国财富》杂志的读者相信,在这些村庄里,**在地产的规模上**并不存在"任何显著的差别"。但是,如果要求详细探讨不是他口头上说说的空话,那他就不会忘记,对于这些市郊农民来说,土地多少远没有肥料多少那样重要。而在这方面,差别是显著的。弗里德里希斯塔尔村虽然土地最少,但是那里的收成最高,农民也最富裕。在 48 000 马克的肥料支出中,这个村占了 28 000 马克,这个村共有土地 258 公顷,平均每公顷的肥料支出是 108 马克。在哈格斯菲尔德,平均每公顷的肥料支出只有 30 马克(12 000:397 公顷),在布兰肯洛赫一共才 11 马克(8 000:736 公顷)。

und rechte Kleinbauern)吗？他们在这里**只是**拿地产的规模作为根据,这正好说明他们不会利用详细的资料。谁都知道,市郊农民的1俄亩土地,相当于偏僻地区农民的10俄亩土地,而且经营**形式**由于临近城市也有极大的改变。例如,在首府市郊的这些村庄中,土地最少然而最富庶的村庄要算弗里德里希斯塔尔村,那里的地价是9 000 — 10 000马克,为巴登平均地价(1 938马克)的**5倍**,为东普鲁士边远地区地价的**20来倍**。可见,按生产规模(衡量农户规模的唯一准确的标志)来看,这根本不是什么"小"农。至于谈到他们的经营**形式**,我们看到,**货币**经济以及黑希特所特别强调的农业**专门化**,在这里已经发展到很高的程度。他们种植烟草(在弗里德里希斯塔尔占土地面积的45％),种植良种马铃薯(一部分留种,一部分供卡尔斯鲁厄的"贵族老爷"食用——黑希特的书第17页),向首府出售牛奶和黄油、仔猪和成猪,自己则买进粮食和干草。这里的农业完全具有商业性质,首府市郊的农民都是地道的**小资产者**。切尔诺夫先生如果真的研究过他从别人那里引来的详细资料,他也许会多少懂得一点农民的"小资产阶级性"(参看《俄国财富》杂志第7期第163页)这个对他来说是深奥莫测的范畴。最滑稽的是,赫茨和切尔诺夫先生一方面声明自己不能理解为什么农民会起企业主的作用,为什么农民能一会儿以工人的身份出现,一会儿又以企业主的身份出现,但是另一方面,他们所引用的一部详细的研究性著作却直截了当地指出:"18世纪的农民,虽有8—10公顷的土地,却是农民〈**"是农民"**,切尔诺夫先生!〉,是体力劳动者;而19世纪的小农,虽有1—2公顷土地,却是脑力劳动者,是企业主、商人。"(黑希特的书第69页;参看第12页:"农村的业主成了**商人**和**企业主**"。黑体是黑希特用的)赫茨和切尔诺夫先生难道不正是用伏罗希洛夫的态度来"斥责"考茨基把农民和企业主混为一谈的吗？

　　"企业主"最明显的一个标志就是使用雇佣劳动。在那些引用黑希特著作的冒牌社会主义者中间，**竟没有**一个人对这个事实**说过一句话**，这是很能说明问题的。黑希特本人是一个极为典型、极为忠诚的小资产者，他对农民信仰宗教，对大公国当局"慈父般地关怀"农民，特别是对开办烹饪训练班这类"重大"措施感到欢欣鼓舞。因此，他自然要竭力掩盖这些事实，证明富人和穷人、农民和雇工、农民和工厂工人之间并不存在任何"社会鸿沟"。黑希特写道："农业**日工**这一等级是不存在的。大多数农民都可以靠家里人的帮助耕种自己的土地；在这三个村庄里，只有少数人在收割或脱粒时需要借助别人的劳力；这样的农户，用当地的话来说，'邀请'〈"bitten"〉一些男人或妇女（他们连想也没有想到把自己叫做日工"）'来帮忙'。"（第31页）在这三个村庄所有的业主中，只有少数人雇用日工，这是不奇怪的。因为我们将会看到，很多"业主"都是工厂工人。需要雇人的真正的农民究竟有多少，黑希特没有交代。他宁愿在他专门描述三个村庄（其中有一个村庄就是黑希特本人的出生地）的硕士论文（德文是博士论文）中，侈谈勤奋和节俭的崇高道德意义，而没有列举有关各类农民的确切的统计资料。（尽管如此，也许正因为如此，赫茨和大卫才这样赞扬黑希特的著作。）我们只知道，在离卡尔斯鲁厄最远（14公里）的弗里德里希斯塔尔这个最富足的、完全经营农业的村庄里，日工的工资最低。在弗里德里希斯塔尔，日工吃自己的饭；每天只挣2个马克；在哈格斯菲尔德（离卡尔斯鲁厄4公里，那里住的是工厂工人），每天挣3个马克。这就是使批评家们感到鼓舞的"名副其实的小农""繁荣"的条件之一。黑希特告诉我们："在这三个村庄里，主人和**仆人**〈Gesinde＝既是仆人也是雇工〉之间还存在着纯粹宗法式的关系。'主人'，也就是拥有 3—4 公顷土地的农民，用'你'来称呼男女雇工，直呼他们的名字，而雇工则称农民为'伯父'（Vetter），称农妇为'伯母'（Base），对他们称呼'您'……　雇工同全家一起吃饭，被当做家里人一样。"（第 93 页）烟草业在这一地区极为发展，需要的人手也特别多，但是，关于雇佣劳动在烟草业中的意义，"论据极其充分的"黑希特却一字不提。不过，他多少还是提到了雇佣劳动，因此，就"详细探讨"的本领来说，这位忠诚的小资产者比起奉行"批判"社会主义的伏罗希洛夫之流，还是略胜一筹。

第三，人们援引黑希特的研究著作来驳斥农民过度劳动和吃不饱的事实。但是，批评家们在这里却宁愿对黑希特所**指出**的这类事实**保持沉默**。俄国的民粹派和西欧的资产阶级经济学家都拿"中等"农民这个概念来粉饰"农民"，现在，批评家们也得靠这个概念来帮忙了。"总的说来"，这三个村庄的农民都很富裕，但是就从黑希特这部论据极不充分的著作中也可以清楚地看出，在这方面必须分为三大类。约有四分之一（或 30％）的业主（多数在弗里德里希斯塔尔村，少数来自布兰肯洛赫村）是富裕的小资产者，他们由于靠近首府而发财致富，他们经营盈利很高的牛奶业（每天出售10—20 升牛奶）和烟草业（举一个例子，1.05 公顷的烟叶可以卖1 825 马克），饲养生猪出售（在弗里德里希斯塔尔，1 140 个居民养猪 497 头；在布兰肯洛赫，1 684 个居民养猪 445 头；在哈格斯菲尔德，1 273 个居民养猪 220 头），等等。在这些为数很少的农户（其实，批评家们所赞美的"繁荣"景象，只有对它们说来才是完全适用的）中间，使用雇佣劳动无疑是很经常的。在其次一类农民

（布兰肯洛赫的大多数农民都属于这一类）中间，繁荣景象就差得多了，他们施肥较少，收成较低，牲畜也比较少（把全部牲畜折合成大牲畜计算，在弗里德里希斯塔尔，258 公顷土地共有 599 头牲畜；在布兰肯洛赫，736 公顷土地共有 842 头牲畜；在哈格斯菲尔德，397 公顷土地共有 324 头牲畜），家里有"陈设雅致的房间"的不多，远不是每天都能吃到肉，许多家庭都有这样的情况（我们俄国人对此是十分熟悉的）：他们因急需用钱就在秋天卖粮，春天再买粮吃。[①] 在这类农户中，重心正在不断地从农业转向工业，例如布兰肯洛赫已经有 103 个农民到卡尔斯鲁厄去当工厂工人了。这批农民加上哈格斯菲尔德几乎全村的居民，便构成了第三类农户（占农户总数的 40%—50%）。农业在这里已经是副业，主要由妇女从事。他们的生活水平虽然比布兰肯洛赫高些（由于受到首府的影响），但是贫困已经十分明显。他们把牛奶卖出去，自己却买回一些"更便宜的人造黄油"（第 24 页）。山羊的数目迅速增加：从 1855 年的 9 头增加到 1893 年的 93 头。黑希特写道："山羊增加的原因只能是，原来的农户消失了，农民等级已经分化（Auflösung）成为一个拥有零星土地的农村工厂工人等级。"（第 27 页）顺便说几句，德国全国的山羊头数从 1882 年到 1895 年，也有了很大的增长：从 240 万头增加到 310 万头。这一点清楚地说明了布尔加柯夫先生之流和小资产阶级社会主义者"批评家"所赞

---

① 顺便说一下，黑希特说布兰肯洛赫在经济上的落后是由于自然经济占优势和**存在村社**的缘故，由于村社的存在，凡是年满 32 岁的人，"不管他懒惰也好，勤奋也好；节俭也好，不节俭也好"（第 30 页），都可以得到一小块土地（36 公亩——Almendgut）。但是黑希特仍然反对分掉村社的土地，他说这是为布兰肯洛赫人数愈来愈多的年老的工厂工人设立的一种社会救济（Altersversorgung）机构。

颂的"殷实农民"的进步到底是怎么回事。大多数工人步行 3 公里半到城里去上工,舍不得每星期花 1 马克(48 戈比)的火车票钱。哈格斯菲尔德的 300 个工人中间,大约有 150 人甚至认为花 40—50 芬尼在"大众食堂"吃顿午饭也太贵,要家里人送饭去。黑希特说:"那些可怜的女人在 11 点钟准时把午饭装进饭盒,送到工厂去。"(第 79 页)至于女工,她们在工厂里同样要工作 10 小时,可是只拿到 1.10—1.50 马克(男工是 2.50—2.70 马克),实行计件工资时,能拿到 1.70—2 马克。"有些女工设法靠副业来补贴自己微薄的收入。在布兰肯洛赫,有 4 个女孩子在卡尔斯鲁厄纸厂做工,她们总是把纸带回家,在晚上糊纸口袋,每晚从 8 点到 11 点〈原文如此!〉可糊 300 个,才得 45—50 芬尼,以补贴白天的一点点工资,作为乘火车的费用。在哈格斯菲尔德,有些从少女时起就在工厂做工的妇女,在冬天的夜晚帮人擦银器,获得一点微薄的补助工资。"(第 36 页)黑希特感叹地说:"哈格斯菲尔德的工人有自己的家园不是靠帝国的法律,而是靠自己努力干活,他们有自己的小屋,不必别人合住,还有一小块土地。但是比这些实际财产更重要得多的是,他们认识到这一切都是靠自己的勤奋得来的。哈格斯菲尔德的工人既是工厂工人,同时又是农民。凡是没有土地的人,至少也要租一些零星土地,以便**利用空闲**时间增加自己的收入。夏天,工厂 7 点钟'才'开工〈"才"开工!〉,可是工人 4 点钟就起身,收拾一下自己的马铃薯地,或者喂一喂牲畜。他们晚上 7 点钟回家,他们该干些什么呢,尤其在夏天? 他们在自己的地里再干一个或一个多小时。要知道,他们并不想靠土地得到高额的地租,只是想充分〈原文如此!〉利用自己的劳动力……" 黑希特还讲了许多这种令人肉麻的话,他在自己著作的结尾写道:"小农和工厂工人,两者〈原文如此!〉都上升为中间等级,这不是由于人为的强制的办法,而是由于他们自己勤奋,努力干活,由于他们养成了高尚的道德。"①

"巴登哈尔特山区的三个村庄,目前已经成为**一个巨大的广泛的中间等级**。"(黑体是黑希特用的)

黑希特说这样的话是不足为奇的,因为他本来就是一个最平庸的资产阶级辩护士。但是,有些人自命为社会主义者,招摇撞骗,比任何黑希特都更加热衷于粉饰现实,把少数资产阶级的繁荣说成是普遍的进步,用"农业同工业结合"这个骗人的旧口号来掩盖大多数人的无产阶级化。像这样的人,应当把他们叫做什么才好呢?

六
小农户和大农户的生产率。
东普鲁士的例子

为了多样化起见,让我们把话题从遥远的德国南部转到离俄国更近的东普鲁士。我们这里有一份极有教益的**详细的**调查材料。要求详细探讨的布尔加柯夫先生,却根本不善于利用这些资料。布尔加柯夫先生写道:"拿大农户和小农户实际生产率的材料

① 关于这种"高尚的道德",黑希特还说了很多很多,他并不比布尔加柯夫先生逊色,也非常钦佩"冷静的婚姻政策"、"高度的勤奋"、"节俭"和"有节制",甚至还引用"一句有名的农民谚语":"Man sieht nicht auf die Goschen(d. h. Mund),sondern auf die Groschen",意译就是:"与其说是为了嘴巴,不如说是为了腰包。"基辅的大学教授布尔加柯夫先生曾经说农民农户(它既不需要地租,也不需要利润),是"对社会最有利的〈原文如此!〉农业组织"(布尔加柯夫的书第1卷第154页)。请读者把布尔加柯夫先生的"学说"同上面这句谚语比较一下吧。

作比较,并不能解决它们技术上的优越性问题,因为相比较的农户的经济条件可能是各不相同的。这些材料最多只能用事实证明相反的结论,即大生产在技术上并不比小生产优越,不仅在理论上是如此,而且在一定条件下在实际上也是如此。这样的比较在经济著作中已经作过不少,它至少可以使没有成见的和摆脱了偏见的读者抛弃那种认为大生产一概优越的信念。"(第1卷第57—58页)他在注释中举了两个例子。第一个例子是考茨基在《土地问题》(第111页)中引用过的和赫茨(第69页;俄译本第166页)也引用过的奥哈根的著作,该书只拿汉诺威的两个农户作了比较,一个有4.6公顷土地,一个有26.5公顷。其中小农户收成更好一些,于是奥哈根断定它的收益比大农户高,但是考茨基指出,这种较高的收益是由于**消费不足**得来的。赫茨试图推翻这种说法,但是照例没有成功。赫茨的著作现在已经译成俄文,而考茨基对赫茨的反驳意见,在俄国却没有人知道,所以我们想扼要地把这种反驳意见(《新时代》杂志上的上引文章)的内容介绍一下。赫茨照例歪曲了考茨基的论据,说考茨基似乎只拿大业主供儿子上中学的事实作依据。其实,考茨基只是拿这一点来说明生活水平。如果赫茨能引用一下所比较的农户(两家都是5口人)的**全部预算**,他就会得出下列数字:小农户是1 158.40马克,大农户是2 739.25马克。如果小农户和大农户的生活水平**相同**,小农户的收入就显得少了。根据奥哈根的计算,小农户的收入是1 806马克,相当于资本(33 651马克)的5.45%,大农户的收入是2 720马克,相当于资本(149 559马克)的1.82%。把小农户很不充足的消费除掉,它的收入就只有**258马克**了,即只有资本的**0.80%**!而且,这还是在劳动量大得不成比例的情况下获得的:在小农户中,3个人耕种 4.6 公顷土地,即每人耕种 1.5 公顷;在大农户中,11 个人耕种 26.5 公顷土地(参看赫茨的书第 75 页;俄译本第 179 页),即每人耕种 2.4 公顷。冒牌的社会主义者赫茨竟把现代农民子女的劳动比做路得拾麦穗[82]!这一点已受到考茨基理所当然的嘲笑,我们就不去说它了。至于布尔加柯夫先生,他仅仅提供了单位面积产量的材料,并**没有触及小业主和大业主的生活水平**。

我们这位主张详细探讨的先生继续写道:"另外一个例子,可以看**卡尔·克拉夫基**的最新研究著作:《论农业小生产的竞争能力》(载于《蒂尔农业年鉴》1899 年第 3—4 编)。克拉夫基进行对比的是东普鲁士的农户。作者在大中小三类农户中各选 4 户来进行对比。他的对比的特点是,第一,收入和支出都用货币来表示;第二,作者把小农户中非雇佣的劳动力的价值折合成货币,列入支出项目。这种方法对于我们的研究来说未必是恰当的〈原文如此!布尔加柯夫先生忘了补充一句:克拉夫基把**所有**农户的劳动价值都折合成了货币,而且一开始就把小农户的劳动价值估得很低!〉。但是我们仍看到……" 接着是一张图表。这里我们只把它的结论引在下面:大农户每摩尔根(=¼ 公顷)的平均纯利润是 10 马克,中等农户是 18 马克,小农户是 12 马克。布尔加柯夫先生得出结论说:"这里收益最多的是中等农户,其次是小农户,再次是大农户。可见,大农户排在最后。"

我们故意把布尔加柯夫先生关于大小农户对比的言论**全部**摘录下来。克拉夫基用了整整 120 页篇幅描述了 12 个条件相同的典型农户,现在我们就来看一看这部有趣的著作究竟证明了什么。让我们先引用各类农户的一般材料,但是为了节省篇幅,为了使结论明显起见,只限于引用大中小三类农户的有关**平均**数字(各类农户的平均规模是 358 公顷、50 公顷和 5 公顷）。

农户类别	每摩尔根(¼公顷)土地的收入和支出（单位马克）												生产价值100 马克的产品的支出①		每100摩尔根土地	
	总收入			出售产品的收入			自己消费的产品			总　计			马克			
	农业	畜牧业	总计	农业	畜牧业	总计	农业	畜牧业	总计	收入	支出	纯利润	a	b	雇佣劳动日	总劳动日
大…	17	16	33	11	14	25	6	2	8	33	23	10	65	70	887	887
中…	18	27	45	12	17	29	6	10	16	45	27	18	35	60	744	924
小…	23	41	64	9	27	36	14	14	28	64	52	12	8	80	—	—

　　布尔加柯夫先生的**全部**结论，似乎完全为克拉夫基的著作证实了：农户愈小，总收入愈多，甚至出售每摩尔根土地的产品的收入也愈多！我们认为，采用克拉夫基的方法，在任何情况下，或者几乎在任何情况下都会得出小农业优越的结论，这种方法目前十分流行，所有资产阶级和小资产阶级的经济学家大体上都是采用这种方法。因此，**问题的全部关键在于如何分析这种方法**（这一点是伏罗希洛夫之流没有觉察到的）。因此，克拉夫基的局部调查引起了普遍的极大的注意。

　　先从收成谈起。其实，绝大多数谷物的收成，都随着农户规模的缩小而有规律地大幅度地**降低**。大中小三类农户的收成如下（单位每摩尔根公担数）：小麦是 8.7—7.3—6.4；黑麦是 9.9—8.7—7.7；大麦是 9.4—7.1—6.5；燕麦是 8.5—8.7—8.0；豌豆是 8.0—7.7—9.2②；马铃薯是 63—55—42；饲用甜菜是 190—156—117。只有大农户根本没有种植的亚麻，小农户（4 户中有 3

---

　　① a——未把业主本人及其家属的劳动力价值折合成货币；b——已折合成货币。
　　② 4 户小农户中有 2 户播种豌豆；大中农户，4 户中有 3 户播种豌豆。

户种植亚麻)的收成比中等农户(4 户中有 2 户种植亚麻)高,前者是 6.2"德石"($=18\frac{1}{2}$磅),后者是 5.5。

大农户的较高的单位面积产量是怎样取得的呢? 克拉夫基认为有决定意义的是以下四个原因:(1)小业主几乎没有排涝设备,即使有,也是自己安装水管,安装得很差;(2)小业主的地耕得不够深,因为马匹瘦弱;(3)小业主的牛多半饲料不足;(4)小业主积肥能力比较差:他们的禾秸短,大部分用来喂牲畜(这又说明,饲料的质量下降),用来垫牲畜棚的就少了。

可见,小业主的牲畜比较瘦弱,质量较差,喂得也不好。这一事实告诉我们,为什么会有下面这种特别引人注意的怪现象:大农户的单位面积产量比较高,但是它每摩尔根的农业收入,按照克拉夫基的计算,反而比中小农户少。问题在于,克拉夫基**没有计算牲畜的饲料**,既没有把它列入收入项目,也没有列入支出项目。本来,大小农户之间存在着很大的差别,而且这种差别不利于小农户,但是,这样一来,就人为地、虚假地把造成这一差别的原因抹杀了。按照这种方法计算,大农户就成为收益比较少的了,**因为**它用很大一片耕地来为牲畜生产饲料(虽然按单位面积计算它饲养的牲畜比小农户要少得多),而小农户却"将就着"拿禾秸来喂牲畜。可见,小农业的"优越性"就在于,它**肆意滥用**土地(肥料不好),也**滥用牲畜**(饲料不好)。不言而喻,这样来比较各类农户的收益,是没有任何科学意义的。①

---

① 应当指出,这种把小农户和大农户明明存在的差别虚假地加以抹杀的方法,不仅在个别的专门著作中可以看到,甚至在大量的现代农业统计资料中也可以看到。无论法国或德国的统计,都是用所有农户牲畜的"平均"毛重和"平均"价格来计算的。德国的统计甚至根据这种方法定出各类农户(按土地面积划分)全部牲畜的总价值,但同时又附带说明,假设各类农户每头牲畜的价值完全相等,是"不符合实际情况的"(第 35 页)。

其次,必须指出,大农户的土地单位面积产量所以最高还有一个原因,就是它们经常(也许几乎完全是)采用泥灰石改良土壤,较多地使用人造肥料(三类农户每摩尔根的肥料支出是 0.81—0.38—0.43 马克)和精饲料(在大农户中,每摩尔根是 2 马克,其余的农户根本不用)。把中等农户也算做大农户的克拉夫基说:"我们的农民农户根本不花钱买精饲料。它们对进步的东西不大容易接受,尤其舍不得花掉现钱。"(第 461 页)大农户的耕作制度也比较先进:我们看到,4 个大农户全部都采用改良轮作制,中等农户采用这种制度的有 3 户(有 1 户还是采用旧的三圃制),小农户只有 1 户(其余 3 户都是采用三圃制)。最后,大农户的机器也多得多。诚然,克拉夫基本人认为机器没有什么特别重大的意义。但是我们不要受他的"见解"的限制,而要看看有关的资料。蒸汽脱粒机、马拉脱粒机、谷物清选机、选粮筒、条播机、撒粪机、马拉搂草机、辗压机等 8 种机器在上述 3 类农户中的分配情况如下:4 个大农户共有 29 架机器(其中有 1 架蒸汽脱粒机),4 个中等农户共有 11 架(1 架蒸汽脱粒机也没有),4 个小农户只有 1 架(马拉脱粒机)。当然,农民农户的任何崇拜者的任何"见解",也不能使我们相信,谷物清选机、条播机、辗压机等等竟会不影响单位面积的产量。顺便指出,我们这里引用的是各类业主拥有机器的数字,这同浩瀚的全德统计资料不同,全德资料只登记使用机器的架次,而不管这些机器是自己的还是别人的。显然,这种登记方法同样会缩小大农户的优势,使人看不清克拉夫基所描写的下面这种"租借"机器的形式:"只要小业主答应在农忙时帮助收割,大业主情愿把自己的辗压机、马拉搂草机和谷物清选机租给小业主使用。"(第 443 页)可见,让小农户使用几次机器(我们已经指出,小农户本来就极少使用机器），就成了变相获取劳动力的手段。

再往下看。克拉夫基把各类农户的产品销售价格算做相同的，这是他抹杀明明存在的差别的又一例证。作者在计算时不是从销售的实际情形出发，而是用他自己也指出是不准确的假设作为计算的根据。农民的粮食多半是在当地销售的，而小城市的商人总是大力压低价格。"大田庄在这方面的情况要好些，因为它们可以把大批粮食一下子运往省里的主要城市。这样，它们出售一公担粮食往往可以比在小城市出售多得 20—30 芬尼。"（第 373 页）大业主更善于给自己的粮食估价（第 451 页），他们论斤出售，而不是论斗出售，不像农民那样用这种吃亏的办法出售粮食。大业主卖牲畜也是论斤算，而不像农民卖牲畜是凭眼睛估价。大业主出售乳制品也比较合算，他们可以把牛奶运到城里去卖，这比中等业主把牛奶制成黄油卖给商人价格更高。而中等业主的黄油质量又比小业主的好（他们使用分离器，每天都可以制作，等等），小业主的黄油每磅要少卖 5—10 芬尼。小业主饲养的供出售的牲畜也比中等业主出售得早（牲畜还没有长成），因为他们的饲料不够（第 444 页）。大农户在市场销售方面的所有这些优势（总起来说是非常可观的），在克拉夫基的著作里完全被抛开而不予计算，正如崇拜小农户的理论家以实行协作**可能**改善经营为借口而抛开这个**事实**一样。我们不想把资本主义的现实同小市民协作天堂的可能性混淆起来，下面我们将用**事实**来说明，协作在事实上究竟对谁最有利。

应当指出，克拉夫基"没有计算"中小农户业主自己花在排涝和各种修缮工作等等上的劳动（"农民自己干的活"）。社会党人把小业主的这种"优越性"叫做 Ueberarbeit，即过度劳动，超额劳动，而资产阶级经济学家却认为这是农民农户（"对**社会**"！）有利的一个方面。克拉夫基指出,给中等农户干活的雇佣工人比给大农户干活得的工钱多,吃得也好一些,但是干活也更紧张一些,主人的"榜样"激发他们"更加勤勤恳恳、兢兢业业"。（第465页）地主和"自家人"农民这两个资本主义业主,究竟谁用同样工资榨取工人更多的劳动呢,这一点克拉夫基并不想说明。因此,我们只指出一点:大业主支付的工人工伤保险金和养老金,平均每摩尔根为0.29马克,中等业主为0.13马克（在这方面,小农也有优越性,根本用不着为自己保险,当然,这对资本家和地主的"社会"是一个不小的"有利"因素）。下面再举一个俄国农业资本主义的例子。凡是看过沙霍夫斯科伊的《外出做农业零工》一书的读者,大概都还记得下面这个很能说明问题的考察:独立农庄主农民和德意志移民（在南方）自己"挑选"工人,付给他们的工钱比大雇主多15%—20%,但是从他们身上榨取的劳动却多50%。沙霍夫斯科伊先生的这段话是在1896年讲的,今年,我们在《工商报》[83]上看到一则来自卡霍夫卡的通讯说:"……农民和独立农庄主付的工钱通常比较高（同大庄园付给雇佣工人的工钱比较）,因为他们需要的是更熟练、更能吃苦耐劳的工人。"（1901年5月16日第109号）恐怕没有理由认为这种现象只是俄国所特有的。

　　在上面所列的图表中,读者可以看到两种计算方法:一种是把业主劳动力的货币价值包括在内,一种是不把它包括在内。布尔加柯夫先生认为前一种方法"未必正确"。要是能作出业主和雇工的实物支出和货币支出的**精确**预算,那当然会准确得多,但是既然没有这样的资料,那就只好**粗略地**算出家庭的货币支出。看看克拉夫基究竟**怎样**进行这种粗略的计算,是非常有趣的。大业主自己当然是不劳动的,他们甚至有专门的总管,付给总管工资,让他们担负起全部的领导工作和监督工作(4 个田庄中,有 3 个有总管,有 1 个没有总管;克拉夫基认为把最后这个拥有 125 公顷土地的田庄叫做大农田庄就更准确了)。克拉夫基"分配给"2 个大田庄主每人每年 2 000 马克,作为"劳动报酬"(拿第一个田庄来说,所谓劳动,就是田庄主每月离开自己主要的田庄一次,用几天的时间去查看一下总管的工作)。至于拥有 125 公顷土地的业主(第一个田庄有 513 公顷),克拉夫基只"分配给"1 900 马克,作为业主本人和他 3 个儿子的劳动报酬。土地数量愈少,预算也"可以"愈少,这不是很"自然的"事情吗? 至于中等业主,克拉夫基分配给 1 200 — 1 716 马克,作为夫妇两人的全部劳动报酬,其中有 3 户把孩子们的报酬也包括在内。小业主 4 — 5 口人(原文如此!)的劳动报酬是 800 — 1 000 马克,这就是说,比全家只挣 800 — 900 马克的雇工的收入稍微多一些(若是多的话)。总之,这里又向前迈进了一大步:最初是把明明存在的差别加以抹杀,现在则宣称,生活水平**应当**随着农户规模的缩小而降低。这就等于预先承认资本主义使小农每况愈下的事实,然而这一事实似乎又被"纯利润"量的计算推翻了!

如果说,农户愈小,货币收入愈少,这还只是作者的**假设**,那么,消费的减少却有直接的材料为证。各类农户每人(2 个小孩算 1 个成人)消费的农产品数量如下:大农户是 227 马克(两个数字的平均数);中等农户是 218 马克(4 个数字的平均数);小农户是 135(原文如此!)马克(4 个数字的平均数)。而且农户愈大,购买的食品也愈多(第 453 页)。克拉夫基自己也感觉到,这里不得不提出消费不足(Unterkonsumption)的问题。而布尔加柯夫先生否认这个问题存在，他在这里宁愿对此**保持沉默**，因而成了比克拉夫基更为彻底的辩护士。但是克拉夫基竭力缩小这一事实。他说："小业主是否存在某种消费不足的现象，我们还不能断定，但是我们认为，第四个小农户〈每人平均 97 马克〉可能有这种情况。""事实上，小农生活非常节俭〈！〉，他们把许多可以说是从自己嘴里省下来的东西（sich sozusagen vom Munde absparen）拿去出售。"①他企图证明，这个事实并不排除小农户的较高的"生产率"，如果把消费额提高到 170 马克——这个数目足够了（依我们看，这对于"小兄弟"来说是足够了，但是对于农业资本家来说并非如此），那么，每摩尔根的消费额就得增加 6—7 马克，出售产品的收入就得减少 6—7 马克。即使扣除这一数字，还剩下 29—30 马克（见上面的图表），还是比大农户收入多一些（第 453 页）。但是，如果我们把消费额不是提高到这个随便定出的数字（而且定得低了，因为"他们总是能够弄出东西来的"），而是提高到 218 马克（＝中等农户的实际消费水平），我们就可以看到，小农户出售产品的收入就减少到每摩尔根 **20 马克**，而中等农户是 29 马克，大农户是 25 马克。这就是说，**只要把克拉夫基比较中的这一错误**（上面提到的许多错误中的一个）纠正过来，小农的**一切**"优越性"就化为乌有了。

　　但是克拉夫基发掘优越性的劲头是无穷尽的。小农"把农业

---

①　有趣的是，大农户出售牛奶和黄油的收入为每摩尔根 7 马克，中等农户是 3 马克，**小农户是 7 马克**。问题在于，小农自己"很少食用黄油和全脂牛奶……第四个小农户（每人所消费的自己的产品，平均只有 97 马克）根本就不食用"（第 450 页）。请读者把这一事实（除"批评家"以外，谁都早已知道的事实）同赫茨的妙论（第 113 页；俄译本第 270 页）比较一下，赫茨说："难道农民的牛奶没有换得任何东西吗？""难道农民不吃猪〈用牛奶喂大的〉吗？"这几句名言应该时刻记住，这是最卑劣地粉饰贫困的最高典型。

同手工业结合起来了":有3户小农(共4户)"辛勤地去做日工,除
了挣钱以外,还能有饭吃"(第435页)。而在危机时期小农业的优
越性尤其显著(民粹派曾经就这个题目大做文章,现在切尔诺夫先
生之流又在重弹老调,俄国读者对这一套早就很熟悉了):"在农业
危机时期,就是在其他时期也是一样,只有小农户才具有最大的稳
定性,可以尽量缩减家庭开支,比其他各类农户销售更多的产品。
当然,这种缩减开支的办法势必会造成某些消费不足的现象。"(第
479页,克拉夫基的最后结论;参看第464页)"遗憾的是,许多小
农户为了支付高额的债务利息不得不缩减开支。但是这样(虽然
要费很大力气),它们就可以支持下来,勉强度日。正如帝国统计
所指出的,我们这一地区小农户在日益增加,看来,其主要原因就
是大力缩减消费。"这里克拉夫基引用了柯尼斯堡行政区的资料。
该地区在1882年至1895年期间,2公顷以下的农户由56 000户
增加到79 000户,2—5公顷的农户由12 000户增加到14 000
户,5—20公顷的农户由16 000户增加到19 000户。这就是布尔
加柯夫先生之流所谓的小生产"排挤"大生产的东普鲁士。这班先
生这样大谈干巴巴的土地面积统计数字,竟然还大声疾呼要"详细
探讨"! 很自然,克拉夫基认为"现代土地政策在解决东部农业工
人问题方面最主要的任务,就是鼓励最能干的工人定居下来,其方
法就是让工人们能够获得一小块土地作为私有财产,即使第一代
不行,第二代〈原文如此!〉也要获得"(第476页)。用自己的积蓄
购置小块土地的雇农,"在钱财方面多半会陷于拮据的地位",这没
有什么不得了;"他们自己也知道这一点,但是一种较为自由的地
位在引诱着他们",——资产阶级经济学(目前看来还有"批评家")
的全部任务,就是支持无产阶级最落后部分的这种幻想。

　　由此可见,克拉夫基的研究在各个方面都驳斥了援引他著作的布尔加柯夫先生。他的研究证明农业中的大农户具有技术上的优越性,小农终日劳动过度和吃不饱,逐渐变为地主的雇工和日工,证明小农户的增加是同贫困和无产阶级化的加剧相联系的。从他这次研究中得出的两个结论具有十分重要的原则意义。第一,我们清楚地看到,在农业中采用机器的障碍就是:小农地位每况愈下,他们毫"不惜"力,这就使资本家采用手工劳动比采用机器更为便宜。同布尔加柯夫先生的论断相反,事实充分证明,在资本主义制度下,农业中的小农同工业中的手工业者两者的境况是**完全相似**的。同布尔加柯夫先生的论断相反,我们看到,在农业中消费愈来愈降低,劳动强度愈来愈提高,以此作为同大生产竞争的手段。第二,关于大小农户收益的种种比较,我们应该斩钉截铁地指出,凡忽略下列三种情况的结论,都是毫无用处的庸俗的辩护术。这三种情况就是:(1)**农民**吃、住和工作的情况怎样? (2)**牲畜**饲养和干活的情况怎样? (3)**土地**施肥情况怎样,经营是否合理? 小农业是靠种种肆意滥用的办法来维持的,如滥用农民的劳动和生命力,滥用牲畜的力气和体质,滥用土地的生产力。因此,凡是没有全面考虑到所有这些问题的研究著作,都不过是一些资产阶级的诡辩罢了。[①]

---

　　① 莱奥·胡施克在《根据中图林根的典型调查作出的关于大中小农户农业生产纯收入的统计》(1902年古斯塔夫·费舍在耶拿出版)一书中公正地指出:"只要"把小农的劳动力价值估算得"少些",计算结果就会证明小农户比大中农户优越,证明小农户有能力同后两者竞争(第126页)。可惜,作者没有把这个思想发挥到底,在书中没有列举关于各类农户饲养牲畜、土地施肥以及农民生活状况的系统资料。我们打算以后再来谈胡施克先生的这部有趣的著作。这里我们只是提一下他的关于小农户产品的售价比大农户低的见解(第146、

因此,关于现代社会中小农的过度劳动和消费不足的"理论",遭到批评家先生们特别猛烈的攻击,是一点也不奇怪的。布尔加柯夫先生早在《开端》杂志(第 1 期第 10 页)上就"已着手"摘录种种"引文",用来反驳考茨基的论断。布尔加柯夫先生在他的书中重复说:"试图让陈腐教条的死尸〈原文如此!〉再度复活的考茨基",竟从社会政治协会[84]的调查著作《农民状况》(《Bäuerliche Zustände》)中"挑出一些事实,来证明目前存在着农民农户遭受压抑的现象是完全可以理解的。但是人们应当相信,在那本书里同样可以找到一些性质与此多少不同的证据"。(第 2 卷第 282 页)我们姑且"相信"这一点,并把这位严峻的学者的"引文"拿来核对一下,这位学者在有些地方简直是在重复赫茨用的引文(第 77 页;俄译本第 183 页)。

"爱森纳赫的材料证明了畜牧业和肥料的改进、机器的应用以及整个农业生产的进步……" 我们来翻阅一下有关爱森纳赫的文章吧(《农民状况》第 1 卷)。土地不足 5 公顷的业主(这种人在该地区 1 116 户中占 887 户)境况"总的说来是不大好的"(第 66 页)。"由于他们替大业主割麦、做日工等等赚到一些工钱,境况才比较好些……"(第 67 页) 总的说来,20 年来,技术有了重大的进步,但是"这还远远不能令人满意,特别对于较小的农户来说,更是如此……"(第 72 页)"较小的业主有时把体力弱的牝牛也拉来从

---

155 页)和他下面这个结论:"中小农户力图用尽量削减货币支出的办法来克服 1892 年以后发生的危机(农产品价格的降低),而大农户却采取增加经营费用、提高收成的办法。"(第 144 页)在 1887—1891 年到 1893—1897 年这段时间,中小农户用于种子、饲料和肥料的开支减少了,而大农户却增加了。小农户这些开支平均每公顷为 17 马克,而大农户为 44 马克。(作者为 1908 年版加的注。——编者注)

事田间工作……"　副业收入是伐木和运输木柴,运输木柴"使农民脱离了农业",从而"降低了生活水平"(第69页),"伐木挣的钱也是不够用的。有些地区的小土地占有者(Grundstücksbesitzer)从事收入很少的(Ieidlich)织布业。个别人用手工卷制雪茄烟。总的说来,副业收入是很不够的……"(第73页)　作者经济专员迪滕贝格尔在结尾说:农民虽然"生活简朴"、"消费很少",但是他们却健康强壮,"在贫苦阶级营养很差,以马铃薯为主食的情况下"这甚至"令人惊奇"(第74页)……

　　"渊博的"伏罗希洛夫之流就是这样来驳斥"所谓农民农户不能有技术进步的陈腐的马克思主义偏见"的!

　　"……关于萨克森王国,秘书长朗斯多夫说:在各个专区,特别是在土地比较肥沃的地区,大田庄和小田庄的经营集约化程度未必还有什么差别。"奥国的伏罗希洛夫就是这样驳斥考茨基的(赫茨的书第77页;俄译本第182—183页),而俄国的伏罗希洛夫也跟在他后面随声附和(布尔加柯夫的书第2卷第282页,摘自《农民状况》第2卷第222页的引文)。我们打开批评家所引用的原著第222页,在赫茨所引的那一段话的后面,紧接着有这样几句话:"这种差别在山区较为明显,那里较大的田庄在经营中有较多的流动资金,但是就是在这种地方,农民农户的纯利润往往也并不少,因为低下的收入为高度的节俭所弥补了。在目前极其低下的消费水平下(bei der vorhandenen grossen Bedürfnisslosigkeit),这样节俭常常会使农民业主的生活比工业工人还要坏,因为工业工人有更多的消费。"(《农民状况》第2卷第222页)接着又说:成为主要的经营制度的轮作制,已为大多数中等业主所采用,而"三圃制几乎只有在小农田庄主那里才采用"。畜牧业也普遍有所进步。

"只有在繁殖牛和利用乳制品方面,农民通常落后于大地主。"(第223页)

布尔加柯夫先生继续写道:"兰克教授证明了慕尼黑近郊农民农户的技术进步,据他说:这一地区对于整个上巴伐利亚来说是有典型意义的。"我们来看一下兰克的文章是怎么写的:靠雇佣工人经营的**大农**村社有3个;119个农民中间,有69个农民每人土地超过20公顷,共占全部土地的¾,其中有38个"农民"每人土地超过40公顷,平均每人59公顷,他们约占有全部土地的60%……

看来,用这些来说明布尔加柯夫先生和赫茨先生的"引文",已经足够了。

七
巴登农民经济调查

赫茨写道:"在巴登37个村社的调查中,有许多详细而有趣的评论,限于篇幅,我们不能一一引述。这些评论大部分同上面提到的相似:有可取的,同时还有不可取的和无所谓的,**但是在整整3卷的调查材料中,任何一份详细的支出预算,都不能使人得出'吃不饱'**(Unterkonsumption)**和'肮脏的、有失体面的贫困'的结论**,等等。"(第79页;俄译本第188页)上面我们加上着重标记的赫茨的这些话,照例是**彻头彻尾的谎言**,因为正是他所援引的巴登的调查,最确凿地**证明了小农的"消费不足"**。在这个问题上赫茨歪曲事实的做法同他笼统地评论"农民"的手法有密切的联系,从前,俄国民粹派惯用这种手法,现在各种各样的"批评家"在土地问题上也来玩弄这种手法了。在西欧,"农民"这个概念比在我国更含糊(没有显著的等级标志),"一般性"评论和结论只能掩盖少数人相对的"富裕"(或至少是不挨饿)和多数人的贫困,这就为各种各样的辩护士大开方便之门。巴登的调查恰恰使我们能够区分出各个农民类别,这是主张"详细探讨"的赫茨所不愿意看到的。从 37 个典型的村社中,又选出了典型的大农(Grossbauer)户、中等农户、小农户以及日工户,总共有 70 个农民农户(31 个大农户,21 个中等农户,18 个小农户),和 17 个日工户,对这些农户的收支都作了极详细的调查。我们不可能把这批资料**全部**加工整理,但是只要举出下面这些**主要的结果**,就可以得出十分明确的结论。

我们先来看一下(一)大农户、(二)中等农户和(三)小农户的一般经济类型的资料(引自附录六:《进行调查的各村社收益计算结果一览》,同时我们把表中关于大农、中等农民和小农的资料分别列出)。各类农户平均拥有地产:(一)33.34 公顷;(二)13.5 公顷;(三)6.96 公顷。对于巴登这样一个地产较小的地区说来,这些数字是比较高的,如果把第 20、22 号和第 30 号村社中 10 个拥有特大地产的农户(小农户也有 43 公顷,大农户竟达 170 公顷!)除掉,就能得出更符合巴登情况的数字:(一)17.8 公顷;(二)10.0公顷;(三)4.25 公顷。家庭人口:(一)6.4 人;(二)5.8 人;(三)5.9 人(这里以及以下凡是未加说明的资料都是指所有的 70 户)。可见,大农的家庭要大得多,但是雇佣劳动在那里还是起着相当大的作用。在 70 户农民中,有 54 户使用雇佣劳动,即占农户总数¾强,其中:大农户是 29 户(总户数是 31 户),中等农户是 15 户(总户数是 21 户),小农户是 10 户(总户数是 18 户)。由此可见,有93%的大农非雇用工人不可,而需要雇工的小农有 55%。现在流行着一种认为雇佣劳动在现代农民经济中没有多大意义的见解（"批评家们"竟不加批判地接受下来），上述数字对于检验这一见解，是颇有益处的。在大农中间（它们的地产是18公顷，被划入5—20公顷这一类。这类农户在一切笼统评论中，都算做真正的农民农户），我们可以看到纯粹资本主义的农户：24个农户有71个雇工，几乎每户有3个雇工，此外27个业主一共雇了4 347个工作日的日工（每个业主平均161个工作日）。威武的布尔加柯夫先生曾经拿慕尼黑近郊大农"进步"的例子来驳斥关于资本主义使农民地位每况愈下的"马克思主义偏见"。现在请把上述数字同慕尼黑近郊大农的地产规模比较一下吧！

中等农民的情况是：8个农户共有12个雇工，14个农户共雇956个工作日的日工。小农的情况是：2个农户共有2个雇工，9个农户共雇543个工作日的日工。半数小农有两个月（543∶9＝60日），即在对农民来说最重要的季节里，必须使用雇佣劳动（这些小农的地产规模虽然大些，但是他们的生产规模却比切尔诺夫、大卫、赫茨先生之流为之感动的弗里德里希斯塔尔人的生产规模小得多）。

经营的结果如下：31户大农的纯利润是21 329马克，亏空是2 113马克，这就是说，利润总共是19 216马克，即每户平均619.9马克（除掉第20、22号和第30号村社的5个农户，则为523.5马克），中等农户的相应数目是243.3马克（除掉上面3个村社，则为272.2马克），小农是35.3马克（除掉上面3个村社，则为37.1马克）。可见，小农确实**勉勉强强才能做到收支相抵，而且还要靠削减消费才办得到**。调查提供了（《调查》第4卷第138页的《结果》）各个农户最主要产品的消费量。我们把上述各类农民平均消费量的材料引在下面：

农民类别	每人每天的消费				每人的支出	
	谷物和水果	马铃薯	肉	牛奶	每天的其他日用食品、取暖、照明等费用	每年的服装费
	磅		克	升	芬尼	马克
大　　农	1.84	1.82	138	1.05	72	66
中等农民	1.59	1.90	111	0.95	62	47
小　　农	1.49	1.94	72	1.11	57	38
日　　工	1.69	2.14	56	0.85	51	32

　　威武的赫茨从这些数字中,既"没有发现"吃不饱,也"没有发现"贫困! 我们看到,小农的消费比大农、中等农民要少得多,他们的衣食比日工好不了多少。例如,小农食用的肉比中等农民少三分之一,比大农几乎少二分之一。这些资料再一次证明,笼统评论的方法是多么无用,无视生活水平高低所算出的收益是多么虚假。我们单从上表最后两栏(为了避免把食品折合成货币的复杂计算),就可以看出,不仅小农甚至连中等农民的所谓"纯利润"也完全是虚假现象。只有像黑希特和克拉夫基这类地道的资产者,只有像我国批评家这类地道的伏罗希洛夫之流,才会玩弄这种虚假的勾当。其实,假定小农用钱购买物品的支出同中等农民相等,那他们的支出就会增加 **100** 马克,结果就会出现很大的**亏空**。假如中等农民的支出同大农相等,他们的支出就会增加 220 马克,假如他们不在吃的方面"克制"自己,同样会出现亏空。[①] 不言而喻,小

---

　　① 切尔诺夫先生"反驳说":难道大业主在吃的方面和其他支出方面,不是更严厉地限制自己的日工吗?(1900 年《俄国财富》杂志第 8 期第 212 页)这种反驳是袭用了陈旧的克里文柯-沃龙佐夫手法(如果可以这样说的话),即把自由派资产阶级的论据**硬加在**马克思主义者头上。谁说大生产优越不仅表现在技

农消费的减少是同牲畜饲料的恶化以及土地生产力的不能充分恢复(有时简直是滥用土地)有密切的关系,难道这一事实不是完全证实了马克思的论点吗? 马克思说:"生产资料无止境地分散,生产者本身无止境地互相分离。人力发生巨大的浪费。生产条件越来越恶化和生产资料越来越昂贵是小块土地所有制的必然规律。"(《资本论》第 3 卷下册第 342 页)①然而在现代的批评家看来,这段话却是不值一提的。

　　我们还要指出布尔加柯夫先生对巴登调查的另一歪曲(批评家们总是互为补充的,一个歪曲了某一资料的这一方面,另一个则歪曲另一方面)。布尔加柯夫先生不止一次引用巴登调查,看来他**似乎**很熟悉这些材料。但是他却干出下面这样的事来,在第 2 卷第 271 页上的引言里他这样写道:"认为农民的债务特别多,仿佛是命中注定的这一见解,是文献中编造有关农民经济的神话时所遵循的一个一成不变的教条……""从我们掌握的材料来看,只有最小的、尚未稳固的所有者(Tagelöhnerstellen)才债台高筑。例如,施普伦格尔对浩繁的巴登调查材料曾这样谈到他的一般印象〈他在注释里引用了这份调查〉:'……在所调查的许多地区中只有日工和小农的债务比较多,但就在这些地区,大多数的负债情况也没有达到令人担忧的严重程度……'"(第 272 页)真是咄咄怪事!

术上,而且表现在改善工人状况(即使是大体上好一些)方面,谁就遭到反驳。马克思主义者并没有说这种话。他们只是揭露那种以笼统评论繁荣(切尔诺夫先生论黑希特),或者以计算"收益"时**抹杀**消费缩减来**掩盖**小农状况的虚伪手法。资产阶级不可能不极力掩盖这种状况,不可能不支持关于工人可以成为"业主"、小"业主"可以得到很高收益的空想。社会主义者的任务,就是要揭穿这种谎言,告诉小农:他们若不参加无产阶级的革命运动,也是没有生路的。

① 见《马克思恩格斯文集》第 7 卷第 912 页。——编者注

一方面**直接引用调查材料**，**一方面**又只是搬出某个施普伦格尔所写的关于调查材料的"一般印象"。而施普伦格尔好像故意在撒谎（至少，布尔加柯夫先生引的那一段是如此，因为我们并没有看到施普伦格尔的著作）。调查的作者肯定地指出：在大多数情况下，正是小农地产的债务**达到了令人担忧的严重程度**。这是第一。第二，他们肯定地指出：从负债这方面来看，小农的境况不仅比大农和中等农民坏（这一点施普伦格尔也提到了），**而且比日工还要坏**。

总之，应当看到，巴登调查的作者肯定了一个极其重要的事实，这就是：大农户**所能负担的债务的限度**（即以不致引起破产为限度）**比小农户要大一些**。上面我们已经引用了有关大、中、小农的经营效果的统计资料，这一点就用不着再作特别的说明了。调查的作者认为大农户以及中等农户所能负担的、保险的（unbedenklich）债务，可以相当于土地价值的 40％—70％，平均是55％。关于小农户（他们把拥有 4—7 公顷耕地或 2—4 公顷葡萄园与商业性作物园地者，都算做小农户），他们认为："债务的限度……**不能超过地产价值的 30％**，否则就**不能充分保证按期支付**利息和归还债款。"（第 4 卷第 66 页）在所调查的各个村社中（除了那些特定继承制[85]还在起作用的村社，如乌纳丁根和诺伊基尔希），负债的百分比（同地产的估计价值的比例）同农户的大小正好成反比。例如，在迪特瓦尔村社，土地在¼公顷以下的农户负债的百分比是 180.65％，1—2 公顷的农户是 73.07％，2—5 公顷的农户是 45.73％，5—10 公顷的农户是 25.34％，10—20 公顷的农户是 3.02％。（同上，第 89—90 页）但是光有负债的数字还不能完全说明问题，于是调查的作者就作出结论说：

"可见，上面的数字材料证实了一种非常流行的见解，即介于日工和中等农民之间〈处于中间〉的农民田庄所有者〈在农村里，通常称这类农村业主为"中间等级"——Mittelstand〉，同地产比他们更多或更少〈原文如此！〉的农户相比，境况往往要更困难一些，它们虽然可以负担得起**适当数量的**债务，但是由于他们不可能有**经常的副业**（做日工等等）来增加收入，因此，即使负债不多，也要费很大的劲，才能还清债务……" 至于日工，"由于他们有比较经常的副业，他们的境况往往比属于'中间等级'的农户要好得多，因为许多地方的统计都表明，搞副业往往可以得到很高的纯收入（即货币收入），可以用来偿还甚至**很高的债务**"。（上引书第 67 页）①最后，作者再一次重复说：小农户的债务甚至在可以负担的限度内也"不是完全保险的"，因此，"正是**小农和接近小农的日工**，在购买土地时……需要精打细算，特别小心"。（第 98 页）

小农的这位资产阶级顾问倒真不错！一方面，他让无产阶级和半无产阶级抱有希望："即使第一代不行，第二代也要"买上一小块土地，克勤克俭从土地上获得一大笔"纯收入"；另一方面，他又劝告穷人在没有"经常的副业"，也就是在资本家老爷不需要定居的工人的情况下，购买土地时要"特别小心"。然而，"批评界的"一些笨伯，竟把这种自私的谎言和这些陈腐的滥调当做最新科学的定论！

———

我们所引的关于大、中、小农的详细资料，看来，甚至也会使维·切尔诺夫先生明白，他感到如此可怕的农民的"小资产阶级

---

① 调查的作者公正地指出：小农靠卖东西得到现钱的情况是很少的，而他们却特别需要现钱，由于资本不足，牲畜的各种瘟疫以及冰雹等等对他们的危害就特别大。

性"这一范畴究竟包含了什么内容。资本主义的演进不仅使西欧各国的**一般**经济制度彼此更加相近,甚至使俄国同西欧也更加相近了,德国农民农户在经济上的**基本特征**,原来同俄国是相同的。只是俄国马克思主义书刊曾作过详细论证的农民分化过程,在俄国还处于一个初级发展阶段,它还没有具备比较完备的形式,例如,还没有分化出独立的、人人都一目了然的大农(Grossbauer)类型。在俄国,很大一部分农民遭到大规模的剥夺,成批地死亡,掩盖了我国农民资产阶级的"起步"。在西欧,这一过程在农奴制废除以前就已经开始了(参看考茨基《土地问题》第27页),它一方面早已消灭了农民农户和"私有主"农户(按我们的说法)之间的等级界限,另一方面,形成了相当定型的农业雇佣工人阶级。① 但是,如果认为既然形成了比较定型的新型农村居民,这一过程就中止了,那就大错特错了。恰恰相反,这一过程还在不停地向前发展,当然,由于种种不同的情况,有时发展得快些,有时发展得慢些,并且依农艺条件等等的不同而表现为各种各样的形式。农民的无产阶级化在继续发展,我们在下面将用大量的德国统计资料说明这一点,但就从上面所引的关于小农的资料也可以看得很清楚。现在不仅是农业工人,而且农民也愈来愈多地从农村往城市里跑,单是这一事实就清楚地证明了无产阶级化的发展。但是,农民必然是在破产之后,才会往城市里跑。而在破产之前,为了保持自己的经济独立必然经过一场拼死的斗争。关于使用雇佣劳动的资料,关于"纯收入"多少以及各类农民消费量的资料,都极为明显地说

---

① 布尔加柯夫先生谈到19世纪的法国时写道:"农民分裂成了彼此截然不同的两个部分:无产阶级和小私有者。"(第2卷第176页)不过,作者以为这种"分裂"就此为止,是不对的,因为这是一个不停止地前进的过程。

明了这一斗争。斗争的主要手段是"刻苦勤奋"和极其节俭,"与其说是为了嘴巴,不如说是为了腰包"。斗争的必然结果,就是分化出少数富裕的、殷实的业主(多半只分化出为数极少的这样的业主,因为总是没有什么特殊有利的条件,如靠近首府,铺设铁路,发现某种新的获利较高的商业性农业部门等等),而大多数人却更加贫困,他们由于经常挨饿和劳动过度而损害了劳动能力,土地愈来愈贫瘠,牲畜愈来愈瘦弱。斗争的必然结果,就是形成了少数依靠雇佣劳动的**资本主义**农户,而大多数人却日益需要找点"副业",即变成工业和农业的雇佣工人。关于雇佣劳动的资料,再清楚不过地说明了各种小生产者变为小资本家这一在现代社会制度下不可避免的、内在的趋势。

我们十分了解,资产阶级经济学家以及各式各样的机会主义者为什么规避而且也不可能不规避这一方面的事实。农民的分化向我们表明了资本主义在其**产生**和向前发展的过程中的**极其深刻的**矛盾。充分估计这些矛盾,就必然会承认小农的境况是毫无出路的和毫无希望的(置身于无产阶级反对整个资本主义制度的革命斗争之外,就是毫无希望的)。无怪乎这些最深刻然而发展得最不成熟的矛盾竟没有被提起,他们企图回避小农过度劳动和消费不足的事实(只有不老实的或愚昧的人才会否认这个事实),避而不谈农民资产阶级雇用雇佣工人以及贫苦农民从事雇佣劳动的问题。例如,布尔加柯夫先生提出一整套"农业发展理论的试验",但却用雄辩的沉默[①]避开了上述两个问题! 他说:"凡是完全或者主

---

① 　或是用下面这种同样雄辩的遁词:"……工业雇佣工人拥有一小块土地,这种工农业结合的许多事例……"不过是"国民经济制度中的一个枝节〈!?〉;把这看做是农业工业化和农业丧失独立发展的新表现,暂时还没有〈??〉任何根

要依靠农民家庭自己劳动的农户,都可以算做农民农户;农民农户也很少能不依靠他人的劳动,如请邻居帮忙或雇日工,但是这并不能改变〈那当然了!〉它的经济面貌。"(第 1 卷第 141 页)赫茨这个人更为天真,他在他那本书的一开头就说明:"在下面的叙述中,我所说的小农户或农民农户,都是指的只有业主、业主家属和最多有一两个工人干活的农户。"(第 6 页;俄译本第 29 页)但是问题一涉及雇用"个把工人",我们的这些小市民很快就把他们不论在什么场合总是挂在嘴边的农业"特点"忘记了。在农业中雇一两个工人并不算少,即使他们只是在夏天干活。但问题主要不在于人多人少,而在于只有最富裕的、殷实的业主才能雇用工人。一些市侩骑士们却喜欢把这些业主的"进步"和"繁荣"说成是广大居民的繁荣。为了替这种偷天换日的做法找到一个更合乎情理的根据,这些骑士们郑重其事地宣称:"农民是和无产者一样的劳动者。"

据,这一现象涉及的范围还不太大(例如,在德国,从事工业者的土地总共只占农业面积的 4.09％)"(原文如此! 第 2 卷第 254—255 页)。第一,几十万工人拥有微不足道的一点土地,并不能说明这个"现象涉及的范围不大",而只能说明资本主义使小农的地位每况愈下,成为无产阶级了。要知道,拥有不到 2 公顷土地的农民(虽然他们人数极多,在 550 万人中占 320 万,即占58.2％,几乎占总数的五分之三),"总共"只占有 5.6％的农业面积! 聪明伶俐的布尔加柯夫先生能不能由此得出结论说,小地产和小农业的一切"现象"都是"枝节","涉及的范围还不太大"呢?? 在德国 550 万个耕作者中间,有791 000 人即有 14.4％的人,是工业雇佣工人,而且他们绝大多数都拥有不到2 公顷的土地,这样的工人总共有 743 000 人,占拥有不到 2 公顷土地的农民总数的 22.9％。第二,布尔加柯夫先生照例又歪曲了他所引用的统计资料。由于疏忽,他从德国调查材料(《德意志帝国统计》第 112 卷第 49 页★)中引用了独立的从事工业者-农民所拥有的土地面积。而非独立的从事工业者-农民(即工业雇佣工人)总共只有 1.84％的耕地面积。791 000 个雇佣工人拥有1.84％的耕地,25 000 个地主却拥有 24％的耕地。这能说是一个极小的"枝节"吗?

（布尔加柯夫的书第2卷第288页）这位作者对"工人政党愈来愈失去它们原先所固有的仇视农民的本性"（原先所固有的!）（第289页）表示满意。要知道,有了这种"原先的"观点,就"忽略了农民的财产并不是剥削工具,而是投入劳动的条件"这一事实。请看,历史就是这样写成的! 的确,我们不禁要说:先生们,就是歪曲,也要有个限度! 这位布尔加柯夫先生写了长达800多页的两大卷"研究著作",满篇都是从各种各样的调查、记述和专门著作中摘来的"引文"（至于引文引得是否准确,我们已经不止一次地说明了）,但是他一次也没有,**的的确确一次也没有**想考察一下拿财产当做剥削工具的农民同拿财产"只是"当做投入劳动的条件的农民是什么样的关系。他**一次也没有**引用系统的资料（我们看到,在他所引的那些文献里就有这种资料）,来说明雇用工人的农民、不雇用工人但也不受雇于人的农民以及当雇工的农民这三类农民的经营类型和生活水平等等。此外,我们看到,他还引用了一些同大农有关的事实,一些既肯定某些农民进步又肯定另一些农民日益贫困化和无产阶级化的评论,来证实"农民农户的进步"（**全部**农民农户!）。他甚至把"殷实的农民农户"的形成看成是整个"社会的复元"（原文如此!）（第2卷第138页;参看第456页的一般结论）,似乎殷实的农民农户并不是资产阶级企业主农民农户的同义语! 他为挣脱这种矛盾的罗网所作的唯一的尝试,就是发表了如下这段更加混乱的议论,他说:"农民当然不是一个单一体;这一点在上面已经指出过了〈大概是在谈到农民的工业雇佣劳动这一无关紧要的枝节时提到的吧?〉;这里分化的倾向和拉平的倾向在不断地进行斗争;但是,个别利益的这些差别甚至对立,难道比工人阶级各个阶层之间、城乡工人之间、熟练劳动和非熟练劳动之间、参加工会和不参加工会的工人之间的差别甚至对立更大吗？只有完全无视工人等级中的这些差别（这些差别竟使一些研究者从第四等级中分出第五等级），才会把貌似单一的工人阶级同多成分的农民对立起来。"（第288页）分析得多么深刻啊！把职业的差别同阶级的差别混淆起来，把生活方式的差别同各阶级在整个社会生产制度中的不同地位混淆起来，——这就清楚地说明了时髦的"批评界"[①]根本缺乏科学的原则性，说明它实际上有抹杀"阶级"概念和取消阶级斗争思想的趋势。农业工人每天挣50戈比；雇用日工的善于经营的农夫每天挣1卢布；首都的工厂工人每天挣2卢布；外省作坊的小业主每天挣1.5卢布。凡是稍微有点觉悟的工人都能毫不费力地分析清楚，这些不同"阶层"的人物究竟属于什么阶级，这些"阶层"的社会活动应该具有什么倾向。可是，对于学院科学界人士或现代"批评家"来说，这却成了他们根本无法理解的深奥事物了。

———————

① 我们提醒一句，拿工人阶级的**貌似**单一作为论据，是爱德·伯恩施坦及其所有信徒的惯技。关于"分化"问题，司徒卢威先生早在《评述》里就发表过一段深奥的议论，他说：既有分化，也有拉平，在客观的研究者看来，这两个过程是同样重要的（正如谢德林笔下的那位客观的历史学家，在他看来，伊贾斯拉夫打败了雅罗斯拉夫也好，雅罗斯拉夫打败了伊贾斯拉夫也好，反正都是一样（参看米·叶·萨尔蒂科夫-谢德林的作品《现代牧歌》。——编者注））。货币经济在发展着，但是自然经济也在恢复。大工厂生产在发展着，但是资本主义家庭劳动也在发展着（布尔加柯夫的书第2卷第88页："家庭工业……在德国还没有垮台的迹象"）。"客观的"学者，应该努力收集各种细小的事实，指出事情的"一方面"和"另一方面"，"一本又一本、一页又一页地翻阅所有的著作（就像歌德笔下的瓦格纳**86**那样）"，但却根本不要使自己形成始终一贯的观点，根本不要对整个过程得出一个总的概念。

八

1882 年和 1895 年德国农业统计的
一般资料。中等农户问题

上面我们考察了有关农民经济的详细资料,这些资料对我们特别重要,因为农民经济问题恰好是现代土地问题的重心。下面我们来研究一下德国农业统计的一般资料,审核一下"批评家们"就这些资料得出的结论。我们扼要地把 1882 年和 1895 年统计的主要结果引述如下:

农户类别	农户数目（单位千）		农业面积（单位千公顷）		百 分 比				绝对增减数字	
					农 户		面 积			
	1882年	1895年	1882年	1895年	1882年	1895年	1882年	1895年	农户	面积
2 公顷以下	3 062	3 236	1 826	1 808	58.0	58.2	5.7	5.6	+174	－ 18
2— 5 公顷	981	1 016	3 190	3 286	18.6	18.3	10.0	10.1	＋ 35	＋ 96
5— 20 公顷	927	999	9 158	9 722	17.6	18.0	28.7	29.9	＋ 72	＋564
20—100 公顷	281	282	9 908	9 870	5.3	5.1	31.1	30.3	＋ 1	－ 38
100公顷以上	25	25	7 787	7 832	0.5	0.4	24.5	24.1	± 0	＋ 45
总 计	5 276	5 558	31 869	32 518	100	100	100	100	+282	+649

马克思主义者和"批评家"对于这种变化有不同的解释,这里有三个情况值得研究一下,这就是:最小的农户的数目增加了;大地产即拥有 1 000 公顷以上土地的农户数目增加了,这类农户在我们简单的图表中是同土地超过 100 公顷的农户合并在一起的;最后,中等农户(5—20 公顷)的数目也增加了,这个事实引起的争

论最多,也最引人注目。

最小农户的数目的增加,表明贫困和无产阶级化大大加深了,因为拥有不到 2 公顷土地的业主绝大多数都不能单靠农业维持生活,而必须搞些副业,即从事一些雇佣劳动。当然也有例外,如果种植特种作物、经营葡萄园和蔬菜业、播种技术作物和商业性作物、经营市郊经济等等,那有 1 公顷半土地就能成为独立的(有时甚至不算小的)农民了。但是在总数达 300 万户的**农户**中,这种例外是微不足道的。大量的这种小"农民"(几乎占农户总数的³⁄₅)都是**雇佣工人**,德国关于各类农民的主要职业的统计资料,清楚地说明了这一点。现将这些材料简要概括如下:

农 民 类 别	按主要职业划分的农村业主(百分比)					从事副业的独立农村业主(百分比)
	独 立 的		非独立劳 动	其 他工 作	总 计	
	农 业	商业及其 他				
2 公顷以下	17.4	22.5	50.3	9.8	100	26.1
2— 5 公顷	72.2	16.3	8.6	2.9	100	25.5
5— 20 公顷	90.8	7.0	1.1	1.1	100	15.5
20—100 公顷	96.2	2.5	0.2	1.1	100	8.8
100 公顷以上	93.9	1.5	0.4	4.2	100	23.5
总 计	45.0	17.5	31.1	6.4	100	20.1

从这里我们可以看出,德国的全部农民,只有 45% 即**不到一半**,按其**主要**职业来说是独立的农民。而且在这些独立的农民中间,有**五分之一**(20.1%)还兼搞副业。有 17.5% 的农民,其主要职业是经营商业、工业和蔬菜业等等(所谓"独立的",是指他们在相应行业都处于业主地位,而不是工人地位)。**几乎有三分之一**

(31.1％)是雇佣工人(他们在工农业各部门都是"非独立的")。以供职(当兵、做官等等)和自由职业等为主要职业的农民占 6.4％。在有 2 公顷以下土地的农民中,有**一半**是雇佣工人;在 320 万个这样的"业主"中间,"独立的"农民只占很少数,只占总数的 17.4％。而且在这 17％的农民中间,有**四分之一**(26.1％)的农民从事**副业**,这就是说,不是按其主要职业(如上面说的 50.3％)而是按其副业来说,他们也是雇佣工人。甚至有 2—5 公顷土地的农民,也只有一半多一点(1 016 000 户中有 546 000 户)是不从事任何副业的独立的农民。

由此可见,布尔加柯夫先生对情况的歪曲描述达到多么惊人的程度,他硬说(我们已经说过,这是胡说)真正从事农业的人的总数增多了,并且认为这是由于"独立农户增多了——正如我们所知道的——首先是中等农户由于大农户减少而增多了"(第 2 卷第 133 页)。即使中等农户在农户总数中占的比重增加得最多(从 17.6％增加到 18％,即＋0.4％),这也丝毫不能说明,农村人口的增长首先是由于中等农户的增加。在农户增加的总数中,哪些类农户增加得最多呢? 为了回答这个问题,我们来看一下直接有关的、决不能作出两种解释的资料:农户总数共增加了 282 000 户,其中土地在 2 公顷以下的农户增加了 174 000 户。可见,农村人口的增加(如果说有增加的话),恰恰是由于非独立农户增加了(因为有 2 公顷以下土地的农户多半不是独立的)。增加得最多的是小农户,这说明**无产阶级化**加深了。即使是有 2—5 公顷土地的农户增加了(增加了 35 000 户),我们也不能全部当做**独立**农户的增加,因为这类农民共有 1 016 000 户,其中只有 546 000 户是不从事副业的独立的农民。

　　在谈到大农户问题时,我们首先应当指出下面这个非常典型的事实(也是驳斥一切辩护术的很重要的事实):农业和其他行业的结合,对于各类农民来说具有不同的和相反的意义。对于小农说来,这意味着他们的无产阶级化,意味着农民的独立性愈来愈少,因为在这里,同农业结合的是雇佣劳动、小手工业和小商业等等。对于大农说来,这意味着大土地占有者由于在政府或军队中供职而提高了政治地位,或者意味着农业同林业和农产品加工业结合起来了。大家知道,这后一种现象是农业的**资本主义**进步的最典型的特征之一。正因为如此,我们看到,以"独立的"农业为主要职业的(即不是以工人身份,而是以业主身份经营农业的)农民,其百分比随着经营面积的扩大而迅速提高(17%—72%—90%—96%),而有 100 公顷以上土地的农户,这个百分比却降到 93%,在这类农户中,有 4.2% 的业主是以供职("其他工作"栏)为主要职业,有 0.4% 的业主是以"非独立"劳动(这不是当雇佣工人,而是当总管、当视察员等等;参看《德意志帝国统计》第 112 卷第 49 页★)为主要职业。同样,我们看到,兼搞副业的独立农民的百分比,随着经营面积的扩大而迅速降低(26%—25%—15%—9%),但是在有 100 公顷以上土地的业主中间,却急剧上升(23%)。

　　至于大农户(100 公顷以上)的户数和他们的土地面积,上面的材料表明,它们在农户总数和总面积中所占的比重都**减少**了。试问,能不能像布尔加柯夫先生那样,匆匆忙忙地从这里得出中小农户排挤大农户的结论呢? 我们认为不能这样,布尔加柯夫先生在这一点上气冲冲地攻击考茨基,只能证明他没有本领从根本上反驳考茨基的见解。第一,大农户的比重减少得很少(就农户数目来说,从 0.47% 降到 0.45%,即降低了 0.02%,就面积的比重来说,从 24.43％降到 24.088％,即降低了 0.35％)。况且为了经营集约化,有时**必须**缩小一些土地面积,大业主常把距离田庄中心较远的土地分成小块租给别人,以便获得劳动力,——这些都是尽人皆知的现象。我们在前面已经指出,那位详细描述了东普鲁士大小农户的作者,直言不讳地承认,小地产起着为大地产服务的作用,作者还热心地建议让一些工人定居下来。第二,仅靠经营**面积**的资料还不能判断**生产的规模**,因此也就谈不上小农户排挤大农户。大农户在生产规模方面有了很大的进步,这一点已经为使用机器的统计材料(见上面)和农产品加工业的统计材料(由于布尔加柯夫先生对德国统计资料中的有关部分作了惊人的歪曲,我们下面还要对这部分资料作专门的分析)无可争辩地证实了。第三,在有 100 公顷以上土地的农户中,**大地产**即有 1 000 公顷以上土地的农户最为突出,这类农户增加的百分比甚至比中等农户还要高,从 515 户增加到 572 户,即增加了 11％,而中等农户则从 926 000 户增加到 998 000 户,即增加了 7.8％。大地产的面积从 708 000 公顷**激增**到 802 000 公顷,即增加了 94 000 公顷;1882 年,大地产占全部农业面积的 2.22％,1895 年,已上升到 2.46％。对这一点,布尔加柯夫先生在《开端》杂志上曾毫无根据地反驳了考茨基,现在他在自己的书中又作了更加没有根据的概括。他写道:"大农户衰落的标志,就是……大地产增加了,虽然农业的进步,农业集约化程度的提高,必然造成分散的现象。"(第 2 卷第 126 页)布尔加柯夫先生竟毫不犹豫地说大农户发生了"大地产的〈!〉退化"(第 2 卷第 190、363 页)。请看,我们这位"学者"的议论是多么合乎逻辑:因为经营面积的减少**有时**在经营集约化的条件下意味着生产的增长,**所以**,大地产户数和面积的增长应当**一概看**

做是衰落！既然逻辑这么糟糕,为什么不求教一下统计材料呢？请看,在布尔加柯夫先生所引的材料里,就有许多关于大地产经营情况的资料。我们现在引用一下其中的一些材料:572个最大的农户在1895年共有土地1 159 674公顷,其中农业面积为802 000公顷,森林面积为298 000公顷(一部分大地产占有者主要是木材业者而不是农村业主)。它们中间有97.9%饲养牲畜,有97.7%饲养役畜,有555个业主使用机器,而且我们看到,其中每户都**最大限度地**使用了各种机器。使用蒸汽犁的有81户,即占大地产总数的14%。它们饲养牲畜的情况如下:牛148 678头;马55 591匹;绵羊703 813只,猪53 543头。它们当中兼营制糖厂的有16户,兼营酿酒厂的有228户,兼营啤酒厂的有6户,兼营淀粉厂的有16户,兼营磨坊的有64户。至于集约化程度,可以从下列事实加以判断:有211户种植甜菜(共占地26 000公顷),有302户种植加工业用马铃薯,有21户向城市销售牛奶(共有奶牛1 822头,平均每户87头),有204户参加了牛奶协作社(共有奶牛18 273头,平均每户89头)。这怎么会像"大地产的退化"呢？

现在再来谈谈中等农户(5—20公顷)的问题。中等农户在农户总数中的百分比从17.6%增加到18.0%(+0.4%),在土地面积总数中从28.7%增加到29.9%(+1.2%)。各式各样的"马克思主义扑灭者"很自然地把这些资料当做手中的主要王牌。布尔加柯夫先生从这里既引伸出"小农户排挤大农户",又引伸出"分散的趋势",如此等等。我们在前面已经说明,在"农民"问题上,笼统的资料特别无用,最容易使人产生误解,因为在这里,小企业主经济的形成过程和农民资产阶级的"进步"最容易把多数人的无产阶级化和贫困化掩盖起来。我们看到,德国农业总的情况是,一方面大资本主义农户无疑有了发展(大地产增加了,机器的应用广泛了,农产品加工业发展了),另一方面,无产阶级化和贫困化更加无可怀疑地有了增长(农民往城市里跑,土地更加分散,小农户增加,副业性的雇佣劳动更加普遍,小农的饮食日益恶化等等),在"农民"中间不出现这种过程,简直是不可想象的,也是不可能的。详细的统计资料也十分明确地指出了这一过程,证明光有土地面积的资料在这里是根本不够的。因此,考茨基说得十分正确,他根据德国农业资本主义发展的总的情况断定说,从这些资料中得出小生产战胜大生产的结论,是毫无根据的。

　　然而,现在还有一些直接有关的而且十分丰富的材料,可以证明,"中等农户"的增长意味着**贫困的增长**,而不是富裕和繁荣的增长。这就是关于役畜的材料。布尔加柯夫先生在《开端》杂志以及在他的著作中就引用了这些材料,但是用得很不得当。布尔加柯夫先生在谈到关于中等农户进步、大农户衰落的论断时写道:"如果对此还需要提出证明的话,那么除了劳动力数量这一标志外,还可以再举出役畜数量的标志。下面就是一张雄辩的图表"[①]:

	使用役畜耕作的农户数目		差　　额
	1882 年	**1895 年**	
0— 2 公顷……………	325 005	306 340	−18 665
2— 5 公顷……………	733 967	725 584	− 8 383
5— 20 公顷……………	894 696	925 103	+30 407
20—100 公顷…………	279 284	275 220	− 4 064
100 公顷以上 …………	24 845	24 485	− 360
总　计……………	2 257 797	2 256 732	− 1 065

---

　　① 我们把布尔加柯夫先生引用的图表全部转抄如下,只是补上了原来所缺少的总结数字。

"有役畜的农户的数量,在大农户中和在小农户中都有所减少,只是在中等农户中有了增加。"(《开端》杂志第1期第20页)

假如布尔加柯夫先生在匆忙写成的杂志文章中犯了错误,从关于役畜的资料中得出了同这些资料所说明的内容**恰恰相反的结论**,那还情有可原,但是我们这位"严峻的学者",竟在自己的"研究著作"中又重犯了这个错误(第2卷第127页,他还把+30 407和-360当做牲畜头数,然而这是使用役畜的农户数;不过这当然是一桩小事)。

我们要问问我们这位敢说"大农户退步"(第2卷第127页)的"严峻的学者":既然中等农户的**总数**增加了72 000户(第2卷第124页),而饲养役畜的中等农户增加了30 000户,这意味着什么呢? 意味着有役畜的中等农户的**百分比降低了**,这还不清楚吗? 既然如此,是否应该再看一下,1882年和1895年饲养役畜的农户在各类农户中所占的**百分比**呢? 这些资料在布尔加柯夫先生引用了绝对数字的那一页、那一张图表中就有(《德意志帝国统计》第112卷第31页★)。

这些数字如下:

	有役畜的农户的百分比		差 额
	1882年	1895年	
0— 2公顷 …………	10.61	9.46	−1.15
2— 5公顷 …………	74.79	71.39	−3.40
5— 20公顷 …………	96.56	92.62	−3.94
20—100公顷 …………	99.21	97.68	−1.53
100公顷以上 …………	99.42	97.70	−1.72
总 计 …………	42.79	40.60	−2.19

可见,有役畜的农户的百分比**整个说来**降低了2%强,而中小

农户降低的幅度**高于这个平均数**,大农户降低的幅度**低于这个平均数**。① 此外,不应当忘记,"正是在大农户中间,往往用机器动力代替畜力,使用各种各样的机器特别是蒸汽机(蒸汽犁等等)"(《德意志帝国统计》第 112 卷第 32 页★)。所以,虽然大农户(100 公顷以上)中有役畜的农户减少了 360 户,但是使用蒸汽犁的农户却**增加了 615 户**(1882 年是 710 户,1895 年是 1 325 户),由此可见,整个说来大农户不仅没有失势,而且甚至很得势。因此,我们可以得出结论说,在德国,真正**改善**了经营条件(指用牲畜耕作或用蒸汽代替牲畜)的唯一农户类别,是拥有 100 公顷以上土地的**大农户**。其他各类农户的经营条件都更坏了,其中**最坏的恰恰是中等农户**,在中等农户中,有役畜的农户的百分比降低得**最多**。从前大农户(100 公顷以上)和中等农户(5—20 公顷)之间,有役畜农户的百分比的差额不到 3%(99.42%—96.56%),现在却超过了 5%(97.70%—92.62%)。

关于役畜质量的资料,更加有力地肯定了这一结论。农户愈小,役畜的质量愈差,就是说,用犍牛和马耕作的愈少,而用体力差得多的**牝牛**耕作的愈多。下面就是关于 1882 年和 1895 年这方面情况的资料:

每 100 个有役畜的农户中:

---

① 在最小的农户中降低得最少,因为这类农户只有极少一部分是饲养役畜的;往下我们就会看到:正是在这类农户中(而且**仅仅**在这类农户中),役畜的质量有了提高,也就是说,饲养马和犍牛比较多了,牝牛比较少了。德国调查的作者也公正地指出(第 32 页★),这一事实清楚地表明,地块最小的业主饲养役畜不仅仅是为了耕作,同时也是为了从事"副业性的雇佣劳动"。因此,在役畜问题上,一般说来,把小农户统计在内是不对的,因为它们所处的条件是十分特殊的。

	只使用牝牛的农户			既使用牝牛也使用马或犍牛的农户		
	1882年	1895年		1882年	1895年	
0— 2公顷……	83.74	82.10	−1.64	85.21	83.95	−1.26
2— 5公顷……	68.29	69.42	+1.13	72.95	74.93	+1.98
5— 20公顷……	18.49	20.30	+1.81	29.71	34.75	+5.04
20—100公顷……	0.25	0.28	+0.03	3.42	6.02	+2.60
100公顷以上 ……	0.00	0.03	+0.03	0.25	1.40	+1.15
总　　计……	41.61	41.82	+0.21	48.18	50.48	+2.30

我们看到,役畜的质量普遍降低了(由于前面提到的原因,小农户不计算在内),而在**中等农户**中恰巧**降低得最厉害**。在这类农户中,有役畜的农户的百分比增加得**最多**的是那些不得不兼用**牝牛耕作**和**只能使用牝牛**耕作的农户。目前,已经有三分之一以上有役畜的中等农户不得不兼用牝牛来耕作土地(这样,土地当然会耕得更差,从而会减少收成,也会减少产奶量),有五分之一以上的农户只能使用牝牛来耕作。

如果我们看一下役畜的数量,我们就可以发现,牝牛的头数在各类农户(小农户除外)中都有所增加。马和犍牛的增减数字如下:

用于耕作的马和犍牛的数量(单位千)

	1882年	1895年	差　额
0— 2公顷 ………………	62.9	69.4	+ 6.5
2— 5公顷 ………………	308.3	302.3	− 6.0
5— 20公顷 ………………	1 437.4	1 430.5	− 6.9
20—100公顷 ………………	1 168.5	1 155.4	−13.1
100公顷以上 ………………	650.5	695.2	+44.7
总　计 ………………	3 627.6	3 652.8	+25.2

把小农户除外,役畜增加的只有大农户。

因此,从使用畜力和机器动力进行耕作的情况来看,关于经营条件变化的总的结论是:只有大业主的条件得到**改善**,其他各类业主的条件都有所恶化,而**中等农户**恶化得**最厉害**。

根据 1895 年的资料,我们可以把整个中等农户再分为两小类:5—10 公顷一类和 10—20 公顷一类。果然不出所料,第一小类(这类农户的数目比较起来要多得多)在使用役畜方面的经营条件要差得多。5—10 公顷土地的农户共 606 000 户,有役畜的占 90.5%(10—20 公顷土地的农户共 393 000 户,有役畜的占 95.8%),其中使用牝牛耕作的占 46.3%(在 10—20 公顷土地这一类农户中,占 17.9%),只能使用牝牛耕作的占 41.3%(在 10—20 公顷土地这一类农户中,占 4.2%)。然而,从 1882 年到 1895 年,正是这些在使用役畜方面条件特别差的 5—10 公顷土地的农户,无论户数或是土地面积都**增加得最多**。下面就是有关的资料:

在总数中所占的百分比

	农　户		总面积		农业面积	
	1882 年	1895 年	1882 年	1895 年	1882 年	1895 年
5—10 公顷……	10.50	10.90+0.40	11.90	12.37+0.47	12.26	13.02+0.76
10—20 公顷……	7.06	7.07+0.01	16.70	16.59−0.11	16.48	16.88+0.40

在 10—20 公顷这一类里,农户数目增长得非常少,在总面积中占的比重甚至减少了,农业面积的比重增加得也比 5—10 公顷的农户少得多。可见,中等农户的增加主要是(甚至几乎完全是)5—10 公顷这类农户的增加,也就是说,增加的是那些在使用役畜方面经营条件特别差的农户。

这样我们就可以看到,统计资料无可辩驳地说明了中等农户所谓增长的真实含义:这不是富裕的增长,而是**贫困**的增长,不是小农业的进步，而是**它的每况愈下**。既然中等农户的经营条件恶化得**最厉害**，不得不更多地使用牝牛来耕作，那么，我们根据经营的这一方面的情况（这是整个经营的最重要的方面之一），不但可以而且应当得出关于经营的其他各方面的情况的结论。既然无马户（这个术语俄国读者很熟悉，用在这里也很恰当）的数量增加了，役畜的质量更坏了，那么毫无疑问，牲畜的整个饲养、土地的管理、农民的饮食和生活条件也就都更坏了，大家都知道，农民农户牲畜饲养得愈差，干活愈累，人的生活也就愈坏，干活也就愈累，反之亦然。上面我们根据克拉夫基的详细调查得出的结论，现在已被有关德国全部小农户的大量资料所充分证实了。

九
德国的牛奶业和农业协作社。
德国农村人口的经济地位

我们十分详细地研究了役畜的资料，因为只有这些资料（除了我们上面分析过的有关机器的资料以外）能使我们看到所谓农户的内部情况，它的设备和它的经营情况。其他一切资料，如土地数量的资料（我们已经引用过了）和牲畜数量的资料（我们马上就要引用），只是从外部描述了农户的情况，把明明存在的差别抹杀了，因为各类农户的土地管理情况以及土地的单位面积产量、牲畜的质量和牲畜的生产率都是各不相同的。尽管这些差别的存在是人所共知的事实，但是在作笼统的统计时通常都忘掉这一点，只有关于机器和役畜的资料，才使我们多少能看出这种差别，了解到这种差别

(总的说来)究竟表明谁的优势。如果大农户使用得较多的是统计中仅仅提到的那些特别复杂和贵重的机器,那么很明显,统计没有提到的其他一切农具(犁、耙、大车等等),在大农户中,质量也一定更高,每个农户配备的也一定更齐全,利用得也一定更充分(因为农户规模较大)。耕畜的情况也是如此。小业主为了抵制大农户的这种优势,必然要勤勤恳恳、省吃俭用(在生存竞争中,他们没有别的武器),因此,小农具有这些品质不是偶然的,而是他们在资本主义社会中始终必然具备的特征。资产阶级经济学家(以及在这个问题上和在其他所有问题上追随着资产阶级经济学家的现代"批评家")却把这种情形誉为节俭、吃苦耐劳的美德等等(参看黑希特和布尔加柯夫的著作),并把这一切归功于农民。社会党人却把这种情形叫做过度劳动(Ueberarbeit)和消费不足(Unterkonsumption),把这一切归咎于资本主义,并且尽力擦亮农民的眼睛,让他们识破那些把低下的社会地位誉为美德,力图使它万古长存的马尼洛夫式的言语。

现在我们来看一下 1882 年和 1895 年德国各类农民牲畜分配情况的资料。下面是这些资料的主要总结数字:

百　分　比:

	牲畜总数 (按价值计算)			牛			猪		
	1882 年	1895 年	±	1882 年	1895 年	±	1882 年	1895 年	±
0 — 2公顷…	9.3	9.4	+0.1	10.5	8.3	−2.2	24.7	25.6	+0.9
2 — 5公顷…	13.1	13.5	+0.4	16.9	16.4	−0.5	17.6	17.2	−0.4
5 — 20公顷…	33.3	34.2	+0.9	35.7	36.5	+0.8	31.4	31.1	−0.3
20 —100公顷…	29.5	28.8	−0.7	27.0	27.3	+0.3	20.6	19.6	−1.0
100公顷以上…	14.8	14.1	−0.7	9.9	11.5	+1.6	5.7	6.5	+0.8
总　计…	100	100	—	100	100	—	100	100	—

可见,大农户的牲畜在牲畜总数中的比重减少了,中等农户牲

畜的比重增加得最多。虽然关于牲畜总数的资料是按价值计算的,但是我们还是讲牲畜的总头数,因为统计人假设各类农户每头牲畜的价值都相同,这显然是错误的。关于牲畜价值的资料使我们有可能把各种牲畜加在一起(把各种牲畜折合成大牲畜,也能获得同样结果。不过这样就需要我们重作计算,但这对结论不会有任何重大的改变)。这些资料是根据耕畜的数量来说明全部耕畜的分配情况,而不是根据耕畜的实际价值。大业主的牲畜比小业主的好,而且一定会比小业主的牲畜有更大的改良(根据农具的改良来判断),因此,这些资料在很大程度上缩小了大农户的实际优势。

在谈到某几种牲畜时,应当指出,大农户牲畜的比重的减少,完全是由于商业性牧羊业的衰落。从1882年到1895年,绵羊的数目从2 110万只减少到1 260万只,即减少850万只,其中拥有20公顷以上土地的农户减少了700万只。大家知道,乳品畜牧业和肉品畜牧业是德国的商业性畜牧业中最发达的部门。因此我们引用了关于牛和猪的资料,结果发现,在这两个畜牧业部门中大农户(100公顷以上)发展得**最快**:大农户的牛猪在牛猪总数中所占的比重增加得最多。这一事实所以特别引人注意,是由于畜牧户的规模往往比农业户的规模小,因此,发展得更快的不是大资本主义农户,而是中等资本主义农户,这是可以想见的。总的结论(关于牲畜的数量,而不是关于牲畜的质量)应当是:大业主由于商业性牧羊业的急剧衰落遭受的损失最大,他们没有能够完全弥补这种损失,而只是用大量增殖牛猪(同中小农户相比)的办法减轻了这种损失。

谈到乳品畜牧业,我们不能忽略德国统计中提供的那些十分有益的、据我们所知尚未被人利用的有关资料。但是这已牵涉到加工业和农业结合这个总的问题。由于布尔加柯夫先生对事实又作了惊人的歪曲,我们应当把这个问题谈一谈。大家知道,农产品加工业和农业的结合,是农业中独特的资本主义进步的最明显的标志之一。布尔加柯夫先生在《开端》杂志上就说过:"在我看来,这种结合的意义被考茨基夸大得过分了,如果拿统计资料来看一下,以这种方式同工业联系起来的土地,其数量是微乎其微的。"(第3期第32页)论据非常牵强,这种结合的技术进步性布尔加柯夫先生是不敢否认的,但是对于代表这一进步的究竟是大生产还是小生产这个最主要的问题,他干脆避而不谈。然而统计材料对这个问题作了十分确切的回答,因此布尔加柯夫先生只好在自己的著作中要起……请允许我这样说!……花招来。他引用了兼营这种或那种加工业的农户(所有的农户,而不是各类农户!)的百分数,并且指出:"不应该认为兼营加工业的主要是大农户。"(第2卷第116页)恰恰相反,最尊敬的教授先生,正是应该这样认为。您的图表(**没有提供兼营加工业的农户在同类农户总数中所占的百分比**)只能转移那些外行的或粗心的读者的视线。为了避免满篇都是数字,我们把兼营制糖厂、酿酒厂、淀粉厂、啤酒厂和磨坊的各类农户的数字计算在一起(从而也提供了农业和各种加工业结合的**数字**),得出如下的图表:

	农户总数	兼营加工业 的农户数字	百分比[87]
0 — 2 公顷 ……………	3 236 367	11 364	0.35
2 — 5 公顷 ……………	1 016 318	13 542	1.33
5 — 20 公顷 ……………	998 804	25 879	2.59
20 — 100 公顷 ……………	281 767	8 273	2.97
100 公顷以上 ……………	25 061	4 006	15.98
总　　计 ……………	5 558 317	63 064	1.14
拥有 1 000 公顷以上 土地的农户 …………	572	330	57.69

可见,在小农户中兼营加工业的农户的百分比很小,只有在大农户中百分比才比较大(在大地产中百分数特别大,它们**半数以上**都得到兼营的好处)。只要把这一事实同前面引用过的关于机器和役畜的资料比较一下,读者就会明白,布尔加柯夫先生的下述名言是多么荒谬绝伦。布尔加柯夫先生认为,"大农户是经济进步的代表者,小农户是经济退步的代表者"这一说法,是"保守的"马克思主义者的"空想"(第2卷第260页)。

布尔加柯夫先生接着说:"绝大多数(甜菜和酿酒用马铃薯)是小农户生产的。"

正好相反,**恰恰是大农户生产的**:

	种植甜菜的农户数目	在农户总数中所占百分比	种植甜菜的面积(单位公顷)	百分比	种植加工业用马铃薯的农户数目	在农户总数中所占百分比
0—　2公顷 ………	10 781	0.33	3 781	1.0	565	0.01
2—　5公顷 ………	21 413	2.10	12 693	3.2	947	0.09
5—　20公顷 ………	47 145	4.72	48 213	12.1	3 023	0.30
20—100公顷 ………	26 643	9.45	97 782	24.7	4 293	1.52
100　公顷以上 ………	7 262	28.98	233 820	59.0	5 195	20.72
总　计 ………	113 244	2.03	396 289	100	14 023	0.25
拥有1 000公顷以上土地的农户………	211	36.88	26 127	—	302	52.79

这就是说,种植甜菜和加工业用马铃薯的农户的百分数,在小农户中仍然是微不足道的,在大农户中却相当可观,在大地产中尤其可观。绝大多数的甜菜,按播种面积来说,有83.7%是大农户生产的。[①]

———————

① 布尔加柯夫先生关于加工业的论断的彻底……失败,是那样奇怪,以致我们

　　关于"大农户"在牛奶业中所占的"比重",布尔加柯夫先生也同样根本没有弄清楚(第2卷第117页),而商业性畜牧业的这一部门是全欧洲发展得特别快的一个部门,它同样是农业进步的一个标志。下面就是向城市销售牛奶和乳制品的农户的数字:

	这类农户数目	在总数中所占百分比①	在同类农户总数中所占百分比	奶牛头数	在总数中所占百分比	每户平均的奶牛头数
0— 2公顷 ………	8 998	21.46	0.3	25 028	11.59	2.8
2— 5公顷 ………	11 049	26.35	1.1	30 275	14.03	2.7
5— 20公顷 ………	15 344	36.59	1.5	70 916	32.85	4.6
20—100公顷 ………	5 676	13.54	2.0	58 439	27.07	10.3
100公顷以上 ………	863	2.06	3.4	31 213	14.46	36.1
总　计	41 930	100.0	0.8	215 871	100	5.1
拥有1 000公顷以上土地的农户…………	21	—	3.7	1 822	—	87.0

　　由此可见,大农户在这里也是领先:农户愈大,参加乳品商业的农村业主所占的百分比就愈高,而大地产所占的百分比最高("大地产的退化")。例如,向城市销售牛奶的大农户(100公顷以上)要比中等农户(5—20公顷)多一倍以上(3.4%

　　　　不禁要问:布尔加柯夫先生所以失败,是不是因为他在摘录德国调查的图表时**没有注意到**,图表中所提供的兼营加工业的农户的百分数**根本不是在同类农户总数中所占的百分数**。一方面,很难设想在一位严峻的学者的"研究著作"中竟会有这么多的错误(和武断的结论)。另一方面,布尔加柯夫先生的图表同调查的图表(第40页★和第41页★)竟完全一样,——这是无可怀疑的……　哎,这些"严峻的学者"啊!

　① 　我们列出这一栏,是想让读者对布尔加柯夫先生的手法有一个清楚的认识,他为了证实自己的结论,引用的就是这一栏(引自调查材料)!

和 1.5%)。

大农户(按土地面积来说)也经营规模很大的牛奶业,这一点从每户平均拥有的奶牛头数就可以看出:100 公顷土地以上的农户每户平均达 36 头,大地产竟达 87 头。明显的资本主义农户(20公顷以上)虽然在农户总数中占的比重很小(5.52%),在向城市销售牛奶的农户中所占的比重也不大(15.6%),但是供应城市牛奶的全部奶牛有 41.5%集中在这类农户手中。可见,资本主义经济的进步和商业性畜牧业的这一部门的资本主义积聚,是无可怀疑的了。

但是按土地面积划分农户类别的资料,还远远不能充分说明牛奶业的积聚。可以想象得到,一些农户土地面积相等但牲畜特别是产乳牲畜数量却不相等,这种情况是可能有的,而且必然会有。我们先来比较一下,牛的**总头数**和供应城市牛奶的奶牛总头数在各类农户中的分布情况。

	在牛的总头数中所占百分比	在供应城市牛奶的奶牛总头数中所占百分比	差　额
0 —　2 公顷………………………	8.3	11.6	+3.3
2 —　5 公顷………………………	16.4	14.0	—2.4
5 — 20 公顷………………………	36.5	32.8	—3.7
20 —100 公顷………………………	27.3	27.1	—0.2
100　公顷以上………………………	11.5	14.5	+3.0
总　计………………………	100.0	100	

于是我们又一次看到,境况**最坏**的恰恰是**中等**农民农户,这类农户只把自己的极小部分牛用来生产牛奶销售给城市(这是牛奶业中最盈利的部门)。与此相反,大农户的境况却非常有利,它们

把自己的较大部分牛用来生产牛奶销售给城市。① 但是境况更有利的是最小的业主,他们把自己的**极大**部分牛用来生产牛奶销售给城市。可见,在这类农户中,已经兴办起一些专门的"牛奶"场,它们把农业置于次要地位,或者甚至根本不从事农业(在这类农户中有 8 998 户向城市销售牛奶,其中有 471 户根本没有耕地,这些业主共有 5 344 头奶牛,平均每户 11.3 头)。如果我们使用德国统计资料,把拥有一两头奶牛的农户划分出来,就能得出一份十分有趣的资料,可以看出在耕地面积相同的农户类别中,牛奶业积聚的情况。

向城市销售乳制品的农户

	户数	其中:		农 户数目	奶牛的总头数	平均每户的奶 牛 头 数	有 3 头以上奶牛的农户 奶 牛总头数
		有 1 头奶牛者	有 2 头奶牛者				
0—50 公亩②	1 944	722	372	850	9 789	11.5	11 255
50 公亩—2 公顷	7 054	3 302	2 552	1 200	5 367	4.5	13 773
0—2 公顷	8 998	4 024	2 924	2 050	15 156	7.4	25 028
2—5 公顷	11 049	1 862	4 497	4 690	19 419	4.3	30 275

在拥有极少量耕地的农户(0—$\frac{1}{2}$公顷)当中,我们看到牛奶业高度积聚的情况,其中为数不足一半的业主(1 944 户中占 850户),几乎集中了该类农户奶牛总数的 $\frac{9}{10}$(11 255 头中占 9 789头),平均每户有 11.5 头。这已经根本不是什么"小"业主,而是一些年周转额大概(特别是那些邻近大城市的业主)可达到几千马克

---

① 这种差别决不能拿犍牛在牛的总数中所占比例大小不等这一点来解释,因为大农户的犍牛(至少用来耕作的犍牛是如此)在牛的总数中占的百分比,比中等农户要大。

② 1 公亩等于 $\frac{1}{100}$ 公顷。——编者注

的业主,这些人不使用雇佣工人恐怕是不行的。城市的迅速发展使这种"牛奶场主"的人数不断增加,因而必然会有黑希特、大卫、赫茨和切尔诺夫之流的人物,拿个别小农因经营牛奶业和烟草业等等而"出人头地"的例子,来安慰受贫困压迫的广大小农群众。

我们看到,在½—2公顷这类农户中,为数不足五分之一的业主(7 054户中占1 200户)竟集中了占总数五分之二以上的奶牛(13 773头中占5 367头);在2—5公顷这类农户中,不足半数的农户(11 049户中占4 690户)集中了占总数五分之三以上的奶牛(30 275头中占19 419头),等等,遗憾的是,根据德国的统计不可能把拥有更多奶牛的农户类别划分出来。① 但是,就是前面所引的资料也完全证实了下面这个一般性结论:**资本主义农业的积聚程度实际上比我们仅仅根据土地面积一种统计材料所能想象的要高得多**。这种统计把两种农户混在一起了,一种按其土地面积和谷物生产规模说来是小农户,另一种按其乳品或肉品畜牧业、葡萄

---

① 确切些说,靠德国统计资料,不可能**整理出**这方面的材料,因为调查的写作者们是分别搜集每个农户的材料的(根据农村业主填写的调查表)。顺便说一下,分别搜集每个农户材料的做法,使德国的农业统计胜过法国的统计,也许还胜过英国和其他国家的统计。这套方法不仅可以按土地面积,而且可以按牛奶业的规模、机器使用情况、加工业发展程度等等来划分出各种类型的农户。为此只要把统计资料更加仔细地整理一下就行了。这就是说,第一,不是根据一种标志(土地面积),而是根据几种标志(机器数量、牲畜头数、特种作物面积等等)来划分农户类别;第二,综合各种不同的分类,例如,把按土地面积划分的各类农户再按牲畜头数等等划分出一些更小的类别。俄国地方自治局的农民经济统计**88**可以而且应当成为这方面的典范。从材料的广泛充实、划一确切以及整理和发表的速度来看,德国官方的统计比俄国**官方的**统计好,但是从个别资料完备和整理的细致来看,我国**地方自治局的**统计却比欧洲的局部调查和考察好。俄国地方自治局的统计早就采取了挨户调查的办法,列出各种的分类图表和我们所提到的综合图表。欧洲人如果能深入了解我国地方自治局的统计,一定会有力地推动整个社会统计的进步。

种植业、烟草业和蔬菜业等等的规模说来是大农户。当然,同谷物生产比较起来,所有这些部门都处于很次要的地位,因此,即使根据土地面积的材料得出的**大量**结论也是完全有意义的。但是,第一,商业性农业的若干特殊部门恰恰在欧洲发展得特别迅速,特别具有农业**资本主义**演进过程的特点;第二,在谈到个别例子或个别地区时,人们往往忘掉了上述情况,这就为黑希特、大卫、赫茨和切尔诺夫等人作了示范表演的市侩辩护术大开方便之门。他们拿烟草业的业主作例子,这些业主按其总的经营面积来说,是"名副其实的小农",但是按其烟草业的规模来说,却根本不是什么"小"业主,而且我们只要专门看一下烟草业的资料,就会看到,在这里也有了资本主义的积聚。例如,据 1898 年的统计,整个德国有139 000 户烟农,植烟面积为 17 600 公顷,但是其中 88 000 户,即占 139 000 户的 63%,一共拥有不到 3 300 公顷土地,只占植烟总面积的 $\frac{1}{5}$,而其余的 $\frac{4}{5}$ 都集中在 37% 的业主手中。①

　　葡萄种植业的情况也是这样。总的说来,一个"中等"葡萄园的面积,例如在德国,是很小的,只有 0.36 公顷(344 850 个业主共有 126 109 公顷葡萄园地)。但是葡萄种植者的分布情况是这样

---

① 《19 世纪末的德国国民经济》1900 年柏林版第 60 页。这是根据税务机关十分粗糙的统计材料算出的数字。至于俄国,我们有一份波尔塔瓦省三个县的烟草业分布情况的资料:种植烟草的农户共 25 089 户,其中有 3 015 户(不到 $\frac{1}{8}$)在 146 774 俄亩的粮食播种面积中占 74 565 俄亩,即占一半以上,它们在 6 844 俄亩的植烟面积中,占 3 239 俄亩,即将近一半。如果按烟草种植园的规模把这些农户加以分类,就会看到,有 324 个农户(总共是 25 089 户)各有 2 俄亩以上的植烟土地,它们在 6 844 俄亩中共占 2 360 俄亩。这都是一些大的种烟资本家,他们对工人的残酷剥削,是人们常有所闻的。拥有半俄亩以上植烟土地的农户总共有 2 773 户(略多于 $\frac{1}{10}$),但是它们在 6 844 俄亩植烟土地中却占了 4 145 俄亩。见《俄国烟草业概况》1894 年圣彼得堡版第 2 编和第3 编。

的：49％的葡萄种植者(有 20 公亩以下的葡萄园)只占有全部葡萄
园地的 13％,30％的"中等"业主(有 20—50 公亩)占 26％,20％的
大业主(有½公顷以上)占 61％,即占五分之三以上①。商业性蔬
菜业(Kunst-und Handelsgärtnerei)的积聚程度还要高得多。随
着大城市、大火车站和工业区等等的增多,蔬菜业在各个资本主义
国家里迅速发展起来了。据 1895 年的统计,德国有 32 540 户经
营商业性菜园,共有 23 570 公顷菜园地,平均每户不到 1 公顷。
但是其中半数以上的土地(51.39％)集中在 1 932 户业主的手中,
即集中在只占总数 5.94％的菜园主手中。这些大业主究竟有多
少菜园地和其他农业用地,从下列数字可以看得很清楚：1 441 户
拥有 2—5 公顷菜园地的业主,平均每户有菜园地 2.76 公顷,加
上其他土地平均共有 109.6 公顷；491 户拥有 5 公顷以上菜园地
的业主,每户平均有菜园地 16.54 公顷,加上其他土地平均共有
134.7 公顷。

　　我们再回过头来看一看牛奶业,这方面的资料可以帮助我们
回答协作的意义问题。赫茨把这种协作推崇为祛除资本主义的万
应灵丹,他认为"社会主义的首要任务"就是支持这种协作(第 21
页,俄译本第 62 页；第 89 页,俄译本第 214 页)。虔诚地膜拜新上
帝而照例叩破额头的切尔诺夫先生,竟编造出一套借助协作来实
现"农业的非资本主义演进"的谬论。这种了不起的发现究竟有什
么理论意义,我们下面再作简要的说明。现在我们要指出的是,协

---

　　①　值得指出的是,在法国,葡萄种植业发展得更迅猛得多(达到 1 800 500 公
　　　　顷),葡萄园的集中程度也就高得多。但是这一点只能根据有关土地面积的
　　　　一般统计资料加以判断,因为法国的材料不是按户统计的,无法知道葡萄园
　　　　主的数字。在德国,有 10 公顷以上土地的业主拥有 12.83％的葡萄园地,在
　　　　法国是 57.02％。

作的崇拜者,总是喜欢谈论借助协作"可能"取得什么样的成就
(见上面的例子)。但是我们最好还是看一看,在现代资本主义
制度下,借助协作究竟取得了什么实际成就。德国统计机关在
1895 年的农户和职业调查中,登记下了所有参加乳制品销售协
作社(Molkereigenossenschaften und Sammelmolkereien)的农户,
以及每个业主用来提供销售的乳制品的奶牛头数。据我们所
知,这恐怕是唯一的一份**内容丰富的**资料。它们不仅确切地说
明了各类业主参加协作社的情况,而且还(这一点非常重要)说
明了所谓入社的经济规模,即每户投入协作社的那一部分经济的
规模(生产供协作社销售的乳制品的奶牛头数)。现在把这些资料
摘引在下面。这些资料按照业主土地面积的多少,把他们分为
五类。

参加乳制品销售协作社的农户

	这种农户的 数 目	在农户总数中所占百分比	在入社农户总数中所占百分比①	拥有奶牛的 头 数	在奶牛总数中所占百分比	每户平均拥有的奶牛头数
0— 2公顷……	10 300	0.3	6.95	18 556	1.71	1.8
2— 5公顷……	31 819	3.1	21.49	73 156	6.76	2.3
5— 20公顷……	53 597	5.4	36.19	211 236	19.51	3.9
20—100公顷……	43 561	15.4	29.42	418 563	38.65 ⎫	9.6
100 公顷以上……	8 805	35.1	5.95	361 435	33.37 ⎭72.02	41.0
总 计……	148 082	2.7	100.00	1 082 946	100.00	7.3
1 000 公顷以上的农户…………	204	35.6	—	18 273	—	89.0

可见,小农参加协作社的为数甚少——3%—5%,就是说,这

---

① 布尔加柯夫先生声明说:"在这里,可从下列数字中看出大农户的比重"(第 2
卷第 117 页),并且**仅**引用了这些数字,但这些数字说明不了"大农户的比
重",而是**掩盖了**"大农户的比重"(因为没有同其他数字的比较)。

个数字看来甚至比最低的资本主义农户的比重小。相反,明显的大资本主义农户参加协作社的百分比,甚至比中等农户高出 2—6 倍。而大地产参加协作社的却最多。现在我们可以看出奥地利的伏罗希洛夫——赫茨幼稚到什么程度,他在驳斥考茨基时说:"包括最大的一些协作社在内的德国农业收购联合社(Bezugsverei- nigung)有 **105 万个农村业主参加**"(第 112 页;俄译本第 267 页,黑体是赫茨用的),并且得出这样的结论:**就是说**,不仅大业主(土地超过 20 公顷的业主共有 306 000 个),而且农民也参加了协作社! 赫茨只要稍微考虑一下自己的假设(**所有大业主都参加了协作社!**),他就会看到,要是大业主全部参加协作社,那**就是说**,其他各类农户参加协作社的**比重就很小了**,这正好完全证实了考茨基关于**大农户在协作组织方面也比小农户占优势**的结论。

但是,更有趣的是关于生产供协作社销售的乳产品的奶牛头数的资料:这种奶牛**绝大部分,差不多有四分之三**(72%)属于经营**资本主义牛奶场**的大业主,每户平均有 10 头、40 头、甚至 80 头(在大地产中)奶牛。现在请听听赫茨是怎么说的,他说:"我们敢**肯定,协作社恰恰给小业主和最小的业主带来了最大的好处……**"(第 112 页;俄译本第 269 页,黑体是赫茨用的)天下的伏罗希洛夫都一模一样,俄国的也好,奥地利的也好,都是如此。如果伏罗希洛夫拍着胸脯,加重语气地说:"我们敢肯定"如何如何,那我们可以相信,他所肯定的恰恰是不存在的东西。

在我们结束对德国农业统计资料的考察时,让我们看一下从事农业的人口按经济地位分类的概况。当然,我们只是考察真正的农业(即德国统计代号的 A1,而不是 A1—6,也就是说,不把渔民、伐木者、猎人同农民计算在一起),再就是要研究一下以农业为

主要职业的人的材料。德国统计把这部分人口分为三大类：(a)独立户(即私有主、租地者等等)；(b)职员户(总管、领班、监工、办事员等等)；(c)工人户，最后这一类又分为四小类：(c¹)"在父亲或兄长等户主的农场中工作的家庭成员"。换句话说，这是本户工人，他们不同于属于(c)类其余3小类的雇佣工人。因此，在研究人口的社会成分(及其资本主义演进情况)时，显然不应当像往常那样，把这些本户劳力同雇佣工人归为一类，而应当把他们同业主(a)划为一类，因为这些本户劳力实质上也是占有者，是享有继承权等等的业主家庭成员。下一个小类(c²)男女农业雇工(Knechte und Mägde)；(c³)"农业日工或其他工人(羊倌、牧工)，他们自己拥有土地或租有土地"。这就是说，这一类是业主兼雇佣工人，是一个中间的、过渡的类别，必须单独划分出来。最后，(c⁴)"同前，但自己没有土地，也不租别人土地"。这样，我们就得出三个基本类别：I. 业主——土地占有者和业主家庭成员；II. 业主——土地占有者兼雇佣工人；III. 没有土地的雇佣工人(职员、雇工和日工)。下面就是1882年和1895年德国农村人口①按这三类划分的情况：

---

① 我们指的只是"积极"人口(这是按法语的说法；按德语的说法是"erwerbsthätige")，即真正从事农业的人口，不包括仆役和那些不是经常参加农业劳动的家庭成员。俄国的社会调查太不发达，以至连表达"active"、"erwerbsthätig"、"occupied"这一概念的专门术语还没有创造出来。扬松在整理有关彼得堡居民职业的资料(《1890年圣彼得堡调查》)时，使用了"独立的"这一术语，但是这个术语是不恰当的，因为所谓"独立的"，一般都指的业主，这样一来，就把是否参加行业(广义的行业)活动，同人们在某一行业中的地位(业主兼工人)混淆起来了。也许可以用"生产人口"这一术语。但是这也不确切，因为，拿军人、食利者等等阶级来说，根本不是什么"生产人口"。也许，用"从业"人口这一术语较为恰当，它可以表示参加某一种"行业"(=有收入的)活动的人口，以别于那些依靠"从业人员"生活的人。

以农业为主要职业的积极（从业）人口（单位千）

	1882 年	1895 年		
（a）业主-土地占有者 ……………	2 253	2 522	＋269	
（c¹）业主家庭成员 ……………	1 935	1 899	－ 36	
I ……………	4 188	4 421	＋233	＋ 5.6％
（c²）有地工人（II）	866	383	－483	－55.8％
I＋II ……………	5 054	4 804	－250	
（b）职员 ……………	47	77	＋ 30	
（c³）雇工 ……………	1 589	1 719	＋130	
（c⁴）无地工人 ……………	1 374	1 445	＋ 71	
III ……………	3 010	3 241	＋231	＋ 7.7％
总　计……………	8 064	8 045	－ 19	－ 0.2％

　　这样，整个积极人口减少了，虽然减少得不多。我们看到，在这中间有地的人口（I＋II）减少了，无地的人口（III）却增多了。这就清楚地表明，**农村人口尤其是小土地占有者遭到剥夺的过程正在发展**，因为我们已经知道，有一小块土地的雇佣工人是归入最小的业主之列的。其次，在土地占有者中间，业主兼工人在减少，业主在增多。因此，我们看到，**中等类别在消失，两极在增多**，即中间的类别在消失，**资本主义的矛盾**在日益**尖锐化**。在雇佣工人中间，完全被剥夺的人在增加，土地占有者在减少。在业主中间，直接占有企业的人在增加，在户主的企业中工作的人在减少。（后一种情形大概同下述事实有关：农民家庭的劳动成员多半得不到户主的任何报酬，因此他们特别愿意往城市里跑。）

　　如果研究一下以农业为**副业**的人口的材料，我们就会看到，这部分人口（积极的或从业的）从 3 144 000 人增加到 3 578 000 人，即增加了 434 000 人，而且增加的几乎全是业主家庭的劳动成员，这些人增加了 397 000 人（从 664 000 人增加到 1 061 000 人）。业

主人数增加了 40 000 人（从 2 120 000 增加到 2 160 000）。有地
工人增加了 51 000 人（从 9 000 人增加到 60 000 人）。无地工人
减少了 54 000 人（从 351 000 减少到 297 000）。在 13 年中，从
664 000 人增加到 1 061 000 人，即增长了 59.8％，这样巨大的增
长再一次证明无产阶级化的增长；那些只把农业当做**副业**的**农民**、
农民家庭成员的人数增长了。我们知道，这些人的主要职业首先
是雇佣劳动（其次才是小商业、手工业等等）。如果把农民家庭中
以农业为主要职业的劳动成员和只以农业为副业的劳动成员全部
加在一起，我们就会看到，1882 年总共为 2 559 000 人；1895 年为
2 960 000 人。这一增长很容易给错误的解释和辩护性的结论提
供借口，尤其在雇佣工人总的来说日益减少的情况下更是如此。
其实，这一总数的增长，是由于农民家庭中以农业为主要职业的成
员**减少了**，而以农业为副业的成员却**增多了**，后者在 1882 年只占
农民家庭劳动成员总数的 21.7％，而在 1895 年已达到 35.8％。
这样，关于**全部**农业人口的统计十分清楚地向我们展示出两个无
产阶级化过程，也就是正统的马克思主义一向所指出的，而机会主
义批评家用千篇一律的词句力图加以否认的两个无产阶级化过
程：一方面，农民日益丧失土地，农村人口不断遭到剥夺，他们不是
往城市里跑，便是从有地的工人变为无地的工人；另一方面，农民
的"副业"发展了，也就是说，农业和工业结合的现象增多了，这意
味着无产阶级化的第一步，这势必引起贫困的剧烈增长（延长工作
日、饮食恶化等等）。如果只从表面上来看，这两个过程在某种程
度上甚至是对立的：无地的工人增加了，农民-土地占有者家庭的
劳动成员也增加了。因此，把这两个过程混为一谈或者忽略其中
的一个过程，都容易犯极大的错误，布尔加柯夫的著作正是集这种

错误之大成。**89** 最后，职业统计还向我们表明，职员人数也有显著的增加①：从 47 000 人增加到 77 000 人，即增加了 63.8％。在无产阶级化增长的同时，资本主义大生产也增长了，这就需要有职员，而且机器使用得愈多，加工业愈发达，需要的职员也就愈多。

可见，以"详细探讨"自吹自擂的布尔加柯夫先生，根本没有弄清楚德国的统计材料。在职业统计中，他只是指出了无地工人的增加和有地工人的减少，以为这就是"农业劳动组织发生变化"的标志（第 2 卷第 106 页）。而德国整个农业劳动组织的这一变化，对他来说，完全是一种偶然的、不可理解的现象，同农业资本主义的整个制度和整个演进毫无联系。但是实际上，这只是资本主义发展过程中的一个方面。同布尔加柯夫先生的见解相反，德国农业的技术进步，主要是大生产的进步。关于机器使用情况、有役畜农户的百分比、役畜的质量、农产品加工业的发展、牛奶业的发展等等资料，都雄辩地证明了这一点。在大生产取得这一进步的同时，农村人口的无产阶级化和被剥夺的过程进一步发展，小农户和以副业收入为主要生活来源的农民愈来愈多，中等农民愈来愈贫困，他们的经营条件恶化得最厉害（无马户和用牝牛耕作的农户的百分比增加得最多），因此他们的整个生活条件和土地的管理质量也降低得最厉害。

---

① 关于这一事实，布尔加柯夫先生在《开端》杂志上说了一句平淡无奇的俏皮话："军队在减少，军官的数目却在增加。"这种对大生产劳动组织的见解是多么简单化啊！

十

德国的布尔加柯夫——

爱·大卫的"著作"

爱德·大卫的《社会主义和农业》一书十分拙劣、十分冗长地汇集了我们在布尔加柯夫、赫茨和切尔诺夫等先生那里看到的错误手法和错误论断。我们本来可以根本不去理会大卫。但是,他的"著作"无疑是目前论述土地问题的一本主要的修正主义著作,所以我们认为有必要再来说明一下修正主义者先生们是怎样写学术著作的。

大卫除在书中其他各章多次谈到农业中的机器问题外,还用了第4章一整章(俄译本第115—193页)来探讨这个问题。他十分详细地探讨了数百个**技术性的**细节,反而把问题的政治经济本质淹没在这些细节中了。说什么机器在农业中起不到它在工业中所起的作用;农业中没有中心发动机;多数机器只能工作一段时间;部分机器并不能节约生产费用,如此等等。大卫认为这些结论(参看第190—193页关于机器问题的小结)足以驳倒马克思主义的理论了! 但是,这只是在制造混乱,而不是在阐明问题。农业比加工工业落后,这是丝毫不容怀疑的。这种落后是无须证明的。大卫把农业落后的表现逐条罗列出来,举出一个又一个例子、一个又一个情况,但只是避开真正的研究对象:机器的使用是否具有资本主义性质? 机器使用的增加同资本主义农业的发展是否有联系?

大卫根本不懂得一个马克思主义者应该如何提出问题。大卫的观点实质上是小资产者的观点,这种小资产者满足于资本主义的比较缓慢的进步,不敢正视整个社会的进化。例如,大卫在谈农业机器问题时引用了本辛格的话,而且引用了无数次(俄译本第125、135、180、182、184、186、189、506页及其他各页)。我们这位大卫真可以说是在折磨读者,他对材料不加整理,不予以联系,不深思熟虑地提出问题,只是毫无目的地一味谈论枝节问题。因此,大卫不会对本辛格的结论作出任何**概括**。我在1901年对布尔加柯夫先生的批判,也完全适用于大卫。首先,对本辛格结论的概括表明(见上面,第183页①):使用机器的农户无疑比不使用机器的农户优越。大卫在细节上对本辛格的"修正"在他的书中比比皆是,但是不管怎样修正也改变不了这个结论。**大卫避而不谈这个总的结论**,简直同布尔加柯夫先生如出一辙! 其次,大卫无休止地、无意义地、无联系地引用本辛格的著作,但是同布尔加柯夫先生一样,也**没有发现**本辛格对工业或农业中的机器问题的资产阶级观点。总而言之,大卫对问题的社会经济意义连懂也不懂。他不善于把那些证明大经济比小经济优越的实际材料综合起来、联系起来。结果只好发一通市侩的反动牢骚,把希望寄托在技术落后和资本主义发展的缓慢上面。右派立宪民主党人和"基督教的"叛徒布尔加柯夫先生,从理论上说,同社会民主党内的机会主义者大卫是毫无二致的。

大卫在其他一些问题上,也不了解问题的社会经济意义,而且到了无可救药的地步。就拿他的一个基本论点,他的那个心爱的思想,也就是全书的"精髓"来说吧。他认为:在农业中**小生产**是富有生命力的,而且比大生产优越。请问大卫,什么叫做小生产呢?

在第29页的脚注中,可以得到确切的回答:"凡是我们提到小

---

① 见本卷第112页。——编者注

生产的时候,我们指的都是那种不经常依靠外力帮助,也不从事副业而活动的经济范畴。"这句话说得很笨拙,而且被格罗斯曼先生翻译得文理不通,但是意思总还可以勉强看出。人们看了这一点,一定以为大卫会**根据**农民是使用雇佣劳动还是出卖劳动力**这点**来考察小(**按土地面积来说**)农业的条件。

其实根本不是这么一回事。

大卫的资产阶级性暴露得最为明显之处,就是他完全忽视"小"农使用雇佣劳动和变为雇佣工人的问题。说他完全忽视,这绝对属实。德国统计中有这方面的统计材料,考茨基在《土地问题》一书中也简要地引用了这些材料(这些材料在我的书中引用得很详细,——见第 227 页①)。大卫看过这些统计,却没有分析这些材料。他从个别的专题著作中摘录了一大堆引文,但却**完全忽略了**这些著作中有关这一问题的材料。总而言之,这位小资产者绝口**不谈**善于经营的农夫雇用"帮工"的问题。

请看下面的例子。

他在第 109 页上写道:"总的说来,在蔬菜业中也像在农业中一样,繁荣的是小生产。"

你们一定在等待证明。但是你们看到的是下面这个**而且仅仅是**下面这个材料:

"根据 1895 年的工业②统计材料,在 32 540 个果园和菜园中,占地不到 20 公亩的有 13 247 户(=40%);20—50 公亩的有 8 257户(=25%);50 公亩到 1 公顷的有 5 707 户(=14%);1—2 公顷的

---

① 见本卷第 172—173 页。——编者注

② 这大概是译文的校订者格罗斯曼先生把 Betriebsstatistik 一词译成这样的。俄译本真叫人没有办法! 这里应当译成:"农业企业的统计材料"。

有 3 397 户(＝10％);2 公顷以上的只有 1 932 户(＝6％)。"

仅此而已。就是这些材料也可以证明蔬菜业中小生产的繁荣。就是这段话就可以被看做精通农学的大卫的学术著作。如果真是这样,我们就不能了解什么叫做学术上的骗局了。

大卫说,只有 6％的业主拥有 2 公顷以上的土地。就在他引用这些数字的那份统计材料中,同时就有这 6％的业主拥有**多少土地**的材料。**大卫却不提这些材料。**他所以不提是因为这些材料会推翻他的理论。我曾经就这些材料说过(见《教育》上的文章,第 220 页①):在全部商业性菜园土地中有"半数以上的土地(51.39％)集中在 1 932 户业主的手中,即集中在只占总数 5.94％的菜园主手中"。在这 1 932 个菜园主中,有 2—5 公顷菜园地的有 1 441 户,平均每户有菜园地 2.76 公顷,**加上其他土地共有**109.6 公顷。有菜园地 5 公顷以上的业主有 491 个,平均每户有菜园地 16.54 公顷,**加上其他土地共有** 134.7 公顷。(同上)

可见,**仅仅**占总数 6％的菜园主却集中了 51.39％的菜园地。这是些大资本家,菜园是他们的资本主义农业(拥有 100—135 公顷土地的农场)的**补充**。可见,商业性蔬菜业的资本主义积聚程度是很高的。而大卫……竟敢断言,"繁荣的是小生产",也就是说,是不使用雇佣劳动的生产。在商业性蔬菜业中,究竟多大规模的农场需要使用雇佣工人,对这个问题**他却没有提供资料**。

博学的大卫就是这样运用统计材料的。这里还有一个他引用专门著作方面的例子,他引用的就是布尔加柯夫、赫茨和切尔诺夫先生所援引过的那位大名鼎鼎的黑希特的著作(见上面,第 203—207 页②)。

---

① 见本卷第 193 页。——编者注
② 见本卷第 138—146 页。——编者注

大卫在他的"著作"中用了两页(第 394—395 页)的篇幅来转述黑希特的著作。他是**怎样转述的呢?他绝口不谈雇佣劳动**。他绝口不谈黑希特如何粉饰有一小块土地的工厂工人**"定居"**的事实,如何把工人同富裕农民混为一谈。他绝口不谈,在少数富裕农民"繁荣"的同时,多数人的处境却十分困难,甚至不得不出卖牛奶来换取比较便宜的人造黄油。

大卫不仅对这一点保持沉默,而且甚至还说:"黑希特列举了非常有趣的材料,说明这些农民的生活消费是很高的。"(第 395 页)很难设想还会有什么更露骨的资产阶级辩护术了。

这里顺便谈一下,黑希特提到农民出卖牛奶,而购买比较便宜的人造黄油的事实。本来,这是每个经济学家都知道的。早在 1847 年,马克思在《哲学的贫困》一书中就谈到资本主义使人民的饮食更加恶化。① 在俄国,从恩格尔哈特时代**90**(70 年代)起,凡是稍微认真研究过牛奶业中的资本主义进步的人,都多次地指出过这一现象。"博学的"大卫却没有发现这一点。他甚至对社会主义者们指出这一现象加以耻笑。

我们看到,大卫在这本书的第 427—428 页上嘲笑了考茨基,因为考茨基说过,牛奶收集站使农民更多地出售牛奶,从而使他们的饮食更加恶化。为了让读者能够对德国的民粹主义者大卫作出适当的评价,我们把他的原话引述如下:

"……其他所有的人都有一种习惯,只要有一笔较大的收入,总要花一点在吃的上面。一个人只要多少有几个钱,就想吃得好一点,这可以说是人的本性。但是令人极其奇怪的是,只有农民不是这样,他们参加协作社以后,出售牛奶和生猪得到的钱大家都认为比以前多了,但是他们的做法却和其他一

---

① 参看《马克思恩格斯全集》第 1 版第 4 卷第 103—105 页。——编者注

般人完全不同",如此等等。

对于反动市侩的这种滑稽表演,当然不值得理会。只要把它展示给读者就够了,只要从分散在550页上的一大堆断章取义的农学引文中,把这些言论抽出来见见天日就够了。只要指出下面一点就够了,就连**大卫援引的**那位资产阶级辩护士黑希特也承认饮食恶化是**事实**,是出卖牛奶换取人造黄油的结果。在德国南部,在小农户占优势的地区情形就是如此。至于另一地区(如东普鲁士),克拉夫基也指出过十分相似的情况(见上面,第213页和第214页①),他说:小农"很少食用黄油和全脂牛奶"。

大卫的这种资产阶级辩护术,在他所涉及的一切问题上全都可以看到。例如,他用了几十页的篇幅(第413—435页及其他各页)来歌颂德国和丹麦的牛奶协作社。他也引用了统计资料……但是仅限于协作社数目增长的资料!德国统计中的关于**协作**牛奶业集中在资本主义大农场手中的材料(见上面,第242页②),他却**没有引用**。大卫之流竟没有发现他们引用的统计资料中有这方面的材料!

大卫说:"组成协作社的丹麦农民,甚至超过了大土地私有者的私有农场。"接着还举了一个例子,引用化验所第46号报告说,协作社的黄油比地主的黄油质量高。大卫继续写道:

> "农民已经取得了这样的成绩,而从前他们在自己的小经济中只能生产质量很低的黄油,卖价几乎只有大所有主卖得的一半。**这里谈的实际上是中等农民和小农**(黑体是大卫用的)。1898年丹麦共有牛栏179 740个;其中只有7 544个,即4%的牛栏各有30头以上的奶牛;有49 371个,即27.82%的牛栏各有10—29头奶牛。有122 589个,即68.97%的牛栏各有不到10头

---

① 见本卷第154—156页。——编者注
② 见本卷第193—195页。——编者注

奶牛。在最后一类中,有半数以上即有 70 218 个牛栏(占总数 39.85％),每个只有 1—3 头奶牛,这就是说,它们是属于小农户的。小农户绝大多数都参加了协作组织,这有事实为证:1900 年,丹麦共有奶牛 1 110 000 头左右,其中约有 900 000 头奶牛的牛奶是供协作牛奶场销售的。"(第 424 页)

博学的大卫就是这样来论证的。他避而不谈各类农户各拥有多少奶牛的确切材料,引用这些材料对他来说是不愉快的。但是就从他引的残缺不全的数字中也可以看出,他把事实真相完全歪曲了。如果把奶牛总数同牛栏按牲畜存栏头数分类的情况对照一下,就可以得出如下一幅(**尽管是近似的**①,但大体上无疑是符合实际情况的)图画:

丹　麦	农户数目 (单位千)	拥有的奶牛头数 (单位千)	平均每户拥 有奶牛头数
有 1— 3 头奶牛的农户	70	100	1.43
有 4— 9 头奶牛的农户	52	250	4.81
有 10—29 头奶牛的农户	49	550	11.22
有 30 头以上奶牛的农户	8	200	25.00
总　计	179	1 100	6.14

从这些数字可以看出,第一,丹麦乳品畜牧业的积聚程度是**很高的**。在 1 100 000 头奶牛中,有 750 000 头,即**超过总数的三分之二**,是属于**大农户**的,而大农户在 179 000 户中只占 57 000 户,即不到农户总数的三分之一。这类农户平均有 10 头以上奶牛,看

---

① 这些数字所以是近似的,是因为:第一,这里的奶牛头数是 1900 年的数字,而农户数目是 1898 年的数字;第二,各类农户的奶牛头数只能算出约略的数字,因为大卫那里没有精确的数字。我们估算的大农户的比重比实际情况要小些:7 544 个农户平均每户有 30 头以上的奶牛。即使拿最低的数目来算,即按每户 30 头计算,7 544 ×30＝ 226 320 头。我们选择**较小的数字**,因为不这样,小农户的规模就更加接近各类农户的最低限度,而不是最高限度。

来不使用雇佣劳动是不行的。可见,大卫"没有发现",这里畜牧业经营的规模绝不是很小的;丹麦的业主是不能用土地的数量来衡量的。大卫"没有发现",这里同其他各地的资本主义农业的情况一样,为数众多的小农户在生产总值中所占的比重也是很小的。小业主共有 70 000 户,即几乎占 40%,但是他们的奶牛却只占奶牛总头数的$\frac{1}{11}$。

第二,上述数字表明,丹麦也同德国一样,得到**协作社好处**的**主要是资本家**。在 1 100 000 头奶牛中,有 900 000 头奶牛的奶是供牛奶场销售的,那就是说,还有 200 000 头奶牛**得不到**协作销售的"好处"。这些多半是最小业主的奶牛,因为我们从德国的材料中看到,土地在 2 公顷以下的农户参加牛奶协作社的只占全体农户的 0.3%,而土地在 100 公顷以上的农户参加的却占 35.1%。可见,这一切都说明,小业主(共 70 000 户,有 100 000 头奶牛)从协作销售中得到的好处最少。

丹麦的例子完全推翻了大卫的说法,证明在乳品生产中占优势的恰恰不是小农户,也不是中等农户,而是大农户。

为了使这些枯燥的数字和表格生动一些,为了说明资产阶级农业的阶级性质(这一点完全被愚蠢的市侩大卫忽略了),我们从丹麦工人运动史中举出一件突出的事实作为例子。1902 年,丹麦的船主降低了司炉的工资。司炉工人为此举行了罢工。码头工人工会支持他们,也停止了工作。但是……罢工没有能形成总罢工,没有扩展到丹麦的各个港口。"在丹麦农产品出口方面占有非常重要地位的埃斯比约港〈位于丹麦西海岸,是同英国进行贸易的重要港口〉,没有卷入罢工,因为丹麦农业协作社声明,它们可以立即派遣必要数量的社员去装船;丹麦农民不容许中断自己的产品出口。"①

　　这样一来,丹麦的协作社就站在船主方面反对工人,破坏了这次罢工。有10头以上奶牛的资本家农场主支持资本家反对工人,这当然是完全可以理解的。令人不可理解的只是,像大卫这样一些抹杀阶级斗争的著作家却自称为社会主义者。

　　在农业和加工业(制糖、酿酒等等)结合的问题上,大卫也犯了和布尔加柯夫先生**完全相同的**错误。同这位俄国教授一样,德国"博学的"机会主义者**只是照抄**德国统计调查的表格,没有想一想这些表格究竟说明了什么! 考茨基肯定地说,制糖业是农业**大**工业的典型。大卫为了反驳这一点,也同布尔加柯夫一样,引用了一些数字来证明兼营加工业的小农户比兼营加工业的大农户更多(大卫的著作第406、407、410页)。博学的统计家却忘记了,小农户的总数本来就比大农户多。他没有计算一下兼营加工业的各类农户在同类农户中所占的百分比,而只是抄录了在兼营加工业的农户总数中各类农户所占的百分比的表格。布尔加柯夫先生的这一错误,我在前面已经详细说明了。(见第237页和第238页②)现在有一点要指出,就是在科学上采取同样老实态度的爱·大卫,对于资本家手中的甜菜**地所占百分比**的材料,同样也没有花力气去看一下。

　　德国机会主义者和俄国自由派教授两人的灵魂简直相似到了十分可笑的程度,他们不仅引用统计材料同样地粗心大意、同样地无能,而且引证马克思著作也同样地粗心大意。大卫同布尔加柯夫一样,承认"土地肥力递减规律"。不错,他阐述这一规律时提出

---

①　**埃米尔·赫尔姆斯**《丹麦的社会民主主义运动和工会运动》1907年莱比锡版第138页。——编者注
②　见本卷第186—189页。——编者注

一些特殊的限定,加上一些特殊的条件,但是这并没有使情况好一些。例如,大卫在第 476 页上说:"这一规律根本不涉及从某一科学技术水平升到另一水平所引起的生产率波动问题。这个规律只涉及同一科学技术水平上的生产率波动。"这正好是我在反驳布尔加柯夫先生时指出的他对这个臭名远扬的规律所作的**限定**(见上面,第 165、166 页①),当时我还补充说:这是一个"极其相对的规律,相对得说不上是一种规律,**甚至说不上是农业的一个重要特征**"。

然而大卫却继续把这个规律奉为农业的特征。这就产生了不可思议的糊涂观念,因为在"科学技术"条件不变的情况下,就是在工业中追加投资也要受到极大的限制。

大卫在结尾的一章中写道:"农业落后是因为:第一,**自然界有机力的保守性**,这表现在收成递减规律上。"(第 501 页)这个结论把刚才提出的一个论点(这个"规律"不适用于向更高技术水平过渡的情况)完全抛弃了!"自然力的保守性",这不过是反动市侩的遁词,他们无法了解特别阻碍农业发展的**社会**条件。大卫暴露出自己不了解这些**社会**条件包括以下两方面:第一,农业中存在着封建残余,雇工处于权利不平等的地位,等等;第二,存在着**地租**,它抬高地价并**通过地价把高额地租固定下来**。

大卫写道:"我们认为,目前德国农业即使有海外生产所促成的、从世界经济的角度看来是正常的生产率,也不可能生产必要数量的粮食。收成递减规律不容许在有限的土地面积上无限地增加产量,而不降低生产率。"(第 519 页,大卫最后一句话加上了着重标记。)

请来看看这位经济学家吧!他宣称,收成递减"规律"只涉及

①　见本卷第 87—89 页。——编者注

同一科学技术水平上的生产率波动(第476页)。但是结论却是："规律不容许'无限地'增加产量"(第519页)!怎么能得出结论说,即使没有土地私有制,没有高昂的地租,没有雇工无权、闭塞和受鄙视的地位,没有容克地主野蛮的中世纪特权的妨碍,德国农业也**不可能提高**到更高的"科学技术水平"呢??

资产阶级的辩护士自然要设法回避农业落后的社会原因和历史原因,而把这种落后归咎于"自然力的保守性"和"土地肥力递减规律"。这个臭名远扬的规律所包含的无非是辩护术和糊涂思想。

大卫为了掩饰自己退向资产阶级经济学的旧偏见的可耻行径,也同布尔加柯夫一样,把经过歪曲的马克思引文拿给我们看。大卫引证的《资本论》第3卷的**那一页**(第3卷下册第277页)正好也是布尔加柯夫先生引过的!(见大卫的著作第481页和上面我们对布尔加柯夫先生的著作的分析,第171页和第172页①)

我对布尔加柯夫先生在**科学上采取的老实态度**所作的评价,也**完全**适用于大卫。布尔加柯夫先生歪曲了马克思的引文。大卫也只引了这段引文的头一句话:"关于在连续投资时土地生产率降低的情形,可参看李比希的著作。"(《资本论》第3卷下册第277页)②大卫也和布尔加柯夫一样,歪曲了马克思的话,给读者造成一种印象,仿佛马克思谈这个问题只此一处。其实——我们再说一遍——凡是读过《资本论》第3卷(和《剩余价值理论》第2卷第2册③)的人,都知道事实正好相反。马克思**几十次地**指出,他认为追加投资的生产率的**降低**同这一生产率的**提高**,是两种完全同等

---

① 见本卷第94—98页。——编者注
② 见《马克思恩格斯文集》第7卷第842页。——编者注
③ 参看《马克思恩格斯全集》第1版第26卷第2册第262—536页。——编者注

的、同样可能的情况。

在第 481 页的脚注中,大卫声称以后要探讨这个规律同地租的关系,还要"批判地探讨马克思是如何试图推翻马尔萨斯和李嘉图所提出的原理并进而发展和充实地租理论的"。

我们可以预言,大卫的批判的探讨将会像布尔加柯夫先生或……像马斯洛夫同志那样,不过是重复一下资产阶级的偏见罢了。

现在再来分析一下大卫的另一个根本错误的论点。批驳大卫的辩护术或他对统计材料的歪曲,真是一件费力不讨好的事情。在下面我们就要谈到的这个问题上,我们掌握了一些新的材料,能用现实的**真实**情景同现代市侩的理论作一番对照。

十一

小农户和大农户的畜牧业

土地问题上的"批评家"或伯恩施坦派在替小生产辩护的时候,经常拿下面一种情况作根据。按土地单位面积计算,小农饲养的牲畜比大农多得多。他们说,这样,小农就能更好地给土地施肥。他们经营的技术水平是比较高的,因为在现代农业中肥料具有决定性的作用,而农户饲养的牲畜所提供的肥料,比任何人造肥料不知要强多少倍。

爱德·大卫在《社会主义和农业》一书中说这个论据有决定性的意义(俄译本第 326、526、527 页)。他写道:"粪肥是农业的灵魂",并加上了着重标记(第 308 页),他把这条道理当做维护小农业的主要根据。他引用德国统计材料说,按单位面积计算,小农户

饲养的牲畜比大农户多得多。大卫深信,这些材料彻底解决了在
农业中大生产优越还是小生产优越的问题,并证实了他的看法。

现在我们来仔细探讨一下这个理论和作为农业的灵魂的
粪肥。

大卫和许多拥护他的资产阶级经济学家的主要论据就是统
计。他们比较了各类农户的牲畜数字(按单位面积计算),并且默
然地假设,相比的数值是同样的,也就是说,同样数量的某一种牲
畜,无论在大农户或小农户中,都具有所谓同等的农业价值。他们
还假设同样数量的牲畜可以提供同样数量的粪肥,大农户和小农
户的牲畜质量大体上相同,等等。

显然,上述论据能不能成立,完全要看这种常见的默然的假设
是否正确。上述论点是不是正确呢? 如果我们摆脱枯燥的、粗糙
的、笼统的统计材料,而去分析一下小农业生产和大农业生产的全
部社会经济条件,那我们立刻就会看到,这个论点恰恰把尚待证实
的东西当做已经证实的东西。马克思主义断言,小生产的牲畜饲
养条件(我们看到,土地的管理和农业劳动者的生活条件也如此)
比大农户差。资产阶级政治经济学及其追随者伯恩施坦派,却作
了相反的论断,他们说:由于小农**勤奋**,小农户饲养牲畜的条件比
大农户好得多。如果要用统计材料来阐明**这个**问题,那大卫所引
用的统计是完全不符合需要的。这里需要的不是不同规模的农户
的牲畜数量的统计调查,而是牲畜质量的统计调查。德国的经济
文献中有这类调查著作,可能还不止一种。在经济文献中,有人根
据详细的调查试图阐明大小农户内部的条件。而非常值得注意的
是,大卫的著作虽然满篇都是从各种农学著作中摘来的无数毫不
相干的引文,但是唯独对上述尝试只字不提。下面我们就把大卫

不该回避的这些著作当中的一部介绍给读者。

德国著名的农业问题著作家德雷克斯勒尔出版了一本关于"农业统计调查"结果的专门著作。关于这份调查,作者公正地指出,"就调查结果的确切性来说,这份调查恐怕是无与伦比的"。他调查了汉诺威省的 25 个居民点(22 个村和 3 个地主庄园),不仅分别地搜集了每个农户的土地数量和牲畜数量的材料,**而且**还搜集了**牲畜质量**的材料。牲畜质量是用一种特别精确的方法来判定的:"根据对每头牲畜尽可能精确的估算,即根据内行人作出的估算",确定每头牲畜**毛重**多少公斤。[①] 这样就得出一份各个不同规模的农户每种牲畜毛重的材料。而且这种调查进行了两次:第一次在 1875 年,第二次在 1884 年。德雷克斯勒尔发表了这批原始材料[②],他把三个田庄分别列出,把所有的村分为三大类,把各村的农民农户按土地数量又分为七类(超过 50 公顷,25—50 公顷,12.5—25 公顷,7.5—12.5 公顷,2.5—7.5 公顷,1.25—2.5 公顷,1.25 公顷以下)。德雷克斯勒尔的材料共包括 11 种牲畜,读者可以想见所有这些图表会有多么复杂。为了得出一份综合性材料,使大家能看出总的和基本的结论,我们把**全部**农户分成**五**大类:(一)大田庄;(二)土地超过 25 公顷的农民农户;(三)7.5—25公顷的;(四)2.5—7.5 公顷的;(五)不到 2.5 公顷的。

---

① 大卫清楚地知道农学家们的这种计算单个牲畜毛重的方法。他在第 367 页详细地讲到**各种**肉用牲畜、产乳牲畜和耕牛等等毛重有多少。他抄录了农学家们的这些材料。但他没有想到,对于经济学家特别是社会主义者说来,重要的并不是区别牲畜的品种,而是区别小农户和大农户,"农民"农户和资本主义农户**牲畜饲养的条件**。

② 1875 年的材料发表在《社会政治协会丛书》第 24 卷第 112 页(《农民状况》第 3卷),1884 年的材料发表在《蒂尔农业年鉴》第 15 卷(1886 年)。

　　这几类农户的数目和他们的土地的数量,在 1875 年和 1884 年分别如下:

	1875 年			1884 年		
	农户数目	土地数量	每户平均占有土地	农户数目	土地数量	每户平均占有土地
			（单位公顷）			
(一)田庄	3	689	229	3	766	255
(二)25 公顷以上的农户	51	1 949	38	58	2 449	42
(三) 7.5—25 公顷的农户	274	3 540	13	248	3 135	12
(四) 2.5—7.5 公顷的农户	442	1 895	4.3	407	1 774	4.3
(五) 2.5 公顷以下的农户	1 449	1 279	0.88	1 109	1 027	0.92
总　计	2 219	9 352	4.2	1 825	9 151	5.0

　　为了说明这些数字,先来谈一谈不同规模的农户的经济类型。德雷克斯勒尔认为,凡是有 7 1/2 公顷以上土地的农户,都少不了要使用雇佣劳动。这样一算,就有 325 个农民农户雇用工人(1875年)。土地在 2 1/2 公顷以下的农户,不得不受雇于人。有 2.5—7.5 公顷土地(平均是 4.3 公顷)的农户,据德雷克斯勒尔计算,有一半可以不从事雇佣劳动,另一半则不得不去当雇佣工人。可见,在全部农民农户中间,有 325 户是资本主义农户,有 221 户是既不雇用别人也不受雇于人的小"劳动"农户(我国的民粹派一定会这样说),有 1 670 户是受雇于人的半无产者农户。

　　可惜,德雷克斯勒尔的分类方法和德国的一般统计分类方法不同,后者是把 5—20 公顷的业主划为中等农民。但是,这些中等农民大多数要雇用工人,这毕竟是无可怀疑的事实。德国的"中等"农民就是小资本家。不雇用别人也不受雇于人的农民占极少数:在 2 216 户中只占 221 户,即只占十分之一。

这样,以上各类农户按经济类型可表述如下:(一)大资本主义农户;(二)中等资本主义农户("大农");(三)小资本主义农户;(四)小农农户;(五)半无产者农户。

从1875年到1884年,农户总数和土地总数都减少了。减少的主要是小农户:有2½公顷以下土地的农户从1 449户减少到1 109户,即减少了340户,差不多等于¼。相反,最大的农户(超过25公顷的)却从54户增加到61户,它们的土地从2 638公顷增加到3 215公顷,即增加了577公顷。可见,德雷克斯勒尔所称赞的那个地区的经济普遍改善和文化提高,意味着农业集中在人数**愈来愈少**的私有者手中。由于这种"进步",2 219户中有将近400户被排斥在农业之外(到1 884年只剩下1 825户),其余各户平均占有的土地从4.2公顷增加到5公顷。有的地区资本主义使某一农业部门积聚化,使许多小业主沦为无产阶级。有的地区商业性农业的发展造成了许多新的小农户(例如,市郊农村的牛奶业和像丹麦这样一些出口乳制品的国家的牛奶业就是如此)。还有一种地区中等农户瓦解,小农户增多。笼统的统计掩盖了所有这些过程。要研究这些过程,就必须进行详细的调查。

上面谈到的那个地区农业的进步,特别明显地表现在畜牧业的改进上。但是,牲畜总头数却减少了。1875年共有7 208头牲畜(折合成大牲畜计算),到1884年只有6 993头了。按照笼统的统计,牲畜头数的减少只能表明畜牧业的衰落。其实是牲畜的质量提高了。如果不是计算牲畜的头数,而是看一下全部牲畜的"毛重",那就可以看到,1875年是2 556 872公斤,1884年则是2 696 107公斤。

畜牧业的资本主义进步不单表现在数量的增长上,有时甚至主要不是表现在这方面,而是表现在质量的提高上,表现在以优代劣和增加饲料等方面。

各个农户拥有牲畜的平均头数如下：

	1875 年			1884 年		
	大牲畜	小牲畜	总　计	大牲畜	小牲畜	总　计
	（折合成大牲畜计算）					
（一）田庄	105	69	174	110	41	151
（二）25 公顷以上的农户	13.2	11.0	24.2	13.7	10.5	24.2
（三）7.5—25 公顷的农户	5.4	3.8	9.2	4.9	4.2	9.1
（四）2.5—7.5 公顷的农户	2.2	1.4	3.6	2.2	1.8	4.0
（五）2.5 公顷以下的农户	0.3	0.6	0.9	0.4	0.7	1.1
总　计	1.7	1.5	3.2	2.0	1.8	3.8

　　在最大的农户中,牲畜头数减少了。在最小的农户中却增加了,而且农户愈小,增加得愈快。看来,岂不是小生产进步而大生产退步了吗? 这不是证实了大卫的理论吗?

　　但是只要看一下牲畜**平均重量**的材料,错觉就会消失了。

	每头牲畜的平均重量（单位公斤）					
	1875 年			1884 年		
	大牲畜	小牲畜①	总　计	大牲畜	小牲畜	总　计
（一）田庄	562	499	537	617	624	619
（二）25 公顷以上的农户	439	300	376	486	349	427
（三）7.5—25 公顷的农户	409	281	356	432	322	382
（四）2.5—7.5 公顷的农户	379	270	337	404	287	352
（五）2.5 公顷以下的农户	350	243	280	373	261	301
平　均	412	256	354	446	316	385

----

　　①　各种小牲畜都按照通常的标准折合成大牲畜。在一年内,11 种牲畜中的每种牲畜有多少头,是大致算出来的,因为只有重量的材料,没有牲畜头数的材料。

从这些数字中得出的第一个结论就是：农户规模愈大，牲畜的质量就愈高。资本主义农户同小农农户或半无产者农户在这方面的差别是相当大的。例如，在1884年，最大农户和最小农户之间的差额竟超过**百分之百**：大资本主义农户每头牲畜平均重量为619公斤，而半无产者农户为301公斤，也就是少二分之一以上！因此可以断定，大卫和他的志同道合者假设大农户和小农户的牲畜质量完全相同，这是多么肤浅啊！

前面我们已经指出，小农户饲养牲畜的情况一般比较差。现在我们有事实可以证明。关于牲畜毛重的材料使人能最确切地了解到牲畜饲养的**种种**条件，如饲料、牲畜棚、耕作和照料等条件。德雷克斯勒尔的专门著作中的调查结果可以说已经对这一切作了总结。我国的瓦·沃·先生和德国的大卫，极力赞扬小农在照料牲畜方面如何"勤奋"。其实，小农不管怎样勤奋，也不能大致抵得上产品质量要高一倍的大生产的优势。资本主义使小农注定要劳碌一辈子，白白消耗劳动力，因为在资金不足、饲料不足、牲畜质量低劣、牲畜棚简陋等情况下，精心照料牲畜也是白费力气。资产阶级政治经济学着重评价的不是资本主义使农民破产、使农民受压榨，而是劳动者（在最苛刻的剥削条件下**为资本**劳动的人）的"勤奋"。

从上述材料得出的第二个结论是：在这10年中，牲畜的质量一般都提高了，而且各类农户也都有所提高。但是普遍提高的结果，并没有缩小而是**更加**扩大了大小农户之间畜牧业条件的差别。普遍提高没有使大小农户拉平，而是扩大了它们之间的悬殊，因为在提高的过程中，大农户比小农户进步得更快。下面就是1875年和1884年各类农户的牲畜平均重量的比较。

	每头牲畜的平均重量(单位公斤)		增加	增加的百分比
	1875 年	1884 年		
(一)田庄	537	619	＋82	＋15.2
(二)25 公顷以上的农户	376	427	＋51	＋13.6
(三) 7.5—25 公顷的农户	356	382	＋26	＋ 7.3
(四) 2.5—7.5 公顷的农户	337	352	＋15	＋ 4.4
(五) 2.5 公顷以下的农户	280	301	＋21	＋ 7.5
平　均	354	385	＋31	＋ 8.7

　　提高最多的是大资本主义农户,其次是中等资本主义农户,小农农户的提高是微乎其微的,其他两类农户的提高也很有限。德雷克斯勒尔也同绝大多数论述农业经济问题的农学家一样,只注意到问题的技术方面。他在比较了 1875 年和 1884 年的情况以后得出第五个结论说:"畜牧业①有了十分显著的进步:牲畜头数减少了,质量却提高了;在这三类村庄②中,每类村庄牲畜的平均毛重都显著增加了。这就是说,在牲畜的繁殖、饲养、照料方面**或多或少普遍**(ziemlich allgemein)有重大的改进。"

　　我们加上着重标记的"或多或少普遍"这几个字,正好证明作者忽略了问题的社会经济方面。"或多"指的是大农户,"或少"指的是小农户。德雷克斯勒尔没有发觉这一点,因为他只

① 德雷克斯勒尔在这里指的是除役畜(即所谓的 Nutzvieh)外的所有牲畜。关于役畜的材料,我们将在下面单独引述。但是不管我们引用的是哪几种或哪几类牲畜,总的结论还是一样的。
② 德雷克斯勒尔按照地理位置和其他经营条件,把 22 个村庄分为三类。我们只引用一些综合的材料,以免文章中满篇都是数字。但是不管我们引用的是哪几类村庄,结论还是不变。

注意各类村庄的材料,而没有注意各种不同类型的农户的材料。

现在我们来看看有关役畜的材料。这些材料能说明狭义的农业的经营条件。上述各类农户的役畜数量如下:

	平均每户拥有役畜头数	
	1875 年	1884 年
(一)田庄	27	44
(二)25 公顷以上的农户	4.7	5.5
(三) 7.5—25 公顷的农户	2.1	2.4
(四) 2.5—7.5 公顷的农户	1.3	1.5
(五) 2.5 公顷以下的农户	0.07	0.16
平　均	0.7	1.0

可见,绝大多数半无产者农户(即 2.5 公顷以下的农户,1884年这类农户在 1 825 户中占 1 109 户)根本没有役畜。这类农户甚至不能算做是真正的农业户。总之,就使用役畜的情况来说,这些有 93%或 84%根本不使用役畜的农户,是无法同大农户相比的。如果我们在这方面把大资本主义农户同小农农户作一比较,我们就会看到,在前一类((一)类)农户中,132 头役畜共耕种 766 公顷土地,而在后一类((四)类)农户中,632 头役畜才耕种 1 774 公顷土地(1884 年),这就是说,前者每头役畜平均要耕种将近 **6** 公顷土地,而后者将近 **3** 公顷。可见,小农户饲养役畜的开支要**多一倍**。小生产意味着经营技术手段的分散和由此而造成的劳动力的浪费。

造成这种分散的部分原因,是小农户不得不使用**质量低劣的**役畜,即不得不拿牝牛当役畜来用。牝牛占**役畜总数**的百分比如下：

	1875 年	1884 年
（一）田庄	—	—
（二）25 公顷以上的农户	—	2.5%
（三）7.5—25 公顷的农户	6.3%	11.4%
（四）2.5—7.5 公顷的农户	60.7%	64.9%
（五）2.5 公顷以下的农户	67.7%	77.9%
平　均	27.0%	33.4%

从这里可以看得很清楚，用牝牛耕地的情况增多了，牝牛已经成为半无产者农户和小农农户的主要役畜。大卫想要把这种情况叫做进步，这就同完全站在资产阶级立场上的德雷克斯勒尔一模一样了，后者在自己的结论中写道："许多小农户改用了**对它们更合算的**办法，就是拿牝牛当役畜。"这种做法对小业主所以比较"合算"，是因为这样**比较省钱**。所以省钱，是因为优质的役畜换成了劣质的役畜。德雷克斯勒尔和大卫这些人所赞赏的小农的进步，同日暮途穷的手工织布工的进步是完全一样的，这些手工织布工正在改用愈来愈低劣的原料，改用工厂生产的下脚料。

1884 年耕地的牝牛的平均重量是 381 公斤①，而耕马是 482 公斤，耕地的犍牛是 553 公斤。后一种役畜气力最大，1884 年它占大资本主义业主役畜总数的一半以上，在中小资本家中占四分之一左右，在小农中不到五分之一，在半无产者农户中不到十分之一。可见，农户愈大，役畜的质量愈高。役畜的平均重量如下：

---

① 不用于耕地的牝牛平均重量为 421 公斤。

	1875 年	1884 年
(一)田庄	554	598
(二)25 公顷以上的农户	542	537
(三) 7.5—25 公顷的农户	488	482
(四) 2.5—7.5 公顷的农户	404	409
(五) 2.5 公顷以下的农户	377	378
平　均	464	460

可见,总的说来,役畜的**质量下降了**。实际上,在大资本主义农户中有显著的提高,在其他各类农户中,却停滞或下降。从1875 年到 1884 年,大生产和小生产在役畜质量方面的差别也**扩大了**。小农户改用牝牛当役畜,是德国普遍的现象。[①] 我们的材料也确凿地证明,这种改用牝牛的现象说明农业生产条件更加恶化,农民的贫困更加严重了。

在快要结束对德雷克斯勒尔专门著作的材料的评论的时候,我们再引述一个按土地单位面积计算的牲畜头数和重量的统计材料,这是大卫根据德国一般农业统计资料计算出来的:

	每公顷土地平均有			
	牲畜头数 (折合成大牲畜计算)		牲畜重量 (单位公斤)	
	1875 年	1884 年	1875 年	1884 年
(一)田庄	0.77	0.59	408	367
(二)25 公顷以上的农户	0.63	0.57	238	244
(三) 7.5—25 公顷的农户	0.71	0.72	254	277
(四) 2.5—7.5 公顷的农户	0.85	0.94	288	328
(五) 2.5 公顷以下的农户	1.02	1.18	286	355
平　均	0.77	0.76	273	294

---

① 这一点请看上面第 8 章《德国农业统计的一般资料》。(见本卷第 172—183 页。——编者注)

关于每公顷土地的牲畜头数的材料,这是大卫使用的唯一材料。在我们举的例子中,以及在德国整个农业中,这些材料都说明按单位面积计算的大农户的牲畜头数**减少了**。例如,在1884年,半无产者农户每公顷土地的牲畜头数比大资本主义农户多一倍(1.18比0.59)。但是现在我们已经知道,这样计算就是把无法比较的东西进行比较。牲畜重量的材料揭示了农户之间真实的对比:按单位面积计算,大生产的牲畜重量**最大**,因此肥料也**最多**,这说明,大生产在这方面条件也最优越。由此可见,大卫的结论说小农户的肥料总的说来比较充裕,这同实际情况完全不符。这里应当注意到,第一,我们的材料没有涉及只有殷实业主才买得起的人造肥料;第二,按重量来比较牲畜的数量,会把大小牲畜等同看待,例如,会把一个大农户68头牲畜的重量——45 625公斤——同一些小农户1 786头**山羊**的重量——45 097公斤(1884年)——等同看待。实际上,大农户在粪肥方面的优势,比我们的数字所显示的要大得多。①

总之,大卫提出"粪肥是农业的灵魂"这句空话,从而回避了畜牧业方面的社会经济关系,并对事情作了完全歪曲的说明。

在一般牲畜特别是役畜的质量方面,在牲畜的饲养、改良以及厩肥利用的条件方面,资本主义农业中的大生产比小生产优越得多。

---

① 这里再提一下上面援引的(第6章)(见本卷第150页。——编者注)克拉夫基的一段话:"小业主积肥能力比较差:他们的禾秸短,大部分用来喂牲畜(这又说明,饲料的质量下降),用来垫牲畜棚的就少了。"

十二
土地问题上的马克思主义反对者
心目中的"理想国"①

　　丹麦的农业关系和农业制度引起了经济学家极大的兴趣。我们已经看到②,现代土地问题著作界修正主义的主要代表爱德·大卫,竭力拿丹麦的农业联合组织和丹麦(所谓的)"小农"经营水平作例子。亨利希·普多尔(爱·大卫常引用他的著作)竟把丹麦叫做"农业协作的理想国"③。在我们俄国,持自由主义民粹派观点的人物也常常拿丹麦当"王牌"来攻击马克思主义,维护所谓小农业经济富有生命力的理论。例如自由主义者赫尔岑施坦在第一届杜马的演说,以及民粹主义者卡拉瓦耶夫在第二届杜马的演说就是如此。

　　我们看到,同欧洲其他国家比较起来,丹麦的"小农"经济确实

---

　　①　本文是作者写的《土地问题和"马克思的批评家"》中的一章(第12章),本应收入不久前出版的《土地问题》一书第1册(1908年圣彼得堡版)。只是由于偶然的原因,这一章发稿迟了一些,没有能收入该书。因此现在发表的这一章所用的引文都出自上述著作。

　　②　弗拉·伊林《土地问题》第1册,《土地问题和"马克思的批评家"》一文第10、11章。(见本卷第200—222页。——编者注)

　　③　亨利希·普多尔博士《国外的农业协作社》1904年莱比锡版第1卷第V页。普多尔是马克思主义的死敌。

最普遍,农业也最繁荣,因它能适应市场的新要求和新条件。如果说在商品生产的国家里,小农业可能得到"繁荣",那么丹麦在这方面的情况当然就是欧洲所有国家中最好的。因此,仔细地了解一下丹麦的土地制度,是有双重意义的。我们从整整一个国家的例子可以看出,在土地问题上修正主义究竟玩弄的是什么手法,在"理想的"资本主义国家中,资本主义土地制度真正的根本特点究竟是什么。

丹麦的农业统计是仿照欧洲其他国家编纂的。但是在某些方面资料更为详细,数字加工整理得更好,这就使人能注意到一些通常被忽略的问题。我们先看一下按土地面积多少划分农户类别的一般材料。我们把丹麦通用的土地计量单位"哈尔特康"换算成公顷,根据丹麦农业统计的说明,每 1 哈尔特康合 10 公顷。[①]

丹麦农业统计提供了 1873 年、1885 年和 1895 年的农户分类材料,所有的农户共分为 11 类:无地的,0.3 公顷以下(确切些说,$\frac{1}{32}$ 哈尔特康以下),0.3—2.5 公顷,2.5—10 公顷,10—20 公顷,20—40 公顷,40—80 公顷,80—120 公顷,120—200 公顷,200—300 公顷,300 公顷以上。为了不过于分散读者的注意力,我们把这 11 类合并为较大的 6 类。

---

① 《丹麦统计。统计年鉴》第 8 年卷(1903)第 31 页脚注。下面引的所有关于丹麦的材料,都是指丹麦本土而言,就是说,不包括博恩霍尔姆岛。

	1873 年				1885 年				1895 年			
	农户数目	百分比	土地数量（单位公顷）	百分比	农户数目	百分比	土地数量（单位公顷）	百分比	农户数目	百分比	土地数量（单位公顷）	百分比
无地的	31 253	13.3	—	—	35 329	13.6	—	—	32 946	12.4	—	—
2.5 公顷以下	65 490	27.9	54 340	1.5	82 487	31.8	62 260	1.7	92 656	34.8	63 490	1.8
2.5—10 公顷	65 672	27.9	333 760	9.1	67 773	26.2	345 060	9.5	66 491	25.0	341 020	9.4
10—40 公顷	41 671	17.7	928 310	25.5	43 740	16.9	966 850	26.5	44 557	16.8	981 070	26.8
40—120 公顷	29 288	12.5	1 809 590	49.6	27 938	10.8	1 722 820	47.1	27 301	10.3	1 691 950	46.4
120 公顷以上	1 856	0.7	522 410	14.3	1 953	0.7	551 530	15.2	2 031	0.7	568 220	15.6
总　计	235 230	100.0	3 648 410	100.0	259 220	100.0	3 648 520	100.0	265 982	100.0	3 645 750	100.0

从这些数字中,首先可以得出资产阶级政治经济学及其追随者修正主义者经常忽略的一个基本结论。这就是:丹麦的绝大部分土地集中在按资本主义方式经营的农民手中。毫无疑问,不仅有 120 公顷以上土地的业主必须靠雇佣劳动来经营,甚至有 40 公顷以上土地的业主也是如此。这两类最大的农户在 1895 年只占农户总数的 11%,但集中在它们手中的土地却占土地总数的 62%,即占五分之三以上。丹麦农业的基础是大、中**资本主义**农业。所谓"农民国家"和"小农经营水平"的论调,完全是资产阶级的辩护术,是各种有学衔或没有学衔的资产阶级思想家对事实的歪曲。

这里必须指出,丹麦同已经完全确立农业资本主义制度的其他欧洲国家一样,最大的那两类资本主义农户在全国经济中所占的比重在不同时期变化是很小的。1873 年,占总数 13.2% 的资本主义农场共占全部土地的 63.9%;1885 年,11.5% 的农场占全部土地的 62.3%。在比较不同年份的材料时,应当经常注意到大农业的这种稳定性,因为在著作界中常常可以看到,有的人拿**枝节**性的变化作比较,从而抹杀当时社会经济结构的**基本**特征。

丹麦也同欧洲其他国家一样,为数众多的小农户在农业生产总值中所占的比重是极小的。1895 年,有 10 公顷以下土地的农户共占农户总数的 72.2%,它们的土地却只占 11.2%。无论在 1885 年还是在 1873 年,这个比数基本上也始终是这样的。小农户往往属于半无产者之列,我们看到,德国的统计已经证明,土地在 2 公顷以下的农户无疑是半无产者户,土地在 5 公顷以下的农户有一部分也是半无产者户。下面,我们引用一下各类农户牲畜头数的材料,我们将会看到,拿这些为数众多的所谓"小农经营水平"的代表者来说,是谈不上真正独立的和比较巩固的农业的。
有 47.2% 即有将近半数的农户是无产者和半无产者(无地户和
2.5 公顷以下的农户);还有 25% 即四分之一的农户(2.5—10 公
顷)是贫穷的小农。这就是丹麦农业资本主义"繁荣"的**基础**。当
然,根据土地数量的材料只能大体地从总计数字上来判断一个商
业性畜牧业十分发达的国家。但是,读者会看到,我们下面将要详
细分析的关于畜牧业的材料,只是使已经得出的结论**更加充实**
罢了。

　　现在我们来看一下,从 1873 年到 1895 年,丹麦大小农户之间
的土地分配情况有哪些变化。在这里我们一眼就可以看到两头农
户增加、中间农户削减这种典型的资本主义现象。在拥有 2.5 公
顷以下土地的最小农户中,农业户(即不把无地户计算在内)的百
分比在**增长**:1873 年是 27.9%,1885 年是 31.8%,1895 年是
34.8%。在中间**各类**农户中,这个百分比不断**缩小**,只有最大的一
类农户,即拥有 120 公顷以上土地的农户始终没有变动(0.7%)。
拥有 120 公顷以上土地的最大的农户在土地总面积中所占的百分
比,在这三年中逐年有所**增长**,即 14.3%—15.2%—15.6%。在
中等农户(10—40 公顷)中,这个百分比**增长**得不很多(25.5%—
26.5%—26.8%),但是这类农户在农户总数中的百分比减少了。
其次,在 2.5—10 公顷这类农户中,这个百分比有了不规则的**提
高**(9.1%—9.5%—9.4%),在最小的农户中却**不断地提高**
(1.5—1.7—1.8)。结果产生了极其明显的最大农户和最小农户
两头增长的趋势。为了更清楚地说明这种现象,应当看一下各类
农户在不同年份的平均土地面积。下面就是这方面的材料:

	农户平均土地面积(单位公顷)		
	1873 年	1885 年	1895 年
2.5 公顷以下的农户	0.83	0.75	0.68
2.5—10 公顷的农户	5.08	5.09	5.13
10— 40 公顷的农户	22.28	22.08	22.01
40— 120 公顷的农户	61.00	61.66	61.97
120 公顷以上的农户	281.40	282.30	279.80
平　均	15.50	14.07	13.70

从这些数字我们看到,大多数类别的农户的土地面积非常稳定,增减幅度很小,只有 1%—2%(例如,279.8—282.3 公顷或 22.01—22.28 公顷,等等)。只有最小的农户例外,它们毫无疑问是**更加小了**:从 1873 年到 1885 年,这类农户(2.5 公顷以下)的平均面积减少了 10%(从 0.83 公顷减到 0.75 公顷),从 1885 年到 1895 年也是如此。丹麦农户的总数增多了,但是土地总面积几乎没有变动(从 1885 年到 1895 年,土地总面积甚至稍有减少)。所增加的农户大部分是最小的农户。例如,从 1873 年到 1895 年,农户总数增加了 30 752 户,而 2.5 公顷以下的农户就增加了 27 166 户。不难了解,在这种条件下,丹麦以全部农户计算的平均面积的减少(1873 年是 15.5 公顷,1885 年是 14.1 公顷,1895 年是 13.7 公顷),实际上**只不过意味着最小农户更加小了**。

如果把农户类别分得更细一些,我们所指出的这种现象就看得更加明显了。1895 年丹麦农业统计(《丹麦统计。丹麦的农业》第 4 辑第 9 号 C 类)序言中,编者算出的各类农户数目的变动情况如下:

	增 减 的 百 分 比	
	从 1885 年到 1895 年	从 1873 年到 1885 年
300 公顷以上的农户	＋ 4.2	＋ 5.0
200　—300 公顷的农户	0	＋ 6.1
120　—200 公顷的农户	＋ 5.2	＋ 5.1
80　—120 公顷的农户	－ 1.5	－ 2.1
40　— 80 公顷的农户	－ 2.4	－ 5.0
20　— 40 公顷的农户	＋ 1.0	＋ 3.6
10　— 20 公顷的农户	＋ 2.8	＋ 6.5
2.5— 10 公顷的农户	－ 1.9	＋ 3.2
0.3— 2.5 公顷的农户	＋ 2.1	＋17.8
0　— 0.3 公顷的农户	＋25.1	＋37.9

　　可见,增加的是一些极小的农户,有的是种植特种作物户,有的则是**雇佣工人"户"**。

　　这个结论值得谈一下,因为教授的辩护"科学"总是喜欢从全部农户平均面积减少的事实中得出农业小生产胜过大生产的结论。实际上我们看到的是,最大的农业取得了进步,除最小的农户而外,其他各类农户的经营规模都保持原状,而最小的农户却**更加小了**。这种现象应该说是小农业衰落和贫困化造成的。也可能有另一种解释,说这是从狭义的农业过渡到畜牧业造成的,但是这个理由不适用于所有的最小农户,因为我们马上就会看到,这种过渡在**各类**农户中都有。对于丹麦这样的国家说来,要判断农民经营的规模,主要是根据畜牧业的材料,而不是根据土地面积的材料,因为在畜牧业和牛奶业发展极为迅速的情况下,同样的面积上经营规模可能是大不相同的。

　　大家知道,在丹麦看到的正好是这种情况。丹麦农业的"繁荣"主要是依靠商业性畜牧业迅速发展以及向英国输出乳制品、肉类、蛋类等等。在这里,我们听到了普多尔的庄严的宣告,他说丹麦**"牛奶业的巨大高涨,应归功于畜牧业和畜牧业经营的分散化"**(上引书第 48 页,黑体是普多尔用的)。就整个观点体系来说,普多尔是一个根本不了解资本主义矛盾的地道的小商人,这种人任意歪曲事实,是不足为奇的。但是十分值得注意的是,错把自己称做社会主义者的市侩大卫,竟不加批判地也跟着普多尔胡说八道!

　　其实,正是丹麦特别清晰地表明了资本主义国家畜牧业的**积聚**。普多尔能够得出相反的结论,完全是由于极端无知,由于他歪曲了自己书中所引的**各段**统计材料。普多尔引用了(大卫则盲目地重复)丹麦各类畜牧户分别拥有的牲畜头数。据普多尔的计算,占总数 39.85％的**有牲畜的**农户每户平均只有 1—3 头牲畜,29.12％的农户有 4—9 头,如此等等。普多尔得出结论说:可见,大多数农户是"小"农户,出现了"分散化"等等。

　　第一,普多尔引的数字是**不准确的**。这一点必须指出,因为这位普多尔自吹自擂地说,在他的著作中可以看到所有"最新的"统计材料。而修正主义者正是靠引证这些无知的、蹩脚的资产阶级作家的著述来"反驳马克思主义"的。第二,这是主要的一点,普多尔和大卫之流论证的**手法**也是我国立宪民主党人[91]和民粹派经常采用的,因此不能不谈几句。用**这种**推论手法,必然会得出最先进的资本主义国家工业"分散化"的结论,因为**在任何地方和任何时候**,最小的和小的企业所占的百分比总是最大的,而大企业占的百分比总是微乎其微的。普多尔和大卫之流忘记了一件"小事情"，即整个生产的绝大部分集中在占比重很小的大企业手中。

根据 1898 年 7 月 15 日最近一次调查，丹麦的牛的实际分配情况如下①：

	农户数目	百分比	牛的头数	百分比
有　1 头牛的农户	18 376	10.2	18 376	1.0
有　2 头牛的农户	27 394	15.2	54 788	3.1
有　3 头牛的农户	22 522	12.5	67 566	3.9
有　4— 　5 头牛的农户	27 561	15.2	121 721	7.0
有　6— 　9 头牛的农户	26 022	14.4	188 533	10.8
有 10— 14 头牛的农户	20 375	11.3	242 690	13.9
有 15— 29 头牛的农户	30 460	16.9	615 507	35.3
有 30— 49 头牛的农户	5 650	3.1	202 683	11.6
有 50— 99 头牛的农户	1 498	0.8	99 131	5.7
有 100—199 头牛的农户	588	0.3	81 417	4.7
有 200 头牛以上的农户	195	0.1	52 385	3.0
总　　计	180 641	100.0	1 744 797	100.0

由此我们可以看到，为数众多的小农户和为数很少的大农户在丹麦整个畜牧业中究竟起着什么作用，"理想国"的所谓生产"分散化"究竟是怎么一回事。有 1—3 头牛的小农户共有 68 292 户，

----

① 《丹麦统计。统计表》第 5 辑 C 类第 2 号。1898 年 7 月 15 日的畜牧业统计。1901 年哥本哈根版。

占农户总数的 37.9％；它们有牛 140 730 头，只占总头数的 8％。
而 783 个最大的业主，即占业主总数 0.4％的大业主，却拥有几乎
相同数量的牛，共有 133 802 头，占总头数的 7.7％。小农户平均
每户养牛 2 头多一点，就是说，用这点牛经营商业性畜牧业，显然
是不够的，要出售乳制品和肉制品，除非缩减自己的饮食(我们再
提一提下面这个尽人皆知的事实：卖出黄油，自己再买来比较便宜
的人造黄油等等)。最大的业主平均每户有 171 头牛。这是一些
最大的资本主义农场主，是生产乳制品和肉制品的"工厂主"，是技
术进步和各种各样农业联合组织的"首脑人物"，他们受到崇拜"社
会和平"的市侩的赞赏。

如果把中小业主加在一起，有 9 头牛以下的业主共有 121 875
人，占业主总数的三分之二(67.5％)。他们共有 450 984 头牛，占
总头数的四分之一(25.8％)。有 30 头牛以上的业主只有 7 931
人，占业主总数的 4.3％，但是他们拥有的牛数同上面几乎同样
多，共有 435 616 头(25％)。这可真叫"分散化"。

把上面丹麦统计中的小类别并为三大类，结果如下：

	农户数目	百分比	牛的头数	百分比	每户平均有牛头数
有 1—3 头牛的农户	68 292	37.9	140 730	8.0	2.1
有 4—9 头牛的农户	53 583	29.6	310 254	17.8	5.8
有 10 头牛以上的农户	58 766	32.5	1 293 813	74.2	22.0
总　　计	180 641	100.0	1 744 797	100.0	9.7

可见，丹麦全部畜牧业有**四分之三**集中在不到总数**三分之一**
的 58 766 个业主手中。这三分之一的业主攫取了丹麦农业资本

主义"繁荣"的绝大部分好处。同时必须指出,富裕的农民和富有的资本家所以占这样大的百分比(占 32.5% 即差不多三分之一),是人为地把**所有无牲畜的业主**除开不算造成的。实际上这个百分数要小得多。我们看到,据 1895 年的调查,丹麦农村业主总数是 265 982 人,据 1898 年 7 月 15 日的牲畜调查,业主总数则为 278 673 人。58 766 个富裕业主和富有业主占这个实际农村业主总数的 21.1%,**即只占五分之一**。无地的"业主"占丹麦农村业主总数的 12.4%(1895 年:在 265 982 人中占 32 946 人),无牲畜[①]的业主则占**丹麦农村业主总数的** 35.1%,**即占三分之一强**(1898年——在 278 673 人中占 98 032 人)。大卫先生之流看不到丹麦农业的资本主义繁荣是建筑在农村居民**普遍无产阶级化**和**大批**"农村业主"丧失生产资料的基础上的,因此,他们的所谓"社会主义"究竟是什么货色,就可想而知了。

现在我们再看一下能描绘出丹麦农业和畜牧业整个面貌的材料。1898 年 7 月 15 日的调查提供了关于拥有不同数量土地的各类农村业主的牲畜头数的详细材料。丹麦统计中类别分得特别多(共分 14 类:无地的、$\frac{1}{32}$ 哈尔特康以下的、$\frac{1}{32}$—$\frac{1}{16}$、$\frac{1}{16}$—$\frac{1}{8}$、$\frac{1}{8}$—$\frac{1}{4}$、$\frac{1}{4}$—$\frac{1}{2}$、$\frac{1}{2}$—1、1—2、2—4、4—8、8—12、12—20、20—30、30 以上),我们还是把这些材料归纳成我们已经采用的六大类。

---

① 确切些说,是无牛的业主,可惜丹麦统计没有提供**没有任何牲畜的业主**的数字。根据这一统计,我们只能了解有某一种牲畜的业主的数字。但是牛无疑是丹麦整个畜牧业的主要基础。

丹麦的农业和畜牧业（根

农户类别	农户数目	百分比	土　地 (单位公顷)	百分比	马	百分比	奶　牛
无地的	13 435	4.8	—	—	1 970	0.5	3 707
土地数量不详的	45 896	16.5	?	?	28 909	6.4	28 072
2.5 公顷以下	80 582	28.9	55 272	1.5	24 540	5.5	66 171
2.5 — 10 公顷	63 420	22.8	323 430	8.9	54 900	12.2	175 182
10 — 40 公顷	45 519	16.3	984 983	27.0	133 793	29.8	303 244
40 —120 公顷	27 620	9.9	1 692 285	46.4	168 410	37.5	361 669
120 公顷以上	2 201	0.8	588 318	16.2	36 807	8.1	129 220
总　计	278 673	100.0	3 644 288	100.0	449 329	100.0	1 067 265

附注：1989 年关于按土地数量划分农户的材料和1895年的有所不同。这也许是
　　　数仍保持不变。根据1895年的调查，按农户分类的土地有 3 645 750公顷，
　　　较小的农户，这从牲畜头数可以得到证明。

　　我们从这些数字首先可以看出，丹麦整个畜牧业的积聚程度有
多么高。超过 40 公顷土地的大资本主义业主，仅占业主总数十分
之一(10.7％)，但却集中了五分之三以上(62.6％)的土地和将近一
半的牲畜：马是 45.6％，牛是 48.4％，绵羊是 32.7％，猪是 44.6％。

　　如果把富裕农民即有 10—40 公顷土地的业主和这些资本主
义业主加在一起，则共占业主总数的四分之一多一点(27.0％)，但
他们却集中了占总面积十分之九的土地、占总数四分之三的马匹，
占总数五分之四的牛、十分之七的猪和近 50％的家禽。而将近四
分之三(73％)的绝大多数"农村业主"，每户拥有的土地不到 10 公
顷，总的说来，它们是无产阶级化的和半无产阶级化的群众，在全
国农业和畜牧业的总产值中占极小的比重。

　　其次，关于各种牲畜的分配情况，特别值得注意的是养羊业和
养猪业。目前由于市场条件和海外国家的竞争，欧洲大多数国家

据 1898 年 7 月 15 日调查）

百分比	牛总头数	百分比	绵　羊	百分比	猪	百分比	家　禽	百分比
0.3	4 633	0.3	8 943	0.8	8 865	0.8	220 147	2.5
2.6	42 150	2.4	42 987	4.0	42 699	3.7	780 585	8.9
6.2	88 720	5.1	99 705	9.3	94 656	8.1	1 649 452	18.8
16.4	247 618	14.2	187 460	17.5	191 291	16.4	1 871 242	21.4
28.5	515 832	29.6	383 950	35.7	308 863	26.4	1 957 726	22.3
33.9	639 563	36.6	310 686	28.9	409 294	35.0	1 998 595	22.8
12.1	206 281	11.8	40 682	3.8	112 825	9.6	289 155	3.3
100.0	1 744 797	100.0	1 074 413	100.0	1 168 493	100.0	8 766 902	100.0

由于时期的不同,也许是由于搜集材料的方法有些不同。但是各类之间的总的比
此外,还有未分类的土地 45 860 公顷。"土地数量不详的"农户（1898 年）多半属于

的养羊业都无利可图,成了日趋衰落的畜牧业部门。国际市场的
条件要求用他种畜牧业代替养羊业。与此相反,养猪业成了欧洲
特别赢利的和发展得很迅速的肉品畜牧业部门。统计材料向我们
表明,丹麦的养羊业也在日趋衰落,而养猪业却在特别迅速地发
展。从 1861 年到 1898 年,丹麦的绵羊从 170 万只减少到 110 万
只。牛从 110 万头增加到 170 万头。猪从 30 万头增加到 120 万
头,几乎增加 3 倍。

　　只要比较一下小农户和大农户各有绵羊和生猪多少,我们就会
清楚地看到,前者最保守,最不善于适应市场的要求,迟迟不能重新
安排经营以适应新的条件。大资本主义农户（40—120 公顷和 120
公顷以上的)把无利可图的养羊业缩减得最厉害（绵羊占 28.9% 和
3.8%,而其他牲畜占 33%—37% 和 8%—12%）。小农户的适应性
比较差:它们饲养的绵羊仍然较多,例如,2.5 公顷以下的农户饲养

的绵羊占绵羊总数的 9.3％,而其他牲畜只占总数的 6％—5％。它们的猪占 8.1％,比绵羊的比重小。而资本家养的猪占 35％ 和 9.6％,比绵羊的比重大。资本主义农业能够更好地适应国际市场的要求。关于农民,现在也可以用马克思的话来说:农民变成了商人和产业家,但是没有具备能成为真正的商人和产业家的条件。[①]市场要求一切业主必须无条件地服从新的条件,迅速适应新的条件。但是没有资本是无法迅速适应的。因此,在资本主义制度下,小农户必定是最保守、最落后、最不能适应市场要求的。

　　为了对这大多数贫苦农户和极少数富裕农户的真实经济面貌有一个更具体的认识,我们来看看各类农户平均拥有多少土地和牲畜的材料。资产阶级的政治经济学(以及修正主义者先生们)自然要掩饰资本主义的矛盾;社会主义的政治经济学应当阐明在繁荣的资本主义业主和贫困的小业主之间在经济类型上和生活水平上有什么差别。

农 户 类 别	每 户 平 均 占 有						
	土地(单位公顷)	马	奶 牛	牛总头数	绵 羊	猪	家 禽
无地的	—	0.1	0.3	0.3	0.7	0.7	16.4
土地数量不详的	?	0.6	0.6	0.9	0.9	0.9	17.0
2.5 公顷以下	0.6	0.3	0.8	1.1	1.2	1.2	20.4
2.5— 10 公顷	5.1	0.9	2.7	3.9	2.9	3.0	29.5
10 — 40 公顷	21.6	2.9	6.6	11.3	8.4	6.8	43.0
40 —120 公顷	61.3	6.1	13.8	23.1	11.2	14.9	72.4
120 公顷以上	267.3	16.7	58.7	93.7	18.5	51.2	131.3
平 均	13.1	1.6	3.8	6.3	3.9	4.2	31.5

[①]　参看《马克思恩格斯文集》第 7 卷第 917 页。——编者注

这些数字清楚地表明,占农户总数一半的最低的三类农户都是**贫苦农民**。其中没有马、没有奶牛的"业主"占大多数。只有2.5公顷以下这一类,每户摊得上一**整**头牛、一只绵羊和一头猪。显然,这**一半**农户根本谈不上从肉品畜牧业和乳品畜牧业得到什么好处。对于这一半农户说来,丹麦农业的繁荣,就是它们依附大业主,不得不寻找"副业",即不得不用某种方式出卖自己的劳动力,生活永远贫困,经济处于半破产状态。

当然,这个结论只是适用于**所有**这些贫苦农户。我们根据德国、法国和俄国的农业统计材料已经指出,土地少的小农户中也有大畜牧业主和大烟草业主等等。实际的分化比我们根据丹麦统计材料所能设想的要深刻得多。但是,这种分化,由于在各类农户中都分出极少数种植特种作物的农户,只是**加重了**几类贫困户中的**大多数**业主的贫穷困苦。

其次,从上述材料还可以看出,就是拥有2.5—10公顷土地的这类小农,也不能说生活上比较有保障和经济上稳固。我们再提醒一下,这类农户共有63 000户,占农户总数的22.8％,它们平均每户只有0.9匹马。无马户大概要用牝牛来耕地,这样不但使农业的经营条件变得更坏(地耕得不深),而且使畜牧业的经营条件也更坏了(牛更加瘦弱)。奶牛每户平均只有2.7头,即使自己家里少喝牛奶,少吃肉类(这种缩减是极端贫困的鲜明标志),那这几头牛也只能提供很少的产品去出售。"全国"向英国销售牛奶和肉类的贸易很"繁荣",但是像这种平均每户只有2.7头奶牛和3头猪的农户在其中所起的作用**必然**是很微小的。这样小的农户要经营商业性的农业和畜牧业,就意味着出卖家庭生活必需品,使饮食恶化,使贫困加剧,同时还意味着零星出卖产品,这样出卖产品条件最为不利,无法积存现金以应付必不可免的急需。在现代资本主义国家的环境中,小农的自然经济只能苟延残喘并慢慢地在痛楚中死去,绝对不会有什么繁荣。资产阶级和修正主义者的政治经济学的全部"诀窍"无非就是不去专门研究这类占农户总数**绝大多数**的、低于"平均水平"(丹麦业主的"平均水平"是 1.6 匹马和 3.8 头奶牛)的小农户所处的条件。不但不专门研究这类农户,而且一概用一些"平均"数字和"生产"与"销售"普遍增长的例子来加以掩饰,闭口不谈只有很少数富裕农户才**可能**在销售中获利的事实。

我们看到,只有 10 — 40 公顷这一类农户,才拥有**可能**谈得上"繁荣"的牲畜数量。但是这样的农户只占总数的 16%。这类农户平均每户有 21.6 公顷土地,它们是否可以完全不使用雇佣劳动,还是一个问题。在丹麦这样农业高度集约化的情况下,这样大的农户不雇用雇工或日工大概是不行的。遗憾的是,无论是丹麦的统计,还是大多数论述丹麦农业的著作家,都完全站在资产阶级的立场上,不去研究雇佣劳动问题以及多大的农户需要使用雇佣劳动等等问题。根据丹麦 1901 年的职业调查,我们只知道,在"日工"及其他这一类中有 60 000 名男子和 56 000 名妇女,这就是说,在 972 000 个按生产地位分类的农村居民中,有 116 000 人是日工。雇用这上十万雇佣工人(除了他们之外,小农也从事雇佣劳动,作为"副业")的究竟仅仅是 30 000 个大资本主义业主(拥有 40 — 120 公顷土地的有 27 620 个,土地超过 120 公顷的有 2 201 个),还是其中也有一部分富裕农民,即有 10 — 40 公顷土地的农民呢? 我们没有这方面的资料。

关于最大的两类农户,即关于丹麦农业中的" 30 000 "个上等户,用不着多谈了,因为上述数字一开始就清楚地勾画出它们的农业和畜牧业的资本主义性质了。

最后,丹麦农业统计中涉及到的并经过部分整理的最后一份使大家感兴趣的材料,是可以说明下面这个问题的:作为我们"理想国""繁荣"的主要基础的畜牧业,是愈发展愈分散呢,还是愈发展愈集中。同 1893 年的统计相比,我们已经引过的 1898 年的统计提供的材料是非常有意义的。而关于牛这种牲畜,这种的确是最主要的牲畜的总头数,我们还可以拿 1876 年的材料同 1898 年的材料作一对比。

1893 年到 1898 年这段时期,在丹麦所有的畜牧业部门中养猪业发展得最快。在这一时期,猪的数量从 829 000 头增加到 1 168 000 头,即增加 40%,而马的数量从 410 000 匹只增加到 449 000 匹,牛的数量从 1 696 000 头增加到 1 744 000 头,绵羊的数量甚至减少了。究竟是谁主要从组成了无数个协作社的丹麦业主的这个巨大的进步中得到了好处呢? 1898 年统计的编制者拿 1893 年的材料和 1898 年的材料作了对比,从而回答了这个问题。全国养猪的业主分为四类:有 50 头猪以上的大业主;有 15—49 头猪的大中业主;有 4—14 头猪的中小业主;有 1—3 头猪的小业主。统计的编制者按这四类提供了如下材料:

农户类别	1893 年		1898 年		增减的百分数		猪分配的百分比	
	农户数目	猪头数	农户数目	猪头数	农户	猪	1893 年	1898 年
50 头以上	844	79 230	1 487	135 999	76.2	71.7	9.6	11.6
15—49 头	20 602	350 277	30 852	554 979	48.2	58.4	42.3	47.5
4—14 头	38 357	211 868	50 668	282 642	32.1	33.4	25.5	24.2
1—3 头	108 820	187 756	108 544	194 873	0.3	3.8	22.6	16.7
总　计	168 623	829 131	191 551	1 168 493	13.6	40.9	100.0	100.0

这些材料使我们清晰地看到,畜牧业在迅速地**积聚**。农户愈大,从畜牧业的"进步"中获利愈多。大农户的猪增加了 71.7%,大中农户的增加了 58.4%,中小农户的增加了 33.4%,小农户的只增加了 3.8%。发财的主要是为数很少的"上等户"。这五年中,猪的增加总数是 339 000 头,其中有 261 000 头即**四分之三以上**,属于 32 000 个大农户和大中农户(而农户总数是 266 000 — 277 000!)。在这种畜牧业中,小生产受到大生产的**排挤**:五年来,大农户的比重**增加了**(从 9.6% 增加到 11.6%),大中农户的比重也**增加了**(从 42.3% 增加到 47.5%),中小农户**减少了**(从 25.5% 减少到 24.2%),小农户**减少**得更多(从 22.6% 减少到 16.7%)。

如果我们得到的不是粗略的**面积**统计,而是能确切反映生产规模的农业经济统计,正如牲畜头数的材料确切地反映[①]畜牧业的规模一样,那么毫无疑问,我们在这方面也一定会看到资产阶级教授和机会主义者所否认的**积聚**过程。

但是更有趣的是牛的总头数的有关材料,1898 年统计的编制者拿 1893 年同 1898 年的材料作了对比,我们还可以再把它们同 1876 年 7 月 17 日的调查材料(《丹麦统计。统计表》第 4 辑 C 类第 1 号。1876 年 7 月 17 日的畜牧业统计。1878 年哥本哈根版)作个对比。这 3 个年份的有关材料如下:

---

① 前面我们已经说过,根据德雷克斯勒尔的材料,大农户的牲畜比较大。就是说,在这方面,笼统的统计也缩小了积聚的程度。

农户类别	1876年 农户数目	1876年 牛总头数	1893年 农户数目	1893年 牛总头数	1898年 农户数目	1898年 牛总头数	增减的百分数 从1876年到1893年 农户数目	增减的百分数 从1876年到1893年 牛总头数	增减的百分数 从1893年到1898年 农户数目	增减的百分数 从1893年到1898年 牛总头数	牛分配的百分比 1876年	牛分配的百分比 1893年	牛分配的百分比 1898年
50头以上	1 634	156 728	2 209	221 667	2 281	232 933	35.2	41.4	3.3	5.1	11.8	13.0	13.4
15—49头	24 096	514 678	35 200	793 474	36 110	818 190	46.1	54.1	2.6	3.1	39.0	46.8	46.8
4—14头	64 110	504 193	72 173	539 301	73 958	552 944	12.5	6.9	2.5	2.5	38.2	31.8	31.7
1—3头	78 156	144 930	70 218	141 748	68 292	140 730	10.2	2.2	2.7	0.7	11.0	8.4	8.1
总 计	167 996	1 320 529	179 800	1 696 190	180 641	1 744 797	7.0	28.4	0.5	2.9	100.0	100.0	100.0

  这些材料包括的时间较长,涉及的又是一种比较重要的牲畜,它同上面引的材料一样,使我们同样清晰地看到了**资本主义积聚**的过程。丹麦畜牧经济的发展,畜牧业的发展,**几乎完全**是大资本主义经济的进步。从 1876 年到 1898 年,牛的总数共增加了424 000 头,其中有 76 000 头属于有 50 头牛以上的农户,有303 000 头属于有 15—49 头牛的农户,也就是说,这 38 000 个上等户的牛增加了 379 000 头,**几乎占增加总数的十分之九**。资本主义积聚的图画没有比这更清晰的了。

  从 1876 年到 1898 年,养牛户总数增加了 12 645 户(从167 996 户增加到 180 641 户),即增加了 7.5%。而丹麦的总人口从 1880 年到 1901 年(即在甚至更短的时间内)则从 1 969 039 人增加到 2 449 540 人[①],即增加 24.4%。显然,"有产者"即有牲畜的业主的人数相对地**减少**了。私有主在人口中占的比重**更小**了。最小的业主(1—3 头)的人数在不断地、绝对地减少着。中小业主(4—14 头)的人数增加得极其缓慢(从 1876 年到 1893 年增加了12.5%,从 1893 年到 1898 年增加了 2.5%),赶不上人口增长的速度。只有大资本主义畜牧业获得了真正的和迅速的增长,从1876 年到 1893 年,大中农户比大农户增长得快,而从 1893 年到1898 年,最大的农户增长得最快。

  如果我们根据 1876 年和 1898 年的材料考察一下有 200 头牛以上这一类最大的农户,我们就会看到,1876 年这类农户有 79 户(占畜牧业主总数的 0.05%),共有牛 18 970 头(占牛总头数的1.4%),而到 1898 年,农户数增加到 195 户(占总数的 0.1%),即

---

  ① 城市人口的百分数在 1880 年是 28%,在 1901 年是 38%。

增加一倍多,共有牛 52 385 头(占总头数的 3.0％)。最大业主的户数增加了一倍多,而生产几乎增长了两倍。

从 1876 年到 1898 年,大生产在不断排挤小生产。小农户的牛在总头数中占的比重不断缩小:从 1876 年的 11.0％减少到 1893 年的 8.4％和 1898 年的 8.1％。中等农户所占的百分数也不断缩小,不过稍慢一些(38.2％—31.8％—31.7％)。大中农户所占的百分数从 1876 年的 39.0％增加到 1893 年的 46.8％,但从 1893 年到 1898 年则停留在原来的水平上。只有最大的农户不断增长,排挤了其他各类农户(11.8％—13.0％—13.4％)。

畜牧业的条件愈有利,商业性畜牧业的发展和它的进步就愈迅速,资本主义积聚过程也愈迅猛。例如,在哥本哈根市(那里在 1880 年有 234 000 人,在 1901 年有 378 000 人)的郊区,乳制品和肉制品的销路自然是最有保证的。这一地区的农村业主养的牛比丹麦其他地区的业主养得多,在 1876 年平均每户是 8.5 头,在 1898 年是 11.6 头,而全国的平均数分别为 7.9 头和 9.7 头。我们看到,这个地区发展畜牧业的条件最有利,积聚过程也最迅猛。

下面就是按上述分类方法综合出来的该地区 1876 年和 1898 年的材料:

	1876 年		1898 年	
	农户数目	牛总头数	农户数目	牛总头数
50 头以上	44	4 488	86	9 059
15—49 头	1 045	22 119	1 545	35 579
4—14 头	2 011	16 896	1 900	14 559
1— 3 头	2 514	4 468	1 890	3 767
总　　计	5 614	47 971	5 421	62 964

在 22 年中,私有主的绝对数字甚至减少了! 大量的牲畜集中在更少数业主手中。无论中等业主或小业主,在这 22 年中人数都更少了,牲畜也更少了。大中业主的产业扩大了 50%(从 22 000头到 35 000 头)。大业主扩大了一倍以上。在 1876 年,有 200 头牛以上的最大的业主有 2 户,共有牛 437 头,而到 1898 年已经有10 户,共有牛 2 896 头。

　　普多尔、大卫之流以及其他自觉和不自觉的资本奴仆,在为改善销售条件、发展业主的联合组织、促进畜牧业和农业的技术进步操心,他们无非是想让哥本哈根郊区的那种制度更早地推广到全国,推广到所有的农业部门,也就是使生产异常迅速地集中在资本家手里,加速对居民的剥夺,使他们无产阶级化,缩小私有主在总人口中占的比重,扩大从农村中被资本主义赶进城市的人口的比重,如此等等。

　　总括起来说,土地问题上的马克思主义反对者心目中的"理想国",已经让我们十分清晰地看到了(尽管目前社会经济统计的水平还很低,还没有经过很好的整理)资本主义的土地制度,农业和畜牧业中尖锐的资本主义矛盾,农业生产日益集中,大生产排挤小生产,以及绝大多数农村人口日益无产阶级化和贫困化。

第 1—4 章载于 1901 年 12 月《曙光》杂志第 2—3 期合刊;第 5—9 章载于 1906 年 2 月《教育》杂志第 2期;第 10—11 章载于 1908 年圣彼得堡出版的弗·伊林《土地问题》文集第 1 册;第 12 章载于 1908 年圣彼得堡出版的《当前生活》文集

译自《列宁全集》俄文第 5 版第 5 卷第 95—268 页

俄国社会民主工党国外组织
"统一"代表大会文献

(1901 年 9 月 21 日〔10 月 4 日〕)⁹²

1

讲　　话

（记　　录）

同志们！

我们首先谈谈关系到这次代表大会成败的问题。

作为《火星报》的代表，我认为有必要提一提我们同其他组织的关系的历史。《火星报》从一开始就是完全独立的，它仅仅同俄国社会民主党有思想上的联系，它是根据国内许多同志的委托进行活动的。《火星报》在创刊号上就已经声明，它将不涉及"俄国社会民主党人联合会"⁹³内部发生的组织分歧，并且认为最重要的是坚持自己的原则立场。①

"联合会"的一部分成员曾建议我们举行代表会议，以便同国外组织达成协议。我们认为这个建议说明，"联合会"里有一批人赞成

---

① 参看本版全集第 4 卷第 339—340 页。——编者注

我们提出的原则,因此可以指望"联合会"也会接受这些原则。"社会民主党人"革命组织[94],不顾除原则分歧外还存在着组织分歧,还是同意了这个建议。遗憾的是,"联合会"拒绝进行谈判。后来又出现了发起团[95],"联合会"这才表示同意进行谈判。"联合会"的面貌很不固定,在"联合会"里出现了倾向于革命马克思主义的新派别,因此可以指望,有可能达成原则协议。《火星报》和"社会民主党人"组织再次表示同意,在这以后就召开了日内瓦代表会议。克鲁格洛夫同志在我们会议一开始就宣读了日内瓦代表会议的决议,他对这个决议没有提出任何意见。"联合会"里也没有人发言反对这个决议。

我们认为,《工人事业》杂志在第10期上已经完全抛弃了革命马克思主义的传统,表示反对在日内瓦代表会议上所达成的原则协议,而"联合会"显然是同意那次会议的方针的。

因此,我的批评所针对的将是《工人事业》杂志编辑部,而不是整个"联合会"。

让我们把日内瓦的决议同《工人事业》杂志第10期上的文章对照一下。

日内瓦决议的特点是写得十分详细,而且着重指出了一些被认为是众所周知的原理。

原则协议的第1条写道:"我们承认科学社会主义的基本原则并且同国际革命社会民主党采取一致行动,反对把机会主义带进无产阶级阶级斗争的任何尝试,这种尝试的表现就是所谓经济主义、伯恩施坦主义、米勒兰主义[96]等等。"显然,这是有所指的,显然,在机会主义和革命马克思主义之间是有过斗争的。不管《工人事业》杂志第10期的内容如何,它绝对无法抹杀这样一个历史事实:日内瓦代表会议已经举行了,会议通过的决议可以作为统一的基础。例如,日内瓦决议第3条就认定,社会民主党应当在争取民主的斗争中起领导作用。在这一点上过去显然也是有过分歧的。决议为了竭力避免机会主义,几乎要闹出笑话来(见第 5 条(5)[97])。可见,就在这些最根本的问题上也是有过分歧的。现在让我们把这一决议同《工人事业》杂志第 10 期的文章对照一下。遗憾的是,我只有三天的时间浏览这些文章。

这些文章详细地揭示了我们之间观点的差别;文章中对《曙光》杂志和《火星报》的某些正确意见,我们也准备加以采纳,但是现在我们感兴趣的不是这一点。我们感兴趣的是这些文章立论的原则。《工人事业》杂志第 10 期的原则立场推翻了"联合会"代表在日内瓦代表会议上所采取的立场。这两种立场是无法调和的。必须揭露两者的分歧,才能了解"联合会"究竟站在什么立场上,才能了解是否有可能达到思想上的统一,而没有思想上的统一,组织上的统一是没有意义的;这种组织上的统一我们从来没有寻求过,而且也不可能去寻求。在《工人事业》杂志第 10 期第 32 页和第 33 页上,文章作者不满意在国际社会民主党内提出山岳派同吉伦特派的对立[98]。请看一下日内瓦代表会议,难道这次会议不就是山岳派同吉伦特派的一次交锋吗? 难道《火星报》不就是山岳派吗? 难道《火星报》编辑部在它的第一篇声明中没有说过它不希望在思想上还没有划清界限以前实现任何组织上的统一吗?《工人事业》杂志第 10 期说:甚至最坏的伯恩施坦分子也是站在阶级利益的立场上的。决议对伯恩施坦主义作了专门的论述,为了驳斥伯恩施坦主义,与会者花费了很大的力气,可是现在《工人事业》杂志第 10 期的文章竟又弹起老调来了。这是什么呢,是挑衅还是嘲笑? 当初何必多此一举呢?! 这完全是在嘲笑我们为奠定理论基础所付出的劳动。我们不应该忘记,没有共同的思想基础,根本谈不上统一的问题。其次,那篇文章还表示要更加扩大我们分歧的范围。例如在第33页上作者说:"我们的分歧也许是由于对马克思主义有不同的解释。"再说一遍:当初何必多此一举呢?!

日内瓦决议第4条(3)指出必须同一切反对革命马克思主义的人进行斗争,而这里有人却说,也许我们对马克思主义的理解根本就不一样。

我还要指出一点,就是这一切都伴之以关于禁锢思想的危害等等的议论,这恰恰是一切伯恩施坦分子的言论。这种言论在吕贝克党代表大会[99]上就已经有过了,现在饶勒斯派[100]也在反复地说这种话;但是协议的条文恰恰没有这样说,因为协议是以革命马克思主义为基础的。只要稍微有一点批判主义的表现,就会导致完全的破裂。我们在此聚会是为了讨论意见的实质,而不是讨论发表意见的自由。这里拿德国人和法国人作榜样是十分不恰当的。我们还在争取的东西,德国人已经得到了。他们有统一的社会民主党,这个党掌握着政治斗争的领导权。而我国的社会民主党还没有成为各革命团体的领导者,相反,我国的其他革命流派倒是相当活跃。从《工人事业》杂志第10期的文章中不仅看不到在原则上同机会主义彻底的决裂,甚至更糟糕的是,它对自发运动占优势的情况赞不绝口。我并不是爱抠字眼的人。我们所有的人,《火星报》和"社会民主党人"组织的同志以及我本人,注意的只是文章的基本倾向,但是这些字眼,正像德国人所说,臭气刺鼻。关于这些条文,日内瓦决议是说得再清楚不过了。不久前出现的"俄国政治解放工人党"[101]也在和这些文章唱一个调子。

请注意一下文章对策略-计划和策略-过程的著名区分。作者说，策略—计划是同革命马克思主义的基本精神相矛盾的，他认为可以谈策略—"过程"，他把策略—"过程"理解为同党的成长一起发展起来的党的任务的增长。依我看，这简直是不想讨论问题。我们为了拟定一定的政治任务曾经花费那么多的时间和精力，日内瓦代表会议关于这些任务进行了那么多的讨论。可是现在突然有人向我们说起"策略—计划"和"策略—过程"来了。我认为，这是《工人思想报》的伯恩施坦主义特殊的狭隘的产物的再现，《工人思想报》曾经断言，应该只进行可能进行的斗争，而可能进行的斗争就是目前的斗争。我们说，这只是变本加厉地歪曲马克思主义。日内瓦决议说，转入政治鼓动无需经过任何阶段，可是在这以后突然出现一篇文章，把"揭露性的刊物"同"无产阶级的斗争"对立起来。马尔丁诺夫谈到大学生和自由派时写道，他们自己会关心民主要求。而我们认为，俄国社会民主运动的全部特点就在于，自由主义民主派没有表现出政治斗争的主动精神。如果自由派自己清楚地知道，他们应当做什么，而且能够自行去做，那我们就没有什么可做了。文章作者甚至认为，政府自己将会采取具体的、行政的措施。

　　关于恐怖行动问题，大家知道，在日内瓦代表会议上曾经发生过某些分歧。在代表会议以后，"联合会"的一部分成员——崩得分子[102]在他们的代表大会上坚决反对恐怖行动。而文章作者在第23页上写道，我们"不想阻挠恐怖主义情绪"。这是最露骨的机会主义声明……①

载于1946年《列宁全集》俄文　　　译自《列宁全集》俄文第5版
第4版第5卷　　　　　　　　第5卷第269—275页

----

　　① 记录到此中断。——俄文版编者注

2

向"俄国社会民主党人联合会"提出的问题

1.三个组织在原则上是否都承认六月代表会议的决议?

2.背弃革命马克思主义的无原则的、机会主义的倾向造成思想上的混乱,对我们的运动极其危险,"俄国社会民主党人联合会"是否打算,是否能够保证通过写作活动来制止这种倾向呢? 向隐蔽的和公开的伯恩施坦主义献媚,崇拜运动的初级形式和运动的自发性,必然会把工人运动变成资产阶级民主派的工具,"俄国社会民主党人联合会"是否打算,是否能够保证通过写作活动来消除这种现象呢?

载于 1901 年 12 月日内瓦俄国革命
社会民主党人同盟出版社出版的
《"统一"代表大会文件汇编》译自《列宁全集》俄文第 5 版
第 5 卷第 276 页

同饥民作斗争

（1901 年 10 月）

我国政府对饥民表现了多么惊人的关怀！内务大臣向各受灾省省长发出了多么冗长的通令（8 月 17 日）！这篇超过普通一印张的作品，通过西皮亚金先生的嘴巴，阐述了政府在粮食问题上的全部政策。发表这篇作品，显然是想给"社会"造成一种印象：看，我们是多么关心人，我们是多么急切地采取救灾措施，我们对成立粮食机关及其各种活动形式和活动范围都预先作了安排。不能不承认，内务部的通令不仅在篇幅上而且在内容上（如果能耐心读完的话）也确实给人留下了印象。开诚布公地阐述政府纲领，总是能为反对沙皇政府的鼓动工作提供最好的武器，因此我们向西皮亚金先生表示最恭敬的谢意，并且不揣冒昧地建议其他各位大臣先生在公开发表的通令中更经常地谈一谈自己的政纲。

我们在上面说：如果能耐心读完西皮亚金先生的通令的话。对此的确需要有很大的耐心，因为通令的四分之三……——不！十分之九是常见的空洞的官样文章。咀嚼早已众所周知的、甚至在《法律汇编》103 中已重复过数百次的东西，转来转去兜圈子，大书特书中国式官场往来的繁文缛节，整篇都是出色的公文文体，并有长达 36 行的复合句，还有读了使人替我们的俄罗斯语言痛心的"词组"，——当你仔细阅读这篇绝妙的佳作时，你会觉得自己好像是置身于俄国的段警察局,四壁发霉,恶臭扑鼻,单从官吏们的外貌和举止就可以看出,他们是使人无法忍受的拖拉作风的化身,而从窗口看到的院内建筑物使人不由得想起了拷问室。

新的政府纲领中有三个要点特别引人注意:第一,加强官吏的个人权力,注意增强和维护官僚习气和办公纪律,以免遭到新鲜空气的任何冲击;第二,确定饥民救济金的标准,也就是规定给"缺粮"户的供粮数量和计算方法;第三,表现了一种极度的恐惧,害怕"不可靠"分子跑去救济饥民,煽动人民反对政府,因此必须采取预防措施来对付这种"鼓动"。让我们较为详细地对这三点逐个分析一下。

政府剥夺了地方自治机关对粮食工作的管理权,把它交给地方官和县代表大会(1900 年 6 月 12 日的法令),这不过是一年前的事。其实这项法令早在实际生效以前,就已经被一道普通通令给废除了。只要省长们提出几个报告,法令就失去一切作用了!这一点最清楚地表明,那些在彼得堡的司级机关里像烤面饼一样赶制出来的法令究竟有什么意义,那些法令没有经过真正内行的、能够发表独立见解的人士的认真讨论,没有真正想建立更符合于自己目的的制度的意愿,而只是由于某个诡计多端的大臣好大喜功想要突出自己,想要尽快表明自己的忠诚而赶制出来的。既然地方自治机关不忠诚,那就解除它的粮食工作! 但是还没有来得及解除,就发现地方官甚至纯粹由官吏组成的县代表大会似乎仍然是议论过多:在地方官中大概也有人愚蠢地道出了饥荒的真相,幼稚地认为必须同饥荒作斗争,而不是同那些想真正救济饥民的人作斗争;在县代表大会上,某些不属于内务部系统的官吏,大概也同样不懂得"对内政策"的真正任务。于是根据大臣的一道普通通令,就建立了新的机构"县中央……"是的,是的,这不是印错了,是"县中央粮食管理局",它的全部使命就是在粮食工作方面不让不忠诚的分子插手,防止不忠诚的思想和不明智的行动产生。例如,大臣认为"过早地"(即不是在临发放粮食的时候)编造缺粮户名册是不明智的,并且禁止这样做,因为这会在居民中引起"奢望"!"县中央粮食管理局"由**一个人**负全责,内务部推荐**县贵族代表**担任这一职务。事实上:这种人同省长交往甚密,并且执行很多警察职务,一定能领会粮食政策的真正精神。同时这种人又是当地的大土地占有者,深受所有地主的信任。他们一定会比任何人都更清楚地领会大臣的深刻思想,懂得大臣所说的把救济金发给那些"不领也能够过得去的"人就会产生"道德堕落的"影响。至于省长的全权问题,大臣一开始就提到了,而且多次重复说,省长对一切负全责,人人都要服从省长,省长应当善于采取"特殊的"措施,等等。如果说过去俄国各省省长是真正的暴君,对"所管辖"省份任何机关甚至任何个人都有生杀予夺之权,那么现在在这方面已经形成了真正的"戒严状态"。在救济饥民的问题上,大力加强严厉手段! 这真是道地的俄国做法!

　　但是加强严厉手段,加强监督,这一切都要求增加官僚机器的开支。大臣并没有忘记这一点,对于主持"县中央粮食管理局"的县贵族代表先生们或其他人员,将拨"专款"来补偿他们的开支,通令还用它"特有的"语言补充说:"至于专款的数目,阁下可按规定手续向我呈报"。其次,县委员会的"公务开支"为 1 000 卢布,一次发给,省级机关的办公费用为 1 000 — 1 500 卢布。办公机关要做的事情最多,全部工作就是玩弄文牍主义,这怎么能不考虑办公费用呢? 首先要满足机关,剩下的再救济饥民。

西皮亚金先生在设法**缩减**饥民救济金方面表现出惊人的不屈不挠的精神和发明创造的才能。首先他要求省长们讨论一下究竟哪些县是"受灾"县(这个问题将由内务部本身作出最后决定,甚至不相信省长能避免"夸大"!)。并且指示说,凡有下述情况的县份**不应当**认为是受灾县:(1)受灾的乡不超过三分之一;(2)缺粮是经常现象,年年靠工资收入购买不足的口粮;(3)用于支付救济金的地方资金不足。官吏是如何解决粮食问题的,由这个小例子可见一斑,他们是用一个尺度衡量一切! 三分之一的乡人口有多少,他们受灾的轻重如何,在最严重的工业危机的年头通常的"工资"有没有下降,只要有了内务部坚决的"指令",这些都是无关紧要的问题! 但这还不算什么,厉害的还在后头哩。问题的实质在于,什么人算做缺粮户,应该发给多少救济金。西皮亚金先生提出下面这个"不大会有任何显著的夸大"(我们最怕夸大;怕引起奢望,怕发放过多的粮贷! 饥荒和失业都是"夸大",这就是内务部的一切议论的明显含意)的"粗略的计算"。第一,根据试点的脱粒数量定出"每个村每俄亩的**平均**产量",然后再定出每个业主的总收获量。为什么不同时定出不同富裕程度的农民的收获量呢? 贫苦农民的收成最低,所以确定"平均"产量恰恰不利于缺粮户。第二,全年粮食不少于48普特的农户,不能算做缺粮户(以3个成人每人12普特,2个小孩每人6普特计算)。这是最吝啬的富农的算法,因为在平常的年头甚至最贫苦的农民,每户以五六口人计算,全年用粮也不是48普特,而是80普特,这一点从农民经济调查中可以看出;一个五口之家的中等农户在平常的年头每年消费粮食110普特。这就是说,沙皇政府把用于口粮的粮食的实际需要量减少了**一半**。第三,通令说:"这个数目(即每户48普特)须减少一半,因为做工的人约占人口的 50%。"政府一直坚持自己的一条规定,就是做工的人不应当领取粮贷,因为他们有工资收入。而大臣不是已经发了一道命令,规定通常有工资收入的县份不算做受灾县吗?为什么还要**再一次**从救济金中除掉做工的人的份额呢?大家都知道,今年不仅挣不到额外的工资,而且连通常的工资也都因危机的影响而降低了。政府自己不是已经把成千上万的失业工人从城市遣送回农村了吗!以前几次饥荒的经验不是已经证明,扣除做工的人份额的结果,只会使孩子和成年人去分享那份不敷分配的粮贷!把"一头牛剥不下两张皮"这句谚语奉送给内务部还是太客气了,这个内务部竟两次从缺粮户中除掉一切有工作能力的人!第四,这种已经被削减二分之一的完全不敷分配的救济金还要**削减** $\frac{1}{3}$—$\frac{1}{5}$—$\frac{1}{10}$,削减多少,"要看大概有多少殷实的业主有头一年留下的储备粮或任何物质财富"!!这已经是从同一头牛身上剥下的第三张皮了!一个全家还得不到 48 普特粮食的农户,哪里还能有什么"财富"或"储备粮"呢?在其他一切收入上已经打了两次算盘,此外,光靠粮食,就连被政府的政策、资本和地主的压迫弄得贫困不堪的俄国农民,也是无法过活的。因为总得花点钱购买燃料,修理房屋,添置衣服,买点粮食以外的食品。关于农民经济的科学调查表明,在平常的年头甚至最贫苦的农民也要把**一半以上**的收入用于粮食以外的其他消费。如果注意到这一切,就可以看到,大臣所算的需要救济的数目比实际需要量少了**四分之三或五分之四**。这不是在同饥荒作斗争,而是在同想真正救济饥民的人作斗争。

通令最后公然攻击起私人慈善家来了。西皮亚金先生暴跳如雷地说,现在时常发现有一些慈善家力图挑起居民"对现行制度的不满,唆使他们向政府提出无理的要求",进行"反政府的鼓动"等等。事实上,这种罪名完全是**凭空捏造的**。大家知道,1891 年曾经散发过一种"农民同情者"的传单[104],这些传单公正地向人民指出了他们真正的敌人;其他利用饥荒来进行鼓动的尝试想必也是有过的! 但是革命家利用慈善事业作掩护来进行鼓动工作,这样的事实从来也没有过。大多数慈善家**只是**慈善家而已,这是无可怀疑的事实,西皮亚金先生说他们中间有许多人是一些"政治历史不是无可非难的人物",那么现在我们这里有谁的"历史是无可非难的"呢? 就连一些"身居显位的人物",在年轻时也都是常为一般民主运动出过力的! 当然,我们并不是说,利用饥荒进行反政府的鼓动是不许可的或者至少是不适当的。恰恰相反,鼓动在任何时候都是必要的,在饥荒的时候尤其必要。我们只是说,西皮亚金先生**捏造这种无稽之谈**,力图把自己的恐惧和担忧说成是由于接受了过去的经验。我们是说,西皮亚金先生的言论只是证明一条老的真理:警察政府害怕多少有些独立的和正直的知识分子同人民的任何接触,害怕有人直接向人民发表任何真实的、大胆的言论,认为凡是关心真正(而不是虚假地)救济饥民的人都有进行反政府的鼓动的嫌疑(这种怀疑是很有道理的),因为人民看到,私人慈善家真心诚意想要帮助他们,而沙皇的官吏却对此进行阻挠,削减救济,缩小需要量,不让开办食堂等等。现在新的通令公然要求一切捐献和募捐活动以及开办食堂都必须"服从政府的监督";要求一切外来者要"晋见"省长,选用助手须经省长批准,并要向省长报告自己的活动! 谁想要救济饥民,谁就得服从警官,谁就得遵守百般地削减救济量和丧尽天良地缩减救济金的警察制度! 谁不愿意服从这种卑鄙的制度,谁就别想救济饥民,这就是政府政策的全部实质。西皮亚金先生大喊大叫，说什么"一些政治上不可靠的分子总爱在私人给予他人救济的幌子下，利用饥荒来达到自己的罪恶目的"，所有的反动报刊(如《莫斯科新闻》)也随着发出同样的叫嚣。真是可怕！竟然利用人民的灾难来进行"政治活动"！恰恰相反，实际上可怕的是，在俄国进行任何活动，**甚至**是离政治最远的慈善活动也不可避免地会使独立人士同警察的专横，同"制止"、"禁止"、"限制"等等措施发生冲突。可怕的是，政府用高尚的政治理由来掩盖自己犹杜什卡的用心[105]，不让人知道它想夺走饥民的口粮，把救济金削减五分之四，禁止警官以外的任何人接近即将饿死的饥民！我们要再一次提出《火星报》早就提出的号召：发动一个**揭露警察政府的粮食运动**的运动，在不受检查的自由的报刊上，揭露地方暴君的种种胡作非为，揭露削减救济金的自私策略以及救济少得可怜不能满足需要的真相，揭露故意缩小饥荒严重程度的卑鄙行为，揭露那种同想要救济饥民的人作对的可耻行径！我们建议所有对人民的灾难有一点点真诚的同情心的人，要想方设法让人民普遍了解内务部通令的真正涵义和意义。**像这样的**通令都没有立刻引起人民的公愤，可见人民还是十分愚昧的。同农民和不开展的城市群众最接近的觉悟工人们，应该在揭露政府的行动中起带头作用！

载于1901年10月《火星报》
第9号

译自《列宁全集》俄文第5版
第5卷第277—284页

答圣彼得堡委员会

（1901 年 10 月）

　　圣彼得堡委员会(斗争协会)**106**在《工人思想报》第 12 号上刊载了一篇文章,反驳《火星报》创刊号上关于国外的"俄国社会民主党人联合会"发生分裂的评论。遗憾的是,这篇反驳文章竭力**回避**所争论的问题的实质。这种论战方法永远也不能把问题弄清楚。我们过去和现在一直坚持认为,国外的"俄国社会民主党人联合会"内确实发生了**分裂**。在 1900 年的代表大会上,起重要作用的少数会员,包括"联合会"的创立者和它过去所有刊物的编辑者——"劳动解放社"**107**在内,脱离了出来,自此以后,"联合会"就**分裂**成为两部分。分裂以后,无论哪一部分都不能代表原来的整个"联合会"。圣彼得堡委员会**并不打算**驳倒这个意见,它只谈到(不知道为什么)普列汉诺夫一个人,而不谈"社会民主党人"这个组织,同时只是转弯抹角地向读者暗示,圣彼得堡斗争协会显然否认**分裂的事实**,并且仍旧把前"联合会"的一部分看做整个联合会。

　　如果不愿意从实质上分析论敌的意见和直截了当地发表自己的意见,那为什么要进行论战呢?

　　其次,我们过去和现在一直坚持认为,分裂的根本原因(不是借口,而是原因)是原则上的分歧,即革命的社会民主党和机会主义的社会民主党之间的分歧。所以单就这一点来说,也不能不把国外的"俄国社会民主党人联合会"所发生的事情看做原有的"联合会"的分裂。试问,圣彼得堡委员会是怎样看待这个问题的呢?它是否敢于否认前"联合会"的这两部分之间存在着深刻的原则性争执呢? 这是不得而知的,因为圣彼得堡委员会费尽心机写了一篇"反驳文章",而对这个根本问题**只字**未提。我们还要再一次问问彼得堡的同志,而且不只是问彼得堡的同志:回避问题本质的论战是否有变成最不愉快的对骂的危险呢? 要是不愿意从实质上分析问题和明确而坦率地发表自己的意见,或者认为这样做还不是时候,那么,挑起一场论战到底值得不值得呢?

载于 1901 年 10 月《火星报》
第 9 号

译自《列宁全集》俄文第 5 版
第 5 卷第 285—286 页

国 外 情 况

（1901 年 10 月）

《火星报》组织国外部已经和国外的"社会民主党人"革命组织统一为一个组织"俄国革命社会民主党人国外同盟"[108]了。从这个新组织发表的声明中可以看出，它打算着手出版一系列宣传鼓动性的小册子。这个同盟是《火星报》的国外代表机关。因此，由"劳动解放社"领导的革命社会民主党人的国外组织终于同团结在我们报纸周围的组织统一起来了。同以往一样，"劳动解放社"正在积极参加我们出版物的编辑工作。

俄国革命社会民主党的国外组织的统一，是在这些组织同"国外俄国社会民主党人联合会"（它出版《工人事业》杂志）联合的尝试遭到失败之后实现的。今年夏初，三个组织的代表组成的代表会议拟定了它们之间的协议草案。奠定协议基础的是一系列原则性的决议，其内容有："联合会"要彻底停止向"经济主义"和伯恩施坦主义献媚，要承认革命社会民主党的原则。统一本来是有希望的，因为到目前为止，妨碍接近的只是"联合会"及其机关刊物《工人事业》杂志在原则上的动摇不定。这个希望落空了：不久前出版的《工人事业》杂志第 10 期发表了编辑部的文章，直接反对代表会议在"联合会"的代表参加下拟定的决议。显然，"联合会"又转到我们运动的右翼方面去了。的确，在三个组织的代表大会上，"联合会”对上述决议提出了“修正案”，公然表明它正回到它过去的错误立场上去。其余的两个组织不得不退出大会，它们是这样做了。显然，我们那些“联合会”的同志们，还没有完全认识到他们的组织采取介于革命社会主义和有利于自由派的机会主义之间的中间立场的危险性。我们希望，时间和痛苦的经验将使他们认识到他们策略的错误。党内有一个普遍的愿望，即不仅要广泛地开展我们的运动，而且要提高运动的质量，这种愿望对我们是最好的保证，相信在革命社会民主党的旗帜下，通过我们报纸的工作，大家所渴望的我们一切力量的统一必将实现。

载于 1901 年 10 月《火星报》
第 9 号　　　　　　　　　　　　　译自《列宁全集》俄文第 5 版
　　　　　　　　　　　　　　　　　第 5 卷第 287—288 页

苦役条例和苦役判决

（1901 年 9 月 15 日和 10 月底之间）

又一个"暂行条例"公布了！

不过这一次不是对付那些犯了不驯服罪的大学生，而是对付那些犯了挨饿罪的农民。

9 月 15 日，圣上批准了《关于受灾区居民参加由交通部、农业部、国家产业部安排施工的工程的暂行条例》，并且立即予以公布。俄国农民一了解到这些条例（当然不是根据报纸上所公布的材料，而是凭他们的亲身体验），他们便会看到，他们受地主和官吏多年奴役而得出的一条真理又一次得到了证实，这条真理就是：只要当局郑重其事地宣称，农民"可以参加"大小事务，如赎买地主土地，或在饥荒时参加修建各种公共工程，那就可以预料，一场新的大灾难就要临头了。

的确，9 月 15 日的暂行条例，就其整个内容来说，给人的印象是，这是一种新的惩治法，是对刑法典的补充条例。首先，对工程的安排和管理十分"谨慎"，手续异常繁多，好像是在对待一批谋反者或流放苦役犯，而不是饥民。本来，安排工程是件最简单的事情：地方自治机关和其他机关领到一笔经费，就雇用工人修筑公路、开发森林等等。这类工程通常都是这样进行的。但是现在制定了一套特别的程序：地方官指定工程项目，省长作出决定，然后送圣彼得堡，交给专门的"粮食工作评议会"讨论，评议会由各部的代表组成，由副内务大臣任主席。此外，由内务大臣来掌管全局，他可以任命特派全权代表。彼得堡的评议会甚至还要规定工人报酬的限额——这大概是要注意防止农民因工资过高而"腐化堕落"吧！显然，9月15日的暂行条例的目的就是要**阻难**人们广泛参加公共工程，这同8月17日西皮亚金的通令**阻难**发放饥民救济金的做法是一模一样的。

但是更重要和更有害的还是关于雇用农民做工的手续的特别规定。

如果工程是在"他们定居的地区以外"进行（自然，大多数情况将是这样），工人们就必须**在地方官的监督下**组成专门的劳动组合，由地方官指定一名工长维持秩序。挨饿的农民则不敢像工人通常所做的那样自己选举工长。于是农民就归手执鞭条的"地方官"管了！劳动组合的成员都被列入专门的名册，以**代替**法律规定的**居民证**……　于是，个人的身份证就要被劳动组合的名册所代替了。为什么要这样更换呢？是为了**限制农民**，因为农民持有个人的身份证，就可以比较自由地随意到新的地方去工作，一旦不满意，还可以比较容易地辞去工作。

其次，"由内务部特派的官员负责维持途中应有的秩序，并将遣送的成批的工人移交给工程主管人员"。自由工人是事先发给旅费，而农奴却是按名单"**分批地**""**遣送**"，并且"**移交**"给特派的官员。农民把这些"公共的"和官办的工程看做新的农奴制度，不是很有道理吗？

事实上，9月15日的法律不仅仅在剥夺农民迁移自由方面把挨饿的农民几乎当做农奴看待。法律还规定：如果"家属所在地区的省领导当局"认为有必要的话,官员有权**扣除部分工资**,以便寄给工人家属。工人挣来的钱竟可以不经工人自己同意而擅作处理! 农民都是些傻瓜,自己都不会照顾自己的家庭。长官们办起这些事来要强得多,的确,谁没有听说过,他们对军屯[109]的农民家庭是多么关怀备至啊!?

　　不幸的是,现在的农民也许已经不像军屯时期那样驯服了。他们难道不会要求发给他们普通的身份证,要求未经他们同意就不准扣除工资吗? 因此必须采取更加严厉的措施,于是在法律中作了一条专门的规定,"按照内务大臣的命令,监督工人遵守工地应有的秩序这一任务,由各地的地方官、独立宪兵团军官、警官或特派人员负责"。显然,政府**事先**就把挨饿的农民看做"造反者",除了全俄警察对全国工人进行一般的监视以外,又规定了一项极其严格的特别监视。既然农民胆敢"夸大"饥荒,"向政府提出无理的要求"(按西皮亚金在通令中的说法),那**事先**就决定对他们严加控制。

　　为了在工人表示某种不满的时候不去麻烦法庭,暂行条例规定,凡是破坏安宁、工作敷衍塞责或不执行命令者,官员有权**不经过特别审讯判处工人三天以下的拘禁**!! 自由工人必须由治安法官审判,在治安法官面前工人可以为自己辩护,并且可以对判决提出申诉。但是对于挨饿的农民,可以不经任何审讯就关进拘留所! 自由工人如果不愿意工作,只能被解雇,——然而,挨饿的农民如果"坚持不上工",按新法律的规定,应同窃贼和强盗一起**押送还乡**!

　　新的暂行条例,对于饥民是名副其实的苦役条例,是剥夺他们的权利、押送他们去劳动的条例,这一切是因为饥民竟敢用请求救济来麻烦长官。政府并没有局限于剥夺地方自治机关管理粮食工作的权力，禁止私人未经警察局许可而开办食堂，下令缩减实际需要量的五分之四，它还宣布农民不得享受全部公民权利，命令对他们可以不加审讯就进行惩罚。农民常年过着忍饥挨饿和操劳过度的苦役生活，现在又加上了官办工程的苦役的威胁。

这就是政府对农民采取的措施。至于对工人的迫害，最明显的例子就是本报前一号刊出的对奥布霍夫工厂五月骚乱事件的《起诉书》。关于这一事件本身，《火星报》在6、7两月的各号上已经作了记述。我国的合法报刊大概看到甚至最忠诚的《新时报》也由于写了这方面的文章而"遭殃"，所以对审讯一直保持沉默。报纸上只看到一两行关于审讯已在9月底进行的消息，后来南方有一家报纸偶然报道了判决的结果：二人被判处**服苦役**，八人宣告无罪，其余的人被关进监狱和犯人感化所，刑期为两年至三年半不等。

可见，我们在《新的激战》(《火星报》第5号)①一文中，对俄国政府的报复还是低估了。我们曾经以为，政府害怕交付法庭审判，便采取了军事镇压作为斗争的最后手段。现在看来，它是把这两种手段结合起来了：不但殴打了群众，枪杀了3名工人，并且从数千名工人中抓走了37人，处以严刑。

怎样抓人和怎样审讯，起诉书提供了一些情况。阿纳·伊万·叶尔马柯夫、叶弗列·斯捷潘·达欣和Ан.Ив.加甫里洛夫被指控为主谋。起诉书指出，在叶尔马柯夫的住所发现有传单(根据一家官营酒店的女店员米哈伊洛娃所说，但是她**没有被传到法庭**

---

① 见本卷第11—16页。——编者注

作证),他讲过要为政治自由而斗争,并且在 4 月 22 日拿着红旗走上了涅瓦大街。接着还着重指出,加甫里洛夫也持有并散发了号召参加 4 月 22 日游行的传单。关于被告雅柯夫列娃,也说她参加过某些秘密集会。可见,毫无疑问,检察官竭力把那些被秘密警察怀疑为政治活动家的人说成是主谋。案件的政治性质,从群众高呼"我们需要自由!"和从与 5 月 1 日有关这两点来看,也是很清楚的。顺便提一下,有 26 人因在 5 月 1 日"旷工"而被解雇,这才引起了一场大火,可是,检察官对于这次解雇的**非法性**,不用说,却只字未提!

事情很明显。凡是被怀疑为政治敌人的人,都被抓去审讯了。秘密警察提供了名单。而警察自然是"证实"了这些人曾经出现在人群里,扔过石头,而且表现得比别人突出。

他们用审讯掩盖了第二次(在激战之后)政治报复行为。而且掩盖得十分卑鄙:他们提到政治只是为了加重罪情,却不许别人说明整个事件的政治情况。被告被当做刑事犯,根据刑法典第 263 条进行审判,即罪行是举行"反对政府所确立的各级政权的公然暴动",而且暴动是由携带武器(?)的人策划的。这个罪名是**捏造出来的**,因为警察局命令法官只片面审理此案。

应当指出,按照刑法典第 263—265 条,凡是参加**任何**游行的人都可以判服苦役,因为**任何**游行都是"蓄意违抗政府颁布的命令和措施的公然暴动",尽管"暴动者"并没有武器,甚至并没有采取公然的暴力行为!俄国的法律对判处服苦役是十分慷慨的!是时候了!现在我们应该设法让被告自己把每一件这种审判案件**变为政治案件**,使政府不敢用刑事案的滑稽剧来掩盖它的政治报复。

同 1885 年相比,诉讼程序有了多么大的"进步"啊!当时审判莫罗佐夫的织布工的是陪审员，报上发表了全面的报道，工人方面的证人在法庭上揭露了厂主的种种不法行为。而现在，参加审判的是官吏和一些不敢发表意见的等级代表，法庭关着大门进行审判，报纸默不作声，工厂当局、工厂的警卫、殴打人民的警察和枪击工人的士兵都充当了伪证人。多么丑恶的滑稽剧啊！

把1885年和1901年迫害工人方面的这种"进步"同1891年和1901年与饥民作斗争的"进步"比较一下，就可以看出：人民和社会中的愤懑正在多么迅速地向深广发展，政府已经开始狂暴不安，它一面对私人慈善家和农民"严加约束"，一面又用判服苦役来恐吓工人。但是，苦役吓不倒工人，工人的领袖们在同沙皇爪牙展开直接的巷战中视死如归，对于被杀害的和在狱中遭受苦难的英雄同志们的怀念，将十倍地增强新战士们的力量，感召着成千上万的人来帮助他们，使这些人都会像十八岁的玛尔法·雅柯夫列娃那样，公开地宣称："我们支持我们的兄弟！"政府除了用警察和军队镇压游行者以外，还想以暴乱罪名审判他们。我们对此的回答是：团结一切革命力量，把一切受沙皇的暴政压迫的人争取到我们这边来，有步骤地准备全民的起义！

载于1901年11月《火星报》第10号

译自《列宁全集》俄文第5版第5卷第289—294页

内 政 评 论

(1901 年 10 月)

一 饥 荒[110]

又是饥荒！近十年来，俄国农民岂止破产，简直是要死绝了，情况发展之快实属惊人，恐怕任何一次战争，不管这种战争是怎样旷日持久和激烈，也没有造成这样重大的牺牲。现代一切强大的力量都联合起来对付农民：既有发展愈来愈快的世界资本主义，又有军事国家。前者已经造成了海外的竞争，并给那些在殊死的生存斗争中坚持下来的少数农村业主提供了最新的生产方式和工具；后者在它的殖民地，在远东和中亚细亚执行着冒险政策，把这种大量耗费钱财的政策的重负完全转嫁到劳动群众身上，并且还用人民的金钱不断地建立新的"制止"和"控制"等警察措施来对付劳动群众日益增长的不满和愤慨。

既然饥荒在我国已成为通常的现象，自然可以预料，政府将努力制定它在粮食问题上的通常的政策并使之固定化。如果说在1891—1892 年时，政府由于措手不及，起初还相当狼狈，那么，现在它已经有了丰富的经验，确切地知道应该做什么（和如何做）了。7 月份的《火星报》（第 6 号）上说："当前人民灾难的乌云笼罩着我国,政府又在准备行使它施用暴力的卑鄙职能,克扣饥民的口粮,惩处不合乎当局心意的任何关心饥民的'表现'。"

政府的准备非常迅速非常坚决。这些准备是按照什么精神进行的,这从伊丽莎白格勒事件中可以充分看出。赫尔松省省长,奥博连斯基公爵立即向所有胆敢报道和谈论伊丽莎白格勒饥荒,胆敢呼吁社会救济饥民,胆敢建立私人小团体和邀请个人来组织救济的人宣战。地方自治机关的医生在报上说,县里发生了饥荒,人民不断患病和死亡,他们食用的"粮食"真是令人难以想象,根本不能称为粮食。省长同地方自治机关的医生进行了争论,并在报上登出正式的辟谣声明。谁只要多少知道一点我国报刊的一般状况,谁只要肯回忆一下,最近以来非常温和的报刊以及更温和得多的著作家所受的严重迫害,谁就会理解,省长同那些甚至没有担任官职的地方自治机关医生的这种"争论"意味着什么了! 这简直是堵别人的嘴巴,这是明目张胆、肆无忌惮地声明,政府不能容忍报道饥荒的真实情况。但岂只是声明! 可以责备其他任何人,但未必能责备俄国政府在可以"使用权力"时而只限于发表声明。奥博连斯基公爵立即使用了权力,他亲临战场,同饥民作战,同那些不属于任何政府系统而想**真正**救济饥民的人作战,并且**禁止**一些赶来救灾的个人(其中包括乌斯宾斯卡娅女士)**开办食堂**。就像尤利乌斯·凯撒一样,奥博连斯基公爵来了,看了看,取得了胜利[111],于是电报立即把这个胜利的消息传给全俄国的读者。不过奇怪的是,这个胜利,这个对一切尚有一点正义感,尚有一点公民勇气的俄国人的无耻挑衅,在最有关的(要是能这样说的话)人们中间,并没有遭到任何反击。在赫尔松省无疑有许多人一直知道这种掩盖饥荒和反对救济饥民的斗争的全部底细,但是却没有一个人对这个有教益的事件发表任何文章,或任何有关的文件,甚至连抗议无理禁止开办食堂的任何普通呼吁也没有。在政府执行它的威胁政策,解雇 5 月 1 日"旷工者"时,工人举行了罢工;而在禁止知识界人士……救济饥民时,知识界却默不作声。

政府同那些敢于救济饥民的"煽动作乱者"初次交锋就取得了胜利,似乎大受鼓舞,立即转入了全线进攻。奥博连斯基公爵的英勇业绩已经成为指导原则,已经成为今后调整一切行政官员对待一切同粮食问题有牵连的人的法律("有牵连的人"这个词是我国刑法典的专用术语,但我们已经看到而且下面还将看到,现在,未经准许的救济饥民活动,完全被当做刑事犯罪行为)。这样的法律很快就颁布了,这次是用《内务大臣给 1901 年受灾省省长的通令》(1901 年 8 月 17 日第 20 号)这种简化的形式颁布的。

应当看到,这一通令将长期成为一个可资纪念的文件,从中可以看出,警察对人民的可怕的灾难、对饥民同救济他们的"知识分子"的接近害怕到了极点,同时,通令要坚决制止关于饥荒的任何"叫嚷",并把救济限制在最小的范围内。不过遗憾的是,这个通令写得太长,官样文章晦涩难懂,大概会妨碍广大群众对它的了解。

大家知道,1900 年 6 月 12 日的法令取消了地方自治机关对粮食工作的管理权,把它移交给了地方官和县代表大会。这看来似乎更可靠得多了,因为选举因素取消了,对当局稍持独立态度的人现在不管事了,因而也不会再叫嚷了。可是,在奥博连斯基公爵讨伐以后,这一切又显得不够了:必须更严格地把一切事务交给内务部和直接执行内务部指令的官员掌管,必须彻底消除任何夸大的可能性。因此,怎样的县算是"受灾县"这个问题,今后将完全由内务部本身来**决定**①，显然，在内务部内还将建立起对付饥民的军事行动总部。这个总部将通过省长先生们指导那些掌握"县中央粮食管理局"的人（主要是县的贵族代表）的活动。倡议用军事行动对付饥民的奥博连斯基公爵，过去总得亲自到场，以便采取制止、控制和缩减的措施。现在这方面已经加以"整顿"，只消"县中央"管理局和彼得堡中央管理局之间互拍一下电报（好在每县已拨给了上千卢布的办公费用），就可以"去处理"了。屠格涅夫笔下的有文化教养的地主不仅不亲自去马厩，就是对那个穿燕尾服戴白手套的仆人也只是低声提示一下："费多尔的事……去处理吧！"112现在我们这里也将同样"不加喧嚷地"、文静高雅地"去处理"关于控制饥民的过大胃口的事。

西皮亚金先生确信饥饿的农民的胃口过大，这可以从通令固执的语气看出，通令不仅固执地警告提防"夸大"，而且直接作了许多规定，以消除夸大的可能性。这位大臣直截了当地说，别急于编造缺粮户名册，因为这会在居民中引起"奢望"，因此，他命令一定要在临分配粮食的时候再编造名册。其次，通令认为没有必要谈到一个县在什么情况下**应该**算受灾县，但却明确规定一个县在什么情况下**不应该**认定是受灾县（例如，受灾的乡不超过三分之一，通常有做工收入等等）。最后，大臣对饥民救济金标准作了一些规

---

① 从彼尔姆省的事例中可以看出内务部是怎样决定这个问题的。据最近的一些报纸报道，该省仍然继续被认为是"丰收区"，虽然该省的歉收（按 10 月 10 日省地方自治紧急会议的报告）比 1898 年的歉收**还要严重**。粮食收获量只有平均收获量的 58％，而沙德林斯克县和伊尔比特县只有 36％和 34％。1898年政府曾拨出（地方资金不计在内）150 万普特粮食和 25 万以上的卢布。而现在地方自治机关已经没有资金，地方自治机关的权利受到限制，歉收较1898 年要严重得多，粮食价格 **7 月 1 日就**已开始上涨，农民已**卖掉牲畜**，可是政府仍旧固执地认为该省是"丰收区"！！

定,这些规定极其明显地表明,政府**想方设法**要尽量削减这些救济金,而用一些丝毫不能防止居民死绝的小施舍来敷衍了事。实际上,标准量是每户粮食48普特(按该村的平均收获量计算);凡是不少于这一标准者,就不是缺粮户。这个数字是怎样得出来的,不得而知。不过大家知道,在非饥荒的年头,即使最贫苦的农民也要消耗比这多一倍的粮食(见地方自治局对农民收支的统计调查)。所以,根据大臣先生的指令看来,吃不饱乃是正常的现象。但是就是这个标准量也还要减少,首先要减少一半,要使约占人口半数的做工的人不能得到粮贷,其次,"要看大概有多少殷实业主有头一年留下的储备粮或任何〈正是这样说的:"或任何"!!〉物质财富",**还要减少**$\frac{1}{3}$—$\frac{1}{5}$—$\frac{1}{10}$不等。由此可以设想,政府打算贷给真正缺粮的居民的那部分粮食是多么微不足道!西皮亚金先生真是恬不知耻,他讲述了这一套令人难于想象的削减救济金的办法以后声明说,这样粗略的计算"不大会有任何显著的夸大"。看来对此就不必多费唇舌了。

　　当俄国政府的正式声明中,除了单纯的指令以外,还有那么一点解释这些指令的意图的时候,它里面几乎总包含着(这是一种法规,这种法规比我国的大多数法律还要稳定得多)两个基本论调或者两类基本论调。一方面,你一定会遇到一些一般的夸张的空话,表示当局的关心,表示当局愿意考虑当前的要求和社会舆论所表达的愿望。例如,谈到"防止农村居民中缺乏粮食这一重要事宜",谈到"对当地居民的福利负有道义上的责任"等等。不言而喻,这些老生常谈其实是一点意义也没有的,并不意味着要做什么好事情;但是这些话却和不朽的犹杜什卡·戈洛夫廖夫斥责被他肆意掠夺的农民时所说的不朽的话一模一样。附带说一下,受检查的自由派报刊常常利用这些老生常谈（部分由于幼稚，部分由于"职责"），来表明政府同它的观点原则上的一致。

可是，如果你更加留心地看看政府命令的另一种论调，那些并不那么一般也并不那么明显空洞的论调，那你就时时都会看到一些具体的说明，**完全是重复**我国出版界最反动的报刊（例如，《莫斯科新闻》）所提出的论据。随时注意并指出政府同《莫斯科新闻》的一致，在我们看来是不无好处的（甚至对合法的活动家来说，也不是完全不能办到的）工作。例如，在上述的通令中，我们又碰到了最"野蛮的地主"发出的最卑鄙的指责，——说什么过早地编造缺粮户名册，会促使"某些殷实户主力图变卖存粮、余粮和农具来假装自己家计拮据"。大臣说，这是"过去几次粮食运动的经验所证明了的"。因此怎么办呢？因此，大臣就从那些最顽固的农奴主的教诲中吸取自己的政治经验，这些农奴主在过去的饥荒年代曾叫嚷农民在骗人，他们现在也在这样叫嚷着，并且对产生于饥荒的伤寒流行病所引起的"喧嚷"忿忿不已。

西皮亚金先生从这些农奴主那里也学会了谈论什么道德堕落这套话，他写道："非常重要的是要使……地方机关……能协助节约使用拨款，而主要是〈原文如此！！〉要防止轻率地把政府的救济金发给生活有保障的人，以致产生道德堕落的不良影响。"这个协助节约资金的不体面的指示因为下面这个原则性的训诫而得到了加强："……把粮食救济金广泛分发给不领也能够过得去的家庭〈每家全年24普特能够过得去吗？〉，而不管国库开支在这种情况下是否毫无效果〈！〉，这种办法将会产生极为有害的后果，从国家的利益和需要的观点来看，其危害性不亚于对真正的缺粮户不给予必要的救济。"古时候一些颇有恻隐之心的帝王说过："宁可宣判

十个有罪的人无罪,也不要判处一个无罪的人有罪。"而现在沙皇
最亲密的助手声明说:把救济发给每年有 24 普特粮食也能够过得
去的家庭,其危害性不亚于对"真正的"缺粮户不给予救济。多么
可惜,这个对"国家的利益和需要"直言不讳的堂皇的"观点",竟因
通令又臭又长而没有使广大公众看清其真正面目! 唯一的希望
是,也许社会民主党人的报刊和社会民主党人的口头鼓动会使人
民更清楚地了解大臣通令的内容。

　　　　　　　　　*　　　　　*　　　　　*

　　通令特别坚决地"攻击"私人慈善家:从各方面可以看出,那些
同饥民作战的行政官员们,把私人的救济小团体、私人开办的食堂
等等都当做"敌人"的最重要的阵地。至于为什么这种私人慈善事
业老早就使内务部坐卧不宁,西皮亚金先生作了解释,他说得非常
直率,真是令人感激不已。通令上说:"自 1891 年和 1892 年的歉
收开始,以及在后来所有这类灾荒中,时常发现有些慈善家一面用
物资救济灾区的居民,一面又力图挑起他们对现行制度的不满,唆
使他们向政府提出无理的要求。同时,没有得到充分救济的贫困,
加上不可避免的疾病和经济的破坏,都为反政府的鼓动造成非常
有利的条件,而一些政治上不可靠的分子总爱在私人给予他人救
济的幌子下,利用这些条件来达到自己的罪恶目的。通常,一听到
严重歉收的消息,一些政治历史不是无可非难的人物就从各地汇
集到受灾地区,这些人总是竭力设法同来自首都的慈善团体和机
关的全权代表交往,那些代表由于不了解情况,就接受他们当各地
的助手,从而造成了维持秩序和行政管理方面的重大困难。"

　　但是,俄国政府在俄国土地上愈来愈感到日子不好过了。在
过去一个时期,只有青年学生被认为是受到特别保护的阶层:对他

们曾建立了特别严密的监视,某些政治历史不是无可非难的人物同学生的交往被认为是重大的罪过,任何小组和社团,即使它们只提供物质上的援助,也被怀疑有反政府的目的等等。在那时候,即在不太久以前,没有其他的**阶层**,更没有一个居民阶级被政府认为是"进行反政府鼓动的非常有利的条件"。但是从 90 年代中期开始,在政府的一些正式公报中,你们可以看到另一个人数还要多得不可胜数的需要特别保护的居民阶级:工厂工人。工人运动的发展迫使建立整套的机构来监视新的暴乱分子;在禁止政治上可疑人物居住的地区的清单中,除了首都、有大学的城市外,还出现了工厂中心区、村镇、县和整个省份。① 欧俄有三分之二的地区受到特别保护而不准不可靠人物居住,而其余三分之一的地区到处都有大批的"政治历史不是无可非难的人物",以致连最偏僻的省份也不得安宁。② 现在的情况是:按内务大臣先生这样的权威人物的权威判断,即使是最偏僻的**农村**,只要存在着没有得到充分救济的贫困,还有疾病和经济破坏的情况,那里就是进行反政府鼓动的"有利的条件"。可是,不经常发生这类"情况"的俄国农村是不是很多呢? 我们俄国社会民主党人是否应该立刻利用西皮亚金先生这个关于"有利的"条件的有教益的指示呢? 正是现在,一方面是农村非常关心道听途说传来的消息,说城市无产阶级和知识青年在 2 月和 3 月间同政府的禁卫军发生了冲突,另一方面又有人说

---

① 例如,参看《火星报》第 6 号上所刊载的关于圣彼得堡被放逐者的秘密通令,这些人主要是著作家,其中很多人从来没有参加过任何政治事件,尤其没有参加过任何"工人"事件。然而,不仅禁止他们在有大学的城市居住,而且禁止他们在"工厂区"居住,而有些人**只**被禁止在工厂区居住。

② 例如,见《火星报》第 6 号和第 7 号上的通讯,说到社会上的激昂情绪和反政府的"表现"甚至已经深入到神佑的城市,如奔萨、辛菲罗波尔、库尔斯克等。**113**

什么农民提出了"无理的要求"这一类的话等等,难道这不是给最广泛和最全面的鼓动提供了内容最丰富的纲领吗?

西皮亚金先生的有益指示我们应当加以利用,但对他的幼稚只能付之一笑。以为把私人慈善事业置于省长的监督和管制之下,就能使"不可靠的"人物难于影响农村,这真是幼稚得可笑。真正的慈善家从不抱政治目的,所以制止和控制的新措施将主要落到那些对政府最没有危险的人身上。而那些希望让农民看清新措施的意义和政府对饥荒的态度的人,大概已经没有必要去同红十字会的全权代表联络,或晋见省长先生们了。事实也正是这样,一旦工厂环境成了"有利的条件",那些想要接近这个环境的人,就不去同工厂的管理者打交道来了解工厂的制度,也不去晋见工厂视察员先生们以获得同工人举行集会的许可了。当然,我们一点也没有忘记,在农民中进行政治鼓动有很大的困难,尤其是因为从城市中吸引革命力量去进行这种政治鼓动是不可能的和不实际的,可是我们也不应忽视,像政府的这些限制私人慈善事业的丰功伟绩,却完全可以消除我们的一半困难和解除我们的一半工作。

*　　　　　　*　　　　　　*

至于这位大臣关于加强对慈善音乐会和演出等的监督的通令这样的"小事情"(同上面分析的通令比较而言),我们就不谈了(参看《火星报》第 9 号《新的障碍》)。

让我们来看看,现在政府按新条例确定和分配给居民的救济金同实际的需要量成怎样的比例。诚然,这方面的资料是非常缺乏的。报刊现在受到极为严格的管制,开办私人食堂的人随着他们的活动的"被查禁"已经销声匿迹了,因此,可以向在新的严厉手段面前不知所措的俄国公众报道的,只有官方警察关于粮食运动顺利进展的记事,还有《莫斯科新闻》上相同性质的小文章以及有时转载的无聊记者同郑重其事地论述"市长的思想一致及市长专权等思想"的某个彭帕杜尔[114]的谈话。例如,《新时报》第 9195 号上报道说,萨拉托夫省省长(原阿尔汉格尔斯克省省长)A.Π.恩格尔哈特接见了地方报纸的撰稿人,并且顺便告知该撰稿人,他以省长资格亲自在当地召开了贵族代表、地方自治局代表、地方官和红十字会代表的会议,并"分配了任务"。

　　A.Π.恩格尔哈特说:"这里没有像我在阿尔汉格尔斯克省见过的那种坏血病:在那里,不能在五步以内接近病人;在那里,这种病真是一种'腐败性病症',而在这里,最多是由于家庭生活环境恶劣而形成的严重贫血的后果。这里,坏血病唯一的症状几乎全都是苍白的嘴唇、苍白的齿龈……　这种病人经过一个星期的合理调养就可以恢复健康。现在正在增加营养。虽然已经登记的极需救济的不过 400 人,但大体上每天要发出 1 000 份口粮。

　　除坏血病外,整个地区只发现三起伤寒。可以相信,情况今后不会发展,因为到处都兴办了公共工程,居民的工资收入有了保障。"

　　请看情况是多么令人满意:赫瓦伦斯克全县(彭帕杜尔先生说的)极需救济的只有 400 人(大概在西皮亚金先生和恩格尔哈特先生看来,其余的人,每户全年有 24 普特粮食就"过得去"了!),而且居民生活已有保障,病人经过一个星期就可以恢复健康。既然如此,怎么能不相信《莫斯科新闻》呢,它在一篇专论(第 258 号)中要我们相信,"据 12 个受灾省最近报道,**这些省内救济机关正在紧张地进行活动。许多县经过调查被认定是粮食歉收县,任命了县的粮食部门管理人员**等等。看来政府的负责人员正尽一切可能给予及时的和充分的救济"。

"正在紧张地进行活动",而且"……已经登记的极需救济的不
过 400 人……" 赫瓦伦斯克县有农村居民 165 000 人,而口粮只
发了 1 000 份。整个东南地区(其中包括萨拉托夫省),今年黑麦
短缺 34％。萨拉托夫省的农民耕地的总播种面积(150 万俄亩)
中,颗粒不收的占 15％(按省地方自治局的资料[115]),收成不好的
占 75％,而赫瓦伦斯克县以及卡梅申县是萨拉托夫省受灾最重的
县份。所以,赫瓦伦斯克县农民总共缺粮在 30％以上。假定缺少
的粮食有半数落在富裕农民头上,他们还不会因此而陷入饥饿状
态(但是这个假定很不妥当,因为富裕农民的土地好,耕作得比较
好,所以他们所受的歉收灾害总要比贫苦农民轻)。即使在这样的
假定下,饥民也应占 15％,也就是说,应达 25 000 人。可是却有人
要安慰我们说,赫瓦伦斯克县的坏血病还远不及阿尔汉格尔斯克
省的严重,伤寒病似乎只发生三起(说谎也要说得巧妙一点!),而
且发了 1 000 份口粮(大概是按照西皮亚金防止夸大……的一套
方法计算和测量出来的)。

至于说到"工资收入",西皮亚金先生为了避免夸大,在自己的
通令中对它们计算了三次(第一次他指示不要把工资收入通常较
高的县算做受灾县,第二次他指示把 48 普特的标准缩减一半,因
为 50％的做工的人"应该"是有工资收入的,第三次他指示把这最
后的数字按各地的情况再缩减$\frac{1}{3}$—$\frac{1}{10}$),至于说到工资收入,在萨
拉托夫省不仅农业的而且非农业的工资收入都减少了。地方自治
局的上述报告说:"歉收的结果,也影响到了手工业者,因为他们的
产品销路减少了。由于这些情况,手工业最发达的县份**出现了危
机**。"灾情最重的卡梅申县就是其中之一,在这个县里,成千上万的

贫苦农民在从事有名的条格布织造业。在平常的年头,这个处在偏僻农村的行业所实行的制度就是最荒唐的:例如,6—7岁的小孩做工,一天挣7—8个戈比。可以想象,在严重歉收和手工业危机的年头,那里会是什么样的情况了。

粮食的歉收在萨拉托夫省(不言而喻,在一切歉收省都是一样)引起了饲料的缺乏。近几个月来(也就是说,已是夏末了!)各种兽疫蔓延得很厉害,牲畜的死亡率大大提高。"据赫瓦伦斯克县的兽医报道〈这个消息引自曾叙述过上面提到的省地方自治局报告内容的同一份报纸〉,在解剖死亡的牲畜时,发现它们的胃里,除了泥土什么也没有。"

在谈及继续推进粮食运动的"内务部地方局通报"中还声明说,在被宣布为受灾县的县份中,"只有赫瓦伦斯克县自7月份起有两个村发现了好几起流行性坏血病,当地医务人员尽力制止这种疾病蔓延,同时,红十字会派出了两个医疗队前往协助,根据省长〈即我们已经谈到的那位 A.Π.恩格尔哈特〉的报告,这两个医疗队工作得很有成效;根据内务部在9月12日以前掌握的材料,在被宣布为受灾县的其他各县中,没有紧急缺粮得不到救济的情况,也没有发现因吃不饱引起疾病蔓延的情况"。

说什么好像没有**紧急缺**粮得不到救济的情况(那有没有**经常性**的缺粮呢?),好像没有发现疾病的蔓延,这种言论是否可信,我们只要把另外两个省的资料拿来对照一下就行了。

在乌法省,缅泽林斯克县和别列别伊县被宣布为受灾县,因此内务部地方局通报说,"根据省长的声明",政府需贷给"食用粮"80万普特。然而,8月27日为讨论救灾问题召开的乌法省地方自治非常会议确定,除了贷给种子(全省320万普特)和牲畜饲料

（60 万普特）外，这两个县还缺少粮食 220 万普特，其余各县还需要 100 万普特。可见，内务部所确定的粮贷只等于地方自治机关所确定的**四分之一**。

再举一个例子。维亚特卡省在地方局发表通报以前，并没有被宣布为受灾的县份，可是地方局确定粮贷为 782 000 普特。据报纸报道，这个数字就是维亚特卡省粮食会议在它 8 月 28 日召开的会议上计算出来的（这是按照 8 月 18 日至 25 日各县代表大会的决议计算出来的）。同是**这些代表大会在 8 月 12 日左右**所确定的粮贷额却与此不同，就是说，所贷的粮食是 110 万普特，所贷的种子是 140 万普特。这种差别是从何而来的呢？8 月 12 日和 28 日之间发生了什么事情呢？原来西皮亚金先生在 8 月 17 日发表了同饥民斗争的通令。就是说，通令立即生效了，于是从各县代表大会（请注意这一点）——即由一般官员，尤其是由地方官组成的、取代了（按 1900 年 6 月 12 日的法令）不可靠的地方自治机关的机关——所制定的数字中削减了 23 万普特粮食这样一个微小数目……　难道说，我们真的会看到连地方官也被指责为自由主义者吗？这也说不定。至少不久前在《莫斯科新闻》上我们就读到过对某位欧姆先生的这种指责，因为他竟敢在《亚速海沿岸边疆区报》[116]上提议在报纸上刊载省城市自治事务会议的会议记录（如果不准许报界代表出席这些会议的话）：

"目的真够明显的了；**俄国官员常常害怕被人看出是非自由主义者**，所以在报上披露就可以迫使他们有时甚至违背良心去支持城市或地方自治机关的任何自由主义的荒诞的意图。这种打算并不完全错误。"

维亚特卡的地方官显然是由于害怕被人看出是非自由主义者

而"夸大"缺粮的严重程度,表现了不可宽恕的轻率,对这些地方官不应该加以特别的监视吗?①

　　但是,按照维亚特卡省地方自治机关(如果不是英明的俄国政府不让它再来管理粮食事务的话)的"自由主义的荒诞的意图"所确定的需要量还要大得多。至少,8月30日至9月2日举行的省地方自治非常会议所计算出的缺粮数比需要量少17%,饲料少15%。而需要量是10 500万普特(常年收获量是13 400万普特,而今年收获量是8 400万)。可见,缺粮数为**2 100万普特**。"今年省内310个乡中总共有158个乡收成不好。这些乡的男女居民共有1 566 000人。"是的,毫无疑问,在缩减实际需要量方面以及把救济饥民的整个工作变为施舍小恩小惠的假慈善事业方面,"政府当局正在紧张地进行活动"。

　　但是,把那些集结在西皮亚金通令的旗帜下的行政官员们称为"假慈善家",还是过于抬举他们了。他们和假慈善家的共同之

---

　　①　这里还有一个维亚特卡省省长反对夸大的例子:
　　　　维亚特卡省省长在发给各乡公所的"公告"中指出,农民对政府和地方自治机关发放的粮贷的态度非常慎重。克林根贝格先生说:"在省内巡视时我深信,农民是以审慎的态度对待目前情况的,他们害怕负担非万不得已的债务,所以下定决心耐心地等待来年上帝的帮助,争取靠自己的力量摆脱困境。"这使维亚特卡省省长相信,"任何传闻,不论是说政府和地方自治机关免费救济和可能免除债务和欠税,或者是夸大灾情,都不会扰乱沉着理智的维亚特卡省的居民"。省长认为有必要警告农民,"如果在复核粮贷决定时,发现户主虽然没有任何存粮,但今年收获的粮食足够全家食用和播种,然而这些粮食已经出售,并将所得金钱用于其他需要,那他就不能指望获得粮贷。按照新法律,所发放的粮贷将不采用连环保117责任制的办法,而是根据征收直接税的条例来追偿。所以申请并已获得粮贷的户主应该记住,他要独自一个人归还粮贷,谁也不会帮助他,而且追偿执行起来是很严格的,所以一旦债台高筑,不但动产可能要全部卖掉,而且不动产也会被没收"。
　　　　可以想象,省长发表了这样的公告以后,乡公所的头头们是怎样对待申请粮贷的饥饿的欠税者的!

处就是给的救济都非常之少,却要极力吹嘘。但是,假慈善家们充其量也只是把接受他们恩施的人看做能满足自己的自尊心的玩物,而西皮亚金的行政当局却把他们看做敌人,看做不法之徒("向政府提出无理的要求"),因而必须加以管制。这种观点在 1901 年 9 月 15 日圣上所批准的出色的《暂行条例》中表现得十分明显。

这是由 20 个条文组成的一个完整的法律,其中出色之处很多,我们尽可以把它算做 20 世纪初最重要的立法条例之一。我们先看看它的标题:《关于受灾区居民**参加**由交通部、农业部、国家产业部安排施工的工程的暂行条例》。大概这些工程本身就是一种特别的优待,所以"参加"这些工程也就是领受特别的恩典? 不然的话,新法律第 1 条大概不会重复说:"灾区的农村居民**可以参加**工程的施工"等等?

但是这些"优待"在法律的后半部中才谈到,而开头是确定整个事业的**组织**工作。有关机关"指定最适当的工程项目"(第 2 条),同时"得依照法律所规定的程序"(第 3 条,按照狄更斯某些小说的章题,可以称为:"说明必需适应旧法律的新法律条文")。工程的施工,或者是用预算资金,或者是用特别贷款,同时,工程的安排由内务大臣统管,他可以任命特派全权代表,并在大臣之下成立由各部代表组成的专门的"粮食工作评议会",由副内务大臣任主席。评议会的职责是:(一)批准可以不按规定程序办理的事例,(二)审议关于资金用途的提案,(三)"规定工人报酬的限额,以及规定居民参加上述工程的其他条件,(四)按照作业地区分配成批的工人,(五)负责把成批的工人调往施工地点"。评议会的决定须得到内务大臣批准,"在有关场合"还须得到其他部门的大臣批准。此外,指定工程项目和调查所需施工人数由地方官负责,地方官将所有这些情况通知各省长,省长附上自己的意见转达给内务部,"再按照内务部的指示,通过地方官把工人遣送到各施工地点……"

喝!我们总算讲清了新事业的全部"组织"工作。现在试问,到底需要多少润滑油才能使这架笨重的、纯俄国式的行政机器的全部轮子运转起来呢?请把这个问题具体地想象一下吧:直接同饥民接近的只有地方官一个人。就是说,他是掌握主动权的。他要写公文,给谁呢?9月15日暂行条例的条文说,给省长。但是根据8月17日的通令,已经成立了专门的"县中央粮食管理局",它的使命就是"把县的**整个**粮食部门交给一个负责人管理"(8月17日的通令指出最好任命县的贵族代表担任这一职务)。"争论"就此发生了,当然,根据"省的一般制度"第175条的六点中所阐述的非常简明的"原则",争论很快就解决了,这一条规定了"解决各机关和各负责人之间……争端的程序"。最后,公文还是送到省长办公室,并由办公室着手作出"决定"。然后一并送到彼得堡,由专门的评议会加以审查。可是参加评议会的交通部代表,对修复布古鲁斯兰县道路这样的工程是否适当这个问题不能决定,于是又一纸公文从彼得堡到地方上旅行一次,然后再返回来。当最后关于工程是否适当等等问题将在原则上得到解决时,彼得堡评议会又要忙于在布祖卢克县和布古鲁斯兰县之间"分配成批的工人"了。

建立这样庞大的机构到底为了什么?因为这是一项新工作吗?绝不是。在9月15日的暂行条例公布以前,"根据现行法规",兴办公共工程要简单得多,而同一个8月17日通令虽然谈到由各地方自治机关、各平民习艺所管理局及各省当局兴办的公共工程,但也并未预见到需要成立什么特别机构。看来,政府的"粮食运动"

是这样的:彼得堡的司级机关挖空心思地想了整整一个月(自8月17日至9月15日),终于想出一套无限复杂的烦琐手续。但是,彼得堡评议会想必不会陷入夸大的危险,只有那些"害怕被人看出是非自由主义者……"的地方官吏才抵制不住这种危险的压力。

但新的《暂行条例》的主要部分是关于受雇的"农村平民"的法规。如果施工是在"他们定居的地区以外"进行,那么,首先,工人就要"在地方官的监督下"编成专门的劳动组合,由地方官指定一名工长维持秩序;其次,加入这种劳动组合的工人都列入专门的名册,这种名册"对于在册(法律用语:"入该册")的工人来说,在调动和参加施工期间,便代替法律规定的居民证,在到达目的地以前,由押送工人的官吏保存,如官吏不在,则由工长保存,然后,交由施工主管人保存"。

凡是愿意离村的农民都有权免费获得普通的身份证,为什么要用专门的名册来替换这种身份证呢? 对工人来说,这无疑是一种限制,因为工人持有个人身份证,他在选择居处,安排自己的时间,以及从一个工作转到另一个对他更有利或更适当的工作时就会自由得多。下面我们将会看到,这样做无疑是别有用心的,不仅是由于爱玩官样文章,而且也正是为了限制工人,把他们看做一批批的农奴,"按清单",按一种"档案册"[118]予以押送。 例如,规定"由内务部特派的官员负责维持途中应有的秩序,并将遣送的成批工人移交〈原文如此!〉给工程主管人"。入林愈深,木柴愈多。先是名册代替身份证,随之而来的是"成批地遣送和移交"代替行动自由。这是什么呢,这不就是流放一批批的苦役犯吗? 农民带了身份证可以随意通行的全部法律能说没有废止(也许是对"夸大"饥荒的惩处?)吗? 难道用公款运送,就有充足的理由可以剥夺公民的权利了吗?

再往下看。工程主管机关中管理分配工人、发放工资等的负责人员可"按照工人家属所在地区的省领导当局的通知,在可能情况下,扣除一部分工资,寄给各家,作为维持这些家庭之用"。这是剥夺权利的新办法。官吏们怎么竟敢扣除工资呢?他们怎么竟敢干涉工人的家务,像代替农奴一样地代替工人决定他们愿意帮助谁和帮助多少呢?工人会容许不经过自己的同意而扣除自己挣得的钱吗?大概新的"苦役条例"的草拟者也想到了这个问题,因为在上面所引用的法律条文之后,紧接着又有一条写道:"按照内务大臣的命令,监督工人遵守工地应有的秩序这一任务,由各地地方官、独立宪兵团军官、警官或特派人员负责。"可以肯定地说,这是因农民"夸大"饥荒和"向政府提出无理的要求"而给予他们的剥夺权利的**惩处**!只是由普通警察、工厂警察和秘密警察监视全俄国工人,这是不够的,这里还制定了**特别**监督的法规。可以想见,政府在这一批被严加防范地打发、遣送并移交的挨饿农民面前,已经吓得惊慌失措了。

再往下看。"如有扰乱公共安宁,对工作明显地敷衍塞责,或者不执行施工主管人员或维持秩序人员的合法要求的情况,对犯有上述罪行的工人,可以**不经过特别审讯**,按照第16条〈我们刚引用过〉所提到的官员的命令处以**三天以下**的禁闭;如果他们坚持不上工,可以按照这些官员的命令,把他们**押送**回原籍。"

既然如此,那能说9月15日的暂行条例不是暂行苦役条例吗?不加审讯就进行惩治,押解驱逐……俄国农民的愚昧和闭塞是严重的,是非常严重的,但是一切事物都有它的限度。工人经常挨饿,不断地被驱逐出城市,这些都不会不产生影响。我国政府热衷于用"暂行条例"来进行治理①,但毕竟强中更有强中手。

我们可以利用 9 月 15 日的《暂行条例》在工人小组和农民中进行最广泛的鼓动。**让我们散发**这份条例的文本和说明这份条例的传单,让我们举行集会来宣读这个法律并结合政府的整个"粮食"政策来说明它的内容。我们要争取使每一个多少有觉悟的工人,不论他是怎样来到农村的,都能对"暂行苦役条例"有个明确的看法,并且能向所有的人说明其问题之所在,说明究竟应当怎么办才能摆脱这挨饿的、任人摆布的和无权的苦役。

那些善良的俄国知识分子,总是称道各种劳动组合以及政府所许可或鼓励的诸如此类的合法团体,这份关于**工人劳动组合**的暂行条例倒可以成为一种经常的责备和严重的警告:责备他们幼稚,竟相信政府的许可或鼓励是诚心诚意的,而看不出"发展国民劳动"等等幌子下的最卑鄙的农奴制的本质;警告他们在今后谈到劳动组合和西皮亚金先生之流所许可的其他团体时,永远也不要忘记说明,而且要如实地说明按 9 月 15 日暂行条例组成的劳动组合的情况,如果他们不能说明**这样的**劳动组合,那最好是完全保持缄默。

二　对危机和饥荒的态度

随着新饥荒的发生,旧的、已经成为持久性的工商业危机就延

---

①　常言说,任何傻瓜都会用戒严来进行治理。是的,在欧洲是需要戒严的,而在我国,戒严已成了普遍情况,并且还时而在这里时而在那里辅之以暂行条例。其实俄国的一切政治事务都是根据暂行条例来处理的。

续下来了,危机把成千上万的失业工人抛到街头。工人的贫困真是骇人听闻,而特别引人注目的是,政府和有教养的"社会"对这种贫困和对农民的贫困竟采取完全不同的态度。无论是社会团体还是报刊,都丝毫没有打算确定贫困工人的人数和贫困的程度,哪怕就像确定农民贫困的大致程度那样的试图也没有。没有采取任何有系统的组织救济挨饿工人的措施。

　　产生这种不同态度的原因何在呢? 我们认为,决不是由于工人的贫困似乎暴露得少一些,表现的形式也不甚尖锐。的确,不属于工人阶级的城市居民,不大知道现在工厂工人的生活是多么苦,工人在地窖、阁楼和陋室中住得愈来愈挤,比往常更加吃不饱,他们把家里最后剩下来的一点破烂也卖给了高利贷者;的确,流浪者、乞丐、小客栈的住客、坐牢的人和住医院的人一天天多起来,这并不引起人们的特别注意,因为"大家"都习惯地认为在大城市中,小客栈和各种贫民窟里住满人是必然的;的确,失业工人完全不像农民那样被束缚在一个地方,他们不是自己到全国各地去找工作,就是被害怕失业者聚众闹事的行政当局遣送"还乡"。但是,尽管如此,每一个和工业生活有所接触的人都会亲眼看到,每一个关心社会生活的人都可以从报上知道,失业现象还是有增无已。

　　不,上述的不同态度有更深的原因,这就是:农村的饥荒和城市的失业,这是我国经济生活的两个完全不同的结构,是由剥削阶级和被剥削阶级的完全不同的相互关系造成的。在农村,总的说来,这两个阶级之间的关系由于有许多过渡形态而非常错综复杂,农业经营时而兼营高利贷,时而从事雇佣劳动等等。这里挨饿的不是农业雇佣工人,而是小农;农业雇佣工人的利益同地主和富裕农民的利益是对立的,这一点所有的人,尤其是工人自己看得很清楚,小农通常却被看做(而且他们也自认为)是独立农户,只是偶尔陷入某种"暂时的"从属地位。饥荒的直接原因是歉收,在群众眼里,这完全是天灾、神意。可是,因为这些造成饥荒的歉收自古以来就有,所以立法早就不得不考虑这一点。早就有了供应人民粮食的整套规章(主要是一纸空文),这些规章又定出了一整套的"措施"。尽管这些措施大部分沿用了农奴制时代和宗法式自然经济占优势时代的措施而不大合乎现代的需要,但是每次饥荒总还是使整个行政机构和地方自治机构动了起来。可是当权者力不从心,这个机构如果没有可恶的"第三者",即一味"叫嚷"的知识分子的各方面的帮助,它要进行活动就很困难,而且几乎是不可能的。另一方面,饥荒同歉收的联系和农民的闭塞(农民没有意识到,或者只是非常模糊地意识到,他们所以落到这种破产的地步,完全是由于政府和地主的掠夺政策使资本的压力日益加重的缘故),使饥民们感到毫无办法,他们不仅没有提出过分的"要求",甚至没有提出任何"要求"。

　　被压迫阶级对自己所受压迫认识得愈差,他们向压迫者提出的要求愈低,有产阶级中乐善好施的人也就愈多,而同农民的贫困有直接利害关系的当地地主对这种善行的反抗比较说来也就愈小。如果注意到这个无可怀疑的事实,那就可以看出,地主反抗的加强,说庄稼人"道德堕落"的叫嚣的变本加厉,以及"充满"这种精神的政府采取纯军事措施反对饥民和慈善家,——所有这些都清楚地证明了自古以来就存在的、宗法式的、世世代代奉为神圣的和似乎不可动摇的农村生活方式已在彻底衰退和解体,而那些最激烈的斯拉夫主义者[119],最自觉的反动派和最幼稚的老辈"民粹派"却对这种农村生活赞美不已。我们社会民主党人总是受到指责,民粹派指责我们人为地把阶级斗争的概念搬用到完全不适用的地方；反动派指责我们煽动阶级仇恨和挑拨"一部分居民反对另一部分居民"。我们对这些指责早已作过几十次的回答，不必再重复了，我们只想指出，俄国政府在估计阶级斗争的深刻性方面和根据这种估计而采取有力措施方面，**超过了我们所有的人**。凡是和在饥荒年头"以食物周济"农民的人有过某些接触的人——我们当中又有谁没有同他们接触过呢？——都知道，促使他们这样做的是人类的同情和怜悯的淳朴感情；都知道，不论什么样的"政治"计划都是同这些人格格不入的，这些人对阶级斗争思想的宣传始终持十分冷漠的态度，马克思主义者在同民粹派的农村观点进行激烈论战时提出的论据，说服不了这些人。他们说，这和阶级斗争有什么关系呢？很简单，农民在挨饿，所以应该救济他们。

马克思主义者的论据所未能说服的人，也许内务大臣先生的"论据"能够说服。他告诫慈善家们说，不，不是"简单地挨饿"，因此未得当局许可，绝不能"简单地"救济，因为这样会助长道德堕落和提出无理的要求。干预粮食运动，也就是干预上天和警察的旨意，而这种旨意保证地主老爷们拥有愿意几乎白干活的工人，保证国库有横征暴敛的税收。所以谁能细心地考虑一下西皮亚金的通令，他一定会对自己说，是的，我们农村正在进行一场社会战争，而且如同在任何战争中一样，不得不承认交战双方对开往敌国港口的船舶，即使是挂有中立国旗帜的船舶，也有检查其货物的权利！只有一点不同于其他的战争：这里的一方有义务永远工作和永远挨饿，它甚至根本没有战斗，而只是挨打……暂时是这样。

在工厂工业领域内，毫无疑问早就存在这种战争，而且没有必要在通令中向"中立的"慈善家说明,在没有探明深浅(即没有得到当局和厂主先生们的许可)之前,切莫涉水。早在 1885 年时,在工人中,甚至在中部地区,虽然那里的工人比首都的工人更接近农民,都谈不上有什么稍微明显的社会主义的鼓动,当时,工业危机使工厂的空气中充满了电,以致爆炸经常此起彼伏地发生。在这种形势下,慈善事业必然起不了什么作用,因此它始终是某些人的偶然的和纯个人的事情,而没有一点社会意义。

我们还要指出社会对饥荒的态度的另一个特征。就在不久以前,可以毫不夸大地说,我们这里人们普遍认为,俄国整个经济制度以至国家制度完全是靠拥有土地并独立经营土地的农民**大众**来维持的。甚至最不易上官方颂词之当的进步思想家也深受这种观点的影响,1891—1892 年饥荒后出版的人人都记得的尼古拉·—逊的著作**120**就特别明显地说明了这一点。农民农户大批地破产,在所有的人看来是十分荒谬的,是难以想象的灾难,以致必须广泛展开能真正"医治创伤"的救济,就几乎成为普遍的口号了。结果又得要这位西皮亚金先生费神来消除最后的幻想了。没有人民的破产和贫困,"俄国"靠什么来维持,农业和工商业阶级又靠什么来生活呢? 有人竟想不只是在纸上谈谈医治**这种**"创伤"——这岂不是对国家犯罪!

西皮亚金先生无疑将会促进这样一个真理的传播和深入人心:无论是反对失业和危机,还是反对我国在剥夺小生产者过程中所采取的亚洲式的野蛮的和残酷的剥夺形式,除了革命的无产阶级反对整个资本主义制度的阶级斗争而外,没有而且也不可能有其他的手段。资本主义国家的业主是不管饥荒和危机中的大量牺牲者的,正如机车在其行进中不管被它压死的人一样。尸体卡住了车轮,火车就停下来,甚至(如果遇上蛮干的司机)可能因此出轨,但是,稍停片刻之后,它还会继续前进。你们听到几万几十万的小业主饿死和破产,同时,你们也听到祖国农业的进步,听到俄国地主派出了俄国农村业主赴英考察团,而且胜利地获得了国外市场,听到改良农具的畅销和牧草种植的推广等等。对俄国农村业主(同样对一切资本主义业主)来说,破产和饥荒的加剧不过是短暂的停滞,要是饥民不**迫使**他们注意的话,他们对这种停滞几乎是不屑一顾的。一切都照常进行,甚至由富裕农民组成的那部分**业主**的土地也在照常进行投机倒卖。

例如,萨马拉省的布古鲁斯兰县被宣布为"受灾"县。就是说,这里农民**大众**的破产和饥荒已达到无以复加的程度了。可是群众的灾难不仅没有妨碍、而且似乎还促进了在农民中占少数的资产阶级经济地位的加强。下面就是我们在《俄罗斯新闻》[121](第244号)九月通讯中所读到的关于那个县的情况:

"在萨马拉省布古鲁斯兰县。地价的普遍暴涨,以及由此而引起的大规模的土地投机,是这里大家最注意的问题。仅仅是在15—20年以前,这里肥沃的河谷地每俄亩卖**10—15卢布**。有些远离铁路的地方,仅仅在3年以前,每俄亩35卢布就算是高价了,只有一次,建有漂亮的庄园并靠近市场的最好的土地每俄亩才付60卢布。而现在最坏的土地每俄亩得付**50—60卢布**,而最好的土地每俄亩售价提高到80卢布,甚至100卢布。地价的这种上涨所引起的投机活动有两种:第一种形式是收购土地,立即转卖(曾有过这样的情况:以40卢布买进土地,一年之后又**以55卢布**转卖给当地**农民**);通常有些地主要出卖土地,但又不愿意或者没有时间通过农民银行去办理出售土地给农民的拖拉繁杂的手续,而商人资本家就买进他们的土地，**又转卖给本地的农民**。第二种形式是，为数众多的形形色色的中间人把各种不便利的土地强塞给来自远方诸省（主要是小俄罗斯）的农民，从中向田庄主索取可观的**佣金**（每俄亩 **1 至 2 卢布**）。综上所述可以看出，土地投机的主要对象是**农民**，同时，由于农民渴望土地，这就造成了不可想象的和不能用单纯的经济原因解释的土地价格的飞涨；当然，铁路也起了作用，但作用不大，因为我国土地的主要购买者仍然是农民，对他们来说，铁路远非首要的因素。"

这些孜孜不倦的"善于经营的农夫"用自己的"积蓄"（和掠夺所得）这样贪婪地购买土地，必然会把那些在目前的饥荒中幸存下来的贫穷农民置于死地。

如果说富裕农民购买土地是资产阶级社会防止无产农民的破产和挨饿的手段，那么，寻求新的市场就是防止危机，防止工业产品充斥市场的手段。御用报刊（《新时报》第 9188 号）为同波斯的新贸易成就而兴高采烈，并热烈地讨论了同中亚细亚，特别是同满洲贸易的前景。制铁工业和其他工业大王，闻得铁路建设的蓬勃发展而喜形于色。已决定修筑的几条大铁路线有：彼得堡—维亚特卡，博洛戈耶—谢德尔采，奥伦堡—塔什干，政府已保证给予铁路贷款 3 700 万（莫斯科—喀山铁路，罗兹铁路和东南诸铁路各公司）；计划修筑的路线有：莫斯科—克什特姆，卡梅申—阿斯特拉罕和黑海省的铁路线。挨饿的农民和失业的工人可以自己安慰自己：公款（如果国库还会有进款的话）自然不会"毫无效果地"（参看西皮亚金的通令）花费在救济金上，不，它们将落入工程师和包工头的腰包。这类盗窃公款的能手，在下诺夫哥罗德建筑索尔莫沃堤坝时，长年不断地进行盗窃，这些人直到现在才被下诺夫哥罗德的莫斯科高等法院^{122}判罪（作为一种例外）。①

三　第三种分子

"第三种分子"或"第三者"大概是萨马拉省副省长康多伊迪先

---

① 遗憾的是，因篇幅有限，我们不能更详细地谈论这一次审判，虽然这次审判再三地表明这些工程师和包工头是如何胡作非为。对我们俄国人来说，这正是一个老的但又万古常新的故事。工程师亚历山德罗夫同交通部喀山区下诺夫哥罗德办事处处长施纳肯堡相勾结，并串通六名包工头，**在三年内**(1893—1895年)向国库呈报了许多凭空伪造的工程和供货的账单、报表和单据等等，从中为自己和别人"建立起了"成千上万的资本。不仅这些工程是虚构的，而且连包工头本身也是虚构的：普通的文牍员竟冒名包工头签了字！从下面情况可以判断这一伙人共搜刮了多少钱。工程师亚历山德罗夫呈报了（据被告席上的"包工头"所供）**20多万**卢布的账单，例如，其中把实际支出400卢布改成了4 400卢布。有个证人证明说，工程师亚历山德罗夫有时同女人，有时同他的顶头上司，同道路工程师大吃大喝，一餐就花掉50—80卢布。

可是最有趣的是这个案件是如何审理的和它的结果如何。得到秘密警察报告的警察局长"不愿提出诉讼"(!)。他说，"这不是我们的事情，而是交通部的事情"，于是秘密警察又不得不去找检察官。后来，一切都清楚了，原来是窃贼们发生了争吵：亚历山德罗夫"没有分赃"给一个冒名包工头的文牍员。案件审理了**6年**，其间许多证人都已死去，而且差不多所有的人都已把最重要的情节忘掉了。甚至像交通部喀山区办事处前处长洛赫京这样的证人都**无法找到**（原文如此！），不知道他是在喀山，还是出差到叶尼塞斯克城去了！读者不要认为这是个笑话，这是从审讯报告中抄录来的。

仅从下面两件事就可以看出，同这桩案件有牵连的绝不只是一些被告人：第一件事，告发人，那个最有德行的秘密警察，现在已不在警察局工作，他搞到了一幢房子，靠房租收入过活。第二件事，**交通部喀山区办事处处长**，工程师马卡罗夫（修建索尔莫沃堤坝时曾任副处长），在法庭上竭力为亚历山德罗夫辩护；他甚至声明——原话就是这么说的！——如果1894年春堤坝被冲毁，那是**该当如此**。根据他马卡罗夫的审查，亚历山德罗夫的一切都没有问题，而且他富有经验、热情和细心！

结果：亚历山德罗夫被判监禁一年；施纳肯堡被判严重警告（因1896年的诏书而没有执行！）；其他人宣告无罪。国库的民事诉讼被驳回。我想，无法找到的洛赫京之流和在职的马卡罗夫之流总该满意了。

生在 1900 年萨马拉省地方自治会议开幕词中的说法,用来表示
"既不属于行政当局,也不属于各等级代表之列"的人的。这些在
地方自治机关任职的医生、技术员、统计人员、农艺师、教员等等的
人数和影响的日益增长,早已引起我国反动派的注意,他们给这些
可恨的"第三者"取了个绰号,也称他们为"地方自治机关的官僚"。

总起来应该说,我国的反动派,当然,其中也包括全部高级官
僚,他们的政治嗅觉是灵敏的。他们同反对派、同人民的"叛乱"、
同教派、同起义、同革命家斗争的种种经验是很丰富的,以至他们
经常"戒备着",而且比任何幼稚的莽汉和"诚实的驽马"都更清楚
地了解,专制制度同**任何**独立、正直、信仰自由、引人自豪的真才实
学是不相容的。他们出色地吸取了充满俄国整个官僚制度的卑躬
屈节和文牍主义的精神,对任何不像果戈理笔下的阿卡基·阿卡
基耶维奇[123]一类的人,或者用更现代的比喻来说,不像套中人[124]
一类的人,他们都采取怀疑的态度。

其实,如果对那些执行某种社会职能的人,不是按其职位,而
是按其学识和品格来评价的话,难道这不会在逻辑上必然地导致
社会舆论和社会监督自由地讨论这些学识和这些品格吗? 难道这
不会彻底破坏专制俄国唯一赖以支撑的等级和官阶的特权吗? 让
我们听听这位康多伊迪先生是怎样说明他不满的理由的:

他说:"有时各等级的代表没有充分可靠的根据,就听信那些
不过是地方自治局雇佣人员的知识分子的话,只是因为他们引证
科学或援引报刊写作者的箴言。"怎么? 不过是一些"雇佣人员",
竟教训起"等级代表"来了! 顺便说一下,副省长先生所谈到的地
方自治会议议员实际上是无等级的机关的成员。可是,因为我们
的一切都渗透着等级性,因为按照新的条例,各地方自治机关的无

等级性大部分已经失去了，所以为了简明扼要起见，的确可以说，俄国有两个统治"阶级"：1. 行政当局，2. 各等级代表。第三种分子在等级的君主国中是没有立足之地的。随着资本主义的成长，非人力所能左右的经济的发展日益破坏着等级的基础，并引起对"知识分子"的需要，知识分子的人数愈来愈多，所以第三种分子将竭力扩大它那狭小的范围，那是理所当然的了。

这位康多伊迪先生说："既不属于行政当局，也不属于地方自治机关等级代表的人，他们的幻想只带有虚幻的性质，但是，假定这种幻想有政治倾向作为根据，那就会具有有害的一面。"

假定有"政治倾向"——这只是一种外交辞令，其实是确信有这种倾向的。而凡是从医生的医疗事业的利益出发，从统计人员的统计事业的利益出发而不考虑各统治等级利益的设想，可以说，在这里都被称为"幻想"。这些幻想本身是虚幻的，但是要看到，它们会助长政治上的不满。

而另一个行政官员，中部一个省的省长，却提出了对第三种分子不满的另一个理由。据他说，**他所管辖的**那个省的地方自治机关的活动，"一年年愈来愈脱离地方自治机关条例[125]所依据的根本原则"。这一条例要求当地居民管理有关地方的利益和需要的事务；然而由于大多数土地占有者对给予他们的权利漠不关心，所以"地方自治会议仅仅成了一种**形式**，而由在性质上远不合乎要求的地方自治局来主持事务"。这就"造成在各地方自治局下面设立庞大的办事机构，并聘请许多**专家**——统计人员、农艺师、教员、保健医生等等来地方自治机关任职，这些人觉得自己**比**地方自治活动家**有教养**，有时**在才智方面也要超过**他们，开始表现出**愈来愈大的独立性**，这特别是通过在省内召开各种**代表大会**，在各地方自治局下设立各种委员会而达到的。结果地方自治机关的全部事务就落到那些**同地方居民毫不相干的人的手中**"。虽然"在这些人中间有许多心地十分善良,十分值得尊敬的人物,但是他们把自己的职务只是看做是一种谋生手段,而他们对地方的利益和需要的关心也只是以对他们是否有切身利益为限"。"按省长的意见,在地方自治机关的事务中,**雇员不能代替东家。**"这个理由既可以称为更狡猾的,又可以称为更率直的,这要看从什么角度来看它。这个理由之所以更为狡猾,是因为它对政治倾向避而不谈,而且企图把自己判断的根据只归结为地方的利益和需要。它之所以更为率直,是因为它把"雇员"同**东家**截然分开。这是**俄国的基特·基特奇**[126]之流历来的观点,他们雇用任何一个"教师"时,首先总是以这种职业所提供的服务的市场价格为依据。所有真正的业主都是东家,那个经常赞扬俄国的阵营的代表就是这样告诫人们的,这个阵营赞扬俄国的巩固、独立、超越一切阶级的政权,赞扬它的政权消除了人民生活受私利支配的现象,这种现象在被议会制度腐化的西方国家中是常见的。既然东家是业主,那么他必须也是医疗"事业"、统计"事业"和教育"事业"的业主:我们这位彭帕杜尔不知羞耻地作出这个结论,直率地承认各有产阶级在政治上的领导地位。不仅如此,他还不知羞耻地——而且这也是特别可笑的——承认这些"专家们"觉得自己比地方自治活动家有教养,有时在才智方面也要超过他们。是的,不言而喻,除了采取严厉措施而外,没有任何办法可以对付才智上的优势了……

　　就在不久前,我国的反动报刊有了一个重新号召采取这些严厉措施的绝好机会。知识分子不愿被人轻视为单纯的雇佣者,劳动力的出卖者(而不是执行一定社会职能的公民),这就常常使地方自治局的掌权人时而同集体辞职的医生发生冲突,时而同技术员等发生冲突。最近各地方自治局同统计人员的冲突简直像流行病一样到处蔓延。

还在5月的《火星报》(第4号)上就已经指出,(在雅罗斯拉夫尔)地方当局早已对统计存有戒心,所以在圣彼得堡发生了三月事件以后,终于对统计处进行了"清洗",并建议处长"今后录用大学生时须严加挑选,要选绝对可靠的人"。在《克利亚济马河畔弗拉基米尔的暴乱》这篇通讯(6月《火星报》第5号)中,描述了被认为可疑的统计的一般情况,以及省长、厂主和地主所以不喜欢它的原因。弗拉基米尔的统计人员因发电报对安年斯基(他于3月4日在喀山广场遭到毒打)表示同情而被解雇,这在事实上就是关闭了统计处,同时,因为其他城市的统计人员拒绝在不能保护自己工作人员利益的地方自治机关中供职,地方宪兵队不得不出来充当被解雇的统计人员和省长之间的调解人。"宪兵来到了某些统计人员的寓所,要他们重新提出在统计处任职的申请书",但是他的使命完全失败了。最后,在《火星报》8月那一号(第7号)上刊载了《叶卡捷琳诺斯拉夫地方自治机关中的事件》一文,说"帕沙"罗将柯先生(省地方自治局主席)解雇了不执行记日志的"指令"的统计人员,由于这次解雇,统计处的所有其他成员都提出辞职,哈尔科夫的统计人员纷纷写抗议信(发表在同一号《火星报》上)。入林愈深,木柴愈多。哈尔科夫的帕沙哥尔坚科先生(也是省地方自治局主席)进行了干预,并对"他的"地方自治机关的统计人员声称,他决不会容忍"工作人员在地方自治局内召开与职责问题无关的任何会议"。后来,哈尔科夫的统计人员还没有来得及表示出要求解雇他们中间的一个密探(安东诺维奇)的愿望,地方自治局就已解除了统计处处长的职务,因而又引起了所有统计人员的辞职。

这些事件在地方自治机关所有从事统计业务的工作人员中引起了多大的波动,这从维亚特卡的统计人员的信中就可以看出,这些统计人员曾经企图充分说明他们不愿参加运动的理由,并因此在《火星报》(第9号)上被公正地称为"维亚特卡的工贼"。

可是,《火星报》所指出的当然只是若干事件,远非全部冲突,据合法报纸报道,这些冲突还发生在彼得堡省、奥洛涅茨省、下诺夫哥罗德省、塔夫利达省和萨马拉省(在这里我们把同时解雇数名统计人员的事件也算做冲突,因为这些事件引起了强烈的不满和骚动)。从下面的例子可以看出,各省当局的多疑和肆无忌惮达到了何等地步:

"**塔夫利达省统计处处长斯·米·布列克洛夫**在向地方自治局提出的《1901年5月和6月的第聂伯罗夫斯克县调查报告》中说,在这个县内进行工作遇到了前所未有的情况:尽管调查者履行自己的职责已得到省长许可,持有必要的证件,而且根据省当局的指示有权得到地方当局的协助,但是他们还是**受到了**县警察**极大的怀疑**,警察**寸步不离地**监视着**他们**,对他们的不信任达到极端**粗暴的地步**,据一个农民说,乡警跟踪着统计人员,并到处询问农民,'统计人员是否宣传了反对国家和祖国的有害思想'。照布列克洛夫先生的话说,统计人员'遇到了种种的阻碍和困难,这不仅妨碍了工作,而且严重地损害了**他们的人格**…… 统计人员常常处于一种**受审查人员**的地位,对他们进行着秘密的、但又是尽人皆知的调查,而且认为对他们必须加以提防。由此每个人都可以理解,他们的精神负担时常是多么沉重不堪'。"

总之,这的确是说明地方自治局统计人员冲突事件的原委和说明对"第三种分子"的监视的一个很好的例证！

无怪乎反动的报刊要向新的"叛乱者"猛扑了。《莫斯科新闻》发表了一篇带毁灭性打击的社论《地方自治局统计人员的罢工》（9月24日第263号）和H.A.兹纳缅斯基先生的专题文章《第三种分子》（10月10日第279号）。该报写道："第三种分子""目中无人"，他们"以一贯持反对态度和罢工"来回答"必要的工作守则"的试行。地方自治自由派应负全部责任，因为他们纵容了工作人员。

"毫无疑问，对地方自治局的评议-统计工作进行某些整顿的是那些最清醒而理智的地方自治活动家，他们决不容许在他们所管辖的**管理机构内存在纪律松弛的现象，即使是打着自由主义反**对派的旗号。持反对态度也好，**罢工**也好，最后都必然会使他们清楚地看到，他们是在同谁打交道，就是同**那个从这省走到那省**，不知是进行统计调查，**还是以社会民主主义精神教育地方青年的脑力无产阶级。**

不管怎样，那些明智的地方自治活动家是可以从'地方自治局统计人员冲突事件'中吸取有益的教训的。大概他们现在会十分清楚地看到，地方自治机关暖在怀中的是怎样一条装做'**第三种分子**'的蛇"。①

我们也相信，专制制度的忠实警犬（大家知道，卡特柯夫"本人"就是这样称呼自己的，他能用自己的精神长期"感染"《莫斯科新闻》）的这些哀号和呻吟，会使许多尚未完全理解专制制度的人"醒悟过来"，认识到专制制度同社会发展的利益，同一般知识分子的利益，同不盗窃公款和不叛卖的一切真正公共事业的利益是绝

---

① 《莫斯科新闻》第263号。

不相容的。

　　对我们社会民主党人来说，对攻击"第三种分子"的做法和对"地方自治局统计人员冲突事件"的这种简单描述，应该成为重要的一课。我们看到进步的革命阶级中的激昂情绪正在扩展到其他的阶级和社会阶层，看到这种激昂情绪不仅造成了大学生中革命精神的空前高涨①，而且使农村开始觉醒，从而也加强了那些（作为一些集团）迄今尚不大容易作出反应的社会集团的自信心和斗争的决心，我们对我们所领导的工人运动的无穷力量就应该更有信心了。

　　激昂的社会情绪在俄国全体人民中，在一切阶级中正日益增长，所以我们的任务，革命的社会民主党人的任务，就是要发挥所有的力量，好好地利用这个机会来向先进的工人知识分子阐明，他们有农民、大学生、一般知识分子这样的同盟者，让他们学会利用此起彼伏的如火如荼的社会抗议。只有当战斗的革命政党所领导的工人阶级，时刻记住自己在现代社会中的特殊地位和使人类摆脱经济奴役这个具有世界历史意义的特殊任务，同时举起为**自由**而斗争的全民的旗帜，并且把社会各阶层中那些被西皮亚金先生和康多伊迪先生这一伙人竭力推往不满分子行列的人都争取到这个旗帜下来，我们才能起到先进的自由战士的作用。

　　为了达到这一点，就需要我们不仅把欧洲思想长期发展所形

　　———————————

　　①　我们写到这里的时候，各地传来消息说，大学生的骚动又趋于激烈，在基辅、彼得堡和其他城市都举行了集会，在敖德萨成立了革命大学生小组等等。也许历史将要求大学生在决定性的战斗中起先锋作用吧！不管怎样，为了这次战斗的胜利，必须发动无产阶级群众，我们应该尽快设法提高他们的觉悟、热忱和组织程度。

成的颠扑不破的革命理论用之于我们的运动,而且接受西欧和俄国的先驱者所遗留给我们的革命毅力和革命经验,而不是去盲目照搬形形色色的机会主义。我们西方的那些受害较少的同志已经开始摆脱种种机会主义了,这些机会主义严重地阻碍我们走上胜利的道路。

俄国无产阶级当前所面临的最艰巨的但也最能收到成效的革命任务就是:把灾难深重的俄国知识分子过去所未能战胜的敌人摧毁,并参加社会主义国际大军的行列。

四　两篇贵族代表演说

《莫斯科新闻》第 268 号(9 月 29 日)发表了一篇社论,评论奥廖尔省贵族代表米·亚·斯塔霍维奇在奥廖尔召开的传教士代表大会(大会在 9 月 24 日结束)上的演说。社论说:"这是一件重大而可悲的事实,是迄今未有的,这种只有在我国社会道德堕落已经非常严重的情况下才可能有的事实,预示俄国将会遭到许多空前未有的灾难……" 既然在贵族代表这样一些县里的一流人物,省里的二流人物中间,也出现了"社会道德堕落"的现象,那么"遍及俄国的精神鼠疫"哪里还会绝迹呢?

究竟是怎么回事呢? 原来这位斯塔霍维奇先生(正是他曾经要奥廖尔的贵族担任酒类专卖的征税官:见《曙光》杂志第 1 期,《时评》①)发表了维护信仰自由的激烈演说,同时还"不知深浅地,

---

① 见本版全集第 4 卷第 352—378 页。——编者注

甚至可以说厚颜无耻地提出了这样的提议"①：

"**在俄国,传教士代表大会负有义不容辞的责任,它应该宣布:
必须有信仰自由,**必须废除对脱离正教的人和对接受并信仰其他
宗教的人的一切刑罚。**我提议奥廖尔的传教士代表大会要这样率
直地表明自己的意见,并通过适当的程序提出这种申请！……**"

不言而喻,就像《莫斯科新闻》幼稚地把斯塔霍维奇先生封为
罗伯斯比尔一样(苏沃林先生在《新时报》上写道:我早已认识的乐
观的米·亚·斯塔霍维奇竟是罗伯斯比尔！读起他的"辩护"词来
不能不令人发笑),斯塔霍维奇先生也同样幼稚地向神父们提议通
过"适当的程序"申请信仰自由。这正如在区警察局长代表大会上
提议申请政治自由完全一样！

恐怕没有必要向读者赘述:"大牧首主持的僧侣集会",在听到
至圣的主教奥廖尔的尼卡诺尔、喀山神学院教授尼·伊·伊万诺
夫斯基、《传教士评论》杂志[127]的编辑和发行人瓦·米·斯克沃尔
佐夫、传教司祭和大学硕士 B.A.捷尔纳夫采夫以及米·亚·诺沃
谢洛夫的"重大异议"后,拒绝了斯塔霍维奇先生的提议,这"不仅
是由于报告的内容,而且也由于报告同地方传教士代表大会的任

---

① 同一期《莫斯科新闻》。请读者原谅我对《莫斯科新闻》的偏爱。可又有什么办法
呢！在我看来,不管怎样,这是俄国最有趣、最首尾一致**和最讲究实用的政治报
纸**。因为绝不能把最多只是选登一些有趣的简单事实,只是空自感叹而根本不进
行"深入探讨"的刊物称为真正的"政治"刊物。我并不否认,这可能很有用处,
但这不是政治。新时报式的刊物也同样不能称为真正的政治刊物,尽管(或者更
确切地说,由于)它是非常有政治性的。它没有任何一定的政治纲领,也没有任何
信念,而只是善于迎合时势的调子和情绪,不论当权者有什么旨意,它总是屈从,
同时,对社会舆论则总是附和叫好。而《莫斯科新闻》则执行自己的路线,它不怕
(它倒是没有什么可怕的!)走在政府的前面,不怕涉及(有时是很公开地涉及)最
棘手的问题。这是一份有用的报纸,是革命鼓动所不可缺少的合作者!

务相抵触"。真可以说是"科学"和教会的联盟!

　　但我们所以对斯塔霍维奇先生发生兴趣,自然并不是因为他是一个具有明确的和始终一贯的政治思想的人的典型,而是因为他是一个一味揩公家的油的最"乐观的"俄国贵族的典型。警察的专横和对教派的刑讯迫害给整个俄国生活,尤其是给我国农村生活带来的"道德堕落",达到了极端严重的程度,甚至石头也会呼喊起来! 甚至贵族代表也热烈地谈论起信仰自由来了!

　　斯塔霍维奇先生的演说中谈到的那些情况和丑恶现象终于把最"乐观的人"也激怒了,下面就是几个小例子。

　　发言者说:"你现在到兄弟会传教士图书馆去借一本法律手册,你就会看到,第 2 卷第 1 册第 783 条这一条除了责成区警察局长要注意根绝决斗、诽谤、酗酒、违章狩猎、公共浴堂男女混浴等现象以外,还责成他监视反对正教教义的争论,监视引诱正教教徒改信其他宗教或加入分裂派[128]的行为!"实际上确实有这样的法律条文,除了发言者所列举的那些职责外,这一条文还责成区警察局长担负其他许多诸如此类的职责。当然,对大多数城市居民来说,这个条文正如斯塔霍维奇先生所说,简直是件怪事。可是对庄稼人来说,在这怪事的后面却隐藏着 bitterer Ernst——令人痛心的实情,即下级警察认定天高皇帝远因而胡作非为的情形。

　　下面是我们举出的具体例子以及"奥廖尔正教彼得保罗兄弟会理事会主席兼奥廖尔正教教区传教士代表大会主席,大司祭彼得·罗日杰斯特文斯基"的正式反驳(《**莫斯科新闻**》第 269 号,引自《**奥廖尔通报**》[129]第 257 号):

　　"(一)在〈斯塔霍维奇先生的〉报告中谈到特鲁布切夫斯克县的一个村庄的情况:

　　'得到司祭和当局的同意,把有史敦达派教徒嫌疑的人关进教堂,搬来一张桌子,铺上洁净的桌布,放上圣像,然后把他们一个个领出来,——吻圣像!

　　——我不愿意吻偶像……——好! 立即鞭打。有些意志较弱的人挨了第一次打就回叛了正教。可有些人竟**坚持到第四次**鞭打。'

　　然而,根据 1896 年奥廖尔正教彼得保罗兄弟会的报告所刊载的正式资料和根据司祭 Д. 佩列韦尔泽夫在大会上的口头报道,上述正教教徒居民对特鲁布切夫斯克县柳别茨村的教派信徒的镇压,**是按照村会的决定在村庄的某处进行的**,而决没有得到当时**地方司祭的同意**,也决不是**在教堂里**进行的;而且这一悲惨的事件发生**在 18—19 年以前**,当时奥廖尔正教教区还根本没有传教士团。"

　　《莫斯科新闻》在转载这件事时说,斯塔霍维奇先生在演说中只举了**两件事实**。可能是这样。然而这毕竟是事实! 根据正教兄弟会报告的"正式资料"(来自区警察局长!)所作的反驳,**只是证明**了那些连乐观的贵族也感到愤慨的无法无天的行为是完全属实的。毒打事件是发生在教堂里还是发生在"村庄的某处",是发生在半年前还是发生在 18 年前,这丝毫不能改变问题的实质(不过也许有一点改变了:大家知道,最近对各教派信徒的迫害更加残暴,而传教士团的成立与此有直接的关系!)。至于说地方司祭**能**同这些**穿农民短装的审问官**不发生关系,大司祭,您最好不要在报刊上说这种话了。① 真让人好笑! 当然,"地方司祭"从来没有"同

---

　　① 斯塔霍维奇先生在反驳正式修正时写道:"我不知道兄弟会的正式报告中说了些什么,但可以断定,佩列韦尔泽夫司祭在代表大会上讲述了一切详情,并说明民事部门已知道了(原文如此!!!)这一判决的情况,对我亲自提出的问题:那神父知道不知道呢? ——他回答说,也知道。"无需再作解释了。

意"用酷刑惩治犯罪行为,正如神圣的宗教裁判所从不亲自惩治而是假手于世俗的政权,从不杀人见血而只是施用火刑一样。

第二个事实:

"(二)报告中说:

'只有这样,传教司祭才不会作出我们在这里也已听到过的那种回答:——**神父,您说他们起初有 40 家,而现在有 4 家**。其余的怎样了呢?——**上帝开恩被流放到外高加索和西伯利亚去了**。'

事实上,这里所谈到的特鲁切夫斯克县的格雷博奇卡村,据兄弟会报道,**1898 年**史敦达派**130**教徒不是 **40 家**,而是男女 **40 人**,其中还包括 21 个儿童;根据地方法院的决定,当年流放到外高加索去的仅有 7 人,罪名是引诱他人加入史敦达教派。至于地方司祭说的'**上帝开恩被流放**'这句话,则是他在**大会的非公开会议上同与会者随便交换意见时脱口而出的**,况且,这位司祭过去是人所共知的,他在大会上是**最受尊敬的传教牧长之一**。"

这个反驳真是无与伦比! 随便交换意见时脱口而出! 这倒也有趣,因为我们大家都十分清楚地知道,官方人士正式说出的话具有什么样的价值。既然说这些"心里"话的神父是"最受尊敬的传教牧长之一",那这些话就更有意义了。"上帝开恩被流放到外高加索和西伯利亚去了"——这些漂亮的话决不比都主教菲拉列特根据圣经为农奴制所作的辩护逊色。

再说,既然已经提到了菲拉列特,如果不谈一下 1901 年《信仰和理智》**131**杂志①所刊载的"自由主义学者"给哈尔科夫大主教至圣的阿姆夫罗西的信,那就不公正了。作者的署名是"前僧侣荣誉公民耶罗尼姆·普列奥布拉任斯基",编辑部大概是对他的"高深学问"望而生畏,而给他取了个绰号"自由主义学者〈!〉"。我们仅

---

① 在此我们要向寄给我们该杂志的抽印本的来信者致谢。我国的统治阶级常常不惜以本来面目出现在监狱的、教会的以及其他诸如此类的专门刊物上。我们革命者早就该着手系统地利用这个政治教育的"丰富宝库"了。

转载这封信的几段话，这封信再三地向我们指出，政治思想和政治抗议正无形地渗透到有时无法预料的广泛范围内。

　　"我已经是年近 60 岁的老人了，我一生曾看到过不少规避履行教会职责的现象，凭良心说，在所有的情况下这都是我国僧侣造成的。而在'**最近的事件**'上，倒应该热情地感谢我国当代的僧侣，因为他们使许多人豁然醒悟。现在不仅乡文书，而且老人和青年、有教养的人、识字不多以及勉强能阅读的人，都在努力阅读俄国伟大作家的作品。他们以高价买他的作品（由自由言论**132**在国外出版，这些作品在俄国以外的其他一切国家的人民中自由流传），他们阅读、讨论，而所得结论当然是不利于僧侣的。许多人现在已开始懂得，何处是谎言，何处是真理，他们看到，我国的僧侣说的是一套，做的是另一套，而且他们的话常常是自相矛盾的。许多真心话本来是可以说出来的，但是要知道，同僧侣谈话是绝不能坦率的，因为他们会立即去告密，使人受到惩处和刑罚……　　可是基督不是用暴力和刑罚而是用真理和爱来感召人的……

　　……您在您讲话的结尾说：'我们有斗争的伟大力量——这就是我国无上虔诚的君主的专制政权。'这又是瞎说，我们又不能相信您。虽然你们这些**知识渊博**的僧侣竭力要我们相信，你们'自吃奶的时候起就忠于专制政权'（引自现任副主教在主教任命式上的演说），但是我们这些**没有知识的人**，不相信一岁的小孩（即使是来日的主教）就已能议论统治的方式而且认定专制制度好。罗马的教皇们在西欧把宗教权力同世俗的最高权力结合在一起，牧首尼孔企图在俄国也扮演罗马教皇的角色，这一尝试遭到失败以后，我国教会通过自己的最高代表——都主教们，完全并永远地使自己隶属于君主权力之下了，君主的统治有时是很专横的，如彼得大帝在位时曾强使教会服从自己的命令（彼得大帝在判决皇太子阿列克谢一事上曾对教会施加压力）。在19 世纪时，我们就已看到俄国世俗权力同教会权力的完全协调一致了。在尼古拉一世的严酷时代，在西欧伟大的社会运动的影响下，社会的自觉意识开始产生，我国涌现出了一些个别的战士，他们反对令人愤慨的奴役普通人民的现象，而我国的教会对人民的苦难完全漠不关心，并且还违反基督的博爱仁慈待人的伟大遗训，僧侣中竟没有一个人出来保护不幸的人民，使他们免受地主的严酷的专横欺压，而这只是因为政府当时还没有下决心去干预农奴制，莫斯科的菲拉列特竟引用旧约圣经公开替这种制度的存在辩护。可是一声霹雷：俄国在塞瓦斯托波尔城下被击溃了并在政治上遭受了耻辱。这次惨败清楚地暴露出我国改革前制度的所有缺点，于是年轻的、仁慈的君主（他的精神和意志的教育应归功于诗人茹柯夫斯基)就率先粉碎了古老的奴隶制锁链,可是命运真会捉弄人,伟大的 2 月 19 日法令文本却被交给了这位菲拉列特,让他去用基督教的观点加以订正,他显然是按照时代的精神急忙改变了自己对农奴制的看法。伟大的改革时代对我国的僧侣也不是没有一点影响的,它使僧侣们在马卡里(后来是都主教)的领导下进行了改组我国宗教机关的有益活动,他们也总算给宗教机关打开了一扇通向公开和光明的小窗户。1881 年 3 月 1 日以后,反动势力抬头,这就使僧侣界产生了相应的具有波别多诺斯采夫和卡特柯夫作风的活动家,所以当我国地方自治机关和社会上的进步人士提出废除体刑残余的请愿书时,教会却默不作声,对鞭子——这种令人愤慨地侮辱按上帝的模样创造出来的人的工具——的拥护者丝毫不加申斥。从上述情况来看,认为我国所有僧侣的代表,**在自上而下改变了制度的情况下**,也会像他们现在颂扬专制君主那样地去颂扬立宪君主,这种看法未必不公正。看来,伪善是大可不必的,因为这里拥有力量的不是专制制度,而是君主。彼得一世也是一个神赐的专制君主,但僧侣直到现在还是不很赏识他,彼得三世也是这样的专制君主,他曾打算让我国的僧侣剪须发和受教育,可惜他在位不到二三年。可是如果当今在位的专制君主尼古拉二世也赏识了赫赫有名的列夫·尼古拉耶维奇,那你们将带着你们的诡计、恐怖和威吓躲藏到何处去呢?

你们白费力气地援引了僧侣代沙皇所作的祈祷,——这篇用晦涩难懂的方言堆砌而成的祈祷丝毫不能使人信服。要知道,我们是处在专制制度之下:下一道命令,你们就得写出三倍长的和更富有表达力的祈祷文来。"

*　　　*　　　*

第二篇贵族代表的演说,就我们所知,我国报刊没有登载。还在 8 月间,一位编辑部不认识的来信者就把这篇胶印的演说稿寄给了我们,上面用铅笔标明:《一位县贵族代表在讨论大学生事件的贵族代表私人会议上的演说》。现将这篇演说全文刊载如下:

"由于时间不多,我想提纲挈领地谈谈我对我们这次贵族代表会议的意见:

目前骚乱的起因,大概大家都知道了,这首先就是整个国家制度中的混乱,官僚团体的独断独行,即官僚的独裁。

俄国整个社会,自上而下都表现出这种官僚政府独裁的混乱现象,同时普遍存在着不满情绪,这种不满情绪的外在表现形式就是普遍地侈谈政治,但这种侈谈政治不是暂时的、表面的,而是深刻的、经常的。

侈谈政治,作为整个社会的通病,影响到社会的一切现象、职能和机构,因此它必然也要影响到学校以及学校中较为年轻因而也就较为敏感的居民,因为这些人也同样生活在官僚独裁的压迫制度之下。

一方面既要承认大学生骚乱的祸根是全国的混乱和由此而引起的全面失调现象,同时,由于直感和由于必须阻止局部祸害的蔓延,又不得不注意这些骚乱,不得不从这一方面去竭力减少整个祸害的具有极大的破坏性的表现,正如在全身患病的情况下,一方面要慢慢地进行根本的治疗,另一方面还要采取紧急措施,消除这种病所引起的局部的、急性的、破坏性的并发症。

在中等和高等学校中,官僚制度的祸害主要表现在以官僚式的训练来代替对人的(青年的)培养和教育,同时这种训练还不断地压制人的个性和尊严。

这一切在青年中所引起的对当局和教师的不信任、愤懑和痛恨,从中学波及到大学,而在大学目前的情况下,青年人不幸也遭到同样的祸害,人的个性和尊严也都受到压制。

总而言之,青年人所遇到的大学已经不是最高学府,而是把失去个性的大学生制造成国家所需要的官僚商品的工厂。

这种对人的个性的压制(把大学生变成一种没有差别的经过加工的物体)表现为对一切个性和尊严的经常不断的、长期的压抑和迫害,常常还表现为粗野的暴力,这是一切大学生骚动发生的原因,数十年来,学生骚动接连不断,而且大有愈演愈烈之势,长此下去,势必席卷俄国的优秀青年。

这一切我们都知道,但在目前情况下,我们应该怎么办呢? 我们如何补救目前这种到处是怨恨、不幸和悲伤的紧张情况呢? 不作任何努力就此丢开不管吗? 让我国青年受命运、官僚和警察的摆布而不给予任何援助,袖手旁观,听之任之吗? 我认为这是一个主要的问题,也就是说,在确定整个病是什么病的情况下,又怎样去医治这种病当前的急性发作呢?

我们的会议使我联想到一群开拓原始森林的好心人,他们不是集中力量去突破某一点,而是面对整个力不胜任的浩大工程不知所措。

K. T. 教授对当前的大学及大学生的真实状况作了清晰的概括的说明,他指出,情绪不稳的大学生受到各种有害的外部影响,不仅有政治的影响,而且甚至有警察的影响；——这一切我们过去就多多少少地知道一些，不过没有这样清楚罢了。

他指出，把所有学校的整个现行制度彻底打破而代之以新的、更好的制度是唯一可行的办法；但是同时教授又指出，这件事大约需要很长的时间；如果能注意到，不论俄国或其他任何国家中的任何局部的制度，都是与总的制度有机地联系着的，那么，这个时期什么时候才能结束恐怕就无法预料了。

为了至少能减轻一下疾病目前所引起的难忍的痛苦，现在究竟应该怎样做呢？使用什么样的缓解剂呢？能使病人一时减轻痛苦的缓解剂，不是也常常被认为是必要的吗？但是我们没有回答这个问题，不但没有回答，反倒向青年学生提出了一些可以说是不明确的、不肯定的意见，而使问题更加模糊了；这些意见几乎都想不起来了，让我想想看吧。

人们谈到女学生时说，我们给她们办学校，开讲座，可是她们用什么来答谢我们呢：——竟去参加大学生的骚乱！

如果说我们送给女性的是花束或贵重装饰品，那这样的责难还是可以理解的；但是开办女子学校——这并不是献殷勤，而是满足社会的需求；所以女子学校不是什么玩艺，而是社会所必需的高等学校，就像不分男女为青年们的高度发展而设立的大学等等一样，——因此，在女子学校和男子学校间就出现了社会的和同学的充分团结一致的精神。

这种团结一致的精神，在我看来，完全可以说明为什么青年的骚动也席卷了女子学校的学生；为什么全体青年学生，不论穿男装的还是穿女装的，都发生了骚动。

接着，又谈到大学生的骚动，说对大学生不应纵容姑息，对他们的不轨行为应用武力镇压；人们对此进行了反驳，我认为是十分有道理的，他们说，如果这就是不轨行为，那这种行为绝不是偶然的，而是经常的，是由深刻原因造成的，所以光采取惩罚手段起不了什么作用，这是过去的经验所已证实了的。在我个人看来，还有一个大问题，就是所有这些扰乱和破坏我国学校的骚乱中的主要不轨行为到底来自何方；政府的公报我是不相信的。

可问题是我们这里不听另一方讲话，而且也无法听到；另一方的嘴被封住了（但是，我的话还没有完全被证实是正确的，即行政当局在公报中是在撒谎，所有一切不轨行为主要来自行政当局，是行政当局的不法行为的影响所致）。

有人指出了各种革命力量对青年学生的外来的影响。

是的，这种影响是存在着，但有人把它看得过于严重了；例如，在那些主要表现出这种影响的工厂,厂主把一切都归咎于这种影响,他们说,要是没有这种影响,他们就可以平平安安享天福,他们忘记了和闭口不谈对工人的种种合法的和非法的剥削,这些剥削造成工人的贫困,引起他们的不满,而后就发生了骚乱。要是没有这种剥削,外部的革命分子也就找不到这样轻易地干涉工厂事务的无数借口和理由,在我看来,这一切也适用于我国的学校,这些学校已经由最高学府变成制造官僚材料的工厂。

由于所有的青年学生普遍本能地意识到了自己受压迫,由于这种压迫使所有学校的青年普遍感到很痛苦,所以人数不多的但已经觉悟的一小群青年(教授先生所谈到的)的力量就能感召一批批看来根本不想进行骚乱的青年,并能随意指挥他们去罢课,去进行各种骚乱。各个工厂都有这样的情况!

接着,我记得有人指出,不应讨好大学生;不应在他们骚乱时对他们表示同情;许多例子,即各种事件都说明了表示同情会促使他们进行新的骚乱——关于这一点,我首先要指出,在骚动时会发生种种混乱现象,各种事件错综复杂,无法指出其中哪些事件是有说服力的,因为任何事件都会遇到许多与其相矛盾的其他事件,——所以只能谈论一般的特征,让我来对这些特征作个简短的分析。

我们大家都知道,大学生绝不是被娇生惯养的,不仅没有人来讨好他们(我说的不是 40 年代),而且他们也得不到社会上特别的同情;在大学生骚乱期间,社会对他们或是采取漠不关心的态度,或是采取比否定更甚的态度,一味责难他们而不去了解,甚至也不愿了解这些骚乱的起因(只相信敌视大学生的政府公报,对这些公报的真实性深信不疑;社会对这一点似乎初次产生了怀疑),——所以谈不上什么讨好的问题。

大学生既不能期待一般知识界的支持,也不能期待教授和大学当局的支持,他们最后就到各阶层人民中去寻找同情,同时,我们看到,大学生在这方面或多或少有所收获;他们开始逐渐得到人民大众的同情。

只要回忆一下在奥霍特诺里亚德街毒打事件发生时人民大众对大学生的态度和现在的态度的差别,就可以深信这一点。可是这里隐藏着很大的不幸;不幸并不在于表示同情,而在于这种同情是单方面的,在于这种同情带有蛊惑人心的性质。

有声望的知识分子对青年学生不表任何同情和支持,以及因而形成的不信任,必然使我国青年投靠蛊惑者和革命家;他们逐渐变成这些蛊惑者和革命家的工具,并且在青年当中也必然会愈来愈多地出现蛊惑分子,使青年们脱离平和的文化的发展和现存制度(如果这能称为制度的话)而走向敌对的阵营。

如果青年不再信任我们，我们应该引咎自责；我们没有做出什么理应得到青年信任的事情！

看来，这就是与会者所陈述的主要思想；其他的思想（也同样不少）就不值一提了。

就谈到这里吧。我们开会是为了设法缓和一下当前的迫切事态；为了就在今天而不是在以后某个时候再去减轻我国青年的痛苦遭遇，可是我们完全失败了，所以青年又将有权利说，而且一定会说，俄国平和的、有声望的知识分子，今天也和过去一样，不可能而且也不愿意给予他们任何援助，替他们鸣不平，了解他们并缓和他们的痛苦的遭遇。——我们和青年之间的裂痕愈来愈大，他们将更加远离我们而投奔到给予他们援助的各式各样的蛊惑者方面去。

我们失败不是因为我们提出的向沙皇呼吁的措施没有被接受；也许这个措施确实是不实际的（虽然我看这个措施并没有经过研究），——我们失败是因为我们已没有可能采取任何有利于我国遭受苦难的青年的措施，我们承认自己无能为力，而且同往日一样，重又陷入黑暗之中。

可是到底应该怎么办呢？

就袖手旁观，听之任之吗？

这种黑暗正是俄国生活可怕的、黯淡的悲剧。"

对这篇演说不需多加解释了。发表这篇演说的显然也是一个还相当"乐观的"俄国贵族，这个贵族不知是由于喜欢空谈，还是由于自私自利，对"现存制度"的"平和的文化的发展"极为崇拜，而对"革命家"却感到气愤，把他们和"蛊惑者"混为一谈。但是，如果仔细地看看，就会发现，这种气愤近似于老人（所谓老不是指年龄而是指见解）的唠叨抱怨，而老人大概总是愿意承认他所抱怨的东西中也有好的因素。在说到"现存制度"时，他不得不附带说明："如果这能称为制度的话"。他对"官僚独裁"的混乱现象，对"一切个性和尊严受到经常不断的、长期的迫害"心中早已愤愤不平，他不能不认为，所有一切不轨行为主要是来自行政当局，他十分坦率地承认自己无能为力,承认面临全国的灾难而"袖手旁观"是有失体面的。诚然,"人民大众""单方面"对大学生所表示的同情仍旧使他感到惊恐,他那贵族的脆弱的头脑似乎感觉到有"蛊惑人心"的危险,也许甚至还有社会主义的危险(让我们以坦率来回敬他的坦率吧!)。但是,对这位极端厌恶俄国的恶劣的官场作风的贵族代表,如果用社会主义的试金石来检验他的观点和感情,那就不明智了。我们用不着耍手腕,无论对他或者是对其他任何人;例如,当某个俄国地主激烈攻击对工厂工人的非法剥削及压榨时,我们一定会顺便对他说:"老兄,你还不如回过头来看看自己吧!"我们一分钟也不会对他隐瞒,我们现在站在而且将来还是站在对现代社会的"业主"进行不可调和的阶级斗争的立场上。但决定政治力量配置的不仅是最终目的,而且是最近目的,不仅是一般观点,而且是直接的实践必要性的压力。凡是清楚地看到国家的"文化的发展"和"官僚独裁的压迫制度"之间的矛盾的人,迟早总会从生活本身中得出结论:不消灭专制制度,就不能消灭这种矛盾。作出这个结论之后,他一定会帮助——他会有怨言,但还是会帮助——那个善于调动威慑(不仅这个党这样看,而且所有一切人都这样看)力量去反对专制制度的政党。要成为这样的政党,我们再说一遍,社会民主党就应该清除一切机会主义的污垢,在革命理论的旗帜下,依靠最革命的阶级,在所有的居民阶级中进行鼓动和组织活动!

在向贵族代表们告别时,我们要对他们说:再见吧,我们明天的同盟者先生们!

载于1901年12月《曙光》杂志
第2—3期合刊

译自《列宁全集》俄文第5版
第5卷第295—347页

《"统一"代表大会文件汇编》序言

(1901 年 11 月)

《曙光》杂志和《火星报》组织国外部、"社会民主党人"革命组织同国外的"俄国社会民主党人联合会"三者统一的尝试没有成功,这件事《火星报》第 9 号(1901 年 10 月)已经谈到了。[1] 为了使所有俄国社会民主党人能够独立判断国外组织统一的尝试未能成功的原因,我们决定公布"统一"代表大会的记录。遗憾的是,"联合会"推选的大会秘书却拒绝参加整理大会记录的工作(见下面第 10—11 页上引录的他对其他两个组织的秘书的邀请所作的复信)。

目前"联合会"自己却出版了关于"统一"代表大会的记事(《两个代表大会》1901 年日内瓦版),因此这一拒绝就更加令人奇怪了。这意味着"联合会"愿意让俄国的同志们知道大会的结果,却不愿意让他们知道大会上的讨论情况。[2] 至于"联合会"为什么不

---

① 见本卷第 260—261 页。——编者注

② 按照代表大会的议事规程,记录应由大会批准,也就是说,下次会议一开始,首先应批准上次会议的记录。可是在大会的第二天,当大会主席在会议刚一开始就提议批准头一天的两次会议的记录时,三位秘书一致声明,他们交不出会议记录。由于没有速记员,讨论的记录令人很不满意。因此很明显,既然在大会第一天的夜里,秘书们未能整理出会议记录,那么,第二天晚上,当我们已经退出大会的时候,就根本谈不上什么会议记录了。大家清楚地知道,会议记录没有准备出来。因此,"联合会"对我们的主席"没有等到大会记录被批准"就"开了小差"(《两个代表大会》一书第 29 页)所表示的愤慨,无非是一种遁词而已。由于没有速记记录,就只好让三个秘书聚在一起,对讨论

愿意,可能和大概是些什么原因,那只有请读者自己去判断了。

我们认为,在"联合会"表示拒绝以后,出版不是由所有的秘书整理的讨论记录是不妥当的,所以只好限于发表已经**提交**大会**常务委员会**的**全部**文件和声明。参加大会常务委员会的有这三个组织的主席和秘书,同时,所有声明都是以书面形式提交常务委员会的,所以由文件和声明汇集而成的对大会的记述,其公正性是不容置疑的。

另一方面,出版提交常务委员会的**全部**文件和声明,在目前显得尤其必要,因为"联合会"令人奇怪地拒绝参加整理会议记录,可是最后却用更加令人奇怪的方法编写了关于大会的报告。例如,"**联合会**"**没有**全文**引录**《火星报》的代表(弗雷)以《火星报》国外部和"社会民主党人"组织的名义提交大会**常务委员会**的质问书,可是却引录了既没有提交常务委员会,更没有在大会上宣读,而只是由"联合会""拟定"的答复(《两个代表大会》一书第 26 页)。"联合会"说"质问书"已被收回,这种说法是错误的。质问书包括两个问题,是由弗雷以两个组织的名义向"联合会"提出的(见下面第 6 页)①。其中不论哪一个问题都**没有收回**,而只是问题的形式有所改变,即问题变成了可以付诸表决的决议案而已(不说"'联合会'在原则上是否承认六月代表会议的决议?"而说"三个组织在原则上都承认六月代表会议的决议"等等),此外,"联合会"没有引录已经**提交常务委员会**的"斗争社"的声明(见下面第 6—7 页)。

的过程作出一个哪怕是简短的记述。我们曾提出这个建议,可是"联合会"回避了。显然,没有完整的会议记录,甚至连简短的会议记录也没有,这个责任应由"联合会"承担。

① 见本卷第 250 页。——编者注

"联合会"不仅没有说明"斗争社"的一名成员在"联合会"对六月决议提出修正案后所作的发言的内容,而且连发言本身也没有提到①。这个参加过六月代表会议的"斗争社"成员在这次发言中表示反对"联合会"的修正案。但是"联合会"却刊载了波·克里切夫斯基在大会发言时对修正案所阐明的几点"理由",而这几点理由是没有提交常务委员会的。总之,"联合会"拒绝了我们提出的共同整理全部讨论记录的建议,而只愿记述它认为对自己有利的事情,甚至对一些提交到常务委员会的问题也以缄默来加以规避。

我们不打算仿效这种榜样。我们只是把提交常务委员会的全部声明和文件都翻印出来,并且仅仅指明,出席大会的**各个**组织的发言人发表了什么样的意见。让读者自己去判断,《工人事业》杂志第 10 期上的文章和"联合会"的**修正案**是否破坏了六月代表会议所制定的协议的原则基础。"联合会"的小册子堆满了大量愤怒的字眼,它竟指责我们"诽谤中伤",指责我们的退席"破坏了"大会,对于这些,我们自然同样不必作答复。这样的指责只能使人付之一笑,因为三个组织原是为了讨论联合的问题而聚会的,而其中的两个组织已确信他们不可能和第三者实行联合。自然,他们就只好发表了自己的意见,然后退席。只有那些理屈词穷、老羞成怒的人才会把这说成是"破坏"大会,把认为"联合会"缺乏坚定的原则性的意见称做"诽谤中伤"。

至于说到我们对俄国社会民主党所争论的问题的意见,我们不愿把它同对大会材料的客观叙述混为一谈。除了《火星报》和《曙光》杂志上已经刊载和还要刊载的文章而外,我们还要出版一

---

① 《两个代表大会》一书第 28 页。

本专门阐述我们运动的迫切问题的小册子,这本小册子正在准备中,不久即将出版。

载于1901年12月日内瓦俄国革命
社会民主党人同盟出版社出版的
小册子

译自《列宁全集》俄文第5版
第5卷第348—351页

芬兰人民的抗议

(1901 年 11 月)

在这里我们全文引录一篇新的群众的呈文,在这篇呈文中,芬兰人民对政府违背亚历山大一世至尼古拉二世各代沙皇的庄重誓言,一贯践踏芬兰宪法的政策表示强烈的抗议。

这篇呈文是在 1901 年 9 月 17 日(30 日)递交芬兰参政院转呈沙皇的。在呈文上签名的有芬兰各社会阶层的男女居民 473 363 人,就是说,有近 **50 万**公民签了名。芬兰的全部人口为 250 万人,这个新的呈文真可以说是**全民的呼声**了。

呈文的全文如下:

"最威严最仁慈的皇帝和大公陛下! 陛下对芬兰义务兵役法的修改在整个边疆引起了普遍的不安和极大的悲痛。

陛下于今年 7 月 12 日(6 月 29 日)批准的关于义务兵役制的敕令、诏书和法律,彻底破坏了大公国的根本法和根本法所赋予芬兰人民和边疆全体公民的各项最珍贵的权利。

按根本法规定,关于公民保卫边疆的义务的法规,只有经地方议会议员同意才能颁布。1878 年的义务兵役法就是通过这个程序由亚历山大二世皇帝和地方议会议员一致决定而颁布的。亚历山大三世皇帝在位时,这项法律先后作了多次局部性的修改,但是每次都得到地方议会议员的同意。现在却与此相反,未经地方议会议员的同意,就宣布废除 1878 年的法律,而取而代之的新法令,同 1899 年地方非常议会的议员所作出的决定完全背道而驰。

在芬兰法律的保护下生活和行动,这是每个芬兰公民的最重要的权利之一。现在成千上万的芬兰公民却被剥夺了这个权利,因为新的义务兵役法要求他们在俄国军队中服役。边疆的子弟将被强行编入同自己语言不同、宗教信仰不同、风俗习惯不同的军队,对于他们来说,服兵役就变成了痛苦的事情。

新法令废除了法律规定的每年服役名额的任何限制。此外,新法令根本不承认根本法规定的地方议会议员参与确定军事预算的权利。

同 1878 年的法律的基本原则相反,甚至民军也要完全听命于陆军部。

诏书中虽然声明,在暂时尚未确定的过渡时期,将采取减轻负担的措施,但这并不能冲淡人们从上述规定中得到的印象,因为在暂时减少应征者人数之后,将会无限制地征召兵员到俄国军队中服役。

芬兰人民不是要求减轻现在的军事负担。代表人民意见的地方议会议员已经表示,只要保持芬兰军队作为芬兰机构的法律地位,芬兰方面准备为保卫国家尽量多贡献力量。

与此相反,新法令规定:芬兰的大部分军队将被撤销,俄国军官可以到保存下来的少数部队中任职;甚至这些部队的士官也必须精通俄语,因此,多半出身于农民等级的芬兰籍人员就根本无法担任上述职务;这些军队要受俄国当局的管辖,就是在和平时期,也可能驻扎在芬兰境外。

这些敕令并不是什么改革,而不过是要消灭芬兰的民族军队,这说明对芬兰人民的不信任,而芬兰人民在并入俄国的将近 100 年间,是没有什么地方可以使人产生不信任的。

在关于义务兵役制的新法令中,还写有否认芬兰人民有自己的祖国,否认边疆居民享有芬兰公民权利的词句。芬兰人民在并入俄国以后的政治地位早在 1809 年就已经不可动摇地确定了,这些词句所反映出来的目的显然是同芬兰人民保持这种政治地位的必要权利不相容的。

近几年来,我们边疆遭受了许多不堪忍受的痛苦。人们一次又一次地感到,边疆根本法的各项规定屡遭忽视,这一方面表现在各种立法措施上,一方面表现在俄罗斯人接替了许多重要职务上。边疆行政当局的任务好像就是要扰乱安宁和秩序,阻挠共同有益的愿望的实现,挑起俄罗斯人和芬兰人之间的不和。

然而,对于边疆来说,实施关于义务兵役制的新法令才是最大的不幸。

在 1899 年 5 月 27 日给皇帝的回奏中,地方议会的议员详细陈述了按照芬兰的根本法,在颁布义务兵役法时所应遵循的程序。同时,他们指出,如果新的义务兵役法将以其他程序颁布,那么,这样的法令,即使能够强制执行,也不能为法律所承认,而且在芬兰人民看来,这不过是一种暴力行为而已。

地方议会议员所指明的一切,始终是芬兰人民的法律意识,这种意识是暴力所不能改变的。

应该考虑到这种同边疆法律相抵触的敕令所造成的非常严重的后果。从官员和政府机关来说,他们感到很难履行自己的职责,因为良心驱使他们不要听从这样的敕令。有劳动能力的移民由于害怕可能发生变故早就被迫迁往外地,一旦所公布的法令付诸实施,他们的人数还会增多。

关于义务兵役制的新法令,以及其他旨在破坏芬兰人民自己的政治生存权和民族生存权的措施,必然要破坏君民的相互信任,同时会引起愈来愈强烈的不满和普遍受压抑的感觉,使社会和它的成员对为边疆造福的工作感到没有信心和困难重重。要防止这些,只有用在地方议会议员参加下颁布的义务兵役法来代替上述敕令,而边疆政府当局应该切实遵守根本法的规定。

芬兰人民仍然是一个独立的民族。我们的民族由于共同的历史命运,由于法律概念和文化活动而结合在一起,始终真挚地热爱芬兰祖国和自己的合法的自由。我们的民族将始终不渝地力求问心无愧地在各民族中占有命运所安排给它的那一席之地。

我们坚信我们的权利,尊重作为我们社会生活支柱的法律,我们也同样坚信,只要今后仍能依照 1809 年所规定的根本原则来治理芬兰,使芬兰感到并入俄国是幸福和安宁的,那么,强大的俄国的统一就不会受到损害。

各村社和社会各阶层的居民,出于对祖国的责任感,诚挚地将事态如实地启奏于皇帝陛下。上面已经指出,不久前颁布的义务兵役制法令是同得到庄严确认的大公国根本法相抵触的,因此不能为法律所承认。我们认为应该再补充说明一点:军事负担本身,对芬兰人民来说,并不像失去硬性的法律规定和在这个如此重要的问题上得到法律所保障的安宁那样具有重要的意义。鉴于奏文中所涉及的问题的严重性,伏请皇帝陛下审核。谨奏。"

这篇呈文成了人民对破坏根本法的一帮俄国官僚的真正审判,我们对此呈文要补充的不多了。

现在我们来提示一下有关"芬兰问题"的主要资料。

芬兰是在 1809 年俄瑞战争期间并入俄国的。为了把瑞典国王的过去的臣民芬兰人拉到自己方面来,亚历山大一世决定承认和批准芬兰的旧宪法。按照这个宪法,**未经议会,即各等级的代表会议的同意**,不得颁布、修改、解释或废除任何根本法。亚历山大一世在几次颁布的诏书中都"庄严地"承认"**关于要绝对保护边疆特别宪法的诺言**"。

后来俄国的各代皇帝,包括尼古拉二世在内,都确认了这个誓言。尼古拉二世在 1894 年 10 月 25 日(11 月 6 日)的诏书中说:"……我保证保护它们〈根本法〉,使它们具有不可违反的和确定不变的力量和效用。"

可是,还不到五年,俄国沙皇就**背信弃义**了。在卖身投靠、卑躬屈节的报刊对芬兰进行了长期攻击以后,1899 年 2 月 3 日(15日)颁布了建立新程序的"诏书":颁布"**涉及全国需要的法律或者和帝国的立法有关的法律**",可以**不经议会同意**。

这是严重违反宪法的行为,是一次真正的**国家政变**,因为任何法律都可以被说成是涉及全国需要的法律!

这次国家政变是用暴力完成的:总督博勃里科夫威胁说,如果参政院拒绝公布诏书,他就要把军队开进芬兰。驻扎在芬兰的俄国军队(据俄国军官所说)已经荷枪实弹,备马待发了,等等。

继第一次暴力行为之后,又接二连三地发生了无数次暴力行为:芬兰报纸相继被封闭,集会自由被取消,芬兰到处有俄国的间谍,到处有极其无耻的挑衅者在激起暴动,如此等等。最后,**未经议会的同意**,就颁布了 6 月 29 日(7 月 12 日)的义务兵役法,颁布了这个在呈文中已作了充分分析的法律。

1899 年 2 月 3 日的诏书和 1901 年 6 月 29 日的法律都是**非法的**,这是背信弃义者和被称做沙皇政府的一伙杀人强盗的暴力行

为。当然,250万芬兰人根本别想举行什么暴动,但是,我们所有
这些俄国公民,倒应该想一想我们蒙受了什么样的耻辱。我们仍
然是个驯服的奴隶,竟被人利用去奴役其他的民族。我们仍然容
忍我们的政府,容忍它不仅像刽子手那样残暴地镇压俄国国内的
任何自由倾向,而且利用俄国军队对其他民族的自由进行武力
侵犯!

载于1901年11月20日《火星报》 译自《列宁全集》俄文第5版
第11号 第5卷第352—357页

评《自由》杂志

（1901 年秋）

《自由》杂志[133]是一本十分糟糕的杂志。它的作者（杂志给人的印象是，从头到尾似乎都是一个人写的）妄称该杂志是"为工人"办的通俗读物。但是这不是什么通俗，而是卑劣的哗众取宠。所用的词汇没有一个是简单明了的，一切都是装腔作势……作者没有一句话不是矫揉造作，没有一句话不使用"民间的"比喻和"民间的"词汇，如"ихний"①。作者就是用这种畸形的语言，翻来覆去地谈论那被有意庸俗化了的、陈腐的社会主义思想，而不引用新的材料、新的例证，也不进行新的加工。我们要告诉作者，庸俗化和哗众取宠绝非通俗化。通俗作家应该引导读者去深入地思考、深入地研究，他们从最简单的、众所周知的材料出发，用简单的推论或恰当的例子来说明从这些材料得出的主要**结论**，启发肯动脑筋的读者不断地去思考更深一层的问题。通俗作家并不认为读者是不动脑筋的、不愿意或者不善于动脑筋的，相反，他认为一个不够开展的读者也是非常愿意动脑筋的，他**帮助**这些读者进行这种艰巨的工作，**引导**他们，帮助他们迈开最初的几步，**教**他们独立向前走。在庸俗作家的眼里，读者是不动脑筋和不会动脑筋的，他不是引导读者去了解严肃的科学的初步原理，而是通过一种畸形简化

---

① 这是方言，意为"他们的"。——编者注

1901 年列宁《评〈自由〉杂志》手稿第 1 页

（按原稿缩小）

的充满玩笑和俏皮话的形式,把某一学说的**全部**结论"现成地"奉献给读者,读者连咀嚼也用不着,只要囫囵吞下去就行了。

载于 1936 年《布尔什维克》杂志
第 2 期

译自《列宁全集》俄文第 5 版
第 5 卷第 358—359 页

同经济主义的拥护者商榷

(1901 年 12 月 6 日〔19 日〕)

现把我们的一位代表寄给我们的一封信全文抄录如下：

"给俄国社会民主党机关刊物的一封信

我们在流放地的同志建议我们对《火星报》发表一些意见，为此，我们决定陈述一下我们同这个机关报不一致的原因。

我们认为创办一种专门的社会民主党机关报来专门探讨政治斗争问题是完全适合时宜的，但是我们认为，《火星报》在解决自己所担负的这个任务方面做得不能令人满意。《火星报》的主要缺点在于它过分强调参加运动的思想家对于运动的方向的影响，这个缺点贯穿在报纸的各栏中，并由此产生它的其他大大小小的缺点。同时，《火星报》很少考虑运动的物质因素和物质环境，不知道这两者的相互作用形成工人运动的一定形式并且决定着运动的道路，而思想家们，即使他们受到最出色的理论和纲领的鼓舞，作出一切努力，也不可能使运动脱离这个道路。

把《火星报》和《南方工人报》[134]加以对比，这个缺点就显得更加突出了。《南方工人报》像《火星报》一样举起政治斗争的旗帜，但能把这个斗争同南俄工人运动的前一阶段联系起来。《火星报》则完全不是这样对待问题的。《火星报》给自己提出的目的是使'星星之火燃成熊熊之焰'，但是忘记了要实现这个目的就必须有适当的燃料和有利的外部条件。《火星报》极力排斥'经济派'，但是没有看到正是'经济派'的活动为工人参加二三月事件作了准备，而工人参加这些事件却是《火星报》所特别强调的和显然过分渲染了的。《火星报》对 90 年代末的社会民主党人的活动持否定态度，而忽略了那个时候除了为微小的要求而斗争外没有条件进行别的工作，并且也忽略了这一斗争的巨大的教育意义。《火星报》由于完全不正确地和非历史地评价俄国社会民主党人活动的这个时期和这个方向，结果就把他们的策略同祖巴托夫的

策略等同起来，没有看到'为微小的要求而斗争'和'微小的让步'的不同之
处：前者能够扩大和加深工人运动，后者却以瓦解任何斗争和任何运动为
目的。

　　《火星报》浸透着社会运动幼年时期的思想家们所特有的宗派主义的偏
执，所以总是把任何不同意见不仅斥责为背离社会民主主义原则，甚至斥责
为投敌行为。它对《工人思想报》的极端无礼的、应当受到最严厉最无情谴责
的攻击就是这样。它竟在那篇评论祖巴托夫的文章中大谈特谈《工人思想
报》，硬说祖巴托夫在一部分工人中间的胜利是由于《工人思想报》的影响。
《火星报》对其他社会民主主义组织，凡是在俄国工人运动的进程和任务问
题上与自己看法不同的，都持否定的态度，所以在同它们进行激烈的论战
时就常常不顾事实，吹毛求疵地抓住个别确实不恰当的词句，把一些莫须
有的观点硬加在论敌的头上，强调那些往往并不重要的分歧之点，而绝口
不提大量的一致的观点。我们这里指的是《火星报》对待《工人事业》杂志
的态度。

　　《火星报》的这种争论癖首先是由于它夸大'思想'（纲领、理论……）在运
动中的作用而产生的，在某种程度上说，也是西欧国家俄国侨民中间发生的
内讧的余波，关于这场内讧，他们已急急忙忙地通过一系列论战性的小册子
和文章公之于世了。在我们看来，他们的所有这些分歧对俄国社会民主主义
运动的实际进程几乎没有任何影响；也许只是在那些在俄国进行工作的同志
中间引起令人遗憾的分裂，从而损害俄国社会民主主义运动，因此，我们不能
不对《火星报》的这种争论嗜好持否定态度，尤其是当它超出礼貌许可的范围
的时候。

　　《火星报》的这个主要缺点也就是它在社会民主党对待各社会阶级和派
别的态度这个问题上前后不一致的原因。《火星报》根据理论的推理，提出关
于立即转入反对专制制度的斗争的任务，但是它大概也感觉到，在目前情况
下解决这个任务对工人来说是十分困难的，而它又没有耐心等待工人继续
积蓄力量来进行这一斗争，所以就开始到自由派和知识分子中间去寻找同盟
者，而在寻找同盟者的时候，它常常离开阶级观点，掩饰阶级矛盾，把对政府
不满这一共同点放在第一位，尽管各种'同盟者'产生这种不满的原因和不满
的程度是很不相同的。如《火星报》对地方自治机关的态度就是这样。地方
自治机关往往因为政府对于地方自治人士先生们的土地要求的保护不及对
工业的保护多而深表不满，《火星报》力图从这种不满中煽起政治斗争的火
焰，并且答应给不满足于政府的小恩小惠的贵族以工人阶级的援助，而只字
不提这些居民阶层之间的阶级纷争。当然，谈论地方自治人士的觉醒，指出

它是一种反对政府的因素,这是可以的,但是问题必须讲得清楚明了,不要使我们同这些人之间可能达成的协议的性质含糊不清。而《火星报》在对地方自治机关的态度问题上的提法,在我们看来,只会模糊阶级意识,因为在这里它的提法与宣扬自由主义和各种文化创举的人一样,是同社会民主党书刊的基本任务相对立的(社会民主党书刊的基本任务是批评资产阶级制度和阐明阶级利益,而不是掩饰它们之间的对抗)。《火星报》对学生运动的态度也是这样。然而在其他一些文章中《火星报》却又尖锐地斥责一切‘妥协’,比如说,替盖得派的偏激行为辩护。

我们不准备分析《火星报》的其他比较次要的缺点和失误了,最后我们认为应当说明一下,我们进行批评绝对不是要贬低《火星报》可能具有的意义,也不是闭眼不看它的优点。我们向这份俄国社会民主党的政治报纸致以敬意。我们认为它及时发表了一些文章,对恐怖手段问题作了恰当的说明,这是它的重大功绩。最后,我们不能不指出,《火星报》使用的是标准的、规范的语言,它能按时出版并且经常登载许多新鲜有趣的材料,这在秘密出版物中是不可多得的。

一群同志

1901 年 9 月"

读了这封信,我们首先要说,我们衷心欢迎写信人的直爽和坦率。早就应当停止玩捉迷藏的游戏了,不要再隐瞒自己的"经济主义的""信条"(像从其中分离出"政治派"的敖德萨委员会的一部分人所做的那样),或者歪曲事实,说什么目前"根本没有一个社会民主主义组织犯有‘经济主义’错误"(《工人事业》杂志出版的《两个代表大会》一书第 32 页)了。——现在让我们来谈正题。

写信人的主要错误,和《工人事业》杂志所犯的错误(着重参看第 10 期)完全相同。他们搞不清运动的"物质的"(用《工人事业》杂志的话来说是自发的)因素和思想的(自觉的,"按计划"进行活动的)因素的相互关系问题。他们不懂得,"思想家"所以配称为思想家,就是因为他走在自发运动的**前面**,为它指出道路,善于比其他人更早地解决运动的"物质因素"自发地遇到的一切理论的、政治的、策略的和组织的问题。为了真正地"考虑运动的物质因素"，必须批判地对待它们，必须善于指出自发运动的危险和缺点，必须善于把自发性**提高到**自觉性。说思想家（即自觉的领导者）不能使运动脱离由环境和因素的相互作用所决定的道路，这就是忘记一个起码的真理：自觉性是**参加**这种相互作用和这种决定的。欧洲的天主教的和君主派的工会也是环境和因素的相互作用的必然产物，不过参加这一相互作用的是神父和祖巴托夫之流的自觉性，而不是社会党人的自觉性。写信人（以及《工人事业》杂志）的理论观点并不是马克思主义，而是对马克思主义的拙劣的模仿，醉心于这种模仿的是我们的"批评家们"和伯恩施坦派，这些人不懂得如何把自发的进化和自觉的革命活动结合起来。

　　在目前时期，这一严重的理论错误必然导致极其严重的策略错误，这种策略错误过去和现在都使俄国社会民主主义运动受到极大的危害。问题在于，工人群众和其他社会阶层（由于受到工人群众的影响）的自发高潮近几年以惊人的速度增长起来。运动的"物质因素"甚至同1898年相比也有了巨大的发展，但是**自觉的领导者**（社会民主党人）**却落后于这一发展**。这是目前俄国社会民主主义运动出现危机的基本原因。群众的（自发的）运动缺少有很高理论修养的、决不会发生任何动摇的"思想家"；缺少有广阔政治眼界的、有革命毅力有组织才能的、能在新的运动的基础上建立战斗的政党的领导者。

　　但是，这一切还算不得太大的不幸。理论知识也好，政治经验也好，组织才能也好，都是可以学到的，只要有学习和养成这些品质的愿望就行。但是从1897年年底以来，特别是从1898年秋季以来，在俄国社会民主党里有一些人和一些机关刊物开始活跃起来，他们不仅闭眼不看这个缺点，而且还把它说成是一种特殊的美德，他们把对自发性的崇拜和卑躬屈节提升为一种理论，他们鼓吹说，社会民主党人不应当走在运动的前面，而应当跟在运动的后面**做尾巴**。（这样的机关刊物不仅有《工人思想报》，而且有《工人事业》杂志，它从宣传"阶段论"[135]开始，直到从原则上为自发性，为"现时运动的正当性"、"策略—过程"等等辩护。）

　　这才是真正的不幸。这就形成了一个**特殊的派别**，这个派别叫做经济主义（就这个词的广义而言），它的基本特征是不认识甚至**维护落后现象**，也就是不认识甚至维护我们上面说过的那种自觉的领袖落后于群众的自发高潮的现象。这个派别的特点是：在原则方面，把马克思主义庸俗化，在机会主义的最新变种现代"批评"面前表现得软弱无能；在政治方面，力图缩小和分散政治鼓动和政治斗争，不懂得社会民主党如果不把一般民主运动的领导权掌握在**自己**手中，就不能够推翻专制制度；在策略方面，表现得极不稳定（《工人事业》杂志在春季曾在恐怖手段这个"新"问题上犹豫不决，只是过半年之后，经过多次的动摇，才在一项非常暧昧的决议中表示反对恐怖手段，像往常一样跟在运动后面做尾巴）；在组织方面，不懂得运动的群众性质不但没有减轻而且加重了我们建立一个巩固的、集中的革命家组织的责任，这个组织既能领导准备性的斗争，又能领导任何突然的爆发，并且也能领导最后的决定性的进攻。

　　我们同这个派别进行了不调和的斗争，今后仍将进行这一斗争。写信人看来也是属于这个派别的。他们对我们说，经济斗争为工人参加游行示威作了准备。是的，正是我们比任何人都更早更深刻地对这种准备作出评价，我们早在1900年12月（创刊号）

就发表了反对阶段论的意见①,2月间(第2号),在把大学生送去当兵的事件刚刚发生以后和游行示威发生以前,我们就已经号召工人支援大学生②。二三月事件并没有"推翻"《火星报》的"担心和害怕"(如马尔丁诺夫所认为的那样——《工人事业》杂志第10期第53页——他的这种看法暴露出他根本不理解问题),而是完完全全地证实了这种担心和害怕,因为领导者已**落后于**群众的自发高潮,表现出对于完成领导者的责任缺乏准备。这种准备在目前也还是极不充分的,所以关于"夸大思想的作用"或者夸大自觉因素的作用而贬低自发因素的作用等等各种论调,正在继续对我们党产生最有害的实际影响。

　　所谓从阶级观点出发必须少强调一下不同的居民阶层对政府不满的共同性的论调,也在产生同样有害的影响。相反,我们感到骄傲的是,《火星报》能在**一切**居民阶层中唤起政治上的不满,不过遗憾的是我们没有能够以更大的规模来进行这一工作。说我们在这里模糊了阶级观点,这是不符合事实的,写信人没有举出而且也不可能举出任何一个具体例子来说明我们怎样模糊了阶级观点。但是,作为争取民主的先进战士,社会民主党应当不顾《工人事业》杂志第10期第41页上的意见,领导各个反政府阶层的积极的活动,向他们说明他们同政府的局部性的和职业性的冲突的普遍的政治意义,动员他们支持革命政党;应当从自己的队伍中培养出一批善于从政治上影响一切反政府阶层的领袖。任何放弃这种作用的做法,无论用多么漂亮的话,例如要同无产阶级斗争保持密切的有机联系等等作掩护,都等于是以新的形式"维护"社会民主党人

① 参看本版全集第4卷第333—338页。——编者注
② 同上书,第346—351页。——编者注

的"落后现象",即落后于全民民主运动高潮的现象,等于是把领导作用让给资产阶级民主派。写信人应当仔细想一想,为什么春季事件并没有使社会民主党的声望和威信提高,却使**非**社会民主主义的革命派别这样活跃起来!

我们也不能不反对写信人在关于侨民中间的争论和内讧这个问题上表现出来的惊人的目光短浅。他们重复着老调,说什么在那篇评论祖巴托夫的文章中大谈特谈《工人思想报》是"不礼貌的"。他们是否想否认传播经济主义就是帮助祖巴托夫先生们去完成任务呢?我们所说的正是这一点,而决不是把"经济派"的策略同祖巴托夫的策略"等同起来"。而至于谈到"侨民"(如果写信人不是不可宽容地漠视俄国社会民主党的思想继承性,那么他们一定知道,"侨民"——也就是"劳动解放社"——关于经济主义的警告已经得到了最光辉的证实!),那就请听一下1852年在莱茵河流域工人中间进行活动的拉萨尔是怎样评论伦敦侨民中的争论吧:

拉萨尔在给马克思的信里写道:"出版你那篇反对金克尔、卢格等'大人物'的文章,未必会受到警察方面的阻难……　我觉得,政府甚至会欢迎这样的文章发表,因为它以为这是'革命者在自相残杀'。至于党内斗争给党以力量和生气,党本身模糊不清,界限不明,是党软弱的最大明证,党是靠清洗自己而巩固的,——这些都是官僚的逻辑所想象不到和不感到担忧的。"(摘自拉萨尔1852年6月24日给马克思的信)**136**

请目前为数众多的反对尖锐性、不调和性、争论癖等等的心地善良的人读读这段话吧!

最后我们要说明一下,我们在这里只能大致地谈谈争论的问

题。对这些问题,我们还要专门写一本小册子来作详细的分析,这
本小册子我们希望能在一个半月以后问世。

载于 1901 年 12 月 6 日《火星报》　　　　译自《列宁全集》俄文第 5 版
第 12 号　　　　　　　　　　　　　　　　第 5 卷第 360—367 页

332

祝贺格·瓦·普列汉诺夫
从事革命活动二十五周年

(1901 年 12 月初)

《火星报》编辑部衷心地祝贺格·瓦·普列汉诺夫从事革命活动二十五周年。[137] 愿这次庆祝能够巩固革命的马克思主义,只有革命的马克思主义能够领导全世界的无产阶级解放斗争,击退打着各种新招牌喧嚣登场的老牌机会主义的进攻。千万个年轻的俄国社会民主党人,为艰巨的实际工作贡献出了全部力量,"劳动解放社"则为运动提供了它所必需的渊博的理论知识、广阔的政治眼界、丰富的革命经验。愿这次庆祝能够巩固年轻的俄国社会民主党人同"劳动解放社"的联系。

革命的俄国社会民主党万岁!

国际社会民主党万岁!

载于 1924 年《无产阶级革命》杂志第 7 期(总第 30 期)

译自《列宁全集》俄文第 5 版第 5 卷第 368 页

游行示威开始了

(1901 年 12 月)

两星期前,我们纪念了 1876 年 12 月 6 日在彼得堡喀山广场举行的俄国第一次社会革命示威二十五周年,指出了今年年初游行示威运动的巨大高涨。我们曾谈到,示威者应当提出比"土地和自由"(1876 年)[138]更加明确的政治口号,比"废除暂行条例"(1901 年)更加广泛的要求。这种口号应当是**政治自由**,这种全民的要求应当是**要求召开人民代表会议**。

现在我们已经看到,示威运动在种种理由下又在下诺夫哥罗德,在莫斯科,在哈尔科夫等地重新开始了。民愤到处在增长,把这种愤懑汇成一股**反对**到处横行霸道、欺压人民和肆虐逞凶的**专制制度**的洪流,愈来愈必要了。11 月 7 日下诺夫哥罗德那次规模不大的然而却是成功的示威,是为了给马克西姆·高尔基送行而举行的。专制政府不经审讯,就把这位全欧闻名的作家驱逐出他的故乡。一位在下诺夫哥罗德游行示威时发表演说的人说得很对,这位作家的全部武器就是自由的言论。那位演说者代表俄国所有对光明和自由哪怕抱一线希望的人说:杀人强盗指控他对我们起了不良的影响,可是我们声明说:这是良好的影响。沙皇的爪牙在暗中胡作非为,我们一定要把他们的罪恶行径公之于众。捍卫自己改善生活的权利的工人,在我国遭到殴打;抗议暴政的大学生,在我国也遭到殴打;一切真实大胆的言论,在我国都受到压制!
这次也有工人参加的游行,在大学生的庄严的朗诵声中结束:"暴
政就要垮台!坚强、自由和充满力量的人民就要起来!"

在莫斯科,有数百名学生在车站上迎候高尔基。惊慌失措的
警察在列车行进途中就把高尔基**逮捕了**,禁止他(不顾原来的特
许)进入莫斯科,强迫他从下诺夫哥罗德铁路直接转搭库尔斯克铁
路的火车。抗议驱逐高尔基的游行示威没有成功,但是在18日那
天,一群大学生和"局外人"(按我们大臣的说法)在总督官邸前面
举行了一次毫无准备的规模不大的游行示威,抗议当局禁止举行
纪念尼·亚·杜勃罗留波夫逝世四十周年(11月17日)的晚会。
人们对专制政权在莫斯科的代表发出嘘声,他们同俄国一切有教
养的和有思想的人一样,爱戴这位痛恨暴政、热切期待人民起来反
对"国内土耳其人"[139],即反对专制政府的作家。莫斯科大学生组
织执行委员会在11月23日的公报中正确地指出,这次毫无准备
的游行示威是不满和抗议的鲜明标志。

在哈尔科夫,大学生问题引起的游行示威已经转为真正的街
头搏斗,参加者已经不只是大学生了。对于大学生来说,去年的经
验不是毫无用处的。他们看到,只有人民的支持,主要是工人的支
持,才能保证他们的胜利。为了获得这种支持,他们不仅应当争取
学院(大学生)的自由,而且应当争取**全民的自由**,争取**政治自由**。
哈尔科夫大学生联合会在十月传单中就直截了当地表明了这一
点。从彼得堡、莫斯科、基辅、里加、敖德萨的大学生的传单来看,
他们也开始懂得,在人民处于暗无天日的受奴役的状况下,学院自
由完全是"毫无意义的幻想"。万诺夫斯基将军在莫斯科发表卑鄙
的辟"谣"演说,否认他曾经许诺过什么;密探在彼得堡进行空前未

有的蛮横活动(抓走了电工学院的一个学生,为的是夺取信差交给他的一封信),警察在街头和段警察局里野蛮地殴打雅罗斯拉夫尔的大学生,——所有这些以及其他成千上万件事实,都显然证明必须同整个专制制度斗争,斗争,再斗争。哈尔科夫兽医学生事件更是令人忍无可忍。一年级学生提出了要求辞退拉格尔马尔克教授的请愿书,控诉他处理问题的官僚主义态度以及令人难以忍受的粗暴行为:他竟把授课提纲甩到学生的脸上!政府的答复是不问情由开除全年级的学生,而且还在公告中诬蔑学生,说他们要求有任命教授的权利。于是哈尔科夫的全体大学生都行动起来了,决定举行罢课和游行示威。11月28日至12月2日,哈尔科夫今年第二次变为"国内土耳其人"同抗议专制暴政的人民作战的战场。一边是"打倒专制制度!自由万岁!"的呼声。另一边是用军刀砍,用皮鞭抽,用马蹄踩踏人民。警察和哥萨克不问男女老少,无情地毒打所有的人,他们战胜了手无寸铁的人们,并且在庆祝胜利……

难道我们能让他们庆祝胜利吗?

工人们!你们对于侮弄俄国人民的邪恶势力了解得太清楚了。这种邪恶势力,在你们为改善生活、维护人的尊严而同厂主进行的日常斗争中,束缚住了你们的手脚。这种邪恶势力夺走了你们成百成千的好同志,把他们投入监狱,发配流放,而且还侮辱他们,宣布他们是"品行恶劣的人"。这种邪恶势力在5月7日向高呼"我们需要自由!"的彼得堡奥布霍夫工厂的工人开枪射击;接着还安排了一出审判的滑稽剧,把那些没有中弹的英雄判处苦役。这种邪恶势力今天毒打大学生,明天就会更加残暴地毒打你们工人。抓紧时机吧!要记住,你们应当支持一切反对专制政府杀人强盗的抗议和斗争!你们要想尽一切办法同游行示威的大学生协同行动,你们要建立迅速传播消息和散发传单的小组;你们要向所有的人说明你们奋起斗争是为了争取全体人民的自由。

当人民愤懑和公开斗争的火星在各地开始迸发出来的时候,首先最需要的是供给大量的新鲜空气,使这些星星之火燃成熊熊之焰!

载于 1901 年 12 月 20 日《火星报》   译自《列宁全集》俄文第 5 版
第 13 号   第 5 卷第 369—372 页

337

关于"南方工人"的来信

(1901 年 12 月)

　　我们收到"南方工人"的一封来信,他们祝贺俄国社会民主党内革命派的壮大,并且要我们向"俄国革命社会民主党人国外同盟"转达他们的祝贺。可惜篇幅有限,我们不能把这封信全文发表。信中说:"我们俄国现在采用散发传单的方式向广大群众传播革命思想,这并不能把群众培养成有政治觉悟的人","必须创办一种专门的出版物来对俄国无产阶级进行政治教育"。我们完全同意写信人的这种看法。但是,写信人提出为此要出版一种三四页的通俗小册子,并且要"同时在全俄各地"散发,这个方案未必行得通。我们认为,俄国无产阶级已经十分成熟,可以和其他各阶级一样,利用报纸这种出版物。只有政治报纸,才能真正把群众培养成有政治觉悟的人,才能像写信人所说的,阐明"从第四等级直到大资产阶级的我国整个社会生活"。只有全俄的报纸才能在各个委员会和各地小组的积极支持下大致"同时在全俄各地"发行,经常出版,成为名副其实的报纸。只有办好这种革命的机关报,才能说明我国的运动已经完全"从罢工的经济斗争转到了反对俄国专制政府的广泛的革命斗争"。

载于 1901 年 12 月 20 日《火星报》第 13 号

译自《列宁全集》俄文第 5 版第 5 卷第 373—374 页

无政府主义和社会主义

（1901 年）

提纲：

（1）无政府主义在产生以来的 35—40 年中（从巴枯宁和 1866 年**国际代表大会**[140]算起是这样。从施蒂纳算起，那还要早很多年）除了讲一些反对**剥削**的空话以外，再没有提供任何东西。

这类空话已经流行了 2 000 多年。（α）不懂得剥削的**根源**；（β）不懂得社会在向社会主义**发展**；（γ）不懂得**阶级斗争**是实现社会主义的创造力量。

（2）对于剥削的**根源**的了解。**私有制**是**商品**经济的基础。生产资料公有制。无政府主义对此一窍不通。

无政府主义是改头换面的资产阶级**个人主义**。个人主义是无政府主义整个世界观的基础。

> 维护小私有制和**小农经济**。
> 无所谓多数[①]。
> 否认政权有统一的和组织的力量。

（3）不懂得社会的发展——大生产的作用——从资本主义向社会主义的发展。

---

① 即无政府主义者否认少数服从多数。——编者注

1901 年列宁《无政府主义和社会主义》手稿第 1 页
（按原稿缩小）

（无政府主义是**绝望**的产物。它是失常的知识分子或游民的心理状态，而不是无产者的心理状态。）

（4）不懂得无产阶级的**阶级**斗争。

荒谬地否认资产阶级社会的政治。

不懂得组织和教育工人的作用。

把片面的、割断了联系的手段当做万应灵丹。

（5）在欧洲的现代史中，曾经在罗曼语国家盛行一时的无政府主义，提供了什么东西呢？

——没有任何学理、任何革命学说和理论。

——分散工人运动。

——在革命运动的实验中彻底失败（1871 年的蒲鲁东主义，1873 年的巴枯宁主义[141]）。

——在否定政治的幌子下使工人阶级服从**资产阶级的**政治。

载于 1936 年《无产阶级革命》杂志第 7 期

译自《列宁全集》俄文第 5 版第 5 卷第 377—378 页

附　　录

对俄国革命社会民主党人
国外组织章程草案的
修改和意见¹⁴²

（1901 年 4—5 月）

章　　程

章程草案原文

1. "社会民主党人"革命组织
与《火星报》和《曙光》杂志国外组
织"统一为

经弗·伊·列宁
校订的原文

1. "社会民主党人"革命组
织与《火星报》和《曙光》杂志
组织国外部"统一为一个组织，
名称为："俄国革命社会民主党
人国外组织（同盟？）"。

2.本组织依据现代科学社会主义的革命原则进行活动。本组织的政治纲领与俄国社会民主工党宣言是一致的。本组织的任务是坚持工人运动的阶级性质并同工人运动中一切机会主义的和资产阶级的派别作斗争,首要的目的是同沙皇制度作斗争。

3.本组织的写作活动由(1)《曙光》杂志和《火星报》编辑部、(2)《工人丛书》编辑部以及(3)"劳动解放社"负责。

　　附注:为执行各项临时职能,各组织的编辑部有权调本组织成员来补充自己的人员。

4.本组织出版机关刊物《曙光》杂志和《火星报》以及各种小册子。

　　附注:关于出版新的机关刊物的问题,由本组织全体代表大会决定。

5.《火星报》编辑部通过行政领导机构每两周向本组织所有成员寄送一次来自俄国的消息。①

3. 本组织的写作活动由(1)《曙光》杂志[[和《火星报》]]编辑部与"劳动解放社"共同负责。

　　附注:为执行各项临时职能,本组织的编辑部有权调本组织成员来补充自己的人员。

5.[《火星报》]编辑部每月向国外行政领导机构发出两次消息,以通告"同盟"("组织")成员。

① 第4条和第5条已被列宁删掉。在几张单页纸上他写了下面第5条的文字。——俄文版编者注

一、总的行政领导
　　机构
二、国外行政领导
　　机构

一、总的行政领导
　　机构。
《火星报》编辑部
有权代表同盟，管理
总经费，出版书刊和
负责运送。

(1)国外筹款。

(2)组织宣传。

(3)组织书刊的出售和发行。

(4)组织协助小组。

(5)组织通报的发行。

(6)预审提案、要求和申诉，以
　　便提交代表大会。

(7)组织代表大会。

(8)编写关于整个国外情况的
　　季度报告。

　　6."社会民主党人"组织与《曙
光》杂志和《火星报》组织将其仓库、
帐目和印刷所(《曙光》杂志的和"劳
动解放社"的)移交行政领导机构。①

　　7.本组织的共同事务由(1)全
体成员代表大会和(2)以《曙光》杂
志编辑部指派的一名书记和本组织
选出的任期二年的两名成员组成的
行政领导机构负责处理。①

　　8.本组织的全体代表大会每两
年举行一次。

----

① 这一条已被列宁删掉。——俄文版编者注

(8a)代表大会制定编辑部工作细则。①

9.代表大会以本组织全体成员的简单多数表决办法决定各项事宜。

10.行政领导机构确定召开全体代表大会的时间和地点,制定议程。②

11.行政领导机构自己提出倡议或根据本组织⅓成员的要求确定召开非常代表大会。②

12.行政领导机构组织并负责书刊的运送。②⎫
⎬ 3

13.行政领导机构每两个月向本组织所有成员寄送一次关于运送工作情况、组织经费情况、出版和发往俄国的书刊数量和种类等的报告以及从俄国国内组织得到的消息。② ⎫
⎬ ?
⎭

14.行政领导机构向例行代表大会提出关于本组织过去两年活动情况的报告。⎫
⎬
⎭

15.行政领导机构对各协助小组提供书刊和专题报告,并对本组织成员的活动给予一切帮助。⎫
⎬ 结尾
⎭

---

① 这一条已被列宁删掉。——俄文版编者注

② 这一条已被删掉,删者不详。——俄文版编者注

16.行政领导机构以简单多数表决办法决定各项事宜。①

17.本组织成员为革命事业所收集的一切款项均归入总经费。

18.全部进款用于(1)一般行政开支,(2)出版《火星报》,(3)出版《工人丛书》,(4)出版《曙光》杂志。

19.接纳新成员须经本组织五名成员介绍并得到本组织全体成员的$2/3$多数的同意。

20.开除成员须经本组织全体成员的$2/3$多数通过。

21.在有几名本组织成员的城市,他们的全部活动,除行政领导机构委托的特殊任务外,都必须是集体活动。

22.本组织解散时,印刷所和仓库归还原主。②

译自《列宁全集》俄文第5版
第5卷第381—384页

---

① 这一条已被列宁删掉。——俄文版编者注
② 第19—22条写在一张单页纸上,书写者不详。——俄文版编者注

《新的激战》一文材料

（1901 年 5 月底）

①3 月 11 日	8.	圣彼得堡	3 月 11 日	第 3 号[143]
	8.	基辅	3 月 11 日	第 3 号
5 月 1 日	8.	西伯利亚西部	3 月 11 日	第 4 号
5 月 7 日	8.	喀山	3 月 11 日	第 3 号
	8.	雅罗斯拉夫尔	3 月 9—10 日 集会	第 4 号

1. 200 人停工并提出"无理的要求"。

   α. ［甚至按照俄国的法律，"停工"也不过是受司法处分。］

   β. 由谁来判定是"无理的"要求呢？

   厂长助理。

2. 开始用暴力把机器停下来，"同时"，照警察局的说法，"**全体工人都停了工**"。

   ［试问，这里暴力究竟表现在哪里？ 既然大家都走开了，怎么能不把机器停下来呢？ 走开的时候把机器停下来，怎么谈得上是"使用暴力"呢？ 是保护停工吗??］

3. 调来 **2 个骑兵连**（150?? × 2 ＝ 300）＋**1 个支队**（100 — 150???）＋**200 个巡警**［可见，大概＞500 人］。

---

① 这一段在手稿上已被列宁删掉。——俄文版编者注

4.工人(3 600)挤满了街头,阻碍了有轨马车的通行。

5.警察的进攻(要求散开)被石块击退。

　　从围墙内和人群中。冰雹般的石块。工人们证明,他们是善战的。

6.调来了武装分队——从人群中发出枪声。

7.三排枪——1人被打死+8人受伤(1人死亡)。

8.鄂木斯克步兵团的几个连。从各院内飞出石块。

《新时报》的文章(5月
11日第9051号)。

这篇文章是说明俄国国家要人的"超群"睿智的**典型**:比较1886年(卡特柯夫),1896—1897年(6月2日)。

　　　　　　　　"诽谤性的"

1.尽管部分地——"危害国家和危害社会思想的宣传"
　　　　　　　　　　　　　　(!)
　　　——"有害的邪说"
　　　　——"阴暗的思想和希望"。

2.但——"现有条件有利于"
　　　——"激起并助长不满情绪"。

3.(这究竟是一些什么样的条件呢?)

4."很遗憾,我们知道得太少"。

　　　"遗憾……"

5.(α)"工人脱离了他们农村的家园……""生活在……特殊的**社会伦理气氛**之中,这种气氛的形成……是由于……群众的聚集,他们彼此之间**不是被切实的社会利益**而是被机器的共同性连结在一起"。

(β)"乡下人脱离了农村及其**简朴的但是独立的**社会经济利益和关系"。

6. 对**异族人**的卑鄙的袭击。

　　　　"粗暴的和贪婪的"。

7. (γ)资本主义:对最大限度的劳动付给最低限度的工资……失业时得不到救助。

> 所以　(1)脱离农村(α)。
>
> 　　　　(2)脱离"简朴的"关系(β)。
>
> 　　　　(3)受资本的奴役(γ)。

8. **纲领**:"**国家的关心**"。

　　　　　　　"坚持"。

9. "诸如……"1861 年(!!)

　　"英明的信念"。

译自《列宁全集》俄文第 5 版
第 5 卷第 385—387 页

《地方自治机关的迫害者和
自由主义的汉尼拔》一文材料

（1901 年 6 月）

1

地方自治机关的迫害者和
自由主义的汉尼拔[144]

自由派关于地方自治机关残余的见解[①]

我们杂志编辑部发表了财政大臣谢·尤·维特的题为《专制制度和地方自治机关》的秘密记事（1901 年斯图加特狄茨出版社版），记事论述了地方自治机关的意义和关于不应在边疆地区设立地方自治机关的问题。这是一部洋洋大观的著作（共 212 印刷页），它系统地汇集了证明地方自治机关的立宪性质和它与专制制度互不相容的种种看法和事实。尔·恩·斯·先生为我们提供了这一机密文件本身，又提供了它的出版经费，并且为记事加了一篇

---

① 这个最初的标题已被列宁删掉。——俄文版编者注

很长的具有自由主义精神的序言(44 页)。我们不得不较为详细地来考察一下这篇序言,由于加上了这篇序言,整部著作失多于得。

　　而这部著作总的来说还是很有意思的①······················
···
较为有意思的几点①·······································
比较不太重要:因为是照搬外国观察家和学者的一般评论。请看,麦肯齐·华莱士,一本有名的(当然,不是对俄国公众而言)论述俄国的英文书的作者,关于地方自治机关是这样说的:"这一机关按其形式来说是纯粹议会式的,就是说它是由居民代表会议组成的。"再看一看法国国家法问题著作家德蒙班(Démombynes)的评论:"设立省和县的地方自治会议,可以看做是改革时代的起点,改革势必要一直扩展到立法权。"再来参看一下普鲁士的历史情况。早在 1808 年,这里就实行了城市自治,进行这一改革的施泰因曾把它同未来实施宪法联系起来。从城市自治必然逐渐过渡到省议会。这些省议会尽管是由贵族组成的,但从 1842 年起便开始提出召开全国代表会议的请求。于是只好在柏林建立所有这些省议会的委员会联席会议,但联席会议对政府向它提交的问题只有咨议权。"这一联合的邦议会,不满足于自己的咨议作用,开始谋求参加最高管理的实权,起初是以恭谨的感恩戴德的呈文形式,后来便采取直接对抗国王的愿望和意志的办法。"联席会议开过三年之后,这个咨议性的邦议会便成了 1848 年的立宪议会。②

---

　　① 以下文字没有保存下来。——俄文版编者注
　　② 顺便指出,记事的作者维特先生在叙述施泰因在普鲁士的改革的意义和引用历史学家特赖奇克的观点时,全部抄袭了德拉哥马诺夫的秘密著作,**却未指**

直截了当地说，必须公开承认，尔·恩·斯·先生**是在不体面
地奉承广大地方自治自由派人士的政治偏见，正如《工人思想报》
奉承广大工人群众的政治偏见一样**。从革命社会民主党方面来
说，纵容这种奉承，无论是前一种还是后一种，都是极不明智的和
犯罪的行为。根据这种偏见，似乎设想出伟大的改革并不是为了
官僚制度的更大胜利，似乎地方自治机关具有巨大的政治意义，似
乎地方自治机关的存在提供了给予国家一部温和宪法的良好机
会，似乎"权利与拥有权力的全俄地方自治机关"的口号可以成为
在俄国争取政治自由的斗争旗帜。

明这一著作(参看《记事》第36—37页和德拉哥马诺夫的文章《专制制度、地
方自治和独立法庭》,第55—56页)。只是在几页之后,记事的作者才引用德
拉哥马诺夫的话(不说自己已经颇为得益地"利用了"他的文章),并承认他在
1889年的做法是正确的,当时德拉哥马诺夫卷入《俄罗斯通报》杂志**145**同《欧
洲通报》杂志**146**关于专制制度和地方自治能否相容问题的论战,并声称,真
理实际上是在前一机关刊物一边,"在俄国,现在地方自治同君主专制制度确
实是互不相容的,因为这种君主专制制度没有官僚阶级现在是不可思议的"。
记事的作者维特先生**不止一次地抄袭秘密的小册子**,并直截了当地承认它们
讲出了**真理**,说它们的观点是公正的。(手稿上从"**同《欧洲通报》杂志**"起至
这一段末尾已被列宁删掉。——俄文版编者注)

2

文　章　大　纲

引言　　　　　　　　　　　1—3

外国人的评论　　　　　　　4—5①

　　　　　　　　　　　　　　　一

60年代的自由派运动　　　　6—18——革命运动

　　　　　　　　　　　　　　　二

　　　　　　　　　　　19—23——地方自治改革的不
　　　　　　　　　　　　　　　　　　彻底性

反动势力 ……………………… 24—29——反动势力

　　　　　　　　　　　　　　　三

70年代的革命运动和新时代　30—41

　　　　　　　　　　　　　　　四

反动势力　　　　　　　　　42—56

　　　　　　　　　　　　　　　五

尔·恩·斯·的序言　　　　　57—78

　　　　　　　　　　　　　　　六

关于地方自治机关的意义
问题　　　　　　　　　　　79—92

　　　　　　　　　　　90页

―――――――――

① 这一行已被列宁删掉。——俄文版编者注

3

《自由言论》杂志摘录¹⁴⁷

兹·斯·《官员们同地方自治机关战斗的十八年》。
《**自由言论**》杂志第 53 期——（1883 年 1 月 20 日）
还出版过单行本

……众所周知……　1864 年的地方自治机关条例根本没有提供社会舆论所要求的东西……

……政府通过其半官方机关刊物如《北方邮报》甚至通过省长们之口,指出新的机关只是一种试验,就像是代议机关的学校,以此来消除已经产生的种种担心①,并暗示要扩大这些机关……（《自由言论》杂志第 53 期第 6 页）

……在中部的 8 个省,占有地产 119 880 平方俄里并代表 93 900 人的私人占有者,有 1 817 个议员;而拥有土地 181 440 平方俄里、总数为 5 800 000 人的农民,却总共只有 1 597 个代表……（第 55 期第 6 页）

在第 57 期（该文第 6 节）里,**兹·斯·**详细叙述了地方自治机

---

① 兹·斯·指的是社会对改革的不彻底性的种种担心。

关在向地主追索欠税方面束手无策的情况，指出对私有主土地和对农民土地课税确有不公平的情况：

雅罗斯拉夫尔省罗斯托夫县——属于农民的土地估价 12 卢布(交纳 13 戈比)，份地——16 卢布(20 戈比)，地主土地——10 卢布(11 戈比!)。

	农民的土地	地主的土地	
弗拉基米尔省弗拉基米尔县	18.2	9.4	(每俄亩平
弗拉基米尔省苏兹达利县	16.9	4.7	均估价，按
弗拉基米尔省科夫罗夫县	12.3	3.6	卢布计算)
弗拉基米尔省维亚兹尼基县	12.8	5.9	
弗拉基米尔省戈罗霍韦茨县	13.3	6.2	
弗拉基米尔省穆罗姆县	14.1	6.7	
弗拉基米尔省波克罗夫县	10.3	2.8	
弗拉基米尔省亚历山德罗夫县	10.4	4.0	

等等。在卡卢加省，地方自治机关甚至向农民征收人头税。

"然而，这一决定遭到省长的反对，这就为官僚们提供了口实，借以充当使人民群众免受地方自治代表机关不公正待遇的保护者——虽然地方自治代表机关由于法律以及这些官僚们的故意刁难，只具有狭隘等级的性质。"(第 57 期第 6 页)

第 7 节(第 59 期)——关于国民教育：

1864 年的国民学校条例是"官僚原则、教权主义意图和地方自治机关的学校的利益之间的一种奇特的妥协，然而，把这一妥协同后来制定的法令相比，特别是同 1874 年的条例相比，各地方自治机关现在回想起来还感到惋惜"(第 8 页)。

"1869 年设立了国民学校督学，每省设一名。1871 年，国民教育部通过向这些新设的国民学校督学颁发训令，暗中破坏 1864 年的条例"(第 59 期第 8 页)——同时，撤换教员的权力…… **"设置学校警察的新制度立即大显神通**——到了 1873 年，由于他们之中的一位德鲁日宁先生的报告，就发生了一起关闭勒热夫市一所地方自治机关的技术学校的事件，理由是地方自治局没有执行督学的要求，开除被诽谤者" 原 文如此？ 我不知道这是什么 意思

"被德鲁日宁先生诽谤的学生"。

被 诽谤者，用兹·斯·先生的话来说（从以后的行文里可以看出），就是被诬蔑者："诽谤为政治上不可靠的 人

　　第60期（续完）。

　　1873年12月25日的诏书几乎没有任何结果（由于"我们的贵族代表十分消极"），"除了在某种程度上鼓励对校内活动分子进行告密之外"（第11页）。

　　"值得注意的是，不管怎样，社会上有过欢迎这一诏书的呼声，希望毕竟是地方自治因素的贵族代表能够使无疑是警察因素的国民学校督学失去作用。"

　　1874年颁布的国民学校条例"把这些期望也给打碎了"——它使校长和督学得以独揽学校的管理大权。

　　督学方面的警察式的胡作非为的例子（最好也不过是一种文牍主义）。

　　兹·斯·的结论——**国家**自治的必要性……

译自《列宁全集》俄文第5版
第5卷第388—394页

《农奴主在活动》一文材料

(1901 年 8 月)

1

培 植 地 主

对高贵的贵族的新赏赐

1901 年 6 月 8 日法令的要点。

(A)出售 托博尔斯克省、托木斯克省、**草原总督管区¹⁴⁸**、**伊尔库**
(B)出租 **茨克总督管区和阿穆尔河沿岸总督管区**（第 **1** 条）。

可见,都是西伯利亚最好的地方

(A)　(1)拍卖(第 8 条)
　　　(2)按自由价格

　　　对工厂、农业企
　　　业而言(第 9 条)

(α)数额达 3 000 俄亩(!)(第 5
　条)——而经特别许可数额
　还要多(第 6 条)

　　　　　和

(β)**同农民的土地交错在一起**
　(第 4 条)。

(γ)**此后**不得给予或**售予**异族

人(第 7 条)。

{ 亦不得给予或售予非俄
罗斯臣民。}

第 9 卷第 762 条[149],可见,
也包括**犹太人**。

□□□□□□□□□□□□□
要点:

1. 关于贵族份地
的特别会议。

2. 数额:3 000。期
限——99 年。

3. 优惠出售(37
年)。5 年之内
租金＝0。

4. 特权≥3 000 ;
按自由价格;
＞1 年;出租;

与 1 有　5. 只给贵族,不
关?　给异族人。

6. "交错在一起。"
出租一茬土地。

□□□□□□□□□□□□□

《俄罗斯新闻》

8 月 1 日

在乌法省

(1 个县!!!)[150]

私人占有者出售官地

获取

587 696 卢布　　9

－ 63 426 卢布　　1

＋ 524 270 卢布

两年之后, 54 000

俄亩中卖掉 39 683

俄亩＝72.5％。

(B)期限达 99 年(第 13 条)。

只给贵族……(第 11 条)("从政府的意图来看是理想的……")
租金不低于农民的代役租(第 16 条)。

租金在最初 5 年之内**不予**征收(第 16 条)。

违交租金的罚金(每月为 $\frac{1}{2}$ ％)，**一年**以后收回……(第 18 条)

　　但"在有特殊正当理由的情况下"允许延期至 3 年(第
　　19 条)。

转租 "一茬以上土地"注意，注意 ——须经许可(第 20 条)。

租用土地上的工程设施由农业和国家产业部的官员检验(第
　　21 条)。

按 5％ 出售并在 37 年内偿还(第 25 条)。

而售价＝租金×20 (第 23 条)。

　　付款可延期 1 年(由国家产业管理局批准)至 3 年(由大臣
　　批准)。

法令已经贵族等级事务特别会议通过。

2

培 植 地 主

对高贵的贵族的新赏赐①

1. 颁布了关于西伯利亚土地拨给私人的法令,无论按其颁布时间还是按其性质来看,该项法令都极其重要(比它可能带来的后果更为重要),值得注意。

2. 我国政府对贵族的种种支持是由来已久的——又是贵族银行,又是糖的定额,又是授予地方官的职位,又是把酒销售给国家,等等,而现在又增加了一种赏赐:让居民**服从**于地主。

3. 新的法令**在造成**一个新的剥削者阶级——靠千百万穷苦人的供养过寄生生活。

4. 法令的要点。

贵族份地(特别会议)。

只对贵族出售(不对异族人)和出租。

5. 数额——3 000(!)。期限 99 年。

6. 优惠出售(37 年)和出租(5 年免交租金)。

7. 特权(付款延期;＞3 000 俄亩按自由价格等等)。

---

① 这个最初的标题已被列宁删掉。——俄文版编者注

8."交错在一起"和一茬土地。

9.可能的转卖。奉送。(乌法省的例子。)

评论意见

10.——(4)。

11.——(1)。

12.——(2)。

13.——(3)。

14.——(5)和(6)。

15.在危机和饥荒年代——这就是政府首先最关心的事情。

政府的真面目——农奴主本性在这里暴露无遗。

指出：

(1)同饥荒的对比。几百万的赏赐。

(2)同移民问题的联系。(由于劳动力在俄罗斯涨价而产生对
移民的惧怕。)在西伯利亚造成一个稳定的雇佣工人阶级。

　　　"交错在一起"①

(3)同政治"意图"的联系:在西伯利亚培养"地方"分子来同西
伯利亚的"流放的"知识分子相抗衡。

(4)法令的颁布正是在铺设铁路和废除流放之后。①

(5)使西伯利亚比较殷实和独立的农民降低到半农奴的水平。

(6)暴露出俄国政府对大土地所有制的作用的真实看法,即把
它看做是专横和掠夺制度的最好支柱,是束缚劳动群众的
最好羁绊。

---

① 这一条已被列宁删掉。——俄文版编者注

3

文章结尾部分的另一稿本

　　政府和它的支持者,倾向贵族的政论家(维护贵族利益的办报人),当然是竭力以种种冠冕堂皇的词句——谈论什么发展示范农场的经营水平——来掩盖这种赤裸裸的盗窃。在这里,所谓发展经营水平是指把半农奴制从俄罗斯转移到西伯利亚,使陷入贫困的农民走投无路,不得不在事实上像旧时那样去服劳役。靠公文命令和盗窃国家财产建立不了示范农场,拨给土地只能使贵族居间渔利,他们靠转卖大发横财,其手段之无耻更甚于他们非常鄙视的富农和高利贷者等等。即便土地不被转卖,建立的也不是示范农场,而是以盘剥农民为手段的经济,以各种高利贷勾当(贷款,贷粮换工等等)为手段的经济,亦即地地道道的富农经济。他们还谈论贵族领主分子的政治意义:在西伯利亚,当地知识分子中流放犯居多数,据说应该在那里建立国家政权的可靠支柱,即培植地方分子。这些关于大土地占有者的政治意义的议论所包含的道理比那些使用这一论据的人所想象的要多得多,也深刻得多。这种议论清楚地表明,警察国家依靠什么样的支柱才能存在:它必须造成一个大剥削者阶级,使这些人在一切方面都对政府感恩戴德,永远依靠政府(譬如说,在某种条件下政府可以从官地租户手里把土地收回),让他们用最卑劣的手段(高利盘剥,居间渔利,放高利贷)攫取收入,从而始终成为任何专横和任何压迫的可靠支持者。政府的亚洲式的政策需要有亚洲式的大土地占有制作为支柱,需要有"分配领地"的农奴制作为支柱(既然现在不能像上个世纪那样分配有农奴**居住**的领地,那就分配同农民居住地**交错在一起**的土地,这些农民由于贫困将不得不去服同样的劳役)。所以我们准备同意《莫斯科新闻》和《公民》的说法,即从沙皇政府的政治意图来看培植地主的确是**必要的**,因为专制沙皇现在不采用农奴制的手段等等是支撑不住的。资产阶级(**现代的**)对边疆地区空闲土地的政策就是将它们卖给农场主和农民,这些人形成大量的富足的居民(像在美国那样),对资产阶级的产品提出巨大的需求,引起整个工业生活的空前活跃。农奴制的政策则是限制移民,对居民的任何迁移实行官僚监护,把官地分配(直接分配或以出售和出租的形式)给用奴役手段攫取收入的大土地占有者。

新法令的特别重要意义也正是在于……①

载于1932年《列宁文集》俄文版
第19卷

译自《列宁全集》俄文第5版
第5卷第395—401页

---

① 手稿到此中断。——俄文版编者注

对梁赞诺夫《两种真理》一文的意见[151]

（1901 年 9—10 月）

页码

1. 作者着重提出了马克思（关于两种途径）的话，其实这些话是在一定条件和**特殊**情况下讲的。而作者竟歪曲事实，把关于两种途径问题的**提法本身强加**给马克思。

7. "嘲笑"70 年代的人物（扭转历史车轮），这证明**不**"仅仅毫无能力采取历史观点"，它还证明在理论上**贬低了** 70 年代的人物（同 40 年代和 60 年代的人物相比）。

7a. 作者强调米海洛夫斯基反对过瓦·沃··，却不提米海洛夫斯基更经常和在更大程度上是和瓦·沃·意见一致的，这是在给米海洛夫斯基涂脂抹粉。

8. 这是惊人地歪曲事实：把**"民意党"**和**"到民间去"**的覆灭悲剧竟记在米海洛夫斯基的账上。文章是专门论述米海洛夫斯基的，此人的堕落恰恰是**个人的**因素，他命运中"可悲的东西"一钱不值，而可笑的东西倒有点价值。

9. 把**痛斥**米海洛夫斯基和"给 70 年代革命社会主义者一代人抹黑"混为一谈是**愚蠢的**。

9. 注意"他拒绝"深入研究革命的大多数人在合法著作中的反映。

9—10. 如饥似渴地倾听门外汉的意见的是一切"被钉在十字架上的人和被放逐的人"　　　　　　　　　　　　　　??

　　　　　　　　　　　　　　(70 年代的)　　　　　?

13. "社会问题被个人问题所取代"(**直到页末**　注意)。　　　|??|

　(皮萨列夫精神。)

15. ……(皮萨列夫)"乐观愉快地宣扬个人幸福"。

　　　　　　　　——"个人主义理想"。　　　　　　|??|

18. 〞〞〞〞〞〞"埋头于个人自我修养问题的人们"。

24—25. (第 3 节)对(70 年代)**革命者**的空想社会主义作了说明，这种空想社会主义被混同于米海洛夫斯基思潮。

28—29. 米海洛夫斯基常常"牺牲"一种真理。**但是**，对他的活动的"后期"我们并不感兴趣。米海洛夫斯基只是作为 70 年代和 80 年代**青年**中某一流派的代表才引起我们注意。

31. "自然给智慧"确定了哪些"界限"？(认识论。)

29—35. 叙述"真理体系"。

35. ……这个体系"力图在现实中寻找这样一种社会要素……"即一种"关心理想的实现"的社会要素。

41. 从与尤佐夫之流的争论(枯燥无味的复述)——突然转向雅科温科(1886 年)。

46—48. 一类货色＝**特卡乔夫**

　　　接着是**阿克雪里罗得**

　　　　　并转向社会民主党人。

　　　这一切叙述得枯燥无味，而且很少涉及"上述二人"和**米海洛夫斯基**。

　　　还有尼·—逊(第 52 页)!!　——以及米海洛夫斯基根据

他所作的结论(第 53 页)。

第 5 节,第 57—77 页(第 78—80 页论"批评家")——马克思主义
　　的产生。枯燥已极,只是在第 82 页上才回
　　到"旧的真理"上。

——第 85 页——我们反对把世界分为本体和现象[152]。

译自《列宁全集》俄文第 5 版
第 5 卷第 402—404 页

《同饥民作斗争》一文材料

(1901 年 10 月)

8 月 17 日的通令中有**三个主要情况引人**注目：

(A)官僚组织：省长、县贵族代表和地方官。

(B)确定缺粮和粮贷的标准。

[第 **5** 条和第 **10** 条]　("只要不饿死就成"。)
　　　　　　　　　　　　　("挨饿吧，不过别饿死"。)

(C)"反政府的鼓动"。

[第 16 条]　须知这是谎言，因为利用救济来造反、举行游行示威等等是从未有过的事。

这不是在同饥荒作斗争，而是在同饥民作斗争，主要是在**同对饥民的救济作斗争**。

(与(A)有关。)(1)这些官吏都是公务压身，而且**主要**是警察事务。**内务部**最后来确定关于灾情的％的问题。

　　(2)各省省长：他们的关心获得成功的"最主要的条件"……所有其他官吏都听命于他们；根据他们的指示发放红十字会的救济；私

人要晋见他们；开办食堂选用助手要由他
们批准等等。

(3) 各县贵族代表照管各县
土地占有者的利益。 ┌─────────┐
                    │ "县中央粮 │
                    │ 食管理局" │
                    └─────────┘

(4) 地方官——编造名册——主持本区的公共
工程(第 14 条)。

(5) 办公费用已作规定(第 **7** 条和第 **8** 条)。

(6) 总的训令：节约使用拨款以及——"道德堕
落"，"奢望"……

8 月 17 日通令中的奇谈怪论

1. 受灾范围(12 个省)。

2. 新的粮食机构违抗命令(1900 年 6 月 12 日)。

3. "各项"(!)措施获得成功的"最主要的条件"——要各省省长采
取"特殊的"措施(等等)

   (第 322 条还谈到"提高城乡福利"，而第 323 条：把人民用粮的
   供应办法分为"一般的"和"特殊的")。

4. 讨论哪些县是"受灾县"。"这个问题应由内务部最后决
定"(!!)

(5) 不算受灾县的——

   1. $< \frac{1}{3}$ 的乡

   2. 缺粮是"通常的"，"年年"靠"工资收入"购买不足的口粮

   3. 依靠地方财源能够过得去。

(6)"受灾县"的情况将公布于《政府通报》。

(7)各县主管粮食的专人——**"县贵族代表"**

供开支用——专款。

＋一次拨 1 000 卢布用于"粮食公务"(原文如此!)。

［＝"县中央粮食管理局"］。

(8)各省(有大量受灾县的)增加 1 000—1 500 卢布用于"省级机关办公费用"。

(9)过早编造名册的害处:**"奢望"**等等。

(10)标准:(a)每俄亩的平均产量——平均用粮标准

(b)每户 48 普特

(c)48:2。

(d)48:2＝24。24－(33％－10％)……

"……不大会有任何夸大……"

(11)作播种用的不＞3 口人份地的$\frac{1}{2}$［根据有关农民的条例］。

同时:(a)节约使用拨款;

(b)避免对殷实户发放会引起"道德堕落"的救济金。

(12)对"不领也能够过得去的"进行救济,"从国家的利益和需要的观点来看,其危害性不亚于"对真正的缺粮户不给予救济(!)

(13)公共工程……主要是从修路款项支出,它……＞250 万(!!)

［仅此而已!］

(14)零星公共工程根据地方官的安排("可能的和有益的工程"),钱由他们掌管。

(15)"通常""非常大规模的"救济来自红十字会方面。

(16)"反政府的鼓动"("往往","通常")"激起不满和苛求"("缺粮没有得到救济",“不可避免的经济破坏"等等）。

官样文章,引用监护法令（其意义同于“禁止任何人酗酒"的法令）,有长达 18 行的（还有 36(!!)行的）复合句,打着官腔反复重复众所周知的事,大话连篇等等。“已阐明的目的"等等。

　　例如,提醒——“各所属机关特别注意务必给予力所能及的协助"等等。

译自《列宁全集》俄文第 5 版
第 5 卷第 405—408 页

注　释

1 《从何着手?》一文原为《火星报》第4号社论,在俄国国内和国外流传很广。俄国国内一些地方的社会民主党组织还曾把它印成单行本。

列宁在本文中提出的和后来在《怎么办?》一书(见本版全集第6卷)中详细发挥的组织思想和策略思想,是在俄国创建马克思主义政党的实践活动的指针。——1。

2 经济主义派别是指19世纪末—20世纪初俄国社会民主党内的经济派这一国际机会主义的俄国变种。其代表人物是康·米·塔赫塔廖夫、谢·尼·普罗柯波维奇、叶·德·库斯柯娃、波·尼·克里切夫斯基、亚·萨·皮凯尔(亚·马尔丁诺夫)、弗·彼·马赫诺韦茨(阿基莫夫)等,经济派的主要报刊是《工人思想报》(1897—1902年)和《工人事业》杂志(1899—1902年)。

经济派主张工人阶级只进行争取提高工资、改善劳动条件等等的经济斗争,认为政治斗争是自由派资产阶级的事情。他们否认工人阶级政党的领导作用,崇拜工人运动的自发性,否定向工人运动灌输社会主义意识的必要性,维护分散的和手工业的小组活动方式,反对建立集中的工人阶级政党。经济主义有诱使工人阶级离开革命道路而沦为资产阶级政治附庸的危险。

列宁对经济派进行了始终不渝的斗争。他在《俄国社会民主党人抗议书》(见本版全集第4卷)中尖锐地批判了经济派的纲领。列宁的《火星报》在同经济主义的斗争中发挥了重大作用。列宁的《怎么办?》一书(见本版全集第6卷),从思想上彻底地粉碎了经济主义。——1。

3 《工人事业》杂志(《Рабочее Дело》)是俄国经济派的杂志,国外俄国社会

民主党人联合会的机关刊物,1899 年 4 月—1902 年 2 月在日内瓦出
版,共出了 12 期(9 册)。该杂志的编辑部设在巴黎,担任编辑的有
波·尼·克里切夫斯基、帕·费·捷普洛夫、弗·巴·伊万申和亚·
萨·马尔丁诺夫。该杂志支持所谓"批评自由"这一伯恩施坦主义口
号,在俄国社会民主党的策略和组织问题上持机会主义立场。聚集在
《工人事业》杂志周围的经济主义的拥护者形成工人事业派。工人事业
派宣扬无产阶级政治斗争应服从经济斗争的机会主义思想,崇拜工人
运动的自发性,否认党的领导作用。他们还反对列宁关于建立严格集
中和秘密的组织的思想,维护所谓"广泛民主"的原则。《工人事业》杂
志支持露骨的经济派报纸《工人思想报》,该杂志的编辑之一伊万申参加
了这个报纸的编辑工作。在俄国社会民主工党第二次代表大会上,工人
事业派是党内机会主义极右派的代表。列宁在《怎么办?》(见本版全集
第 6 卷)中批判了《工人事业》杂志和工人事业派的观点。——1。

4 《〈工人事业〉杂志附刊》(《Листок«Рабочего Дела»》)是国外俄国社会民
主党人联合会机关刊物《工人事业》杂志的不定期附刊,1900 年 6 月—
1901 年 7 月在日内瓦出版,共出 8 期。——1。

5 《工人思想报》(《Рабочая Мысль»)是俄国经济派的报纸,1897 年 10
月—1902 年 12 月先后在彼得堡、柏林、华沙和日内瓦等地出版,共出
了 16 号。头几号由"独立工人小组"发行,从第 5 号起成为彼得堡工人
阶级解放斗争协会的机关报。参加该报编辑部的有尼·尼·洛霍夫
(奥尔欣)、康·米·塔赫塔廖夫、弗·巴·伊万申、阿·亚·雅库波娃
等人。该报号召工人阶级为争取狭隘经济利益而斗争。它把经济斗争
同政治斗争对立起来,认为政治斗争不在无产阶级任务之内,反对建立
马克思主义的无产阶级政党,主张成立工联主义的合法组织。它贬低
革命理论的意义,认为社会主义意识可以从自发运动中产生。列宁在
《俄国社会民主党中的倒退倾向》和《怎么办?》(见本版全集第 4 卷和第
6 卷)等著作中批判了《工人思想报》的观点。——1。

6 指《火星报》创刊号的社论《我们运动的迫切任务》一文(见本版全集第
4 卷)。

《火星报》(《Искра》)是第一个全俄马克思主义的秘密报纸,由列宁创办。创刊号于 1900 年 12 月在莱比锡出版,以后各号的出版地点是慕尼黑、伦敦(1902 年 7 月起)和日内瓦(1903 年春起)。参加《火星报》编辑部的有:列宁、格·瓦·普列汉诺夫、尔·马尔托夫、亚·尼·波特列索夫、帕·波·阿克雪里罗得和维·伊·查苏利奇。编辑部的秘书起初是因·格·斯米多维奇,1901 年 4 月起由娜·康·克鲁普斯卡娅担任。列宁实际上是《火星报》的主编和领导者。他在《火星报》上发表了许多文章,阐述有关党的建设和俄国无产阶级的阶级斗争的基本问题,并评论国际生活中的重大事件。

《火星报》在国外出版后,秘密运往俄国翻印和传播。《火星报》成了团结党的力量、聚集和培养党的干部的中心。在俄国许多城市成立了俄国社会民主工党列宁火星派的小组和委员会。1902 年 1 月在萨马拉举行了火星派代表大会,建立了《火星报》俄国组织常设局。

《火星报》在建立俄国马克思主义政党方面起了重大的作用。在列宁的倡议和亲自参加下,《火星报》编辑部制定了党纲草案,筹备了俄国社会民主工党第二次代表大会。这次代表大会宣布《火星报》为党的中央机关报。

根据俄国社会民主工党第二次代表大会的决议,《火星报》编辑部改由列宁、普列汉诺夫、马尔托夫三人组成。但是马尔托夫坚持保留原来的六人编辑部,拒绝参加新的编辑部,因此《火星报》第 46—51 号是由列宁和普列汉诺夫二人编辑的。后来普列汉诺夫转到了孟什维主义的立场上,要求把原来的编辑都吸收进编辑部,列宁不同意这样做,于 1903 年 10 月 19 日(11 月 1 日)退出了编辑部。《火星报》第 52 号是由普列汉诺夫一人编辑的。1903 年 11 月 13 日(26 日),普列汉诺夫把原来的编辑全部增补进编辑部以后,《火星报》由普列汉诺夫、马尔托夫、阿克雪里罗得、查苏利奇和波特列索夫编辑。因此,从第 52 号起,《火星报》变成了孟什维克的机关报。人们将第 52 号以前的《火星报》称为旧《火星报》,而把孟什维克的《火星报》称为新《火星报》。

1905 年 5 月第 100 号以后,普列汉诺夫退出了编辑部。《火星报》于 1905 年 10 月停刊,最后一号是第 112 号。——2。

7　指1901年2—3月间在彼得堡、莫斯科、基辅、哈尔科夫、喀山、雅罗斯
　　拉夫尔、华沙、比亚韦斯托克、托木斯克、敖德萨和俄国其他城市发生的
　　大学生和工人的大规模政治游行示威、集会和罢工。游行示威和罢工
　　的导火线是当年1月沙皇政府把参加大学生集会的183个基辅大学生
　　送去当兵(参看列宁的《183个大学生被送去当兵》一文,本版全集第4
　　卷)。各地游行队伍被沙皇政府派来的警察和哥萨克驱散,游行群众遭
　　到毒打。3月4日(17日)在彼得堡喀山教堂附近广场上举行的游行示
　　威遭到特别残酷的镇压,参加游行示威的数千名大学生和工人中,有数
　　百人受到毒打,其中数人被打死,多人受伤致残。1901年二三月事件
　　证明俄国革命形势日益高涨,工人运动发展到了一个新的阶段,从经济
　　罢工转为政治罢工和游行示威。——6。

8　指列宁的《怎么办?(我们运动中的迫切问题)》一书(见本版全集第6
　　卷)。该书于1902年3月由斯图加特狄茨出版社出版。——6。

9　指《俄国的五一节》这篇通讯,载于1901年6月《火星报》第5号"工运
　　新闻和工厂来信"栏。——13。

10　指恩格斯的《卡·马克思〈1848年至1850年的法兰西阶级斗争〉一书
　　导言》(见《马克思恩格斯文集》第4卷)。《导言》是恩格斯于1895年2
　　月14日和3月6日之间为在柏林出版的马克思这部著作的单行本而
　　写的。
　　　　在《导言》随单行本发表前,德国社会民主党执行委员会强调"帝国
　　国会在讨论防止政变法草案,国内局势紧张",坚持要求恩格斯把其中
　　"过分革命的调子"改得温和一些。在当时的条件下,恩格斯不得不考
　　虑执委会的意见,在校样中作了某些删改。这样做虽使原稿受到一些
　　损害,但没有影响整个《导言》的革命精神。
　　　　恩格斯逝世后,德国社会民主党的机会主义领袖们曾经利用这篇
　　《导言》为他们推行的放弃革命、否认无产阶级武装起义和街垒战的必
　　要性的路线辩护。
　　　　《导言》的全文于1930年在苏联首次发表。——15。

11　指彼得堡涅瓦关卡外的麦克斯韦尔工厂的工人于 1898 年 12 月罢工期
间同警察发生的冲突。12 月 15 日深夜,沙皇警察当局派遣骑警、巡警
包围了施吕瑟尔堡大街 63 号的该厂工人宿舍,试图逮捕组织罢工的工
人积极分子。手无寸铁的工人及其家属起而自卫,英勇抵抗达数小时
之久。——15。

12　指 1901 年 3 月 4 日(17 日)沙皇政府镇压彼得堡喀山教堂附近广场上
举行的游行示威一事(参看注 7)。——15。

13　《曙光》杂志(《Заря》)是俄国马克思主义的科学政治刊物,由《火星报》
编辑部编辑,1901—1902 年在斯图加特出版,共出了 4 期(第 2、3 期为
合刊)。第 5 期已准备印刷,但没有出版。杂志宣传马克思主义,批判
民粹主义和合法马克思主义、经济主义、伯恩施坦主义等机会主义思
潮。——17。

14　《地方自治机关的迫害者和自由主义的汉尼拔》一文是为评论和批判由
尔·恩·斯·(即彼·伯·司徒卢威)作序和注释的《专制制度和地方
自治机关。财政大臣谢·尤·维特的秘密记事(1899 年)》一书而写
的。维特的这本书含有暴露沙皇政府对地方自治机关的政策和表明俄
国自由派资产阶级的实质的材料。列宁在文中把俄国的自由主义者讽
刺地称为自由主义的汉尼拔,这是因为,正如司徒卢威所写的,他们像
迦太基统帅汉尼拔发誓至死不停止同罗马斗争那样,发誓要与沙皇专
制制度战斗到底。列宁原打算在《火星报》发表本文,因文章过长,改在
《曙光》杂志第 2—3 期合刊上发表。
　　文章发表前,《火星报》编辑部成员曾频繁通信,对它进行了几乎长
达一个半月的讨论。这说明编辑部在马克思主义政党如何对待资产阶
级自由主义这一策略问题上存在着严重的意见分歧。编辑部的部分成
员——格·瓦·普列汉诺夫、帕·波·阿克雪里罗得和维·伊·查苏
利奇虽承认列宁对自由主义的批判是公正的,但要求把尖锐的揭发口
吻和论战语气变得缓和一些。列宁坚决拒绝这样做,只同意对无关紧
要的措辞作些修改。《曙光》杂志登载的是经过修改的稿子,原稿没有
保存下来。——18。

15 《钟声》杂志(«Колокол»)是亚·伊·赫尔岑和尼·普·奥格辽夫在国外(1857—1865年在伦敦、1865—1867年在日内瓦)出版的俄国革命刊物,最初为月刊,后来为不定期刊,共出了245期。该刊印数达2 500份,在俄国国内传播甚广。《钟声》杂志除刊登赫尔岑和奥格辽夫的文章外,还刊载各种材料和消息,报道俄国人民的生活状况和社会斗争,揭露沙皇当局的秘密计划和营私舞弊行为。在1859—1861年俄国革命形势发展时期,来自俄国国内的通讯数量激增,每月达到几百篇。尼·亚·杜勃罗留波夫、米·拉·米哈伊洛夫、尼·伊·吴亭等担任过它的记者,伊·谢·阿克萨科夫、尤·费·萨马林、伊·谢·屠格涅夫等为它供过稿。《钟声》杂志最初阶段的纲领以赫尔岑创立的俄国农民社会主义理论为基础,极力鼓吹解放农民,提出废除书报检查制度和肉刑等民主主义要求。但它也有自由主义倾向,对沙皇抱有幻想。1861年农民改革以后,《钟声》杂志便坚决站到革命民主派一边,登载赫尔岑和奥格辽夫尖锐谴责农民改革的文章以及俄国地下革命组织的传单、文件等。《钟声》杂志编辑部协助创立了土地和自由社,积极支持1863—1864年波兰起义,从而与自由派最终决裂。——22。

16 《两大陆评论》杂志(«La Revue des deux Mondes»)是法国资产阶级自由派的杂志(月刊),1829—1940年在巴黎出版。起初为文艺杂志,后来,哲学和政治问题所占的篇幅愈来愈大。在不同时期为杂志撰稿的有维·雨果、乔治·桑、奥·巴尔扎克、亚·仲马等著名作家。——22。

17 指波兰1863—1864年起义。这次反对沙皇专制制度、争取民族独立的起义,是由波兰王国的封建农奴制危机和社会矛盾、民族矛盾加剧而引起的。起义的直接原因是沙皇政府决定于1863年1月在波兰王国强制征兵,企图用征召入伍的办法把大批怀有革命情绪的青年赶出城市。领导起义的是代表小贵族和小资产阶级利益的"红党"所组织的中央民族委员会,后改称临时民族政府。它同俄国革命组织土地和自由社中央委员会以及在伦敦的《钟声》杂志出版人建立了联系。它的纲领包含有波兰民族独立、一切男子不分宗教和出身一律平等、农民耕种的土地不付赎金完全归农民所有、废除徭役、国家出资给地主以补偿等要求。

起义从 1863 年 1 月 22 日向俄军数十个据点发动攻击开始,很快席卷
了波兰王国和立陶宛,并波及白俄罗斯和乌克兰部分地区。参加起义
的有手工业者、工人、大学生、贵族知识分子、部分农民和宗教界人士等
各阶层的居民。代表大土地贵族和大资产阶级利益的"白党"担心自己
在社会上声誉扫地,也一度参加了斗争,并攫取了领导权。马克思对波
兰起义极为重视,曾参与组织国际军团,支援起义。1864 年 5 月,起义
被沙皇军队镇压下去,数万名波兰爱国者被杀害、囚禁或流放西伯利
亚。但是,起义迫使沙皇政府于 1864 年 3 月颁布了关于在波兰王国解
放农奴的法令,因而在波兰历史上具有划时代的意义。——22。

18　《青年俄罗斯》是莫斯科彼·格·扎伊奇涅夫斯基大学生小组于 1862
年 5 月出的一份革命传单,流传于彼得堡、莫斯科和一些省份。《青年
俄罗斯》发挥了俄国布朗基主义思想,号召推翻君主制,消灭罗曼诺夫
家族,由知识分子和军队完成革命,建立由自治的农业村社组成的各州
的联盟——"俄罗斯社会主义共和国"。《青年俄罗斯》主张开办社会工
厂和社会商店,根据每个人的财产状况课税。传单中宣布各民族均有
自决权,承认波兰有脱离俄国而独立的权利。这份传单的观点在 60 年
代革命出版物中是最激进的。——23。

19　《在光荣的岗位上》文集是俄国民粹派为庆祝民粹主义思想家尼·康·
米海洛夫斯基从事写作和社会活动 40 年(1860——1900)而出版的。文
集收载了尼·费·安年斯基、尼·亚·卡雷舍夫、帕·尼·米留可夫、
韦·亚·米雅柯金、阿·瓦·彼舍霍诺夫、尼·亚·鲁巴金、瓦·伊·
谢美夫斯基、维·米·切尔诺夫、亚·伊·丘普罗夫、谢·尼·尤沙柯
夫等人的文章。——24。

20　《同时代人》杂志(《Современник》)是俄国文学和社会政治刊物,1836——
1866 年在彼得堡出版。1843 年以前是季刊,以后改为月刊。杂志的创
办者是亚·谢·普希金。1838 年起由波·亚·普列特涅夫出版。
1847——1862 年改由尼·阿·涅克拉索夫和伊·伊·帕纳耶夫出版。
1847——1848 年的正式编辑是亚·瓦·尼基坚科,思想领袖是维·格·
别林斯基,他为杂志确定的纲领是:批判当代现实,宣传革命民主主义

思想,为现实主义艺术而斗争。1848年以后,由于别林斯基的逝世、政治的反动以及书报检查制度的强化,杂志遇到严重困难,但是它大体上仍坚持文学现实主义的方向。1854—1862年是该杂志历史上最光辉的时期。杂志由尼·加·车尔尼雪夫斯基(1853年起)和尼·亚·杜勃罗留波夫(1856年起)担任领导,同自由派的和保守派的刊物进行了激烈的论战,宣传消灭农奴制的革命道路,批评《钟声》杂志的自由主义倾向,从而成了革命民主派的论坛和思想中心。列·尼·托尔斯泰、伊·谢·屠格涅夫、德·瓦·格里戈罗维奇等具有自由主义思想的作家对杂志的方针表示不满,退出了编辑部。1861年杜勃罗留波夫逝世和1862年7月车尔尼雪夫斯基被捕,使杂志遭到极大挫折。1862年6月,《同时代人》杂志曾被勒令停刊8个月。1863年初,在涅克拉索夫主持下复刊。1866年6月,该杂志被查封。——24。

21 《俄罗斯言论》杂志(《Русское Слово》)是俄国文学政治刊物(月刊),1859年在彼得堡创刊。该杂志起初是具有温和自由主义倾向的文学学术性杂志。从1860年下半年起,格·叶·布拉戈斯韦特洛夫主持该杂志编辑部工作,德·伊·皮萨列夫、巴·亚·扎伊采夫、尼·瓦·舍尔古诺夫、德·德·米纳耶夫等担任它的主要撰稿人,该杂志在一些极其重要的社会政治问题上开始遵循《同时代人》杂志的革命民主主义路线,揭露专制制度、农奴制度和资本主义制度,宣传农民社会主义思想。《俄罗斯言论》杂志对60年代的进步青年有很大影响。杂志曾受沙皇政府迫害,两次被勒令停刊,1866年被查封。——24。

22 《日报》(《День》)是斯拉夫主义者的周报,1861年起在莫斯科出版。出版人是伊·谢·阿克萨科夫。1862年曾被沙皇政府禁止出版几个月,1865年停刊。——24。

23 文学基金会(全称为救济贫穷著作家、学者及其家属的文学基金会)是根据俄国作家亚·瓦·德鲁日宁的倡议于1859年在彼得堡成立的合法志愿团体。它的组织者中有尼·阿·涅克拉索夫、亚·尼·奥斯特罗夫斯基、伊·谢·屠格涅夫、列·尼·托尔斯泰和尼·加·车尔尼雪夫斯基等。文学基金会存在到1918年。文学基金会的第二分部(救济

贫穷学生分部)于 1862 年成立。分部领导机构大学生委员会的大部分
成员同秘密革命组织土地和自由社有联系。同年 6 月,分部被沙皇政
府查封。——24。

24　象棋俱乐部是根据尼·加·车尔尼雪夫斯基和他的朋友们的倡议,于
1862 年 1 月在彼得堡成立的。尼·阿·涅克拉索夫、亚·亚·和尼·
亚·谢尔诺–索洛维耶维奇兄弟、瓦·斯·和尼·斯·库罗奇金兄弟、
彼·拉·拉甫罗夫、格·叶·布拉戈斯韦特洛夫、格·扎·叶利谢耶夫
和尼·格·波米亚洛夫斯基都曾是俱乐部的领导人。土地和自由社一
些社员也加入过这个俱乐部。象棋俱乐部实际上是著作家俱乐部,彼
得堡先进知识分子的政治和社会生活的中心。1862 年 6 月,俱乐部被
沙皇政府查封。——24。

25　指 1861 年 2 月 19 日沙皇亚历山大二世签署的《关于农民脱离农奴依
附关系的法令》,这是俄国农民改革的主要文件之一。

　　1861 年废除农奴制的改革是由于沙皇政府在军事上遭到失败、财
政困难和反对农奴制的农民起义不断高涨而被迫实行的。沙皇亚历山
大二世于 1861 年 2 月 19 日(3 月 3 日)签署了废除农奴制的宣言,颁布
了改革的法令。这次改革共"解放了"2 250 万地主农民,但是地主土地
占有制仍然保存下来。在改革中,农民的土地被宣布为地主的财产,农
民只能得到法定数额的份地,并要支付赎金。赎金主要部分由政府以
债券形式付给地主,再由农民在 49 年内偿还政府。根据粗略统计,在
改革后,贵族拥有土地 7 150 万俄亩,农民则只有 3 370 万俄亩。改革
中地主把农民土地割去了 $1/5$,甚至 $2/5$。

　　在改革中,旧的徭役制经济只是受到破坏,并没有消灭。农民份地
中最好的土地以及森林、池塘、牧场等都留在地主手里,使农民难以独
立经营。在签订赎买契约以前,农民还对地主负有暂时义务。农民为
了赎买土地交纳的赎金,大大超过了地价。仅前地主农民交给政府的
赎金就有 19 亿卢布,而转归农民的土地按市场价格仅值 5 亿多卢布。
这就造成了农民经济的破产,使得大多数农民还像以前一样,受着地主
的剥削和奴役。但是,这次改革仍为俄国资本主义经济的发展创造了

有利的条件。——24。

26 调停官是沙皇政府在1861年农民改革时期设置的一种官职,由省当局
从该省贵族地主中推荐人选,呈请参议院任命。调停官负责审理和解
决在实行改革法令中地主和农民之间发生的冲突,实际上负有保护地
主利益的使命。调停官的主要职责是审查、批准和实施所谓"规约"(即
具体规定农民份地的面积和位置以及农民的义务的文书),并对农民自
治机关实行监督。调停官审批农民自治机关的选举结果,有权撤销农
民乡会的决定和处罚农民。

　　列宁在这里指的是怀有自由主义情绪、拒绝实行改革法令的特维
尔省的调停官。他们决定遵循本省贵族会议的决议办事,而该省贵族
会议于1862年2月曾经认为改革法令不能令人满意,必须由国家协助
立即赎取农民份地并实行一系列民主制度。特维尔省的调停官被沙皇
政府逮捕,每人判处两年以上监禁。——24。

27 指1825年12月14日俄国贵族革命家领导的彼得堡卫戍部队武装起
义,十二月党人由此而得名。在起义前,十二月党人建立了三个秘密团
体:1821年成立的由尼·米·穆拉维约夫领导的、总部设在彼得堡的
北方协会;同年在乌克兰第2集团军驻防区成立的由帕·伊·佩斯捷
利领导的南方协会;1823年成立的由安·伊·和彼·伊·波里索夫兄
弟领导的斯拉夫人联合会。这三个团体的纲领都要求废除农奴制和限
制沙皇专制。但是十二月党人试图只以军事政变来实现自己的要求。
1825年12月14日(26日),在向新沙皇尼古拉一世宣誓的当天上午,
北方协会成员率领约3000名同情十二月党人的士兵开进彼得堡参议
院广场。他们计划用武力阻止参议院和国务会议向新沙皇宣誓,并迫
使参议员签署告俄国人民的革命宣言,宣布推翻政府、废除农奴制、取
消兵役义务、实现公民自由和召开立宪会议。但十二月党人的计划未
能实现,因为尼古拉一世还在黎明以前,就使参议院和国务会议举行了
宣誓。尼古拉一世并把忠于他的军队调到广场,包围了起义者,下令发
射霰弹。当天傍晚起义被镇压了下去。据政府发表的显系缩小了的数
字,在参议院广场有70多名"叛乱者"被打死。南方协会成员领导的切

尔尼戈夫团于 1825 年 12 月 29 日(1826 年 1 月 10 日)在乌克兰举行起义,也于 1826 年 1 月 3 日(15 日)被沙皇军队镇压下去。

沙皇政府残酷惩处起义者,十二月党人的著名领导者佩斯捷利、谢·伊·穆拉维约夫-阿波斯托尔、孔·费·雷列耶夫、米·巴·别斯图热夫-留明和彼·格·卡霍夫斯基于 1826 年 7 月 13 日(25 日)被绞死,121 名十二月党人被流放到西伯利亚,数百名军官和 4 000 名士兵被捕并受到惩罚。十二月党人起义对后来的俄国革命运动产生了很大影响。——25。

28 指沙皇尼古拉一世派军队参加镇压欧洲各国革命的民族解放运动一事。1848 年,沙皇出兵罗马尼亚、波兰、波罗的海沿岸地区、第聂伯河右岸乌克兰地区,并向奥地利皇帝提供 600 万卢布的巨额贷款,以镇压意大利民族解放运动。1849 年,沙皇军队帮助奥地利皇帝镇压了匈牙利革命。——25。

29 指 1897 年 6 月 2 日(14 日)沙皇政府颁布的缩短工厂工作日的法令。这个法令是在彼得堡工人阶级解放斗争协会领导的工人运动的压力下颁布的。它规定工业企业和铁路工厂的工作日为 11 $\frac{1}{2}$ 小时(夜班为 10 小时),而在此以前,工作日是没有限制的,可以达到 14 — 15 小时,甚至更长。列宁在《新工厂法》一文(见本版全集第 2 卷)中详细地分析和批判了这个法令。——28。

30 指彼·谢·万诺夫斯基将军笼络社会人士的一套手法。1901 年 3 月他被任命为国民教育大臣后,为平息学潮,把"热爱"和"竭诚保护"青年学生之类的自由主义词句经常挂在嘴上。他在教育方面进行了一些无足轻重的改革,同时却照旧采取逮捕、流放、开除大学学籍等手段,镇压革命学生。——28。

31 《北方邮报》(《Северная Почта》)是沙皇政府内务部的机关报(日报),1862 年 1 月 1 日—1868 年在彼得堡出版。该报宣传政府施政纲领,刊载宫廷消息、政府命令、国内外商业情报等。从 1869 年起,《北方邮报》为《政府通报》所代替。——31。

32　国务会议是俄罗斯帝国的最高咨议机关,于1810年设立,1917年二月
革命后废除。国务会议审议各部大臣提出的法案,然后由沙皇批准;它
本身不具有立法提案权。国务会议的主席和成员由沙皇从高级官员中
任命,在沙皇亲自出席国务会议时,则由沙皇担任主席。国家杜马成立
以后,国务会议获得了除改变国家根本法律以外的立法提案权。国务
会议成员半数改由正教、各省地方自治会议、各省和各州贵族组织、科
学院院士和大学教授、工商业主组织、芬兰议会分别选举产生。国务会
议讨论业经国家杜马审议的法案,然后由沙皇批准。——32。

33　《自由言论》杂志(《Вольное Слово》)是1881年8月—1883年5月在日
内瓦出版的俄国刊物,起初为周刊,从第37期起改为双周刊,总共出了
62期。该刊自称是俄国的立宪自由派"地方自治机关联合会"的机关
刊物,以联合反对派分子为目的,并鼓吹"根据个人自由和自治原则"改
造俄国社会制度的自由主义思想。实际上该刊是"神圣卫队"(以彼·
安·舒瓦洛夫公爵等为首的地主贵族上层和沙皇大臣的秘密组织)的
成员为搞奸细活动而创办的。它的编辑是警察局密探阿·巴·马尔申
斯基。1882年底"神圣卫队"瓦解,从1883年1月8日第52期起,该杂
志由米·彼·德拉哥马诺夫编辑出版。——34。

34　《政府通报》(《Правительственный Вестник》)是沙皇政府内务部的机关
报(日报),1869年1月1日(13日)—1917年2月26日(3月11日)在
彼得堡出版,它的前身是《北方邮报》。通报登载政府命令和公告、大臣
会议和国务会议开会的综合报道、国内外消息、各种文章和书评等。
1917年二月革命后,《政府通报》为《临时政府通报》所代替。——35。

35　指1880年3月莫斯科的25位地方自治人士(教授、作家、律师)向最高
管理委员会主席米·塔·洛里斯-梅利科夫伯爵递交的请愿书。
——35。

36　指1880年8月20日出版的《〈民意报〉小报》第2号,其中载有尼·
康·米海洛夫斯基《评洛里斯-梅利科夫》一文。
　　《〈民意报〉小报》(《Листок «Народной Воли»»)是民意党报纸,

1880—1886 年先后在彼得堡和图拉秘密出版，共出了 7 号。——36。

37　三级会议是 14—18 世纪法国最高等级代表机关，由国王召集，主要职能是对捐税问题进行表决。在三级会议中，僧侣、贵族、市民三个等级分别开会，各有一票表决权。在 1337—1453 年的百年战争期间，王国当局特别需要钱，三级会议的作用显著增加。从 15 世纪起，三级会议愈来愈少召开。1484—1560 年根本没有召开，1614—1789 年的 175 年间还是一次也没有召开。1789 年 5 月 5 日，路易十六为了解决财政危机，召开了三级会议。在这次会议期间，第三等级（市民）的代表于 6 月 17 日宣布自己是代表全国人民的国民议会；7 月 9 日，国民议会改名为制宪议会。这次三级会议的召开成了法国资产阶级革命的序幕。——37。

38　显贵会议是法国国王召集贵族、僧侣的代表和一些富裕市民讨论国家重大问题，主要是财政问题的会议。路易十六为了解决财政危机，曾于 1787 年和 1788 年召开显贵会议。由于会议拒绝通过向特权等级征税的决定，路易十六遂被迫召开三级会议。——37。

39　"感化专政"是人们对俄国大臣米·塔·洛里斯-梅利科夫所执行的拉拢自由派资产阶级的政策的谑称。1880 年 2 月，洛里斯-梅利科夫被任命为维护国家秩序和社会治安最高管理委员会主席，同年 8 月被任命为内务大臣。他一面镇压革命运动，一面答应向自由派资产阶级"让步"。人们称他的政策为"狐狸尾巴豺狼牙齿"。1879—1880 年的革命浪潮被打退以后，沙皇政府迅即放弃"感化专政"政策，于 1881 年 4 月发布了专制制度"不可动摇"的宣言。洛里斯-梅利科夫随后辞职。——38。

40　《社会民主党人》(《Социал-Демократ》)是俄国文学政治评论集，由劳动解放社于 1890—1892 年在伦敦和日内瓦用俄文出版，总共出了 4 集。第 1、2、3 集于 1890 年出版，第 4 集于 1892 年出版。参加《社会民主党人》评论集工作的有格·瓦·普列汉诺夫、帕·波·阿克雪里罗得和维·伊·查苏利奇等。这个评论集对于马克思主义在俄国的传播起了很大作用。——38。

41　指民意党人在 1881 年 3 月 1 日刺杀亚历山大二世以后,该党遭到沙皇
　　政府严重摧残而瓦解一事。

　　　　民意党是俄国土地和自由社分裂后产生的革命民粹派组织,于
　　1879 年 8 月建立。主要领导人是安·伊·热里雅鲍夫、亚·德·米哈
　　伊洛夫、米·费·弗罗连柯、尼·亚·莫罗佐夫、维·尼·菲格涅尔、
　　亚·亚·克维亚特科夫斯基、索·李·佩罗夫斯卡娅等。该党主张推
　　翻专制制度,在其纲领中提出了广泛的民主改革的要求,如召开立宪会
　　议,实现普选权,设置常设人民代表机关,实行言论、信仰、出版、集会等
　　自由和广泛的村社自治,给人民以土地,给被压迫民族以自决权,用人
　　民武装代替常备军等。但是民意党人把民主革命的任务和社会主义革
　　命的任务混为一谈,认为在俄国可以超越资本主义,经过农民革命走向
　　社会主义,并且认为俄国主要革命力量不是工人阶级而是农民。民意
　　党人从积极的“英雄”和消极的“群氓”的错误理论出发,采取个人恐怖
　　方式,把暗杀沙皇政府的个别代表人物作为推翻沙皇专制制度的主要
　　手段。由于理论上、策略上和斗争方法上的错误,在沙皇政府的严重摧
　　残下,民意党在 1881 年以后就瓦解了。——38。

42　《秩序报》(«Порядок»)是温和自由派的政治和文学报纸,1881—1882
　　年在彼得堡出版,由米·马·斯塔秀列维奇任编辑。——38。

43　《国家报》(«Страна»)是温和自由派的政治和文学报纸,1880—1883 年
　　在彼得堡出版,由列·亚·波隆斯基任编辑。起初每周出版两次,1881
　　年起每周出版三次。——38。

44　《呼声报》(«Голос»)是温和自由派的政治和文学报纸(日报),1863—
　　1884 年在彼得堡出版,由安·亚·克拉耶夫斯基编辑。该报对革命运
　　动持敌视态度。——38。

45　指沙皇亚历山大三世于 1881 年 4 月 29 日发表的关于巩固和保卫俄国
　　专制制度的宣言。这篇宣言是持极端反动观点的沙皇政府大臣康·

彼·波别多诺斯采夫起草的,它表明了亚历山大三世时期对内对外政策的反动实质。——39。

46 马基雅弗利式的计划指按照尼·马基雅弗利的政治策略精神制定的一种计划。马基雅弗利是意大利政治思想家,1498—1512年在佛罗伦萨共和国历任要职。他反对意大利政治分裂,主张君主专制,认为君主为了达到政治目的可以采取任何手段,包括背信弃义、欺骗、暗杀等。——40。

47 "善意的言论"是俄国作家米·叶·萨尔蒂科夫-谢德林的讽刺特写集的标题,意指拥护政府当局、维护旧制度的言论。——50。

48 二二得蜡烛一语表示缺乏思维逻辑,前提和结论毫无联系,源出俄国作家伊·谢·屠格涅夫的长篇小说《罗亭》。小说中一个名叫毕加索夫的地主曾经诬蔑妇女说:"一个男人,打个比方说,也许会说二二不得四,而得五或者三个半;可是一个女人却会说二二得蜡烛。"——50。

49 《〈工人思想报〉增刊》是俄国经济派报纸《工人思想报》编辑部于1899年9月出版的一本小册子。这本小册子,特别是其中署名尔·姆·的《我国的实际情况》一文,公开散布机会主义观点。列宁在《俄国社会民主党中的倒退倾向》和《怎么办?》(见本版全集第4卷和第6卷)中对这本小册子进行了批判。——51。

50 伯恩施坦派理论即伯恩施坦主义,是德国社会民主党人爱·伯恩施坦的修正主义思想体系,产生于19世纪末20世纪初。伯恩施坦的《社会主义的前提和社会民主党的任务》(1899年)一书是对伯恩施坦主义的全面阐述。伯恩施坦主义在哲学上否定辩证唯物主义和历史唯物主义,用庸俗进化论和诡辩论代替革命的辩证法;在政治经济学上修改马克思主义的剩余价值学说,竭力掩盖帝国主义的矛盾,否认资本主义制度的经济危机和政治危机;在政治上鼓吹阶级合作和资本主义和平长入社会主义,传播改良主义和机会主义思想,反对马克思主义的阶级斗争学说,特别是无产阶级革命和无产阶级专政的学说。伯恩施坦主义得到德国社会民主党右翼和第二国际其他一些政党的支持。在俄国，追随伯恩施坦主义的有合法马克思主义者、经济派等。——58。

51 《小报》（《Листок»）是俄国立宪自由派的非法报纸，1862 年 11 月—1864 年 7 月在国外出版，出版者为彼·弗·多尔戈鲁科夫公爵。该报共出了 22 号，头 5 号是在布鲁塞尔出版的，以后各号是在伦敦出版的。——60。

52 民权党是俄国民主主义知识分子的秘密团体，1893 年夏成立。参加创建的有前民意党人奥·瓦·阿普捷克曼、安·伊·波格丹诺维奇、亚·瓦·格杰奥诺夫斯基、马·安·纳坦松、尼·谢·丘特切夫等。民权党的宗旨是联合一切反对沙皇制度的力量为实现政治改革而斗争。该党发表过两个纲领性文件：《宣言》和《迫切的问题》。1894 年春，民权党的组织被沙皇政府破坏。大多数民权党人后来加入了社会革命党。——63。

53 《新时报》（《Новое Время»）是俄国报纸，1868—1917 年在彼得堡出版。出版人多次更换，政治方向也随之改变。1872—1873 年采取进步自由主义的方针。1876—1912 年由反动出版家阿·谢·苏沃林掌握，成为俄国最没有原则的报纸。1905 年起是黑帮报纸。1917 年二月革命后，完全支持资产阶级临时政府的反革命政策，攻击布尔什维克。1917 年10 月 26 日（11 月 8 日）被查封。——65。

54 指沙皇政府内务部出版总署 1901 年 5 月 11 日发给各报刊编辑的密令。——65。

55 莫罗佐夫工厂的罢工是指 1885 年 1 月 7—17 日的尼科利斯科耶纺织厂的罢工。这次罢工是因厂主季·萨·莫罗佐夫对纺织工人残酷剥削以致工人经济状况恶化而引起的。如 1882—1884 年间工人工资曾被降低五次，对工人的罚款达到工资额的 $\frac{1}{4}$—$\frac{1}{2}$。罢工的领导者是先进工人彼·阿·莫伊谢延科、卢·伊·伊万诺夫和瓦·谢·沃尔柯夫。参加罢工的约有 8 000 人。他们要求恢复 1881—1882 年度的工资标准,最大限度减少罚款并退还部分罚款,偿付罢工期间的工资,调整雇佣条件等。这次罢工遭到沙皇政府的武力镇压。罢工领导者及 600 多名工人被捕,其中 33 人受到审判。这次罢工以及相继发生的多次罢工终于迫使沙皇政府于 1886 年 6 月 3 日颁布了罚款法。——67。

56　《莫斯科新闻》(《Московские Ведомости»)是俄国最老的报纸之一,1756 年开始由莫斯科大学出版。1842 年以前每周出版两次,以后每周出版三次,从 1859 年起改为日报。1863——1887 年,由米·尼·卡特柯夫等担任编辑,宣扬地主和宗教界人士中最反动阶层的观点。1897——1907 年由弗·安·格林格穆特任编辑,成为黑帮报纸,鼓吹镇压工人和革命知识分子。1917 年 10 月 27 日(11 月 9 日)被查封。——67。

57　指 1896 年以纺织工人为主的彼得堡工人罢工。这次罢工开始于 5 月底,起因是厂主拒绝给工人支付尼古拉二世加冕礼那几天假日的全额工资。罢工从俄罗斯纺纱厂(即卡林金工厂)开始,很快就席卷了所有纺织工厂,并波及机器、橡胶、造纸、制糖等工厂,参加者达 3 万多人。这次罢工是在彼得堡工人阶级解放斗争协会领导下进行的。该协会散发了传单和宣言,号召工人起来捍卫自己的权利。罢工者的基本要求是:把工作日缩短为 10 ½ 小时,提高计件单价,按时发放工资等。列宁称这次罢工为著名的彼得堡工业战争。它第一次推动了彼得堡无产阶级结成广泛阵线向剥削者进行斗争,并促进了全俄国工人运动的发展。在这次罢工的压力下,沙皇政府加速了工厂法的修订,于 1897 年 6 月 2 日(14 日)颁布了将工业企业和铁路工厂的工作日缩短为 11 ½ 小时的法令。——67。

58　指西伯利亚铁路。这条铁路于 1891 年开始铺设,至 1901 年竣工(包括外贝加尔铁路在内)。此后,从欧俄向西伯利亚的移民迅速增多。——79。

59　《关于废除流放和批准以其他刑罚代替终身和短期流放的暂行条例的命令》于 1900 年 6 月 10 日(23 日)经沙皇签署,6 月 20 日(7 月 3 日)连同暂行条例一并公布于《政府通报》。根据这个命令,犯人不再往西伯

利亚(它的边远省份除外)和外高加索流放,而改为交感化所管教或流
放萨哈林岛。——79。

60 《公民》(《Гражданин》)是俄国文学政治刊物,1872—1914 年在彼得堡
出版,创办人是弗·彼·美舍尔斯基公爵。作家费·米·陀思妥耶夫
斯基于 1873—1874 年担任过它的编辑。原为每周出版一次或两次,
1887 年后改为每日出版。19 世纪 80 年代起是靠沙皇政府供给经费的
极端君主派刊物,发行份数不多,但对政府官员有影响。——80。

61 马尼洛夫精神意为耽于幻想,无所作为。马尼洛夫是俄国作家尼·
瓦·果戈理的小说《死魂灵》中的一个地主。他生性怠惰,终日想入非
非,崇尚空谈,刻意讲究虚伪客套。——83。

62 《土地问题和"马克思的批评家"》这部著作是在不同时期写作和发表
的:前 9 章写于 1901 年 6—9 月,后 3 章写于 1907 年秋。第 1—4 章发
表于 1901 年 12 月《曙光》杂志第 2—3 期合刊,题为《土地问题上的"批
评家"先生们。第一组论文》,各章无小标题,署名尼·列宁。这 4 章后
来由海燕出版社于 1905 年在敖德萨印成单行本公开发行,书名为《土
地问题和"马克思的批评家"》。第 5—9 章最初于 1906 年 2 月在合法
刊物《教育》杂志第 2 期发表时,各章加上了小标题。1908 年在彼得堡
出版的列宁的《土地问题》文集(署名弗拉·伊林),首次把这部著作的
头 11 章以《土地问题和"马克思的批评家"》为题印行,同时给第 1—4
章加上了小标题,对正文作了某些修订,并加了一些注释。最后一章,
即由于偶然原因未收入这部文集的第 12 章,于 1908 年在《当前生活》
文集中单独刊印。

    《列宁全集》第 1 版依照俄文第 4 版将《土地问题和"马克思的批评
家"》按写作时间收载于不同卷次,前 9 章载于第 5 卷,后 3 章载于第 13
卷。《列宁全集》第 2 版将这部著作的正文全部收入本卷,而将它的准
备材料编入第 56 卷(土地问题笔记)。——84。

63 《俄国财富》杂志(《Русское Богатство》)是俄国科学、文学和政治刊物。
1876 年创办于莫斯科,同年年中迁至彼得堡。1879 年以前为旬刊,以

后为月刊。1879 年起成为自由主义民粹派的刊物。1892 年以后由尼·康·米海洛夫斯基和弗·加·柯罗连科领导,成为自由主义民粹派的中心,在其周围聚集了一批政论家,他们后来成为社会革命党、人民社会党和历届国家杜马中的劳动派的著名成员。在 1893 年以后的几年中,曾同马克思主义者展开理论上的争论。为该杂志撰稿的也有一些现实主义作家。1906 年成为人民社会党的机关刊物。1914 年至 1917 年 3 月以《俄国纪事》为刊名出版。1918 年被查封。——84。

64 《开端》杂志(«Начало»)是俄国科学、文学和政治刊物(月刊),合法马克思主义者的机关刊物,1899 年 1—6 月在彼得堡出版,由彼·伯·司徒卢威、米·伊·杜冈-巴拉诺夫斯基任编辑。格·瓦·普列汉诺夫、维·伊·查苏利奇等人曾为它撰稿。该杂志发表过恩格斯于 1848 年写的旅途随笔《从巴黎到伯尔尼》的片断(参看《马克思恩格斯全集》第 1 版第 5 卷),列宁的几篇书评(见本版全集第 4 卷第 51—54、55—56、57—59、79—84、135—137 页)和《俄国资本主义的发展》一书第 3 章的前 6 节(见本版全集第 3 卷)。——87。

65 《生活》杂志(«Жизнь»)是俄国文学、科学和政治刊物(月刊),1897—1901 年在彼得堡出版。该杂志从 1899 年起成为合法马克思主义者的机关刊物,实际领导者是弗·亚·波谢,撰稿人有米·伊·杜冈-巴拉诺夫斯基、彼·伯·司徒卢威等。该杂志刊登过列宁的《农业中的资本主义》和《答普·涅日丹诺夫先生》两文(见本版全集第 4 卷)。在小说文学栏发表过马·高尔基、安·巴·契诃夫、亚·绥·绥拉菲莫维奇、伊·阿·布宁等的作品。该杂志于 1901 年 6 月被沙皇政府查封。

　　1902 年 4—12 月,该杂志由弗·德·邦契-布鲁耶维奇、波谢、维·米·韦利奇金娜等组织的生活社在国外复刊,先后在伦敦和日内瓦出了 6 期,另外出了《〈生活〉杂志小报》12 号和《〈生活〉杂志丛书》若干种。——87。

66 马尔萨斯主义是指英国资产阶级经济学家托·马尔萨斯提出的人口理论。马尔萨斯在 1798 年出版的《人口原理。人口对社会未来进步的影响》一书中认为,在正常情况下,人口以几何级数率(1、2、4、8、16……)

增长,而生活资料则以算术级数率(1、2、3、4、5……)增长,人口的增长超过生活资料的增长是一条"永恒的自然规律"。他用这一观点来解释资本主义制度下劳动人民遭受失业、贫困的原因,认为只有通过战争、瘟疫、贫困和罪恶等来抑制人口的增长,人口与生活资料的数量才能相适应。

在俄国,奉行马尔萨斯主义的有彼·伯·司徒卢威、米·伊·杜冈-巴拉诺夫斯基、谢·尼·布尔加柯夫等人。——92。

67 村社的土地即属于村社所有的土地。

村社是俄国农民共同使用土地的形式,其特点是在实行强制性的统一轮作的前提下,将耕地分给农户使用,森林、牧场则共同使用,不得分割。村社内实行连环保制度。村社的土地定期重分,农民无权放弃和买卖土地。村社管理机构由选举产生。俄国村社从远古即已存在,在历史发展过程中逐渐成为俄国封建制度的基础。沙皇政府和地主利用村社对农民进行监视和掠夺,向农民榨取赎金和赋税,逼迫他们服徭役。

村社问题在俄国曾引起热烈争论,发表了大量有关的经济学文献。民粹派认为村社是俄国向社会主义发展的特殊道路的保证。他们企图证明俄国的村社农民是稳固的,村社能够保护农民,防止资本主义关系侵入他们的生活。早在19世纪80年代,格·瓦·普列汉诺夫就已指出民粹派的村社社会主义的幻想是站不住脚的。到了90年代,列宁粉碎了民粹派的理论,用大量的事实和统计材料说明资本主义关系在俄国农村是怎样发展的,资本是怎样侵入宗法制的村社、把农民分解为富农与贫苦农民两个对抗阶级的。

在1905—1907年革命中,村社曾被农民用做革命斗争的工具。地主和沙皇政府对村社的政策在这时发生了变化。1906年11月9日,沙皇政府大臣会议主席彼·阿·斯托雷平颁布了摧毁村社、培植富农的土地法令,允许农民退出村社和出卖份地。这项法令颁布后的9年中,有200多万农户退出了村社。但是村社并未被彻底消灭,到1916年底,欧俄仍有三分之二的农户和五分之四的份地在村社里。村社在十月革命以后还存在很久,直到全盘集体化后才最终消失。——100。

68　克兰所有制即氏族土地所有制。

克兰是凯尔特民族中对氏族的叫法，有时也用以称部落。在氏族关系瓦解时期，则指一群血缘相近且具有想象中的共同祖先的人们。克兰内部保存着土地公有制和氏族制度的古老习俗（血亲复仇、连环保等）。在苏格兰和威尔士的个别地区，克兰一直存在到 19 世纪。——100。

69　抵押是指银行以土地、森林、建筑物等等不动产为抵押品而发放贷款。这是资本侵入农业的手段和土地耕作与土地占有相分离的一种形式。抵押促使土地所有权集中于银行，使农业从属于金融资本，并在农业中发展资本主义的生产方式。农民往往因无力清偿抵押债务而丧失土地和财产。——101。

70　《社会主义月刊》(«Sozialistische Monatshefte»)是德国机会主义者的主要刊物，也是国际修正主义者的刊物之一，1897—1933 年在柏林出版。编辑和出版者为右翼社会民主党人约·布洛赫。撰稿人有爱·伯恩施坦、康·施米特、弗·赫茨、爱·大卫、沃·海涅、麦·席佩耳等。第一次世界大战期间，该刊持社会沙文主义立场。——113。

71　布利丹毛驴通常用来比喻在两种价值相等的事物之间有所选择时始终犹豫不决的人。据说 14 世纪法国经院哲学家让·布利丹在讲到意志自由的问题时，曾举例说，有一头驴子站在完全相同而又距离相等的两垛干草之间，由于无法决定究竟选择哪一垛好，始终站在原地不能举步，结果只好饿死。——118。

72　《布劳恩文库》(«Brauns Archiv»)即《社会立法和统计学文库》杂志(«Archiv für soziale Gesetzgebung und Statistik»)，是德国刊物，1888—1933 年先后在柏林、蒂宾根、莱比锡出版，创办人是亨·布劳恩。1904 年改称《社会科学和社会政治文库》。——119。

73　《新时代》杂志(«Die Neue Zeit»)是德国社会民主党的理论刊物，1883—1923 年在斯图加特出版。1890 年 10 月前为月刊，后改为周刊。

1917 年 10 月以前编辑为卡·考茨基,以后为亨·库诺。1885—1895 年间,杂志发表过马克思和恩格斯的一些文章。恩格斯经常关心编辑部的工作,帮助它端正办刊方向。为杂志撰过稿的还有威·李卜克内西、保·拉法格、格·瓦·普列汉诺夫、罗·卢森堡、弗·梅林等国际工人运动活动家。《新时代》杂志在介绍马克思主义基本理论、宣传俄国 1905—1907 年革命等方面做了有益的工作。随着考茨基转到机会主义立场,1910 年以后,《新时代》杂志成了中派分子的刊物。第一次世界大战期间,杂志持中派立场,实际上支持社会沙文主义者。——119。

74 抵押券是资本主义国家抵押银行发行的以土地等不动产作担保的特种有价证券,可以自由流通,常用于交易所投机。——127。

75 反社会党人非常法(反社会党人法)即《反社会民主党企图危害治安法》,是德国俾斯麦政府从 1878 年 10 月 21 日起实行的镇压工人运动的反动法令。这个法令规定取缔德国社会民主党和一切进步工人组织,查封工人刊物,没收社会主义书报,并可不经法律手续把革命者逮捕和驱逐出境。在反社会党人非常法实施期间,有 1 000 多种书刊被查禁,300 多个工人组织被解散,2 000 多人被监禁和驱逐。在工人运动的压力下,反社会党人非常法于 1890 年 10 月 1 日被废除。——128。

76 《前进报》(《Vorwärts»)是德国社会民主党的中央机关报(日报),1876 年 10 月在莱比锡创刊,编辑是威·李卜克内西和威·哈森克莱维尔。1878 年 10 月反社会党人非常法颁布后被查禁。1890 年 10 月反社会党人非常法废除后,德国社会民主党哈雷代表大会决定把 1884 年在柏林创办的《柏林人民报》改名为《前进报》(全称是《前进。柏林人民报》),从 1891 年 1 月起作为中央机关报在柏林出版,由李卜克内西任主编。恩格斯曾为《前进报》撰稿,同机会主义的各种表现进行斗争。1895 年恩格斯逝世以后,《前进报》逐渐转入党的右翼手中。它支持过俄国的经济派和孟什维克。第一次世界大战期间持社会沙文主义立场。俄国十月革命以后,进行反对苏维埃的宣传。1933 年停刊。——128。

77 伏罗希洛夫是俄国作家伊·谢·屠格涅夫的长篇小说《烟》中的人物,

是自诩渊博的书呆子和空谈家的典型。——129。

78　历史学派是资产阶级庸俗经济学的一个流派,产生于19世纪40年代的德国,代表人物是威·格·弗·罗雪尔、布·希尔德布兰德和卡·克尼斯。这一学派是资本主义发展较晚的德国的产物,代表德国资产阶级的利益。历史学派反对用抽象方法研究社会经济,否认有普遍适用的一般的经济规律,而提出所谓历史方法,即搜集大量的经济历史资料,特别是各民族古代的历史材料,进行表面的描述,企图建立有民族和历史特点的国民经济学。它也反对自由放任主义,主张由国家干涉经济生活,实行保护贸易,使国家机器进一步服从于资产阶级利益。历史学派发展到19世纪70年代演变为新历史学派,其代表人物是阿·瓦格纳、古·施穆勒、路·约·布伦坦诺和韦·桑巴特。新历史学派除了像旧历史学派一样主张所谓历史方法外,还特别强调心理因素、伦理道德在经济生活中的作用,因此又称历史伦理学派。新历史学派鼓吹可以通过社会改良政策消除劳资矛盾,认为资产阶级国家是超阶级的组织,能够调和敌对的阶级,逐步实行"社会主义"而不触动资本家的利益。这种改良主义思想的宣扬者多为大学教授,故被称为讲坛社会主义者。——131。

79　蒲鲁东主义是以法国无政府主义者皮·约·蒲鲁东为代表的小资产阶级社会主义流派,产生于19世纪40年代。蒲鲁东主义从小资产阶级立场出发批判资本主义所有制,把小商品生产和交换理想化,幻想使小资产阶级私有制永世长存。主张建立"人民银行"和"交换银行",认为它们能帮助工人购置生产资料,使之成为手工业者,并能保证他们"公平地"销售自己的产品。蒲鲁东主义反对任何国家和政府,否定任何权威和法律,宣扬阶级调和,反对政治斗争和暴力革命。马克思在《哲学的贫困》(参看《马克思恩格斯全集》第1版第4卷)等著作中,对蒲鲁东主义作了彻底批判。列宁称蒲鲁东主义为不能领会工人阶级观点的"市侩和庸人的痴想"。蒲鲁东主义被资产阶级的理论家们广泛利用来鼓吹阶级调和。——136。

80　《人民国家报》(《Der Volksstaat》)是德国社会民主工党(爱森纳赫派)

的中央机关报,其前身是《民主周报》。1869 年 10 月 2 日—1876 年 9
月 29 日在莱比锡出版,最初每周出两次,1873 年 7 月起改为每周出三
次。由威·李卜克内西领导编辑部工作,奥·倍倍尔负责出版工作。
李卜克内西和倍倍尔因反对德国兼并阿尔萨斯—洛林于 1870 年 12 月
被捕后,该报由卡·希尔施和威·布洛斯相继主持工作。马克思和恩
格斯从该报创刊时起就为它撰稿,经常给编辑部提供帮助和指导,使这
家报纸成了 19 世纪 70 年代优秀的工人报刊之一。——137。

81 巴登位于德国西南部,1806 年在拿破仑一世庇护下成为大公国,首都
    是卡尔斯鲁厄。1871 年巴登大公国加入德意志帝国。1918 年在德国
    十一月革命的过程中,巴登成为共和国。——139。

82 路得拾麦穗意指轻松的劳动,出典于圣经《旧约全书·路得记》。路得
    在丈夫死后不愿改嫁,执意跟随孤寡婆婆回到伯利恒。为供养老人,她
    到亲戚田里拾捡麦穗。亲戚见她贤惠,吩咐仆人不加阻止,甚至故意抛
    撒麦穗,任她捡取。——148。

83 《工商报》(《Торгово-Промышленная Газета》)是 1893—1918 年在彼得
    堡出版的一家报纸(日报),1894 年以前是沙皇俄国财政部刊物《财政
    与工商业通报》杂志的附刊。——153。

84 社会政治协会是德国资产阶级经济学家的联合组织,1872 年由德国经
    济学家古·施穆勒创立。协会的纲领和活动宗旨是维护资本主义制度,
    论证进行不彻底的改革的必要性。协会反对德国社会民主党,企图使工
    人运动服从资产阶级的利益。1936 年该协会自行解散。——158。

85 特定继承制是德国农民中间流行过的一种继承制度,根据这种制度,土
    地和农场由一人继承(通常由长子继承,有些地方由幼子继承),不得分
    割。——165。

86 瓦格纳是德国诗人约·沃·歌德的诗剧《浮士德》中的人物,是不问
    世事、脱离实际、终日埋首故纸堆中而又妄自尊大的学究的典型。
    ——171。

87　这一栏的数字是列宁计算出来的(参看本版全集第56卷《德国农业统计摘录》)。——186。

88　地方自治局的农民经济统计指俄国地方自治机关所组织的农民经济统计工作。地方自治局组织统计工作最初是为了收集土地及其他不动产的价值和收益等材料,以便地方自治局课征税捐,后来也为了对农村进行全面的社会经济调查。地方自治局统计起初以整个村社为统计调查的单位,从1880年起改以农户为基本单位。各省、县自治局的统计部门出版了大量分省和分县的概述和统计汇编,提供了极丰富的实际材料。列宁高度评价地方自治局统计资料,同时也指出地方自治局统计工作者对统计材料的整理不能令人满意。——191。

89　列宁这部著作的第5—9章于1906年2月在《教育》杂志初次发表时,其中这句话是:"因此,把这两个过程混为一谈或者忽略其中的一个过程,就很容易犯大错误,我们在下面分析布尔加柯夫先生从法国的资料得出的结论时,就可以看到这种错误的典型。"另外,第7章中"我们在下面将用大量的德国统计资料"(见本卷第167页)的后面还有"和法国统计资料",第9章中"黑希特、大卫、赫茨和切尔诺夫之流的人物"(见本卷第191页)的后面还有"(为了不委屈法国,还应该提到莫里斯之流,关于他,我们下面再谈)"。由此可见,列宁曾计划在这部著作中研究法国的农业统计资料,并分析法国经济学家莫里斯的观点,但后来未能实现。因此,1908年这一著作收入《土地问题》文集时,列宁对这几处作了删改。——199。

90　指民粹派政论家亚·尼·恩格尔哈特的《农村来信》。这些来信的头11封于1872—1882年发表于《祖国纪事》杂志,第12封发表于1887年。——204。

91　立宪民主党人是俄国自由主义君主派资产阶级的主要政党立宪民主党的成员。立宪民主党(正式名称为人民自由党)于1905年10月成立。中央委员中多数是资产阶级知识分子、地方自治人士和自由派地主。主要活动家有帕·尼·米留可夫、谢·安·穆罗姆采夫、瓦·阿·马克拉柯夫、安·伊·盛加略夫、彼·伯·司徒卢威、约·弗·盖森等。立宪民主党提出一条与革命道路相对抗的和平的宪政发展道路，主张俄国实行立宪君主制和资产阶级的自由。在土地问题上，主张将国家、皇室、皇族和寺院的土地分给无地和少地的农民；私有土地部分地转让，并且按"公平"价格给予补偿；解决土地问题的土地委员会由同等数量的地主和农民组成，并由官员充当他们之间的调解人。1906年春，曾同政府进行参加内阁的秘密谈判，后来在国家杜马中自命为"负责任的反对派"。第一次世界大战期间，支持沙皇政府的掠夺政策，曾同十月党等反动政党组成"进步同盟"，要求成立责任内阁，即为资产阶级和地主所信任的政府，力图阻止革命并把战争进行到最后胜利。二月革命后，立宪民主党在资产阶级临时政府中居于领导地位，竭力阻挠土地问题、民族问题等基本问题的解决，并奉行继续帝国主义战争的政策。七月事变后，支持科尔尼洛夫叛乱，阴谋建立军事独裁。十月革命胜利后，苏维埃政府于1917年11月28日（12月11日）宣布立宪民主党为"人民公敌的党"。该党随之转入地下，继续进行反革命活动，并参与白卫将军的武装叛乱。国内战争结束后，该党上层分子大多数逃亡国外。1921年5月，该党在巴黎召开代表大会时分裂，作为统一的党不复存在。——230。

92 这一组文献包括列宁在俄国社会民主工党国外组织"统一"代表大会上的讲话和他向国外俄国社会民主党人联合会提出的问题。

俄国社会民主工党国外组织"统一"代表大会于1901年9月21—22日（10月4—5日）在瑞士苏黎世举行。出席大会的有《火星报》和《曙光》杂志国外组织的6名成员（列宁（化名"弗雷"）、娜·康·克鲁普斯卡娅、尔·马尔托夫等）、"社会民主党人"革命组织的8名成员（包括劳动解放社的3名成员：格·瓦·普列汉诺夫、帕·波·阿克雪里罗得和维·伊·查苏利奇）、国外俄国社会民主党人联合会的16名成员（包括崩得国外委员会的5名成员）和斗争社的3名成员，共33人。在代表大会召开以前，1901年春天和夏天，由斗争社倡议和从中斡旋，俄国社会民主工党各国外组织进行了关于协议和统一的谈判。为了筹备召开实现统一的代表大会，1901年6月在日内瓦举行了由上述各组织的

代表参加的会议(即六月代表会议或日内瓦代表会议),会上通过一项
决议,认为必须在《火星报》的革命原则基础上团结俄国社会民主主义
力量和统一社会民主党各国外组织。但是国外俄国社会民主党人联合
会及其机关刊物《工人事业》杂志在代表会议以后却加紧宣扬机会主
义,这突出地表现在 1901 年 9 月《工人事业》杂志第 10 期刊登的波·
尼·克里切夫斯基的《原则、策略和斗争》和亚·马尔丁诺夫的《揭露性
的刊物和无产阶级的斗争》两篇文章以及联合会第三次代表大会对六
月代表会议决议的修正上。因此,在代表大会开幕以前就可看出,火星
派同工人事业派的统一已不可能。在代表大会宣布了联合会第三次代
表大会通过的对六月代表会议决议所作的修正和补充之后,《火星报》
和《曙光》杂志国外组织以及"社会民主党人"革命组织的代表便宣读了
一项特别声明,指出代表大会的机会主义多数不能保证政治坚定性,随
即退出了代表大会。——245。

93　俄国社会民主党人联合会(国外俄国社会民主党人联合会)是根据劳动
解放社的倡议,在全体会员承认劳动解放社纲领的条件下,于 1894 年
在日内瓦成立的。联合会为俄国国内出版书刊,它的出版物全部由劳
动解放社负责编辑。1896—1899 年联合会出版了不定期刊物《工作
者》文集和《〈工作者〉小报》。1898 年 3 月,俄国社会民主工党第一次
代表大会承认联合会是党的国外代表机关。1898 年底,经济派在联合
会里占了优势。1898 年 11 月,在苏黎世召开的联合会第一次代表大
会上,劳动解放社声明,除《工作者》文集以及列宁的《俄国社会民主党
人的任务》和《新工厂法》两个小册子外,拒绝为联合会编辑出版物。联
合会从 1899 年 4 月起出版《工人事业》杂志,由经济派分子担任编辑。
1900 年 4 月,在日内瓦举行的联合会第二次代表大会上,劳动解放社
的成员以及与其观点一致的人正式退出联合会,成立了独立的"社会
民主党人"革命组织。此后,联合会和《工人事业》杂志就成了经济主义
在俄国社会民主党内的代表。1903 年,根据俄国社会民主工党第二次
代表大会的决议,联合会宣布解散。——245。

94　"社会民主党人"革命组织是国外俄国社会民主党人联合会分裂以后由

劳动解放社成员以及与其观点一致的人于 1900 年 5 月成立的。该组织在号召书里宣布它的宗旨是扶持俄国无产阶级中的社会主义运动并同企图修正马克思主义的形形色色机会主义作斗争。该组织出版了《共产党宣言》和马克思、恩格斯的其他一些著作的俄译本以及格·瓦·普列汉诺夫等人的几本小册子。1901 年 10 月,根据列宁的倡议,"社会民主党人"革命组织同《火星报》和《曙光》杂志的国外组织合并为俄国革命社会民主党人国外同盟。——246。

95　指由达·波·梁赞诺夫、尤·米·斯切克洛夫和埃·李·古列维奇组成的团体,1900 年夏在巴黎成立,1901 年 5 月取名为斗争社。该社试图调和俄国社会民主党内革命派和机会主义派之间的矛盾,建议统一社会民主党各国外组织。1901 年秋,斗争社成为一个独立的著作家团体。它在自己的出版物(《制定党纲的材料》第 1—3 辑、1902 年《快报》第 1 号等)中歪曲马克思主义理论,反对列宁提出的俄国革命的社会民主党的组织原则和策略原则。由于它背弃社会民主党的观点和策略,进行瓦解组织的活动,并且同国内的社会民主党的组织没有联系,因此未被允许参加 1903 年俄国社会民主工党第二次代表大会。根据第二次代表大会的决定,斗争社被解散。——246。

96　米勒兰主义是社会党人参加资产阶级政府的一种机会主义策略,因法国社会党人亚·埃·米勒兰于 1899 年参加瓦尔德克-卢梭的资产阶级政府而得名。1900 年 9 月 23—27 日在巴黎举行的第二国际第五次代表大会讨论了米勒兰主义问题。大会通过了卡·考茨基提出的调和主义决议。这个决议虽谴责社会党人参加资产阶级政府,但却认为在"非常"情况下可以这样做。法国社会党人和其他国家的社会党人就利用这项附带条件为他们在第一次世界大战期间参加帝国主义资产阶级政府的行为辩护。列宁认为米勒兰主义是一种修正主义和叛卖行为,社会改良主义者参加资产阶级政府必定会充当资本家的傀儡,成为这个政府欺骗群众的工具。——246。

97　指六月代表会议所达成的原则协议第 5 条(5):"社会民主党在选择同现存制度进行斗争的手段时,应当考虑政治上的适宜性和使斗争方法同必须保持运动所具有的阶级性相一致。"——247。

98 山岳派和吉伦特派是 18 世纪末法国资产阶级革命时期的两个政治派别。山岳派又称雅各宾派,是法国国民公会中的左翼民主主义集团,以其席位在会场的最高处而得名。该派代表中小资产阶级的利益,主张铲除专制制度和封建主义,其领袖是马·罗伯斯比尔、让·保·马拉、若·雅·丹东、安·路·圣茹斯特等。吉伦特派代表共和派的大工商业资产阶级和农业资产阶级的利益,主要是外省资产阶级的利益。该派许多领导人在立法议会和国民公会中代表吉伦特省,因此而得名。吉伦特派的领袖是雅·皮·布里索、皮·维·维尼奥、罗兰夫妇、让·安·孔多塞等。该派主张各省自治,成立联邦。吉伦特派动摇于革命和反革命之间,走同王党勾结的道路。列宁称革命的社会民主党人为山岳派,即无产阶级的雅各宾派,而把社会民主党内的机会主义派别称为社会民主党的吉伦特派。在俄国社会民主工党分裂为布尔什维克和孟什维克之后,列宁经常强调指出,孟什维克是工人运动中的吉伦特派。——247。

99 吕贝克党代表大会即 1901 年 9 月 22—28 日在吕贝克举行的德国社会民主党代表大会。大会最为关注的是同修正主义作斗争的问题。当时,修正主义已经最终形成,既有自己的纲领,也有自己的机关刊物(《社会主义月刊》)。修正主义者的首领爱·伯恩施坦在代表大会上发言,要求对马克思主义有"批评自由"。大会否决了伯恩施坦的拥护者提出的决议案,并通过决议对伯恩施坦提出直接警告。但由于多数领袖采取调和主义立场,大会没有在原则上提出修正主义者不得留在社会民主党内的问题。——248。

100 饶勒斯派是 19 世纪末 20 世纪初法国社会主义运动中以让·饶勒斯为首的右翼改良派。饶勒斯派以要求"批评自由"为借口,修正马克思主义基本原理,宣传无产阶级同资产阶级的阶级合作。他们认为社会主义的胜利不会通过无产阶级同资产阶级的阶级斗争而取得,这一胜利将是民主主义思想繁荣的结果。他们还赞同蒲鲁东主义关于合作社的主张,认为在资本主义条件下合作社的发展有助于逐渐向社会主义过渡。在米勒兰事件上,饶勒斯派竭力为亚·埃·米勒兰参加资产阶级内阁的背叛行为辩护。1902年,饶勒斯派成立了改良主义的法国社会党。1905年该党和盖得派的法兰西社会党合并成统一的法国社会党(工人国际法国支部)。第一次世界大战期间,在法国社会党领导中占优势的饶勒斯派采取了社会沙文主义立场,公开支持帝国主义战争。——248。

101 俄国政治解放工人党是19世纪90年代末在明斯克成立的民粹派组织。这个组织联合了近40个工人小组,共有成员约200人,其中一些小组分布于比亚韦斯托克、叶卡捷琳诺斯拉夫、日托米尔和其他一些城市。该组织的领导人是Л.М.克利亚奇科(罗季奥诺娃)。它的纲领性文件是1900年在明斯克出版的小册子《自由》,其中提出了主要通过恐怖活动求得政治自由的任务。1900年春,该组织被沙皇保安机关破坏。保留下来的小组于1902年夏加入了统一的社会革命党。——248。

102 崩得分子即崩得的成员。崩得是立陶宛、波兰和俄罗斯犹太工人总联盟的简称,1897年9月在维尔诺成立。参加这个组织的主要是俄国西部各省的犹太手工业者。崩得在成立初期曾进行社会主义宣传,后来在争取废除反犹太特别法律的斗争过程中滑到了民族主义立场上。在1898年俄国社会民主工党第一次代表大会上,崩得作为只在专门涉及犹太无产阶级问题上独立的"自治组织",加入了俄国社会民主工党。在1903年俄国社会民主工党第二次代表大会上,崩得分子要求承认崩得是犹太无产阶级的唯一代表。在代表大会否决了这个要求之后,崩得退出了党。根据1906年俄国社会民主工党第四次(统一)代表大会决议,崩得重新加入了党。从1901年起,崩得是俄国工人运动中民族主义和分离主义的代表。它在党内一贯支持机会主义派别(经济派、孟什维克和取消派),反对布尔什维克。第一次世界大战期间,崩得分子采取社会沙文主义立场。1917年二月革命后,崩得支持资产阶级临时政府。1918—1920年外国武装干涉和国内战争时期,崩得的领导人同反革命势力勾结在一起,而一般的崩得分子则开始转变,主张同苏维埃

政权合作。1921 年 3 月崩得自行解散,部分成员加入俄国共产党
(布)。——249。

103　指《俄罗斯帝国法律汇编》。它于 1832 年首次出版时为 15 卷,1892 年
起增订为 16 卷。十月革命后被废除。——251。

104　指 1892 年民意社印发的署名"农民同情者"的传单:《给挨饿农民的第
一封信》。这份传单是在彼得堡秘密印刷的,它的作者是尼·米·阿斯
特列夫。——256。

105　犹杜什卡的用心意为阴险毒辣的用心。犹杜什卡是对犹大的蔑称,是
俄国作家米·叶·萨尔蒂科夫-谢德林的长篇小说《戈洛夫廖夫老爷
们》中的主要人物波尔菲里·弗拉基米罗维奇·戈洛夫廖夫的绰号。
谢德林笔下的犹杜什卡是贪婪、无耻、伪善、阴险、残暴等各种丑恶品质
的象征。——257。

106　指当时已为经济派所掌握的工人阶级解放斗争协会彼得堡委员会。
　　工人阶级解放斗争协会是列宁于 1895 年 11 月创立的,由彼得堡
的约 20 个马克思主义小组联合而成,1895 年 12 月确定用这个名称。
协会是俄国无产阶级革命政党的萌芽,实行集中制,有严格的纪律。它
的领导机构是中心小组,成员有 10 多人,其中 5 人(列宁、格·马·克
尔日扎诺夫斯基、瓦·瓦·斯塔尔科夫、阿·亚·瓦涅耶夫和尔·马尔
托夫)组成领导核心。协会分设 3 个区小组。中心小组和区小组通过
组织员同 70 多个工厂保持联系。各工厂有收集情况和传播书刊的组
织员,大的工厂则建立工人小组。协会在俄国第一次实现了社会主义
和工人运动的结合,完成了从小组内的马克思主义宣传到群众性政治
鼓动的转变。协会领导了 1895 年和 1896 年彼得堡工人的罢工,印发
了供工人阅读的传单和小册子,并曾筹备出版工人政治报纸《工人事业
报》。协会对俄国社会民主主义运动的发展产生了巨大影响,有好几个
城市的社会民主党组织以它为榜样,把马克思主义小组统一成为全市
性的"工人阶级解放斗争协会"。
　　协会一成立就遭到沙皇政府的迫害。1895 年 12 月 8 日(20 日)夜

间,沙皇政府逮捕了包括列宁在内的协会领导人和工作人员共 57 人。但是,协会并没有因此而停止活动,它组成了新的领导核心(米·亚·西尔文、斯·伊·拉德琴柯、雅·马·利亚霍夫斯基和马尔托夫)。列宁在狱中继续指导协会的工作。1896 年 1 月沙皇政府再次逮捕协会会员后,协会仍领导了 1896 年 5—6 月的彼得堡纺织工人大罢工。1896 年 8 月协会会员又有 30 人被捕。接二连三的打击使协会的领导成分发生了变化。从 1898 年下半年起,协会为经济派(由原来协会中的"青年派"演变而成)所掌握。协会的一些没有被捕的老会员继承协会的传统,参加了 1898 年俄国社会民主工党第一次代表大会的筹备工作。——258。

107 劳动解放社是俄国第一个马克思主义团体,由格·瓦·普列汉诺夫和维·伊·查苏利奇、帕·波·阿克雪里罗得、列·格·捷依奇、瓦·尼·伊格纳托夫于 1883 年 9 月在日内瓦建立。劳动解放社把马克思主义创始人的许多重要著作译成俄文,在国外出版后秘密运到俄国,对马克思主义在俄国的传播起了巨大作用。普列汉诺夫当时写的《社会主义与政治斗争》、《我们的意见分歧》、《论一元论历史观之发展》等著作有力地批判了民粹主义,用马克思主义的观点分析了俄国社会的现实和俄国革命的一些基本问题。普列汉诺夫起草的劳动解放社的两个纲领草案——1883 年的《社会民主主义的劳动解放社纲领》和 1885 年的《俄国社会民主党人纲领草案》,对于俄国社会民主党的建立具有重要意义,后一个纲领草案的理论部分包含了马克思主义政党纲领的基本成分。劳动解放社在团结俄国社会民主党的力量方面也做了许多工作。它还积极参加社会民主党人的国际活动,和德、法、英等国的社会民主党都有接触。劳动解放社以普列汉诺夫为代表对伯恩施坦主义进行了积极的斗争,在反对俄国的经济派方面也起了重要作用。恩格斯曾给予劳动解放社的活动以高度评价(参看《马克思恩格斯文集》第 10 卷第 532 页)。列宁认为劳动解放社的历史意义在于它从理论上为俄国社会民主党奠定了基础,向着工人运动迈出了第一步。劳动解放社的主要缺点是:它没有和工人运动结合起来,它的成员对俄国资本主义发展的特点缺乏具体分析,对建立不同于第二国际各党的新型政党的特殊任务缺乏认识等。劳动解放社于 1903 年 8 月在俄国社会民主工党第二次代表大会上宣布解散。——258。

108 俄国革命社会民主党人国外同盟是根据列宁的倡议由《火星报》和《曙光》杂志国外组织同"社会民主党人"革命组织于 1901 年 10 月在瑞士合并组成的。根据章程,同盟是《火星报》组织的国外部,其任务是协助《火星报》和《曙光》杂志的出版和传播,在国外宣传革命的社会民主党的思想,帮助俄国各社会民主党组织培养积极的活动家,向政治流亡者介绍俄国革命进程等。在 1903 年召开的俄国社会民主工党第二次代表大会上,同盟被承认为享有党的地方委员会权利的唯一国外组织。俄国社会民主工党第二次代表大会以后,孟什维克的势力在同盟内增强,他们于 1903 年 10 月召开同盟第二次代表大会,反对布尔什维克。列宁及其拥护者曾退出代表大会。孟什维克把持的同盟通过了同俄国社会民主工党党章相抵触的新章程。从此同盟就成为孟什维主义在国外的主要堡垒,直至 1905 年同盟撤销为止。——260。

109 军屯是 19 世纪前半期俄国的一种亦兵亦农的特殊军队组织,由阿·安·阿拉克切耶夫秉承沙皇亚历山大一世的意旨创办,目的是不增加军费而得到训练有素的后备军队。军屯是在拨归陆军部的国有土地上建立的。驻屯的军队由服役 6 年以上的已婚士兵和当地 18—45 岁的男性居民(主要是农民)编成,他们均称为户主屯丁。每个军屯由 60 户组成,每一户有 4 个户主屯丁和一个不可分割的农场,合在一起是一个连。军屯从 1810 年开始建立,1816 年起大规模推行,最盛时几乎占陆军的四分之一。军屯屯丁一年四季受军事训练,因而常常不能按时耕作。军屯中实行极严酷的纪律,经常进行体罚。屯丁的全部生活,包括家庭问题在内,都受严格章程的约束。军屯中像服苦役一样的生活条件和劳动条件,常常引起屯丁的大规模暴动。1857 年军屯被撤销。——264。

110 这一篇评论曾以《同饥民作斗争》为题出过两版单行本。第 1 版是作为《曙光》杂志第 2—3 期合刊的抽印本出的;第 2 版是由基什尼奥夫的《火星报》秘密印刷所刊印的,印数为 3 000 册。——268。

111　来了,看了看,取得了胜利出典于古希腊传记作家普卢塔克所著《传记集》中的《凯撒传》。古罗马统帅尤利乌斯·凯撒于公元前47年在小亚细亚的吉拉城下一举全歼了帕尔纳凯斯的军队后,踌躇满志地用拉丁文写了三个音节简短、音韵相同的词:Veni vidi vici("我来了,看了看,战胜了"),向他的友人报捷。

　　　　列宁把奥博连斯基公爵同凯撒相比,含有讽刺意味。——269。

112　费多尔的事……去处理吧! 出自俄国作家伊·谢·屠格涅夫的《猎人笔记》中的一个短篇小说《总管》。小说主人公阿尔卡季·巴甫雷奇·宾诺奇金是一个道貌岸然、举止文雅、不露声色地处罚下人的"文明"地主。有一天招待客人,他发现仆人费多尔没有把酒烫热,就镇静自若地按铃叫来另一个仆人,低声吩咐:"费多尔的事……去处理吧。"意即把费多尔拖进马厩鞭笞一顿。——271。

113　实际上,辛菲罗波尔通讯(关于"五一"游行示威)载于《火星报》第7号,库尔斯克通讯(《对彼得堡三月事件的反应和学生与农民中的风潮》)载于《火星报》第8号。——275。

114　彭帕杜尔出自俄国作家米·叶·萨尔蒂科夫-谢德林的讽刺作品《彭帕杜尔先生们和彭帕杜尔女士们》。作家在这部作品中借用法国国王路易十五的情妇彭帕杜尔这个名字塑造了俄国官僚阶层的群像。"彭帕杜尔"一词后来成了沙皇政府昏庸横暴、刚愎自用的官吏的通称。

　　　　这句话里的"市长的思想一致及市长专权等思想"出自萨尔蒂科夫-谢德林的另一讽刺作品《一个城市的历史》,是作者虚构的愚人城的市长瓦西里斯克·鲍罗达夫金所写的一篇文章的标题。文中宣扬所有市长对市长的权利与义务等应思想一致,在治理万民的手段方面不存分歧,以免百姓人等妄生侥幸之心。——277。

115　指萨拉托夫省地方自治局向1901年8月29日开幕的省地方自治紧急会议提出的报告。1901年8月29日《萨拉托夫日志》第187号报道了报告的内容。列宁在这里转述了报告的某些论点。——278。

116　《亚速海沿岸边疆区报》(《Приазовский Край》) 为俄国报纸(日报)，1892—1916 年在顿河畔罗斯托夫出版。它的前身是 1889—1891 年出版的《顿河原野报》。——280。

117　连环保是每一村社的成员在按时向国家和地主交清捐税和履行义务方面互相负责的制度。这种奴役农民的形式，在俄国废除农奴制后还保存着，直到 1906 年才最终取消。——281。

118　指省级地方机关编制的档案材料，其中记载着往西伯利亚流放的犯人的详细情况。——284。

119　斯拉夫主义者是 19 世纪中叶在俄国农奴制度发生危机的条件下产生的一个社会思想派别，代表人物有阿·斯·霍米亚科夫、伊·瓦·和彼·瓦·基列耶夫斯基兄弟、伊·谢·和康·谢·阿克萨科夫兄弟、尤·费·萨马林等。斯拉夫主义者提出所谓俄国历史发展有其不同于西欧的特殊道路的理论，并说唯独斯拉夫人才具有的村社制度和正教是这一道路的基础；认为俄国的历史发展会排除革命变革的可能，因而不仅对俄国的革命运动，而且对西欧的革命运动都持激烈的否定态度；主张保持专制制度，认为君主应重视舆论，建议召开由社会各阶层选举产生的国民代表会议(杜马)，但是反对制定宪法和对专制制度加以形式上的限制；在农民问题上，主张农民在人身方面得到解放和通过向地主交纳赎金的办法把土地分配给村社。在准备 1861 年改革的过程中，斯拉夫主义者同西欧派接近起来，加入了统一的自由主义阵营。——288。

120　指尼古拉·—逊(尼·弗·丹尼尔逊)的《我国改革后的社会经济概况》一书。该书于 1893 年在彼得堡出版。——290。

121　《俄罗斯新闻》(《Русские Ведомости》) 是俄国报纸，1863—1918 年在莫斯科出版。它反映自由派地主和资产阶级的观点，主张在俄国实行君主立宪，撰稿人是一些自由派教授。至 19 世纪 70 年代中期成为俄国影响最大的报纸之一。80—90 年代刊登民主主义作家和民粹主义者的文章。1898 年和 1901 年曾经停刊。从 1905 年起成为右翼立宪民主党人的机关报。1917 年二月革命后支持资产阶级临时政府。十月革命后被查封。——291。

122　高等法院是沙皇政府在 1864 年司法改革以后建立的司法机关,负责审理渎职案件、不服地方法院判决的上诉案件以及特别重大的民事和刑事案件。高等法院的法官由沙皇根据司法大臣的推荐任命。在俄国的几个省内设有高等法院。——293。

123　阿卡基·阿卡基耶维奇是俄国作家尼·瓦·果戈理的中篇小说《外套》的主人公。他是一个九等文官,成年累月地抄写公文,收入微薄,一生含垢忍辱,对一切都逆来顺受。——294。

124　套中人是俄国作家安·巴·契诃夫的同名小说的主人公别利科夫的绰号。此人对一切变动担惊害怕,忧心忡忡,一天到晚总想用一个套子把自己严严实实地包起来。后被喻为因循守旧、害怕变革的典型。——294。

125　指 1890 年 6 月 12 日沙皇亚历山大三世批准的俄国《省县地方自治机关条例》。——295。

126　基特·基特奇(季特·季特奇·勃鲁斯科夫)是俄国剧作家亚·尼·奥斯特罗夫斯基的喜剧《无端遭祸》中的一个专横霸道、贪婪成性的富商。——296。

127　《传教士评论》杂志(«Миссионерское Обозрение»)是俄国宗教界的神学杂志(月刊),1896—1898 年在基辅、1899－1916 年在彼得堡出版,编辑兼出版者是瓦·米·斯克沃尔佐夫。该杂志纠集了最反动的宗教界人士,攻击脱离了正宗教会的各教派的信徒。——302。

128　分裂派也称旧教派、旧礼仪派,是 17 世纪从俄国正教分裂出来的教派,1906 年以前受沙皇政府的迫害。——303。

129　《奥廖尔通报》(«Орловский Вестник»)是俄国温和自由派的社会政治和文学报纸(日报),1876—1918 年在奥廖尔出版。——303。

130　史敦达派是 19 世纪下半期俄罗斯和乌克兰农民中的一个教派。该教派是在新教影响下产生的,后来同浸礼教派合并。——305。

131　《信仰和理智》杂志(《Вера и Разум》)是哈尔科夫神学校的神学哲学杂志,1884——1916 年出版,每月出两期。该杂志持极端反动的立场,疯狂反对民主运动和进步思想。——305。

132　自由言论是俄国托尔斯泰主义者的出版社。该社曾在国外出版被沙皇书报检查机关查禁的列·尼·托尔斯泰的著作和反对沙皇政府迫害教派信徒的小册子,并于 1899——1901 年在瑞士出版《自由思想》杂志,1901——1905 年在英国出版《自由言论》杂志。——306。

133　《自由》杂志(《Свобода》)是 1901 年 5 月成立的俄国革命社会主义自由社在瑞士出版的杂志,共出了两期,1901 年和 1902 年各一期。此外,该社还出版了《革命前夜。理论和策略问题不定期评论》第 1 期,《评论》第 1 期,尔·纳杰日丁的小册子《俄国革命主义的复活》等。这些出版物宣扬经济主义和恐怖主义思想,支持俄国国内的反火星派团体。——322。

134　《南方工人报》(《Южный Рабочий》)是俄国社会民主主义团体的秘密报纸,1900 年 1 月——1903 年 4 月出版,共出了 12 号。第 1、2 号由俄国社会民主工党叶卡捷琳诺斯拉夫委员会出版,以后各号由南方工人社(有叶卡捷琳诺斯拉夫、哈尔科夫等南方城市的俄国社会民主工党组织的代表参加)出版。报纸的印刷所先后设在叶卡捷琳诺斯拉夫、斯摩棱斯克、基什尼奥夫、尼古拉耶夫等城市。参加编辑和撰稿的有伊·克·拉拉扬茨、阿·扎·维连斯基(伊里亚)、奥·阿·科甘(叶尔曼斯基)、B.H.罗扎诺夫等。《南方工人报》反对经济主义和恐怖主义,但是不同意列宁和火星派关于把革命的社会民主党人联合在《火星报》周围并在集中制原则基础上建立一个马克思主义政党的计划,而提出通过建立各区域社会民主党人联合会的途径来恢复俄国社会民主工党的计划。在 1903 年俄国社会民主工党第二次代表大会上,南方工人社的代表采取中派立场。根据这次代表大会的决议,南方工人社被解散,《南方工人报》停刊。——324。

135 阶段论是工人事业派编造的一种理论。根据这一理论,社会民主主义运动在提出广泛的革命任务之前,必须经过一系列的阶段:开始是纯粹的经济鼓动,然后是同经济斗争直接联系的政治鼓动,最后才是政治鼓动。——328。

136 列宁从拉萨尔1852年6月24日给马克思的信中摘译的这段话,其中一部分后来用做《怎么办?》一书的题词。——330。

137 1901年12月6日(19日),俄国社会民主党人在日内瓦庆祝格·瓦·普列汉诺夫从事革命活动二十五周年并纪念喀山游行示威二十五周年。喀山游行示威即1876年12月6日在彼得堡喀山教堂附近广场举行的游行示威,这是俄国第一次有先进工人参加的政治性游行示威。民粹派的土地和自由社以及同它有联系的工人小组的成员组织了这次约400人的游行示威,普列汉诺夫向示威群众发表了热情洋溢的革命演说。游行队伍被军警驱散,许多参加者被捕,并被判处监禁、流放和服苦役。普列汉诺夫被迫侨居国外。

　　除日内瓦外,伯尔尼、巴黎、苏黎世和俄国社会民主党人侨居的其他城市也都举行了普列汉诺夫从事革命活动二十五周年庆祝会。——332。

138 "土地和自由"是土地和自由社的口号。

　　土地和自由社是俄国民粹派的秘密革命组织,1876年在彼得堡成立,起初称为北方革命民粹主义小组、民粹派协会,1878年底改称土地和自由社(19世纪60年代初出现的一个俄国革命组织也叫土地和自由社)。该社著名活动家有:马·安·和奥·亚·纳坦松夫妇、亚·德·米哈伊洛夫、阿·费·米哈伊洛夫、阿·德·奥博列舍夫、格·瓦·普列汉诺夫、奥·瓦·阿普捷克曼、德·亚·克列缅茨、尼·亚·莫罗佐夫、索·李·佩罗夫斯卡娅等。土地自由派认为俄国可以走非资本主义的特殊发展道路,其基础就是农民村社。他们的纲领提出全部土地归"农村劳动等级"并加以"平均"分配、村社完全自治、"按地方意愿"把帝国分为几个部分等等。土地自由派认为俄国的主要革命力量是农民。他们在坦波夫、沃罗涅日等省进行革命工作,企图发动农民起义来反对沙皇政府。他们还出版和传播革命书刊,参加 70 年代末彼得堡的一些罢工和游行示威。他们的组织原则是遵守纪律、同志之间互相监督、集中制和保守秘密。由于对农村中革命运动日益感到失望,以及政府迫害的加剧,在土地和自由社内部逐渐形成了主张把恐怖活动作为同沙皇政府进行斗争的主要手段的一派。另一派主张继续采取原来的策略。1879 年 8 月,土地和自由社最终分裂,前者成立了民意党,后者组织了土地平分社。——333。

139　国内土耳其人暗指沙皇政府、农奴主以及他们的精神奴仆,出典于俄国文学评论家尼·亚·杜勃罗留波夫为伊·谢·屠格涅夫的长篇小说《前夜》写的评论文章《真正的白天什么时候到来?》。《前夜》的主人公保加利亚人英沙罗夫决心把自己的祖国从土耳其占领者的压迫下解放出来。杜勃罗留波夫的文章指出:俄国正处于革命的"前夜",需要像英沙罗夫那样的革命家,但他们应是俄国式的英沙罗夫,因为俄国现在有许多国内的"土耳其人";俄国需要有同大量的"国内土耳其人"作斗争的英雄。——334。

140　1866 年国际代表大会即 1866 年 9 月 3—8 日在日内瓦举行的国际工人协会第一次代表大会。出席大会的共有 60 名代表,分别代表总委员会和协会各支部以及英国、法国、德国和瑞士的工人团体。大会主席是海·荣克。大会接受了 1865 年伦敦代表会议提出的、由总委员会制定的议事日程。大会批准了国际工人协会的章程和条例。马克思所写的《临时中央委员会就若干问题给代表的指示》作为总委员会的正式报告在大会上宣读。《指示》很重视工会,不仅把它看做"进行劳资之间的游击式的斗争"的中心,而且看做工人阶级为消灭雇佣劳动制度本身而斗争的组织中心。掌握大会三分之一票数的蒲鲁东主义者反对《指示》,他们就议程的各点提出了自己的广泛纲领,特别是激烈地反对工会。但是总委员会的拥护者在讨论的大多数问题上获得了胜利。——338。

141　巴枯宁主义是以米·亚·巴枯宁为代表的无政府主义思潮,产生于 19

世纪60年代。巴枯宁主义者是小资产阶级革命性及其特有的极端个人主义的代表，鼓吹个人绝对自由，反对任何权威。他们认为国家是剥削和不平等的根源，要求废除一切国家，实行小生产者公社的完全自治，并把这些公社联合成自由的联邦（按巴枯宁主义者的说法就是实现"社会清算"）。巴枯宁主义者反对马克思主义的社会革命学说，否定工人阶级的一切不直接导致"社会清算"的斗争形式，否认建立独立的工人政党的必要性，而主张由"优秀分子"组成的秘密革命团体去领导群众骚乱。19世纪60年代末和70年代初，巴枯宁主义在当时经济上落后的西班牙、意大利、法国南部和瑞士的小资产阶级和一部分工人中得到传播。在巴枯宁主义的影响下，也形成了俄国革命民粹主义的一个派别。

　　1868年，巴枯宁在日内瓦建立了无政府主义者的国际组织——社会主义民主同盟。在同盟申请加入第一国际遭到拒绝以后，巴枯宁主义者采取对国际总委员会的决定阳奉阴违的办法，表面上宣布解散这个组织，而实际却继续保留，并于1869年3月以国际日内瓦支部的名义把它弄进了国际。巴枯宁主义者利用社会主义民主同盟的组织在国际内部进行了大量分裂和破坏活动，力图夺取国际总委员会的领导权，受到马克思和恩格斯的揭露和批判。1872年9月2—7日举行的第一国际海牙代表大会把巴枯宁和另一位巴枯宁派首领詹·吉约姆开除出国际。19世纪最后25年间，巴枯宁主义者蜕化成了脱离群众的小宗派。——341。

142　1901年春，随着俄国国内革命运动的增强，侨居国外的俄国社会民主党人讨论了关于有必要统一和协调为数甚多的社会民主党国外组织的行动问题。列宁认为革命派组织在原则上不能同机会主义组织统一，但他建议把革命的社会民主党组织统一起来。1901年4月25日，列宁在给帕·波·阿克雪里罗得的信中提出了把"社会民主党人"革命组织、《曙光》杂志编辑部和某些小组联合成为一个同盟的计划（参看本版全集第44卷第57号文献）。国外同盟最初的章程草案是由《火星报》慕尼黑编辑部同前来慕尼黑的格·瓦·普列汉诺夫一起制定的。《火星报》和《曙光》杂志国外组织以及"社会民主党人"革命组织的全体成员讨论了这个草案。列宁对章程草案的修改意见看来就是在这个时候写的。——343。

143　这里和下面开列的是载有关于俄国各城市工人和大学生举行游行示威的通讯和报道的《火星报》的号数。——348。

144　这份材料看来是《地方自治机关的迫害者和自由主义的汉尼拔》开头部分的另一种稿本。——351。

145　《俄罗斯通报》杂志（«Русский Вестник»）是俄国文学和政治刊物,1856年由米·尼·卡特柯夫在莫斯科创办,起初为双周刊,1861年起改为月刊。该杂志初期持温和自由派立场,期待自上而下的改革,1862年起变成了反动势力的喉舌。1887年卡特柯夫死后,该杂志曾迁到彼得堡出版,1906年停刊。——353。

146　《欧洲通报》杂志（«Вестник Европы»）是俄国资产阶级自由派的历史、政治和文学刊物,1866年3月—1918年3月在彼得堡出版。1866—1867年为季刊,后改为月刊。先后参加编辑出版工作的有米·马·斯塔秀列维奇、马·马·柯瓦列夫斯基等。——353。

147　这份材料是《自由言论》杂志第53、55、57、59、60期所载署名为兹·斯·的几篇关于地方自治机关的文章的内容摘要,是列宁在撰写《地方自治机关的迫害者和自由主义的汉尼拔》一文期间写的。——355。

148　总督管区是俄国的一种大的行政区划单位,包括一至几个省或州,由总督管辖。总督管区于1775年设置,1917年二月革命后撤销。——358。

149　指《俄罗斯帝国法律汇编》第9卷第762条:"属于居住在俄罗斯帝国的异族人有:(1)西伯利亚异族人;(2)阿尔汉格尔斯克省的萨莫耶德人;(3)斯塔夫罗波尔省的游牧异族人;(4)游牧于阿斯特拉罕省和斯塔夫罗波尔省的卡尔梅克人;(5)内奥尔达的吉尔吉斯人;(6)阿克莫林斯克州、塞米巴拉金斯克州、谢米列奇耶州、乌拉尔州和图尔盖州的异族人;(7)外里海州的异族居民;(8)犹太人。"——359。

150　1901 年 8 月 1 日《俄罗斯新闻》第 210 号登载了该报编辑部的一篇短文，讨论 1901 年 6 月 8 日《关于西伯利亚官地拨给私人的法令》。短文以乌法省为例引用了一些材料，证明实施法令的结果是贵族获得巨额利润，农民群众却遭到贫困和破产。列宁摘录了这篇短文中的一些材料。——359。

151　这篇文献是列宁对达·波·梁赞诺夫 1901 年夏为《曙光》杂志所写的《两种真理》一文提的意见。梁赞诺夫的文章没有被《曙光》杂志编辑部采用。

列宁在意见中所指出的页码是梁赞诺夫寄给《曙光》杂志编辑部那篇文章手稿的页码。——365。

152　本体和现象是康德哲学中的两个互相对立的概念。康德认为，本体是不依赖于人的意识而存在的、为人的认识所达不到的、不可知的"自在之物"。现象是自在之物作用于人的感官、形成经验材料、再加上人的感性和知性的先天形式而产生的，是人的认识的对象。——367。

人 名 索 引

A

阿尔切夫斯基,亚历山大·基里洛维奇(Алчевский, Александр Кириллович
1836—1901)——俄国百万富翁,曾创办哈尔科夫商业银行(1868)和哈尔
科夫土地银行(1871),担任常任董事长。还是阿列克谢耶夫矿业公司
(1879)和顿涅茨-尤里耶夫矿业公司(1894)以及一些工厂的创办人和老
板。在经济危机时期破产后自杀。——75、76。

阿克萨科夫,伊万·谢尔盖耶维奇(Аксаков, Иван Сергеевич 1823—1886)——俄
国斯拉夫派活动家,作家和政论家。曾撰文揭露沙皇行政当局滥用职权的
现象,支持温和自由派的纲领——出版自由、废除贵族特权等等。其出版
的《帆船报》、《日报》和《莫斯科报》多次遭到书报检查机关的迫害。1863
年波兰起义爆发后,支持贵族农奴主反动势力,鼓吹在俄罗斯君主国统治
下统一斯拉夫各民族的思想。在一些枝节问题上对政府有所批评,但始终
是君主制度的维护者。曾提出在专制沙皇领导下实行地方自治的建国计
划,这一计划被沙皇政府广泛利用来讨好自由派。——24、40。

阿克雪里罗得,帕维尔·波里索维奇(Аксельрод, Павел Борисович 1850—
1928)——俄国孟什维克领袖之一。19世纪70年代是民粹派分子。1883
年参与创建劳动解放社。1900年起是《火星报》和《曙光》杂志编辑部成
员。这一时期在宣传马克思主义的同时,也在一系列著作中把资产阶级民
主制和西欧社会民主党议会活动理想化。1903年在俄国社会民主工党第
二次代表大会上是《火星报》编辑部有发言权的代表,属火星派少数派,会
后是孟什维主义的思想家。1905年提出召开广泛的工人代表大会的取消
主义观点。1906年在党的第四次(统一)代表大会上代表孟什维克作了关
于国家杜马问题的报告,宣扬无产阶级同资产阶级实行政治合作的机会主

义思想。斯托雷平反动时期和新的革命高涨年代是取消派的思想领袖,参加孟什维克取消派《社会民主党人呼声报》编辑部。1912年加入"八月联盟"。第一次世界大战期间表面上是中派,实际持社会沙文主义立场;曾参加齐美尔瓦尔德代表会议和昆塔尔代表会议,属于右翼。1917年二月革命后任彼得格勒苏维埃执行委员会委员,支持资产阶级临时政府。十月革命后侨居国外,反对苏维埃政权,鼓吹武装干涉苏维埃俄国。——57、366。

阿拉克切耶夫,阿列克谢·安德列耶维奇(Аракчеев, Алексей Андреевич 1769—1834)——沙皇专制制度最反动的代表人物之一,将军,伯爵。亚历山大一世的权臣。1808年起任陆军大臣,1810年起任国务会议军事局主席。1815年起实际上掌握了国务会议、大臣委员会和御前办公厅的大权;以专横残暴著称,对俄国国内外政策有重大影响。其当权的整个时期是一个军警肆虐、特务横行、贪赃枉法、暗无天日、民不聊生的反动时期,称为"阿拉克切耶夫时代";所执行的极端反动的政策,称为"阿拉克切耶夫制度"。——25。

阿姆夫罗西(**克柳恰列夫,阿列克谢·约瑟福维奇**)(Амвросий(Ключарев, Алексей Иосифович)1821 — 1901)——俄国正教教会反动代表人物。1860—1867年在莫斯科出版《拯救灵魂读物》杂志。1882年起任哈尔科夫和阿赫特尔卡大主教。1884年起是在哈尔科夫出版的神学杂志《信仰和理智》的编辑兼出版人。——305。

安东诺维奇(Антонович)——俄国统计人员。1901年在哈尔科夫省地方自治局统计处工作。——297。

安年斯基,尼古拉·费多罗维奇(Анненский, Николай Федорович 1843 — 1912)——俄国政论家,经济学家和统计学家。19世纪80—90年代领导喀山和下诺夫哥罗德省地方自治局的统计工作,1896—1900年任彼得堡市政管理委员会统计处处长,主持编辑了许多统计著作。曾为《事业》和《祖国纪事》等杂志撰稿,担任过《俄国财富》杂志编委。90年代是自由主义民粹派代表人物。1903—1905年是资产阶级自由派组织"解放社"的领导人之一。1906年参与组织人民社会党,是该党领导人之一。——297。

奥勃鲁切夫,弗拉基米尔·亚历山德罗维奇(Обручев, Владимир Александрович 1836—1912)——俄国19世纪60年代革命民主主义运动参加者,政论家。1858 年毕业于总参谋部学院。曾为《同时代人》杂志撰稿。1861
年因散发秘密传单《大俄罗斯人》被捕,1862 年被判处到西伯利亚服苦役。
1874 年从流放地返回,1884 年起在海军总部任职,1906 年退伍。——23。

奥博连斯基,伊万·米哈伊洛维奇(Оболенский, Иван Михайлович 1845 —
1910)——俄国公爵。20 世纪初起先后任赫尔松省和哈尔科夫省省长,是
沙皇对付饥民政策的狂热推行者,竭力掩盖人民的疾苦,禁止私人救济饥
民。1902 年哈尔科夫省农民骚动时,他扫荡了一座座村落,大肆杀戮,凶
残无比。1904 年被任命为芬兰总督,1905 年 10 月残酷地镇压了赫尔辛福
斯的革命起义。——269、270、271。

奥哈根,胡贝特(Auhagen, Hubert)——德国经济学家,《农业年鉴》撰稿人,
《农业中的大生产和小生产》(1896)的作者。——147。

B

巴枯宁,阿列克谢·亚历山德罗维奇(Бакунин, Алексей Александрович
1823—1882)——俄国无政府主义理论家米·亚·巴枯宁的弟弟,特维尔
省贵族,自由派活动家。在农民改革的准备和进行时期积极参加特维尔贵
族反对派的一切活动。1860 年被选为新托尔若克县贵族代表。1862 年同
他的哥哥尼·亚·巴枯宁一起在特维尔省贵族给沙皇政府的呈文上签名,
为此被关进彼得保罗要塞。获释后被剥夺了担任社会公职的权利。
——22。

巴枯宁,米哈伊尔·亚历山德罗维奇(Бакунин, Михаил Александрович
1814—1876)——俄国无政府主义和民粹主义创始人和理论家之一。
1840 年起侨居国外,曾参加德国 1848—1849 年革命。1849 年因参与领导
德累斯顿起义被判死刑,后改为终身监禁。1851 年被引渡给沙皇政府,因
禁闭期间向沙皇写了《忏悔书》。1861 年从西伯利亚流放地逃往伦敦。1868
年参加第一国际活动后,在国际内部组织秘密团体——社会主义民主同
盟,妄图夺取总委员会的领导权。鼓吹无政府主义,宣称个人“绝对自由”
是整个人类发展的最高目的,国家是产生一切不平等的根源;否定包括无
产阶级专政在内的一切国家;不理解无产阶级的历史作用,公开反对建立
工人阶级的独立政党,主张工人放弃政治斗争。由于进行分裂国际的阴谋

活动,1872年在海牙代表大会上被开除出第一国际。——22、338。

巴枯宁,尼古拉·亚历山德罗维奇(Бакунин,Николай Александрович 1818—1901)——俄国无政府主义理论家米·亚·巴枯宁的弟弟,特维尔省贵族,自由派活动家。1858年起任特维尔农民问题委员会委员,1861年起任特维尔省农民事务会议成员。1862年是特维尔省贵族给沙皇政府的呈文的发起人之一(呈文要求废除等级特权,建立公审制度,召集不分等级、选自人民的代表会议)。他与在呈文上签名的其他贵族一起被捕并被关进彼得保罗要塞。获释后被剥夺了担任社会公职的权利。——22。

本辛格,奥古斯特·弗兰茨(Bensing,August Franz 生于1870年)——德国经济学家,海德堡大学教授,《农业机器对国民经济和私有经济的影响》一书的作者。——110—112、201。

俾斯麦,奥托·爱德华·莱奥波德(Bismarck,Otto Eduard Leopold 1815—1898)——普鲁士和德国国务活动家和外交家。普鲁士容克的代表。曾任驻彼得堡大使(1859—1862)和驻巴黎大使(1862),普鲁士首相(1862—1872、1873—1890),北德意志联邦首相(1867—1871)和德意志帝国首相(1871—1890)。1870年发动普法战争,1871年支持法国资产阶级镇压巴黎公社。主张在普鲁士领导下"自上而下"统一德国。曾采取一系列内政措施,捍卫容克和大资产阶级的联盟。1878年颁布反社会党人非常法。由于内外政策遭受挫折,于1890年3月去职。——66。

列尔嘉耶夫,尼古拉·亚历山德罗维奇(Бердяев,Николай Александрович 1874—1948)——俄国宗教哲学家。学生时代参加社会民主主义运动。19世纪90年代末曾协助基辅的工人阶级解放斗争协会,因协会案于1900年被逐往沃洛格达省。早期倾向合法马克思主义,试图将马克思主义同新康德主义结合起来;后转向宗教哲学。1905年加入立宪民主党。斯托雷平反动时期是宗教哲学流派——寻神说的代表人物之一。曾参与编撰《路标》文集。十月革命后创建"自由精神文化学院"。1921年因涉嫌"战术中心"案而被捕,后被驱逐出境。著有《自由哲学》、《创造的意义》、《俄罗斯的命运》、《新中世纪》、《论人的奴役与自由》、《俄罗斯思想》等。——58、106、132。

伯恩施坦,爱德华(Bernstein,Eduard 1850—1932)——德国社会民主党和第二国际右翼领袖之一,修正主义的代表人物。1872 年加入社会民主党,曾是欧·杜林的信徒。1879 年和卡·赫希柏格、卡·施拉姆在苏黎世发表《德国社会主义运动的回顾》一文,指责党的革命策略,主张放弃革命斗争,适应俾斯麦制度,受到马克思和恩格斯的严厉批评。1881—1890 年任党的中央机关报《社会民主党人报》编辑。从 90 年代中期起完全同马克思主义决裂。1896—1898 年以《社会主义问题》为题在《新时代》杂志上发表一组文章,1899 年发表《社会主义的前提和社会民主党的任务》一书,从经济、政治和哲学方面对马克思主义的理论和策略作了全面的修正。1902年起为国会议员。第一次世界大战期间持中派立场。1917 年参加德国独立社会民主党,1919 年公开转到右派方面。1918 年十一月革命失败后出任艾伯特—谢德曼政府的财政部长助理。——128、171。

博勃里科夫,尼古拉·伊万诺维奇(Бобриков, Николай Иванович 1839—1904)——沙俄将军,1898 年起任芬兰总督,在芬兰推行沙皇政府的俄罗斯化政策:规定俄语为芬兰的公务语言,实际上废除了宪法,残酷镇压民族解放运动的任何举动。1904 年 6 月 3 日(16 日)被芬兰恐怖分子刺死。——320。

布尔采夫,弗拉基米尔·李沃维奇(Бурцев, Владимир Львович 1862—1942)——俄国政论家和出版家。19 世纪 80 年代是民意党人。1885 年被捕,流放西伯利亚,后逃往国外,从事收集和出版革命运动文献的工作。1897 年在伦敦出版革命运动史料汇编《一百年来》。1900 年开始出版《往事》杂志。曾把沙俄内务部警察司的秘密活动公之于众,揭露了奸细叶·菲·阿捷夫和罗·瓦·马林诺夫斯基等人。俄国第一次革命前夕接近社会革命党人,革命失败后支持立宪民主党人。1911 年 10 月—1914 年 1 月在巴黎出版自由派资产阶级的《未来报》。第一次世界大战期间是沙文主义者。1915 年回国,反对布尔什维克。1917 年二月革命后开始出版《共同事业报》(后转到巴黎出版)。十月革命后侨居国外,参与建立君主派白卫组织,反对苏维埃俄国。——23、60。

布尔加柯夫,谢尔盖·尼古拉耶维奇(Булгаков, Сергей Николаевич 1871—1944)——俄国经济学家、哲学家和神学家。19 世纪 90 年代是合法马克思主义者,后来成了"马克思的批评家"。修正马克思关于土地问题的学说,企图证明小农经济稳固并优于资本主义大经济,用土地肥力递减规律来解释人民群众的贫困化;还试图把马克思主义同康德的批判认识论结合起来。后来转向宗教哲学和基督教。1901—1906年和1906—1918年先后在基辅大学和莫斯科大学任政治经济学教授。1905—1907年革命失败后追随立宪民主党,为《路标》文集撰稿。1918年起是正教司祭。1923年侨居国外。1925年起在巴黎的俄国神学院任教授。主要著作有《论资本主义生产条件下的市场》(1897)、《资本主义和农业》(1900)、《经济哲学》(1912)等。——84、87—88、89—90、91—93、94—95、96—97、98—100、101、102—103、104、106—108、109—110、111、112、114—115、116、117、118、120、121、122、127、128、131、135、138、144、146、147、148、149、153、154—155、156、157、158、159、160、162、164、165、167、168、169、170—171、174、175、176、177、178—179、184、185—187、188、194、198、199、200、201、203、208、209、210、211。

布劳恩,亨利希(Braun, Heinrich 1854—1927)——德国社会民主党人,新闻工作者。1883年参与创办德国社会民主党理论刊物《新时代》杂志。1888—1903年出版主要阐述工人运动和工人立法的理论和实践问题的《社会立法和统计学文库》杂志。1903年起为帝国国会议员。1905—1907年出版《新社会》杂志,1911—1913年出版《社会政治和立法问题年鉴》杂志。——119、128。

布列克洛夫,斯捷潘·米哈伊洛维奇(Блеклов, Степан Михайлович 1860—1913)——俄国地方自治局统计人员,民粹主义者。1885年莫斯科大学毕业后在波尔塔瓦、特维尔、奥廖尔等省的地方自治机关任职。1900—1901年领导塔夫利达省一些县的调查工作。在其著作和调查报告中揭露沙皇行政当局大量滥用职权的现象,1902年被解职。曾参加1905—1906年的社会运动,追随社会革命党。因参与组织全俄农民协会被捕,后流亡国外。——298。

布伦坦诺,路约(Brentano, Lujo 1844—1931)——德国经济学家,讲坛社会主义代表人物。1891年起任慕尼黑大学政治经济学教授。鼓吹放弃阶级斗争,主张通过组织改良主义的工会和工厂立法解决资本主义的社会矛盾,调和工人和资本家的利益。在土地问题上维护小农经济稳固论和土地肥力递减规律。晚年成了公开的帝国主义辩护士。——89、98、131、133。

C

查苏利奇,维拉·伊万诺夫娜（Засулич, Вера Ивановна 1849—1919）——俄
国民粹主义运动和社会民主主义运动活动家。1868 年在彼得堡参加革命
小组。1878 年 1 月 24 日开枪打伤下令鞭打在押革命学生的彼得堡市长
费·费·特列波夫。1879 年加入土地平分社。1880 年侨居国外,逐步同
民粹主义决裂,转到马克思主义立场。1883 年参与创建劳动解放社。
80—90 年代翻译了马克思的《哲学的贫困》和恩格斯的《社会主义从空想
到科学的发展》,写了《国际工人协会史纲要》等著作;为劳动解放社的出版
物以及《新言论》和《科学评论》等杂志撰稿,发表过一系列文艺批评文章。
1900 年起是《火星报》和《曙光》杂志编辑部成员。在俄国社会民主工党第
二次代表大会上是《火星报》编辑部有发言权的代表,属火星派少数派,会
后成为孟什维克领袖之一,参加孟什维克的《火星报》编辑部。1905 年回
国。斯托雷平反动时期和新的革命高涨年代是取消派分子。第一次世界
大战期间是社会沙文主义者。1917 年是孟什维克统一派分子。对十月革
命持否定态度。——38。

车尔尼雪夫斯基,尼古拉·加甫里洛维奇（Чернышевский, Николай Гаври-
лович 1828—1889）——俄国革命民主主义者和空想社会主义者,作家,文
学评论家,经济学家,哲学家;俄国社会民主主义先驱之一,俄国 19 世纪
60 年代革命运动的领袖。1853 年开始为《祖国纪事》和《同时代人》等杂志
撰稿,1856—1862 年是《同时代人》杂志的领导人之一,发扬别林斯基的民
主主义批判传统,宣传农民革命思想,是土地和自由社的思想鼓舞者。因
揭露 1861 年农民改革的骗局,号召人民起义,于 1862 年被沙皇政府逮捕,
入狱两年,后被送到西伯利亚服苦役。1883 年解除流放,1889 年被允许回
家乡居住。著述很多,涉及哲学、经济学、教育学、美学、伦理学等领域。在
哲学上批判了贝克莱、康德、黑格尔等人的唯心主义观点,力图以唯物主义
精神改造黑格尔的辩证法。对资本主义作了深刻的批判,认为社会主义是
由整个人类发展进程所决定的,但作为空想社会主义者,又认为俄国有可
能通过农民村社过渡到社会主义。所著长篇小说《怎么办?》(1863)和《序

幕》(约 1867—1869)表达了社会主义理想,产生了巨大的革命影响。——
23、24、54。

D

达欣,叶弗列姆·斯捷潘诺维奇（Дахин, Ефрем Степанович 生于 1871
年）——俄国彼得堡亚历山德罗夫工厂的工人,1901 年奥布霍夫工厂五月
骚乱案件的被告人之一。——265。

大卫,爱德华（David, Eduard 1863—1930）——德国社会民主党右翼领袖之
一,经济学家;德国机会主义者的主要刊物《社会主义月刊》创办人之一。
1893 年加入社会民主党。公开修正马克思主义关于土地问题的学说,否
认资本主义经济规律在农业中的作用。1903 年出版《社会主义和农业》一
书,宣扬小农经济稳固,维护所谓土地肥力递减规律。1903—1918 年和
1920—1930 年为国会议员,社会民主党国会党团领袖之一。第一次世界
大战期间是社会沙文主义者;在《世界大战中的社会民主党》(1915)一书中
为德国社会民主党右翼在第一次世界大战中的机会主义立场辩护。1919
年 2 月任魏玛共和国国民议会第一任议长。1919—1920 年任内务部长,
1922—1927 年任中央政府驻黑森的代表。——113、114、128、139—140、
142、162、191、192、200—212、213、216、217、220、221—223、230、231、
233、244。

丹尼尔逊,尼古拉·弗兰策维奇(尼·—逊;尼古拉·—逊)（Даниельсон,
Николай Францевич (Н.—он, Николай —он) 1844—1918）——俄国经济
学家,政论家,自由主义民粹派理论家。他的政治活动反映了民粹派从对
沙皇制度进行革命斗争转向与之妥协的演变。19 世纪 60—70 年代与革
命的青年平民知识分子小组有联系。接替格·亚·洛帕廷译完了马克思
的《资本论》第 1 卷(1872 年初版),以后又译出第 2 卷(1885)和第 3 卷
(1896)。在翻译该书期间同马克思和恩格斯有过书信往来。但不了解马
克思主义的实质,认为马克思主义理论不适用于俄国,资本主义在俄国没
有发展前途;主张保存村社土地所有制,维护小农经济和手工业经济。
1893 年出版了《我国改革后的社会经济概况》一书,论证了自由主义民粹
派的经济观点。列宁尖锐地批判了他的经济思想。——136、290、367。

德拉哥马诺夫,米哈伊尔·彼得罗维奇（Драгоманов, Михаил Петрович 1841—1895）——乌克兰历史学家,民间创作研究家和政论家,资产阶级自由派代表人物之一。1864年起任基辅大学讲师;曾为自由派刊物撰稿。1875年因政治上"不可靠"被大学解聘,1876年侨居瑞士。在国外继续从事政论活动,揭露沙皇政府的政策,同时又反对社会主义和阶级斗争理论,批评民意党人和社会民主党人。把地方自治运动看做是同沙皇制度作斗争的支柱,1883年任《自由言论》周刊编辑。乌克兰民族解放运动温和派著名领导人之一,主张民族文化自治。1889年起任索菲亚大学教授。写有《俄国的自由主义和地方自治机关》(1889)以及有关乌克兰历史、乌克兰和斯拉夫民间创作方面的著作。——22、27、34、41、352—353。

德雷克斯勒尔,古斯塔夫（Drechsler, Gustav 1833—1890）——德国教授,格丁根农学院院长。曾与弗·亨涅贝格一起出版《农业杂志》,写有《农业状况》(1869)、《征收地段的赎买计算法》(1873)等农业方面的著作。1887年被选入帝国国会。——213—215、217、218、220、221、240。

德鲁日宁（Дружинин）——俄国特维尔省国民学校督学。——356。

德蒙班,加布里埃尔（Demombynes, Gabriel 生于1840年）——法国律师,国家法问题专家,《欧洲各国的宪法》一书的作者。——352。

狄茨,约翰·亨利希·威廉（Dietz, Johann Heinrich Wilhelm 1843—1922）——德国社会民主党人,出版家。19世纪60年代在俄国彼得堡《同时代人》杂志当排字工人。返回德国后,参加汉堡、莱比锡、斯图加特的社会民主主义运动。1881年起在斯图加特定居,创办狄茨出版社,即后来的社会民主党出版社。1881—1918年为帝国国会议员。曾出版马克思和恩格斯的著作以及《曙光》杂志和列宁的著作《怎么办?》。——17、21、351。

狄更斯,查理（Dickens, Charles 1812—1870）——英国批判现实主义作家。出身于小官吏家庭。幼年家境贫寒,当过童工,后来做缮写员和新闻记者。主要作品有《匹克威克外传》(1837)、《奥列佛·特维斯特》(1838)、《董贝父子》(1848)、《大卫·科波菲尔》(1850)、《艰难时世》(1854)、《小杜丽》(1857)、《双城记》(1859)、《我们共同的朋友》(1865)等。作品从人道主义出发,广泛抨击资本主义社会的罪恶,揭露资产阶级的贪婪、伪善和司法、行政机关的腐败。但在揭露资本主义制度时,不是号召人们起来推翻这种制度，而是主张点滴的改良，宣扬通过对私有者进行道德再教育来实现社会正义的空想。——282。

迪藤贝格尔（Dittenberger）——德国国家土地测量机关的官员，对爱森纳赫的农民经济作过考察。——159。

蒂尔，胡戈（Thiel，Hugo 1839—1918）——德国大地主，达姆施塔特农学院和慕尼黑农学院教授。1897年起领导普鲁士的农业院校。1873—1918年出版《农业年鉴》。——148、213。

杜勃罗留波夫，尼古拉·亚历山德罗维奇（Добролюбов，Николай Александрович 1836—1861）——俄国革命民主主义者，文学评论家，唯物主义哲学家，车尔尼雪夫斯基最亲密的朋友和战友。1857年参加《同时代人》杂志的编辑工作，1858年开始主持杂志的书评栏，1859年又创办了杂志附刊《哨声》。1859—1860年发表了一系列论文：《什么是奥勃洛摩夫性格？》、《黑暗的王国》、《真正的白天什么时候到来？》、《黑暗王国的一线光明》等，这些论文是战斗的文学批评的典范。一生坚决反对专制制度和农奴制度，热情支持反对专制政府的人民起义。与赫尔岑、别林斯基和车尔尼雪夫斯基同为俄国社会民主主义的先驱。——334。

杜冈-巴拉诺夫斯基，米哈伊尔·伊万诺维奇（Туган-Барановский，Михаил Иванович 1865—1919）——俄国经济学家和历史学家。1895—1899年任彼得堡大学政治经济学讲师，1913年起任彼得堡工学院教授。19世纪90年代是合法马克思主义的代表人物。曾为《新言论》杂志和《开端》杂志等撰稿，积极参加同自由主义民粹派的论战。20世纪初起公开维护资本主义，修正马克思主义的基本原理，成了"马克思的批评家"。1905—1907年革命期间加入立宪民主党。十月革命后成为乌克兰反革命势力的骨干分子，1917—1918年任乌克兰中央拉达财政部长。主要著作有《现代英国的工业危机及其原因和对人民生活的影响》（1894）、《俄国工厂今昔》（第1卷，1898）等。——90、114。

多尔戈鲁科夫，彼得·弗拉基米罗维奇（Долгоруков，Петр Владимирович 1817—1868）——俄国历史学家和政论家，自由派代表人物，公爵。因向政府呈递了一份建议通过赎买解放农民和土地的条陈而受迫害。1859年被迫侨居国外。在国外写了《俄国真相》一书，主张在俄国实行立宪政体。

曾创办印刷所,出版持反对派观点的报章杂志和小册子:1860—1861 年出版《前程报》,1862 年出版《诚实》杂志,1862—1864 年出版《小报》。曾为《钟声》杂志撰稿,揭露俄国的专制农奴制度。后被沙皇政府判处永远驱逐出境,削其爵位,收其领地。——60。

E

恩格尔哈特,亚历山大·尼古拉耶维奇(Энгельгардт, Александр Николаевич 1832—1893)——俄国政论家,农业化学家,民粹主义者。1859—1860 年编辑《化学杂志》。1866—1870 年任彼得堡农学院教授,因宣传民主思想被捕。1871 年被解送回斯摩棱斯克省的巴季舍沃田庄,在那里建立了合理经营的实验农场。列宁在《俄国资本主义的发展》一书(第 3 章第 6 节)中评论了他的农场,并以此为例说明民粹派的理论纯系空想。所写《农村来信》先发表于《祖国纪事》杂志,1882 年出了单行本。还写过其他一些有关农业问题的著作。——204。

恩格尔哈特,А.П.(Энгельгардт, А.П. 1845—1903)——俄国沙皇政府官员。1890 年被任命为喀山省副省长,1893 年被任命为阿尔汉格尔斯克省省长,1901—1903 年为萨拉托夫省省长。——277、279。

恩格斯,弗里德里希(Engels, Friedrich 1820—1895)——科学共产主义创始人之一,世界无产阶级的领袖和导师,马克思的亲密战友。——15、133、136—138。

尔·恩·斯·(P.H.C.)——见司徒卢威,彼得·伯恩哈多维奇。

尔·姆·(P.M.)——《我国的实际情况》一文的作者。该文毫不掩饰地宣扬经济派的机会主义观点。——51—52。

F

菲拉列特(德罗兹多夫,瓦西里·米哈伊洛维奇)(Филарет(Дроздов, Василий Михайлович)1783—1867)——俄国正教教会反动代表人物,农奴制的狂热维护者。1826 年起任莫斯科都主教。奉亚历山大二世之命起草了沙皇政府 1861 年 2 月 19 日关于废除俄国农奴制的法令。——305。

菲林格,约翰·约瑟夫(Fühling, Johann Josef 1823—1884)——德国经济学

专家和农业机器制造专家。1864年起编辑《菲林格农业报》。1872—1880年任海德堡大学教授。《农业经济学》一书的作者。——110。

弗雷——见列宁,弗拉基米尔·伊里奇。

G

高尔基,马克西姆(**彼什科夫,阿列克谢·马克西莫维奇**)(Горький, Максим (Пешков, Алексей Максимович) 1868—1936)——苏联作家和社会活动家,社会主义现实主义文学的奠基人,苏联文学的创始人。出身于木工家庭,当过学徒、装卸工、面包师等。1892年开始发表作品。1901年起因参加革命工作屡遭沙皇政府迫害。1905年夏加入俄国社会民主工党,同年11月第一次与列宁会面,思想上受到很大影响。1906年发表反映俄国无产阶级革命斗争的长篇小说《母亲》,被认为是第一部社会主义现实主义作品。1906—1913年旅居意大利,一度接受造神说。第一次世界大战爆发后坚决谴责帝国主义战争,揭露战争的掠夺性,但也曾向资产阶级爱国主义方面动摇。十月革命后,积极参加社会主义文化建设工作。1934年发起成立苏联作家协会,担任协会主席,直到逝世。——333—334。

哥尔茨,泰奥多尔·亚历山大(Goltz, Theodor Alexander 1836—1905)——德国农业经济学家,先后任柯尼斯堡农学院和耶拿农学院院长。写有许多农业问题的著作,维护大土地占有者的利益。主要著作有《农业制度和农业政策讲授》(1899)、《德国农业历史》(1902—1903)等。——117。

哥尔坚科,米哈伊尔·叶戈罗维奇(Гордеенко, Михаил Егорович)——俄国哈尔科夫省地方自治局主席(1900—1901)。——297。

哥列梅金,伊万·洛金诺维奇(Горемыкин, Иван Логгинович 1839—1917)——俄国国务活动家,君主派分子。1895—1899年任内务大臣,推行削弱和取消1861年改革的反动政策(所谓"反改革"政策),残酷镇压工人运动。1899年起为国务会议成员。1906年4月被任命为大臣会议主席(同年7月由斯托雷平接替),维护专制制度,解散第一届国家杜马。1914年1月—1916年1月再次出任大臣会议主席,执行以格·叶·拉斯普廷为首的宫廷奸党的意志。敌视第四届国家杜马和进步同盟。——17、18、44、45、46。

歌德,约翰・沃尔弗冈(Goethe, Johann Wolfgang 1749 — 1832)——德国诗人、作家和思想家。早年学法律,深受卢梭、莱辛和斯宾诺莎著作的影响,成为狂飙运动的领导人之一。1775 年应魏玛公爵邀请,任魏玛公国国务参议。1786—1788 年游历意大利,研究希腊罗马的古典艺术。回国后致力于文学创作和自然科学研究。1794 年起与席勒建立友谊,密切合作,共同促进了德国古典文学的繁荣。写有大量诗歌、小说和剧本。代表作诗剧《浮士德》,描写主人公浮士德一生探求真理的痛苦经历,反映进步的、科学的力量和反动的、神秘的力量之间的斗争,宣扬资产阶级人道主义思想,被认为是德国当时的进步思想在艺术上的最高成就。除文学外,在自然科学方面也颇有贡献。——171。

格拉多夫斯基,亚历山大・德米特里耶维奇(Градовский, Александр Дмитриевич 1841—1889)——俄国法学家,法学史学家和政论家,彼得堡大学教授,资产阶级自由派代表人物。19 世纪 80 年代初在《呼声报》上撰文反对革命运动,主张实行温和的改革,认为这种改革在丝毫不触犯专制制度的情况下可以削弱专横跋扈和违法乱纪的现行制度。1884 年《呼声报》被查封后,从事学术和教学活动。——38。

格罗斯曼,格里戈里・亚历山德罗维奇(Гроссман, Григорий Александрович 生于 1863 年)——俄国孟什维克,新闻工作者。曾为《俄国财富》、《教育》、《生活》等杂志撰稿。爱德华・大卫《社会主义和农业》一书俄译者。敌视十月革命,1919 年在敖德萨参与出版反苏维埃的孟什维克杂志《未来的日子》,后流亡国外。——202。

果戈理,尼古拉・瓦西里耶维奇(Гоголь, Николай Васильевич 1809 — 1852)——俄国作家,俄国批判现实主义文学的奠基人之一。在《钦差大臣》(1836)、《死魂灵》(1842)等作品中展现了一幅农奴制俄国地主和官吏生活与习俗的丑恶画面。抨击专制农奴制的腐朽,同情人民群众的悲惨命运,以色彩鲜明的讽刺笔调描绘庸俗、残暴和欺诈的世界。但是他的民主主义是不彻底的,幻想通过人道主义、通过道德的改进来改造社会,后期更陷入博爱主义和宗教神秘主义。1847 年发表《与友人书信选》,宣扬君主制度,为俄国专制制度辩护,这本书在别林斯基《给果戈理的一封信》中受到严厉的批判。——294。

H

汉尼拔(Hannibal 公元前247或前246—前183)——迦太基统帅。少时随父哈米尔卡·巴卡出征西班牙,立誓向奴役过迦太基的罗马"复仇"。公元前221年任迦太基军统帅。在第二次布匿战争(公元前218—前201)中,率六万军队越过阿尔卑斯山,远征意大利,连战皆捷,于公元前216年大破罗马军于卡内,但未乘胜进攻罗马。后长期征战意大利各地,军力耗尽,后援不继,几次失利。公元前204年罗马将军西庇阿率军攻入迦太基本土后,奉召回国御敌,于公元前202年在扎马战役中被击溃。公元前196年逃往叙利亚,参加安条克三世对罗马的战争。作战失败后,不甘为罗马俘虏,在小亚细亚的维菲尼亚自杀。——50、51。

赫茨,弗里德里希·奥托(Hertz,Friedrich Otto 生于1878年)——奥地利经济学家,社会民主党人。在《土地问题及其同社会主义的关系。附爱德华·伯恩施坦的序言》(1899)一书中修正马克思主义关于土地问题的学说,企图证明小农经济稳固并具有对抗大经济竞争的能力。此书的俄译本被谢·尼·布尔加柯夫、维·米·切尔诺夫等人用来反对马克思主义。——84、108、109、110、113、114、116、124、125—126、127、128、129、131、132、139、140、141、142、147、148、155、158、159、160、161、162、163、169、191、192、193、195、200、203。

赫尔岑,亚历山大·伊万诺维奇(Герцен,Александр Иванович 1812—1870)——俄国革命民主主义者,作家和哲学家。在十二月党人的影响下走上革命道路。1829—1833年在莫斯科大学求学期间领导革命小组。1834年被捕,度过六年流放生活。1842年起是莫斯科西欧主义者左翼的领袖,写有《科学中华而不实的作风》(1842—1843)、《自然研究通信》(1844—1845)等哲学著作和一些抨击农奴制度的小说。1847年流亡国外。欧洲1848年革命失败后,对欧洲革命失望,创立"俄国社会主义"理论,成为民粹主义创始人之一。1853年在伦敦建立自由俄国印刷所,印发革命传单和小册子,1855年开始出版《北极星》文集,1857—1867年与尼·普·奥格辽夫出版《钟声》杂志,揭露沙皇专制制度,进行革命宣传。在1861年农民改革的准备阶段曾一度摇摆。1861年起坚定地站到革命民主主义方面,协助建立土地和自由社。晚年关注第一国际的活动。列宁在《纪念赫尔岑》(1912)一文中评价了他在俄国解放运动史上的作用。——27、54。

赫尔岑施坦,米哈伊尔·雅柯夫列维奇(Герценштейн, Михаил Яковлевич 1859—1906)——俄国经济学家,莫斯科农学院教授,第一届国家杜马代表,立宪民主党领袖之一,该党土地问题理论家。第一届国家杜马解散后,在芬兰被黑帮分子杀害。——223。

赫尔姆斯,埃米尔(Helms, Emil)——丹麦讲坛社会主义者,《丹麦的社会民主主义运动和工会运动》(1907年莱比锡版)一书的作者。——208。

黑尔里格尔,赫尔曼(Hellriegel, Hermann 1831—1895)——德国农业化学家。科学地论证了在豆科植物根部生长的细菌能把空气中的氮固定下来,而这种氮是豆科植物含氮养料的来源。1856—1873年领导普鲁士的达默试验站,1882年起领导贝恩堡试验站。主要著作有《关于耕作业的自然科学原理,特别是关于沙壤耕作的农业化学方法的资料》;同N.维尔法尔特合写了《关于草本植物和豆科植物含氮养料的研究》。——130。

黑格尔,乔治·威廉·弗里德里希(Hegel, Georg Wilhelm Friedrich 1770—1831)——德国哲学家,客观唯心主义者,德国古典哲学的主要代表。1801—1807年任耶拿大学哲学讲师和教授。1808—1816年任纽伦堡中学校长。1816—1817年任海德堡大学哲学教授。1818年起任柏林大学哲学教授。黑格尔哲学是18世纪末至19世纪初德国唯心主义哲学的最高发展。他根据唯心主义的思维与存在同一的基本原则,建立了客观唯心主义的哲学体系,并创立了唯心主义辩证法的理论。认为在自然界和人类出现以前存在着绝对精神,客观世界是绝对精神、绝对观念的产物;绝对精神在其发展中经历了逻辑阶段、自然阶段和精神阶段,最终回复到了它自身;整个自然的、历史的和精神的世界都处于不断的运动、变化和发展中,矛盾是运动、变化的核心。黑格尔哲学的特点是辩证方法同形而上学体系之间的深刻矛盾。他的唯心主义辩证法是马克思主义哲学的理论来源之一。在社会政治观点上是保守的,是立宪君主制的维护者。主要著作有《精神现象学》(1807)、《逻辑学》(1812—1816)、《哲学全书》(1817)、《法哲学原理》(1821)、《哲学史讲演录》(1833—1836)、《历史哲学讲演录》

(1837)、《美学讲演录》(1836—1838)等。——137。

黑希特，莫里茨(Hecht，Moritz)——德国经济学家和统计学家，论述农民经济的专著《巴登哈尔特山区的三个村庄》(1895)一书的作者，书中试图证明小农经济在资本主义制度下具有稳固性。——139—140、141、142—143、144—146、163、164、184、191、192、203—204、205。

胡施克，莱奥(Huschke，Leo)——德国经济学家，《根据中图林根的典型调查作出的关于大中小农户农业生产纯收入的统计》(1902)一书的作者。——157—158。

华莱士，唐纳德·麦肯齐(Wallace，Donald Mackenzie 1841—1919)——英国作家和新闻工作者。访问过俄国，在俄国住了6年。1877年发表《俄罗斯》一书。曾任英国《泰晤士报》驻圣彼得堡、柏林等地记者。1891—1899年任《泰晤士报》国外部主任。1899年任《不列颠百科全书》(第10版，1902—1903)编辑。——352。

J

吉霍米罗夫，列夫·亚历山德罗维奇(Тихомиров，Лев Александрович 1852—1923)——19世纪70年代参加俄国革命运动。1872—1873年为柴可夫斯基派小组成员，在工人中间进行宣传。1878年夏起为土地和自由社成员，1879年起为民意党执行委员会委员。1883年流亡国外，与彼·拉·拉甫罗夫一起出版《民意导报》。1888年背弃革命信念，在巴黎出版了小册子《我为什么不再做革命者》，给沙皇写了请求赦免的忏悔书。1889年回国，成为君主派分子，为《莫斯科新闻》、《新时报》、《俄国评论报》撰稿。1917年起脱离政治活动。——34。

加甫里洛夫，Ан.Ив.(Гаврилов，Ан.Ив.生于1869年)——俄国彼得堡奥布霍夫工厂工人，1901年5月该厂罢工的领导人之一。后被捕并被判处六年苦役。——265、266。

捷尔纳夫采夫，В.А.(Тернавцев，В.А.)——俄国正教院办公厅工作人员(1902—1917)。——302。

K

卡布鲁柯夫，尼古拉·阿列克谢耶维奇（Каблуков，Николай Алексеевич

1849—1919)——俄国经济学家和统计学家,民粹主义者。1874—1879 年
在莫斯科省地方自治局统计处工作,1885 — 1907 年任统计处处长。
1894—1919 年在莫斯科大学教书,1903 年起为教授。在著述中宣扬小农
经济稳固,把村社理想化,认为它是防止农民分化的一种形式,反对马克思
主义的阶级斗争学说。1917 年在临时政府最高土地委员会工作。十月革
命后在中央统计局工作。主要著作有《农业工人问题》(1884)、《农业经济
学讲义》(1897)、《论俄国农民经济发展的条件》(1899)、《政治经济学》
(1918)等。——136。

卡拉瓦耶夫,亚历山大 • 李沃维奇(Караваев, Александр Львович 1855 —
1908)——俄国地方自治局医生,民粹主义者,俄国农民协会的著名活动
家。第二届国家杜马叶卡捷琳诺斯拉夫市代表,在杜马中领导劳动派党
团,任土地委员会委员;曾就土地和粮食问题发过言。著有一些关于农民
问题的小册子:《国家杜马中的党和农民》《政府关于土地的诺言和农民代
表的要求》《新土地法》。第三届国家杜马选举前夕,在叶卡捷琳诺斯拉夫
被黑帮分子杀害。——223。

卡特柯夫,米哈伊尔 • 尼基福罗维奇(Катков, Михаил Никифорович 1818—
1887)——俄国地主,政论家。开始政治活动时是温和的贵族自由派的拥
护者。1851—1855 年编辑《莫斯科新闻》,1856 — 1887 年出版《俄罗斯通
报》杂志。60 年代初转入反动营垒,1863 — 1887 年编辑和出版《莫斯科新
闻》,该报从 1863 年起成了君主派反动势力的喉舌。自称是"专制制度的
忠实警犬",他的名字已成为最无耻的反动势力的通称。——22、39、40、
41、67、299、349。

卡维林,康斯坦丁 • 德米特里耶维奇(Кавелин, Константин Дмитриевич
1818—1885)——俄国资产阶级自由派政论家,历史学家和实证论哲学
家。莫斯科大学(1844 — 1848)和彼得堡大学(1857 — 1861)教授。曾为
《同时代人》、《祖国纪事》和《欧洲通报》等杂志撰稿。在 1861 年农民改革
的准备和进行期间,反对革命民主主义运动,赞成专制政府的反动政
策。——25、27、33。

凯撒,盖尤斯 • 尤利乌斯(Caesar, Gaius Julius 公元前 100—前 44)——古罗
马统帅,国务活动家和著作家。公元前 60 年与克拉苏和庞培一起结成前

三头政治,出任高卢总督。任内征服高卢全境,权力迅速扩大。公元前
49—前45年先后战胜庞培等人的军队,独揽军政大权,自命为终身独裁
者。公元前44年被布鲁土斯和卡西乌斯为首的贵族共和派阴谋刺死。著
有《高卢战记》、《内战记》等书。——269。

坎南,乔治(Kennan,George 1845—1924)——美国新闻记者和旅行家。游历
过西伯利亚和高加索,考察过西伯利亚流放者的生活。他的《西伯利亚和
流放》(俄译本,1890年巴黎—伦敦版)一书描述了政治流放者艰难困苦的
处境,被沙皇政府查禁。1901年再次到彼得堡时,被立即驱逐出境。
——34。

康多伊迪,В.Г.(Кондоиди,В.Г.)——20世纪初为俄国萨马拉省副省长。最
先使用了后来广泛流传的"第三种分子"这个术语。"第三种分子"是指在
地方自治机关和市政管理机关等部门任职的激进的、多数具有革命思想的
知识分子。——293、294—295、300。

考茨基,卡尔(Kautsky,Karl 1854—1938)——德国社会民主党和第二国际
的领袖和主要理论家之一。1875年加入奥地利社会民主党,1877年加入
德国社会民主党。1881年与马克思和恩格斯相识后,在他们的影响下逐
渐转向马克思主义。从19世纪80年代到20世纪初写过一些宣传和解释
马克思主义的著作:《卡尔·马克思的经济学说》(1887)、《土地问题》
(1899)等。但在这个时期已表现出向机会主义方面摇摆,在批判伯恩施坦
时作了很多让步。1883—1917年任德国社会民主党理论刊物《新时代》杂
志主编。曾参与起草1891年德国社会民主党纲领(爱尔福特纲领)。1910
年以后逐渐转到机会主义立场,成为中派领袖。第一次世界大战前夕提出
超帝国主义论,大战期间打着中派旗号支持帝国主义战争。1917年参与
建立德国独立社会民主党,1922年拥护该党右翼与德国社会民主党合并。
1918年后发表《无产阶级专政》等书,攻击俄国十月革命,反对无产阶级专
政。——84、87、106、109、110、113、114、115、116、117、119、121、126、127—
129、130、131、133—136、138、139、140、142、147、148、158、159、167、175、
176、178、195、202、204、208。

科甘-格里涅维奇,米哈伊尔·格里戈里耶维奇(克鲁格洛夫)(Коган-Грине-
вич,Михаил Григорьевич(Круглов)生于1874年)——俄国社会民主党

人,工会运动活动家。参加过国外俄国社会民主党人联合会的活动,
1900—1902 年是《工人思想报》撰稿人。俄国社会民主工党第二次代表大
会后成为孟什维克。1906—1907 年为左派立宪民主党人的机关报《同志
报》撰稿。十月革命后在工运部门工作。——246。

科舍列夫,亚历山大·伊万诺维奇(Кошелев, Александр Иванович 1806—
1883)——俄国贵族政论家,斯拉夫主义者。1862 年在莱比锡出版《宪法、
专制制度和地方自治杜马》一书,反对宪法,支持召开专制沙皇的咨议机
关——国民代表会议的想法。1880—1882 年发行《地方自治机关报》,撰
文要求对波兰采取最反动的措施。——25、26。

克拉夫基,卡尔(Klawki, Karl)——德国经济学家,《论农业小生产的竞争能
力》(1899)的作者。——148、149—157、163、183、205、222。

克里切夫斯基,波里斯·尼古拉耶维奇(Кричевский, Борис Николаевич
1866—1919)——俄国社会民主党人,政论家,经济派领袖之一。19 世纪
80 年代末参加社会民主主义小组的工作。90 年代初侨居国外,加入劳动
解放社,参加该社的出版工作。90 年代末是国外俄国社会民主党人联合
会的领导人之一。1899 年任该会机关刊物《工人事业》杂志的编辑,在杂
志上宣扬伯恩施坦主义观点。1903 年俄国社会民主工党第二次代表大会
后不久脱离政治活动。——315。

克林根贝格,H. M.(Клингенберг, H. M. 生于 1852 年)——俄国沙皇政府官
员。1901 年任维亚特卡省省长,1905—1906 年任莫吉廖夫省省长。
——281。

克鲁格格洛夫——见科甘-格里涅维奇,米哈伊尔·格里戈里耶维奇。

克鲁泽,尼古拉·费多罗维奇(Крузе, Николай Федорович 1823—1901)——
俄国作家和社会活动家。1855—1858 年为书报检查官。1865 年当选为
彼得堡省地方自治局主席。因进行反政府活动,1867 年被沙皇下令撤职,
并被放逐到奥伦堡。后从事写作,为《欧洲通报》、《俄罗斯通报》和《俄国旧
事》等杂志撰稿。——31。

库茨勒布(Kutzleb)——德国经济学家,《农户能否和大田庄竞争?》(1885)的
作者。——110。

L

拉格尔马尔克,Г.И.(Лагермарк,Г.И. 生于 1843 年)——俄国哈尔科夫大学
有机化学教授,1889—1901 年任校长。曾在哈尔科夫兽医学院讲课,1902
年底退休。在政治观点上反对进步的社会运动。——335。

拉吉舍夫,亚历山大·尼古拉耶维奇(Радищев, Александр Николаевич
1749—1802)——俄国作家,革命的启蒙思想家。1790 年秘密印行了他的
名著《从彼得堡到莫斯科旅行记》,书中愤怒地鞭挞了俄国的专制农奴制
度,披露了俄国人民的悲惨境遇,是俄国文学史上第一本公开号召农民革
命推翻沙皇专制制度的革命书籍。为此被叶卡捷琳娜二世下令逮捕,关进
彼得罗要塞,并被判处死刑,后改判流放西伯利亚十年;他的书也被烧
毁。1801 年获准返回彼得堡,参加法律汇编编纂委员会的工作,在委员会
提出了立即废除农奴制和宣布一切等级在法律面前平等的草案。在沙皇
政府再次进行迫害的威胁下自杀。他的著作和活动对俄国革命解放运动
的发展起了巨大作用。——25。

拉萨尔,斐迪南(Lassalle,Ferdinand 1825—1864)——德国工人运动活动家,
小资产阶级社会主义者,德国工人运动中的机会主义——拉萨尔主义的代
表人物。积极参加德国 1848 年革命。曾与马克思和恩格斯有过通信联
系。1863 年 5 月参与创建全德工人联合会,并当选为联合会主席。在联
合会中推行拉萨尔主义,把德国工人运动引上了机会主义道路。宣传超阶
级的国家观点,主张通过争取普选权和建立由国家资助的工人生产合作社
来解放工人。曾同俾斯麦勾结并支持在普鲁士领导下"自上而下"统一德
国的政策。在哲学上是唯心主义者和折中主义者。——330。

兰克,H.(Ranke,H.)——德国教授。——160。

兰斯科伊,谢尔盖·斯捷潘诺维奇(Ланской, Сергей Степанович 1787—
1862)——俄国沙皇政府官员,1855—1861 年任内务大臣。在制定 1861
年 2 月 19 日改革方案期间任农民问题秘密委员会委员。1857 年提出废
除农奴制的基本原则草案,建议通过赎买来解放农民。——28。

勒鲁瓦-博利厄,阿纳托尔(Leroy-Beaulieu,Anatole 1842—1912)——法国自
由派政论家,历史学教授。1872—1881 年间四次到俄国,写了论述俄国国

家制度和社会制度的《沙皇的帝国和俄国人》一书。还写有一些历史、经济和欧洲国家的国际关系方面的著作。——28。

雷马连科,谢尔盖·斯捷潘诺维奇(Рымаренко, Сергей Степанович 1839—1871)——俄国彼得堡外科医学院学生,秘密革命团体——土地和自由社成员。曾在彼得堡星期日学校从事革命宣传。1862年被捕,被逐出彼得堡,并被剥夺在中心城市的居住权。——24。

李比希,尤斯图斯(Liebig, Justus 1803—1873)——德国化学家,农业化学和土壤学的创始人之一,确定了土壤中有机物和矿物质的"肥力恢复律"。著有《人造肥料或矿物肥料》、《化学书简》、《有机物分析手册》、《化学在农业和生理学中的应用》等。——98、133—134、210。

李卜克内西,威廉(Liebknecht, Wilhelm 1826—1900)——德国工人运动和国际工人运动活动家,德国社会民主党的创建人和领袖之一,马克思和恩格斯的朋友和战友。积极参加德国1848年革命,革命失败后流亡国外,在国外结识马克思和恩格斯,接受了科学共产主义思想。1850年加入共产主义者同盟。1862年回国。第一国际成立后,成为国际的革命思想的热心宣传和国际的德国支部的组织者之一。1868年起任《民主周报》编辑。1869年与倍倍尔共同创建了德国社会民主工党(爱森纳赫派),任党的中央机关报《人民国家报》编辑。1875年积极促成爱森纳赫派和拉萨尔派的合并。在反社会党人非常法施行期间与倍倍尔一起领导党的地下工作和斗争。1890年起任党的中央机关报《前进报》主编,直至逝世。1867—1870年为北德意志联邦国会议员,1874年起多次被选为德意志帝国国会议员,利用议会讲坛揭露普鲁士容克反动的内外政策。因革命活动屡遭监禁。是第二国际的组织者之一。——1、2。

李嘉图,大卫(Ricardo, David 1772—1823)——英国经济学家,资产阶级古典政治经济学最著名的代表人物。早年从事证券交易所活动,后致力于学术研究。1819年被选为下院议员。在资产阶级反对封建残余的斗争中维护资产阶级的利益,坚持自由竞争原则,要求消除妨碍资本主义生产发展的一切限制。在经济理论上发展了亚当·斯密的价值论,对商品价值决定于生产商品所耗费的劳动时间的原理作了比较透彻的阐述与发展,奠定了劳动价值学说的基础,并在这一基础上着重论证了资本主义的分配问题,发现了工人、资本家、土地所有者之间经济利益上的对立,从而初步揭示了阶级矛盾和阶级斗争的经济根源。但是由于资产阶级立场、观点、方法的限制,把资本主义生产方式看做是永恒的唯一合理的生产方式,在理论上留下了不少破绽和错误,为后来的庸俗政治经济学所利用。主要著作有《政治经济学和赋税原理》(1817)、《论对农业的保护》(1822)等。——95、96、98、105。

李希特尔,欧根(Richter,Eugen 1838—1906)——德国自由思想党领袖之一,帝国国会议员。反对社会主义,鼓吹无产阶级和资产阶级的阶级利益可以调和。写过一本攻击社会民主党人的小册子《社会民主党对于未来的描写》,书中编造了一个关于"节俭的阿格尼斯"的故事,企图证明劳动者和资产阶级是平等的。——128—129。

里亚布申斯基,帕维尔·巴甫洛维奇(Рябушинский,Павел Павлович 1871—1924)——俄国莫斯科大银行家和企业主,反革命首领之一。曾积极参与创建资产阶级的进步党,出版反映大资产阶级利益的《俄国晨报》。1917年8月扬言要以饥饿手段窒息革命,是科尔尼洛夫叛乱的策划者和领导人之一。十月革命后逃亡法国,继续进行反对苏维埃俄国的活动。——76。

梁赞诺夫(戈尔登达赫),达维德·波里索维奇 (Рязанов (Гольдендах), Давид Борисович 1870—1938)——1889年参加俄国革命运动。曾在敖德萨和基什尼奥夫开展工作。1900年出国,是著作家团体斗争社的组织者之一;该社反对《火星报》制定的党纲和列宁的建党组织原则。俄国社会民主工党第二次代表大会反对"斗争社"参加大会的工作,并否决了邀请梁赞诺夫作为该社代表出席大会的建议。代表大会后是孟什维克。1905—1907年在国家杜马社会民主党党团和工会工作。后再次出国,为《新时代》杂志撰稿。1909年在"前进"集团的卡普里党校(意大利)担任讲课人,1911年在隆瑞莫党校(法国)讲授工会运动课。曾受德国社会民主党委托从事出版《马克思恩格斯全集》和第一国际史的工作。第一次世界大战期间是中派分子,为孟什维克的《呼声报》和《我们的言论报》撰稿。1917年二月革命后参加区联派,在俄国社会民主工党(布)第六次代表大会上随区联派集体加入布尔什维克党。十月革命后从事工会工作。1918 年初因反对签订布列斯特和约一度退党。1920—1921 年工会问题争论期间持错误立场,被解除工会职务。1921 年参与创建马克思恩格斯研究院,担任院长直到 1931 年。1931 年 2 月因同孟什维克国外总部有联系被开除出党。——365—367。

列宁,弗拉基米尔·伊里奇(**乌里扬诺夫,弗拉基米尔·伊里奇;弗雷;伊林,弗拉·**)(Ленин, Владимир Ильич (Ульянов, Владимир Ильич, Фрей, Ильин, Вл.)1870—1924)——63、87、208、209、223、245、314、343。

柳博辛斯基,马尔克·尼古拉耶维奇(Любощинский, Марк Николаевич 1817—1889)——俄国 1861 年农民改革准备和进行期间任参议院第一局局长。曾对民事诉讼程序章程草案提出一系列意见,引起沙皇政府的不满。晚年任监狱事务委员会主席。——31。

罗伯斯比尔,马克西米利安·玛丽·伊西多尔(Robespierre, Maximilien-Marie-Isidore 1758—1794)——18 世纪末法国资产阶级革命家,雅各宾派领袖。1781—1789 年在阿拉斯当律师,受启蒙思想家卢梭的思想影响。革命初期是制宪会议代表和雅各宾俱乐部会员。1792 年 8 月巴黎人民起义后,被选入巴黎公社和国民公会,领导雅各宾派反对吉伦特派,力主处死国王路易十六和抗击外国干涉者。1793 年 5 月 31 日至 6 月 2 日起义后,领导雅各宾派政府——公安委员会,在粉碎国内外反革命势力方面起了巨大作用。但由于他的资产阶级局限性,对要求革命深入发展的左派力量也进行了打击,从而削弱了雅各宾派专政的社会基础。1794 年 7 月 27 日反革命热月政变时被捕,次日被处死。——302。

罗将柯,米哈伊尔·弗拉基米罗维奇(Родзянко, Михаил Владимирович 1859—1924)——俄国大地主,十月党领袖之一,君主派分子。20 世纪初曾任叶卡捷琳诺斯拉夫省地方自治局主席。1911—1917 年先后任第三届和第四届国家杜马主席,支持沙皇政府的反动政策。1917 年二月革命期间力图保持君主制度,组织并领导了国家杜马临时委员会,后参与策划科尔尼洛夫叛乱。十月革命后投靠科尔尼洛夫和邓尼金,企图联合一切反革命势力颠覆苏维埃政权。1920 年起为白俄流亡分子。——297。

罗日杰斯特文斯基,彼得(Рождественский, Петр)——俄国大司祭,奥廖尔正教彼得保罗兄弟会理事会主席兼奥廖尔正教教区传教士代表大会主席。——303—305。

洛赫京，弗拉基米尔·米哈伊洛维奇（Лохтин，Владимир Михайлович
1849—1919）——俄国水利工程师和水文学家。1892—1899年任交通部
喀山区办事处处长。1901年10月作为伏尔加河流域道路工程师舞弊案
的证人被法院传讯。因本人与舞弊案有关，没有出庭。——293。

洛里斯-梅利科夫，米哈伊尔·塔里埃洛维奇（Лорис-Меликов，Михаил
Тариэлович 1825—1888）——沙俄将军，伯爵。1880年2月被任命为维护
国家秩序和社会治安最高管理委员会主席，同年8月起任内务大臣。他一
面镇压革命运动，一面答应向自由派资产阶级"让步"。人们称他的政策为
"狐狸尾巴豺狼牙齿"，任大臣时期被报刊谥称为"感化专政"。1881年亚
历山大二世被刺和亚历山大三世发布巩固专制制度的宣言后辞职。——
35—37、38—40、59。

M

马尔丁诺夫，亚历山大（**皮凯尔，亚历山大·萨莫伊洛维奇**）（Мартынов，
Александр（Пиккер，Александр Самойлович）1865—1935）——俄国经济派
领袖之一，孟什维克著名活动家，后为共产党员。19世纪80年代初参加
民意党人小组，1886年被捕，流放东西伯利亚十年；流放期间成为社会民
主党人。1900年侨居国外，参加经济派的《工人事业》杂志编辑部，反对列
宁的《火星报》。在俄国社会民主工党第二次代表大会上是国外俄国社会
民主党人联合会的代表，反火星派分子，会后成为孟什维克。1907年作为
叶卡捷琳诺斯拉夫组织的代表参加了党的第五次（伦敦）代表大会的工作，
在代表大会上当选为中央委员。斯托雷平反动时期和新的革命高涨年代
是取消派分子，参加取消派的机关报《社会民主党人呼声报》编辑部。第一
次世界大战期间持中派立场。1917年二月革命后为孟什维克国际主义
者。十月革命后脱离孟什维克。1918—1922年在乌克兰当教员。1923
年加入俄共（布），在马克思恩格斯研究院工作。1924年起任《共产国际》
杂志编委。——249、329。

马尔萨斯，托马斯·罗伯特（Malthus，Thomas Robert 1766—1834）——英国
经济学家，英国资产阶级庸俗政治经济学的创始人之一，人口论的主要代

表。毕业于剑桥大学耶稣学院，1797 年成为牧师。1805—1834 年任东印度公司创办的海利贝里学院历史和经济学教授。在对他人理论予以吸收和加工的基础上，于 1798 年匿名发表《人口原理》一书。认为人口按几何级数增长，而生活资料按算术级数增长，因而造成人口绝对过剩，而贫穷和罪恶抑制人口增长，使生活资料与人口恢复平衡。把资本主义制度下劳动人民失业、贫困、饥饿和其他灾难都归之于自然规律的作用，为资本主义辩护，受到统治阶级的推崇。主要著作还有《政治经济学原理的实际应用》（1820）。——95、98。

马卡罗夫，В.А.（Макаров，В.А.）——俄国道路工程师，20 世纪初任交通部喀山区办事处处长。1901 年 10 月作为伏尔加河流域道路工程师舞弊案的证人出庭作证。——293。

马克，P.（Маск，P.）——东普鲁士地主，写有关于机器和电力对农业的功用的专著。——119、121—122。

马克思，卡尔（Marx，Karl 1818—1883）——科学共产主义的创始人，世界无产阶级的领袖和导师。——64、89、92、93、95—96、97、98、99、100、101、102、103、104、105、106、110、112、119、132、133、135、164、204、208、210、236、330、365。

马斯洛夫，彼得·巴甫洛维奇（Маслов，Петр Павлович 1867—1946）——俄国经济学家，社会民主党人。写有一些土地问题著作，修正马克思主义政治经济学原理。曾为《生活》、《开端》和《科学评论》等杂志撰稿。俄国社会民主工党第二次代表大会后是孟什维克；曾提出孟什维克的土地地方公有化纲领。在俄国社会民主工党第四次（统一）代表大会上代表孟什维克作了关于土地问题的报告，被选入中央机关报编辑部。斯托雷平反动时期和新的革命高涨年代是取消派分子。第一次世界大战期间是社会沙文主义者。十月革命后脱离政治活动，从事教学和科研工作，研究社会主义政治经济学问题。1929 年起为苏联科学院院士。——106、119、211。

米尔柏格，阿尔图尔（Mülberger，Arthur 1847—1907）——德国小资产阶级政论家，蒲鲁东主义者；职业是医生。1872 年在德国社会民主工党中央机关报《人民国家报》上发表了几篇论述住宅问题的文章，受到恩格斯的严厉批评。曾为赫希柏格出版的《未来》杂志撰稿，写过一些关于法国和德国社会思想史方面的著作。——137。

米哈伊洛夫，米哈伊尔·拉里翁诺维奇（Михайлов，Михаил Ларионович 1829—1865）——俄国革命家，诗人，政论家和翻译家，车尔尼雪夫斯基和杜勃罗留波夫的朋友。1852年起为《同时代人》杂志撰稿。1861年在伦敦发表革命宣言《致青年一代》，并在俄国散发。1861年秋因奸细告密被捕，被判处六年苦役和终身流放西伯利亚，在那里患肺病死去。——23。

米哈伊洛娃，П.（Махайлова，П.）——俄国彼得堡一家酒店的女工，1901年奥布霍夫工厂五月骚乱案件的证人。——265。

米海洛夫斯基，尼古拉·康斯坦丁诺维奇（Михайловский，Николай Константинович 1842—1904）——俄国自由主义民粹派理论家，政论家，文艺批评家，实证论哲学家，社会学主观学派代表人物。1860年开始写作活动。1868年起为《祖国纪事》杂志撰稿，后任编辑。1879年与民意党接近。1882年以后写了一系列谈"英雄"与"群氓"问题的文章，建立了完整的"英雄"与"群氓"的理论体系。1884年《祖国纪事》杂志被查封后，给《北方通报》、《俄国思想》、《俄罗斯新闻》等报刊撰稿。1892年起任《俄国财富》杂志编辑，在该杂志上与俄国马克思主义者进行激烈论战。——129、365—366。

米柳亭，德米特里·阿列克谢耶维奇（Милютин，Дмитрий Алексеевич 1816—1912）——俄国军事家和国务活动家，元帅，伯爵。1860年任副陆军大臣，1861—1881年任陆军大臣。曾实行一系列资产阶级的军事改革。写有军事统计学和战争史方面的著作。——48。

米柳亭，尼古拉·阿列克谢耶维奇（Милютин，Николай Алексеевич 1818—1872）——俄国国务活动家，伯爵；德·阿·米柳亭的弟弟。1859年起任副内务大臣，曾主持制定1861年2月19日法令。认为通过温和的自由主义改革可以巩固沙皇制度；敌视革命运动，竭力反对1863年波兰民族解放运动。写有一些统计经济学方面的著作。——28。

N

拿破仑第三（**波拿巴，路易**）（Napoléon III（Bonaparte，Louis）1808—1873）——法国皇帝（1852—1870），拿破仑第一的侄子。法国1848年革命

失败后被选为法兰西共和国总统。1851 年 12 月 2 日发动政变,1852 年 12 月称帝。在位期间,对外屡次发动侵略战争,包括同英国一起发动侵略中国的第二次鸦片战争。对内实行警察恐怖统治,强化官僚制度,同时以虚假的承诺、小恩小惠和微小的改革愚弄工人。1870 年 9 月 2 日在普法战争色当战役中被俘,9 月 4 日巴黎革命时被废黜。——66。

尼·—逊;尼古拉·—逊——见丹尼尔逊,尼古拉·弗兰策维奇。

尼古拉一世(**罗曼诺夫**)(Николай I (Романов)1796 — 1855)——**俄国皇帝**(1825 —1855)。——23、25。

尼古拉二世(**罗曼诺夫**)(Николай II (Романов)1868—1918)——**俄国最后一个皇帝**,亚历山大三世的儿子。1894 年即位,1917 年二月革命时被推翻。1918 年 7 月 17 日根据乌拉尔州工兵代表苏维埃的决定在叶卡捷琳堡被枪决。——43、48、49、50、81、317、320。

尼基坚科,亚历山大·瓦西里耶维奇(Никитенко, Александр Васильевич 1804—1877)——俄国文学史学家,彼得堡科学院院士。按其政治观点来说是温和自由派分子。著有回忆录《札记和日记。我的自叙和见闻》(1893 年圣彼得堡版),书中包含许多有关 19 世纪 20 年代至 70 年代俄国社会思想史和文学史的有价值的资料。——22、32。

尼卡诺尔(**卡缅斯基,尼基福尔·季莫费耶维奇**)(Никанор (Каменский, Никифор Тимофеевич)1847 — 1910)——俄国正教教会反动代表人物。写有一些有关教会问题的著作。1901 — 1902 年任奥廖尔主教。——302。

诺沃谢洛夫,米哈伊尔·亚历山德罗维奇(Новоселов, Михаил Александрович)——俄国神学硕士。——302。

O

欧姆(Ом)——俄国人,《亚速海沿岸边疆区报》撰稿人。——280。

P

潘捷列耶夫,隆金·费多罗维奇(Пантелеев, Лонгин Федорович 1840 — 1919)——俄国作家,政论家和社会活动家,19 世纪 60 年代革命运动的参加者。1861 —1862 年参加秘密革命团体土地和自由社,1864 年被捕并判处六年苦役,后改判流放西伯利亚。刑满后回到彼得堡,建立科学书籍出版社,1877—1907年出版了250多种哲学、历史、自然科学方面的书籍。1901年因在著作家就3月4日喀山广场示威者遭毒打一事提出的抗议书上签名,被当局逐出彼得堡,为期三年。后加入立宪民主党,为该党许多定期刊物撰稿。1910年起任文学基金会委员会主席。写有关于19世纪60年代社会运动的回忆录。——24。

佩雷尔斯,埃米尔(Perels,Emil 1837—1893)——德国教授,农业机器制造和土壤改良专家。曾在柏林、哈雷和维也纳的高等院校任教。写有农业机器制造方面的著作。——110。

佩列韦尔泽夫,д.(Переверзев,Д.)——俄国奥廖尔省教区的司祭。——304。

皮萨列夫,德米特里·伊万诺维奇(Писарев,Дмитрий Иванович 1840—1868)——俄国革命民主主义者,政论家,文艺批评家,唯物主义哲学家。1861年彼得堡大学毕业后成为当时的进步杂志《俄罗斯言论》的实际领导人。因发表号召推翻沙皇专制制度的文章,1862年7月被捕,在彼得保罗要塞监禁四年半,在狱中写了许多有关文学、自然科学和哲学问题的文章。1866年11月出狱后,为《事业》杂志和《祖国纪事》杂志撰稿。在著作中揭露农奴制度和西欧资本主义,宣传社会主义思想,主张通过革命改造社会,但对人民群众的作用估计不足;批判唯心主义哲学,揭露反动的美学和"纯艺术"观点,强调文学艺术的社会意义。他的论文对俄国先进分子革命观点的形成产生了很大影响。——366。

普多尔,亨利希(Pudor,Henrich 生于1855年)——德国政治活动家,一些右派杂志的撰稿人和出版人。——223、230、231、244。

普列奥布拉任斯基,耶罗尼姆(Преображенский,Иероним)——《给哈尔科夫大主教至圣的阿姆夫罗西的信》的作者。——305。

普列汉诺夫,格奥尔吉·瓦连廷诺维奇(Плеханов,Георгий Валентинович 1856—1918)——俄国早期的马克思主义理论家,后来成为孟什维克和第二国际机会主义领袖之一。19世纪70年代参加民粹主义运动,是土地和自由社成员及土地平分社领导人之一。1880年侨居瑞士,逐步同民粹主义决裂。1883年在日内瓦创建俄国第一个马克思主义团体——劳动解放社。翻译和介绍了马克思和恩格斯的许多著作,对马克思主义在俄国的传播起了重要作用;写过不少优秀的马克思主义著作,批判民粹主义、合法马克思主义、经济主义、伯恩施坦主义、马赫主义。20 世纪初是《火星报》和《曙光》杂志编辑部成员.·曾参与制定俄国社会民主工党纲领草案和参加党的第二次代表大会的筹备工作。在代表大会上是劳动解放社的代表,属火星派多数派,参加了大会常务委员会,会后逐渐转向孟什维克。1905—1907 年革命时期反对列宁的民主革命的策略,后来在孟什维克和布尔什维克之间摇摆。在俄国社会民主工党第四次(统一)代表大会上作了关于土地问题的报告,维护马斯洛夫的孟什维克方案;在国家杜马问题上坚持极右立场,呼吁支持立宪民主党人的杜马。斯托雷平反动时期和新的革命高涨年代反对取消主义,领导孟什维克护党派。第一次世界大战期间持社会沙文主义立场。1917 年二月革命后支持资产阶级临时政府。对十月革命持否定态度,但拒绝支持反革命。最重要的理论著作有《社会主义与政治斗争》(1883)、《我们的意见分歧》(1885)、《论一元论历史观之发展》(1895)、《唯物主义史论丛》(1896)、《论个人在历史上的作用》(1898)、《没有地址的信》(1899—1900),等等。——1、258、332。

普林斯海姆,奥托(Pringsheim,Otto 生于 1860 年)——德国经济学家。在农业中应用电工技术问题的专家。——119、120、122。

Q

契切林,波里斯·尼古拉耶维奇(Чичерин,Борис Николаевич 1828—1904)——俄国法学家,政治学家,历史学家,哲学家,自由主义运动活动家。1861—1868 年任莫斯科大学教授。1882—1883 年任莫斯科市市长。在政治观点上是立宪君主主义者,在哲学上是唯心主义者和形而上学者。主要著作有《政治学说史》(1869—1902)、《所有制和国家》(1882—1883)、《法哲学》(1900)等。——38、48—49。

切尔诺夫,维克多·米哈伊洛维奇(Чернов,Виктор Михайлович 1873—1952)——俄国社会革命党领袖和理论家之一。1902—1905 年任社会革命党中央机关报《革命俄国报》编辑。曾撰文反对马克思主义,企图证明马克思的理论不适用于农业。第一次世界大战期间持社会沙文主义立场,曾参加齐美尔瓦尔德代表会议和昆塔尔代表会议。1917 年 5—8 月任临时政府农业部长,对夺取地主土地的农民实行残酷镇压。敌视十月革命。1918 年 1 月任立宪会议主席;曾领导萨马拉的反革命立宪会议委员会,参与策划反苏维埃叛乱。1920 年流亡国外,继续反对苏维埃政权。在他的理论著作中,主观唯心主义和折中主义同修正主义和民粹派的空想混合在一起;企图以资产阶级改良主义的"结构社会主义"对抗科学社会主义。——84、109、124、125—126、127、128、129、130、131、135、136、139、140、141、156、162、163、164、166、191、192、193、200、203。

S

萨尔蒂科夫-谢德林,米哈伊尔·叶夫格拉福维奇(**萨尔蒂科夫,米·叶·;谢德林**)(Салтыков-Щедрин,Михаил Евграфович(Салтыков,М. Е.,Щедрин)1826—1889)——俄国讽刺作家,革命民主主义者。1848 年因发表抨击沙皇制度的小说被捕,流放七年。1856 年初返回彼得堡,用笔名"尼·谢德林"发表了《外省散记》。1863—1864 年为《同时代人》杂志撰写政论文章,1868 年起任《祖国纪事》杂志编辑,1878 年起任主编。60—80 年代创作了《一个城市的历史》、《戈洛夫廖夫老爷们》等长篇小说,批判了俄国的专制农奴制,刻画了地主、沙皇官僚和自由派的丑恶形象。——171。

沙霍夫斯科伊,德米特里·伊万诺维奇(Шаховской,Дмитрий Иванович 1861—1939)——俄国地方自治运动活动家,公爵。自由派资产阶级刊物《解放》杂志的创办人和撰稿人之一,解放社的组织者之一。1905 年起为立宪民主党中央委员。1906 年为国家杜马代表,杜马和立宪民主党党团秘书。1917 年 5—6 月任第一届联合临时政府国家救济部长。1918 年为反革命组织"俄罗斯复兴会"的领导人之一。1920 年起在合作社系统工作。——82。

沙霍夫斯科伊,尼古拉·弗拉基米罗维奇(Шаховской,Николай Владимирович 1856—1906)——俄国彼得堡书报检查委员会主席,出版总署主任,公爵。著有《外出做农业零工》(1896)和《农民外出做农业零工》(1903)。在后一本书所附的文献目录中列入了列宁的《俄国资本主义的发展》。——153。

施蒂纳,麦克斯(**施米特,卡斯帕尔**)(Stirner,Max(Schmidt,Caspar)1806—

1856)——德国唯心主义哲学家,青年黑格尔派代表人物之一,唯我论者,
无政府主义思想家。马克思和恩格斯在《德意志意识形态》等著作中多次
批判了他的观点。主要著作有《唯一者及其所有物》(1845)。——338。

施纳肯堡,罗伯特·克里斯蒂安诺维奇(Шнакенбург, Роберт Христиано-
вич)——俄国工程师,交通部喀山区下诺夫哥罗德办事处处长。1901 年
因盗窃国家资财受审。——293。

施普伦格尔,A.(Sprenger, A.)——德国经济学家,《巴登农业状况》(1884)一
书的作者。——164—165。

施泰因,亨利希·弗里德里希·卡尔(Stein, Heinrich Friedrich Karl 1757—
1831)——普鲁士国务活动家,男爵。1804—1807 年任普鲁士财政和贸易
大臣。1807 年 10 月出任普鲁士首相。为了恢复国家的政治、经济和军事
实力,防止人民动乱,在短期内实行了一系列资产阶级改革:着手解放农
民,改革市政管理,改编军队。由于仇视改革的容克地主阶级的要求和拿
破仑施加压力,1808 年 11 月被免职。起初逃往布拉格,1812 年移居彼得
堡,成为亚历山大一世的顾问。——352。

施图姆普费,埃米尔(Stumpfe, Emil 生于 1866 年)——德国国家产业局高级
官员,写有《论中小土地占有者与大土地占有者的竞争能力》(1896)一文和
其他一些著作。在著作中试图证明小经济能够同大经济竞争。——110。

舒瓦洛夫,安德列·彼得罗维奇(Шувалов, Андрей Петрович 1816—
1876)——俄国伯爵,1872 年起是彼得堡贵族代表,温和自由派分子,主张
地方自治机关独立。曾研究农业经济问题,写过一些论文,刊登在《帝国自
由经济学会学报》上。——31。

司徒卢威,彼得·伯恩哈多维奇(尔·恩·斯·)(Струве, Петр Бернгардович
(P.H.C.)1870—1944)——俄国经济学家,哲学家,政论家,合法马克思主
义主要代表人物,立宪民主党领袖之一。19 世纪 90 年代编辑合法马克思
主义者的《新言论》杂志和《开端》杂志。1896 年参加第二国际第四次代表
大会。1898 年参加起草《俄国社会民主工党宣言》。在 1894 年发表的第
一部著作《俄国经济发展问题的评述》中,在批判民粹主义的同时,对马克
思的经济学说和哲学学说提出“补充”和“批评”。20 世纪初同马克思主义
和社会民主主义彻底决裂,转到自由派营垒。1902 年起编辑自由派资产

阶级刊物《解放》杂志,1903年起是解放社的领袖之一。1905年起是立宪民主党中央委员,领导该党右翼。1907年当选为第二届国家杜马代表。第一次世界大战爆发后鼓吹俄国的帝国主义侵略扩张政策。十月革命后敌视苏维埃政权,是邓尼金和弗兰格尔反革命政府成员,后逃往国外。——17、21、46—47、48、49、50—51、52—54、55、56—57、58—59、60、62、90、93、101、114、131、132、171、351、353、354。

斯克沃尔佐夫,瓦西里·米哈伊洛维奇(Скворцов, Василий Михайлович 生于1859年)——俄国教会作家,好斗的正教教会代表人物,推行教会同警察当局的联盟。曾是《传教士评论》杂志的编辑兼发行人。1906—1917年(有间断)出版政治性的教会报纸《钟声报》。——302。

斯克沃尔佐夫,亚历山大·伊万诺维奇(Скворцов, Александр Иванович 1848—1914)——俄国经济学家,农学家,新亚历山大农业和林业学院教授。主要著作有《蒸汽机运输对农业的影响》(1890)、《经济评述》(1894)、《政治经济学原理》(1898)等。——92。

斯塔霍维奇,米哈伊尔·亚历山德罗维奇(Стахович, Михаил Александрович 1861—1923)——俄国地主,温和自由派分子。1895—1907年是奥廖尔省贵族代表,在地方自治运动中起过显著作用。曾加入立宪民主党,后来是十月党的组织者之一。第一届和第二届国家杜马代表,国务会议成员。1917年二月革命后被任命为芬兰总督,后任临时政府驻国外代表。——301—303、304。

斯托尔博夫斯基,罗斯季斯拉夫·扎哈罗维奇(Столбовский, Ростислав Захарович 死于1867年)——沙俄警官,是负责查明彼得堡1862年5月几次大火起因的调查委员会(1862)成员。——24。

苏沃林,阿列克谢·谢尔盖耶维奇(Суворин, Алексей Сергеевич 1834—1912)——俄国新闻工作者,出版家。1858年在外省报界开始新闻活动,后移居莫斯科和彼得堡,为《祖国纪事》和《同时代人》等杂志撰稿。1875年以前他的新闻活动带有自由主义、民主主义性质,1876年购买《新时报》成了大企业主后,急剧转向反动派。1876—1912年是《新时报》的所有人和发行人,在他主持下该报成了最无原则的报纸,反动贵族和官僚集团的喉舌。1917年《新时报》由他的儿子米·阿·苏沃林和波·阿·苏沃林以及其他人编辑出版。——302。

T

特卡乔夫,彼得·尼基季奇(Ткачев, Петр Никитич 1844—1886)——俄国革命民粹派思想家,政论家和文艺批评家。1861年起参加学生运动,曾为许多进步杂志撰稿,屡遭沙皇政府迫害。1873年流亡国外;一度为彼·拉·拉甫罗夫的《前进》杂志撰稿,1875—1881年同一些波兰流亡者出版《警钟》杂志。70年代中期同法国布朗基派有密切接触,1880年为布朗基的报纸《既没有上帝也没有老板》撰稿。领导革命民粹派中接近布朗基主义的派别。认为政治斗争是革命的必要前提,但对人民群众的决定性作用估计不足;主张由少数革命者组织密谋团体和采用恐怖手段去夺取政权,建立新国家,实行有益于人民的革命改革,而人民只须坐享其成;错误地认为,专制国家在俄国没有社会基础,也不代表任何阶级的利益。恩格斯在《流亡者文献》中批判了他的小资产阶级观点。1882年底身患重病,在巴黎精神病院度过余年。——366。

特赖奇克,亨利希(Treitschke, Heinrich 1834—1896)——德国历史学家和政论家,普鲁士主义、沙文主义和种族主义的思想家和宣传者。1866—1889年任《普鲁士年鉴》杂志编辑。1871—1888年是德意志帝国国会议员,积极支持俾斯麦的内外政策,拥护1878年颁布的反社会党人非常法。1886年起为普鲁士国家历史编纂官。1895年当选为柏林科学院院士。主要著作是《19世纪德国史》(五卷本)。对德国帝国主义思想体系的形成起了重要作用。——352。

屠格涅夫,伊万·谢尔盖耶维奇(Тургенев, Иван Сергеевич 1818—1883)——俄国作家,对俄罗斯文学语言的发展作出重大贡献。他的作品反映了19世纪30—70年代俄国社会的思想探索和心理状态,揭示了俄国社会生活的特有矛盾,塑造了一系列"多余人"的形象;这些"多余人"意识到贵族制度的必然灭亡,但对于改变这一制度又束手无策。在俄国文学中第一次描写了新一代的代表人物——平民知识分子。反对农奴制,但寄希望于亚历山大二世,期望通过"自上而下"的改革使俄国达到渐进的转变,主张在俄国实行立宪君主制。——27、271。

托尔斯泰,德米特里·安德列耶维奇（Толстой, Дмитрий Андреевич 1823 — 1889）——俄国国务活动家,伯爵。1865 — 1880 年任正教院总监,1866 — 1880 年兼任国民教育大臣;对中小学教育实行了一系列反动改革。1882 年起任内务大臣兼宪兵司令,实施残酷的"临时条例",极度限制地方自治机关的独立性,扼杀自由思想的任何表现。1882 年起任彼得堡科学院院长。——41、42。

托尔斯泰,列夫·尼古拉耶维奇（Толстой, Лев Николаевич 1828 — 1910）——俄国作家。出身贵族。他的作品深刻地反映了俄国社会整整一个时代(1861 — 1905)的矛盾,列宁称托尔斯泰为"俄国革命的镜子"。作为天才的艺术家,托尔斯泰创作了无与伦比的俄国生活的图画,创作了世界文学中第一流的作品,对俄国文学和世界文学产生了巨大影响;同时他的作品又突出地表现了以宗法制社会为基础的农民世界观的矛盾:一方面无情地揭露沙皇专制制度和新兴资本主义的种种罪恶,另一方面又鼓吹"不用暴力抵抗邪恶",鼓吹不问政治和道德上的自我修养。列宁在一系列著作中评述了托尔斯泰的世界观,并对他的全部活动作了评价。——131。

W

瓦·沃·——见沃龙佐夫,瓦西里·巴甫洛维奇。

万诺夫斯基,彼得·谢苗诺维奇（Ванновский, Петр Семенович 1822 — 1904）——沙俄将军,1881 — 1898 年任陆军大臣。1899 年任高等院校学潮起因调查委员会主席。1901 年前国民教育大臣尼·巴·博哥列波夫遇刺后,被任命为国民教育大臣。为了平息学潮,说了些"爱护和殷切关怀教育"的伪善言词。在教育方面实行了一些微不足道的改革,同时继续推行镇压革命学生运动的政策。由于其"安抚者"的使命彻底失败,于 1902 年辞职。——28、29、82、334。

威廉二世（**霍亨索伦**）（Wilhelm II (Hohenzollern) 1859 — 1941）——普鲁士国王和德国皇帝（1888 — 1918）。——66。

威斯特,爱德华（West, Edward 1782 — 1828）——英国经济学家,资产阶级古典政治经济学代表人物之一。1815 年发表《论资本用于土地》一书,先于李嘉图发挥了地租规律。同时企图用土地生产率降低的"自然规律"来解释资本主义制度下劳动人民的贫困化和破产,并同马尔萨斯和李嘉图一起提出了反科学的"土地肥力递减规律"。——95、98。

维洛波尔斯基,亚历山大(Wielopolski, Alexander 1803—1877)——波兰国务活动家,侯爵。1861 年波兰社会运动高涨时期曾上书亚历山大二世,提出必须实行局部改革以防止革命。不久被亚历山大二世委任以波兰王国行政领导职务(民政长官、波兰王国国务会议副主席)。推行维护波兰小贵族阶级利益的政策,讨好温和自由主义阶层,残酷镇压革命运动。1863 年波兰起义爆发后辞职,侨居国外。——38。

维特,谢尔盖·尤利耶维奇(Витте, Сергей Юльевич 1849—1915)——俄国国务活动家。1892 年 2—8 月任交通大臣,1892—1903 年任财政大臣,1903 年 8 月起任大臣委员会主席,1905 年 10 月—1906 年 4 月任大臣会议主席。在财政、关税政策、铁路建设、工厂立法和鼓励外国投资等方面采取了一系列措施,促进了俄国资本主义的发展。同时力图通过对自由派资产阶级稍作让步和对人民群众进行镇压的手段来维护沙皇专制制度。1905—1907 年革命期间派军队对西伯利亚、波罗的海沿岸地区、波兰以及莫斯科的武装起义进行了镇压。——17、18、21—22、23、28—29、33、35、36、37、38、39、40、42、43、44—46、48、49、55、57、58、62、351、352、353。

温科夫斯基,阿列克谢·米哈伊洛维奇(Унковский, Алексей Михайлович 1829—1894)——俄国自由派社会活动家。19 世纪 40 年代末接近彼得拉舍夫斯基派。1857—1859 年是特维尔省贵族代表,参加了农民改革的准备工作,提出过一个自由主义的废除农奴制的方案。因声明特维尔省贵族抗议当局禁止在报刊上讨论农民问题,1859 年底被撤职并流放维亚特卡。1861 年起担任律师工作,并就农民问题和司法问题发表政论文章。——54。

沃龙佐夫,瓦西里·巴甫洛维奇(瓦·沃·)(Воронцов, Василий Павлович (В.В.)1847—1918)——俄国经济学家,社会学家,政论家,自由主义民粹派思想家。曾为《俄国财富》《欧洲通报》等杂志撰稿。认为俄国没有发展资本主义的条件,俄国工业的形成是政府保护政策的结果;把农民村社理想化,力图找到一种维护小资产者不受资本主义发展之害的手段。19 世纪 90 年代发表文章反对俄国马克思主义者,鼓吹同沙皇政府和解。主要著作有《俄国资本主义的命运》(1882)、《俄国手工工业概述》(1886)、《农民经济中的进步潮流》(1892)、《我们的方针》(1893)、《理论经济学概论》(1895)。——217、365。

乌斯宾斯卡娅(Успенская)——俄国私人慈善家,1901年曾到赫尔松省救济饥民。——269。

X

西皮亚金,德米特里·谢尔盖耶维奇(Сипягин, Дмитрий Сергеевич 1853—1902)——俄国国务活动家,农奴制的维护者。1891—1893年任莫斯科省省长。1894年起任副内务大臣,1900年起任内务大臣兼宪兵团名誉团长;无情压制民主主义的任何表现,残酷镇压工人、农民和学生运动,竭力阻挠社会组织和私人团体救济饥民的活动。1902年4月2日(15日)被社会革命党人斯·瓦·巴尔马晓夫杀死。——46、82、251、254、255、256、257、263、264、271、272、273、274、275、276、277、278、280、281、282、286、289、290、292、300。

谢德林——见萨尔蒂科夫-谢德林,米哈伊尔·叶夫格拉福维奇。

谢尔诺-索洛维耶维奇,尼古拉·亚历山德罗维奇(Серно-Соловьевич, Николай Александрович 1834—1866)——俄国革命民主主义者,政论家。曾参加为准备进行解放农民的改革而建立的农村资产安置总委员会的工作。认识到在现存制度下实现真正的解放是不可能的,1860年初弃职出国。在国外同赫尔岑、奥格辽夫建立了友好关系,成了车尔尼雪夫斯基的亲密战友,为《同时代人》杂志撰稿。1861年在柏林出版小册子《农民问题的彻底解决》,对"二月十九日法令"进行了非常有力的批判。同年返回彼得堡,积极参与组建秘密革命团体土地和自由社。1862年7月同车尔尼雪夫斯基一起被捕,关进彼得保罗要塞,被判处十二年苦役和终身流放西伯利亚,在流放地去世。——24。

Y

雅柯夫列娃,玛尔法(Яковлева, Марфа 生于1883年)——俄国彼得堡卡片厂女工,1901年奥布霍夫工厂五月罢工的参加者。——266、267。

雅科温科,瓦连廷·伊万诺维奇(Яковенко, Валентин Иванович 生于 1859 年)——俄国政论家和地方自治局统计人员。曾在莫斯科和特维尔的地方自治局统计处工作。1894—1901 年领导彼得堡地方自治局的统计工作。曾为《俄罗斯新闻》、《祖国纪事》杂志、《北方通报》杂志撰稿。——366。

亚历山大一世(**罗曼诺夫**)(Александр I (Романов)1777—1825)——俄国皇帝(1801—1825)。——317、320。

亚历山大二世(**罗曼诺夫**)(Александр II (Романов)1818—1881)——俄国皇帝(1855—1881)。——32、35、36—37、38、48、55、59。

亚历山大三世(**罗曼诺夫**)(Александр III (Романов)1845—1894)——俄国皇帝(1881—1894)。——39、48、49、50、66。

亚历山德罗夫,彼得·加甫里洛维奇(Александров, Петр Гаврилович 生于 1859 年)——俄国工程师,伏尔加河河床挖深工程副指挥。1893—1895 年主持索尔莫沃堤坝的修建工程,因挥霍国家建设经费达 5 万多卢布,被判监禁一年。——293。

扬松,尤利·爱德华多维奇(Янсон, Юлий Эдуардович 1835—1893)——俄国经济学家和统计学家,彼得堡大学教授。曾任内务部统计委员会委员、彼得堡省统计委员会副主席、地理学会和自由经济学会会员、俄国人民保健协会统计学和流行病学部主席、彼得堡科学院通讯院士。参加过粮食贸易的调查工作和俄国手工业调查委员会的工作。创立了彼得堡市政管理委员会统计处,领导了 1881 年和 1890 年彼得堡人口调查。写有《论李嘉图地租学说的意义》(1864)、《关于农民份地和付款统计调查的试验》(1877)、《俄国与西欧各国的比较统计学》(1878—1880)等著作。——196。

叶尔马柯夫,阿纳托利·伊万诺维奇(Ермаков, Анатолий Иванович 生于 1879 年)——俄国彼得堡奥布霍夫工厂工人,1901 年该厂五月罢工的领导人之一,被法院判处五年苦役。——265。

叶尔莫洛夫,阿列克谢·谢尔盖耶维奇(Ермолов, Алексей Сергеевич 1846—1917)——俄国沙皇政府官员。高等学校毕业后一直在国家产业部和财政部任职。1886—1888 年是自由经济学会副会长。写有一些农业问题的著作。1892 年出版《歉收和人民的灾难》一书,为沙皇政府的农业政策辩护。1892 年任副财政大臣,1893 年主持国家产业部,1894—1905 年任农业和国家产业大臣,后为国务会议成员。——79。

伊格纳季耶夫,尼古拉·巴甫洛维奇(Игнатьев,Николай Павлович 1832—
1908)——沙皇政府最反动的活动家之一,伯爵。1881年起任内务大臣。
参与制定了"强化非常治安"条令,该条令大大加强了地方警察的权势。是
迫害革命者的反革命组织"圣军"的创建人之一。1905年以后领导反动贵
族的极右派集团,这些贵族要求完全取消沙皇政权在革命高涨时期向民主
力量所作的让步。——40—41,59。

伊林,弗拉·——见列宁,弗拉基米尔·伊里奇。

伊林斯基,А.(Ильинский,А.)——109。

伊万诺夫,К.В.(Иванов,К.В.)——沙俄中校。1901年彼得堡奥布霍夫工厂
五月罢工时任该厂厂长助理。——14。

伊万诺夫斯基,尼古拉·伊万诺维奇(Ивановский,Николай Иванович
1840—1913)——俄国正教教会反动代表人物之一。1869年起为喀山神
学院教授,曾与各种分裂派教徒、旧教徒和教派信徒进行斗争。——302。

尤佐夫(**卡布利茨,约瑟夫·伊万诺维奇**)(Юзов(Каблиц,Иосиф Иванович)
1848—1893)——俄国民粹派政论家。19世纪70年代前半期参加了民粹
派小组和"到民间去"的运动。70年代末起为《星期周报》、《言论》杂志等
撰稿。80—90年代成为自由主义民粹派思想家,在民粹派中持极右立场。
主要著作有《民粹主义的基础》(1882)、《俄国社会生活中的知识分子和人
民》(1885)。——366。

Z

兹·斯·(З.С.)——《官员们同地方自治机关战斗的十八年》(1883)一文的
作者。——355—357。

兹纳绵斯基,Н.А.(Знаменский,Н.А.)——《莫斯科新闻》撰稿人。——299。

祖巴托夫,谢尔盖·瓦西里耶维奇(Зубатов,Сергей Васильевич 1864—
1917)——沙俄宪兵上校,"警察社会主义"(祖巴托夫主义)的炮制者和鼓
吹者。1896—1902年任莫斯科保安处处长,组织政治侦查网,建立密探别
动队,破坏革命组织。1902年10月到彼得堡就任警察司特别局局长。
1901—1903年组织警方办的工会——莫斯科机械工人互助协会和圣彼得

堡俄国工厂工人大会等,诱使工人脱离革命斗争。由于他的离间政策的破产和反内务大臣的内讧,于1903年被解职和流放,后脱离政治活动。1917年二月革命初期自杀。——327、330。

佐伊费尔黑德,阿道夫(Seufferheld,Adolf)——德国地主,写有一些农业方面的著作,在著作中叙述了在他的农场使用电力的经验。——119。

文 献 索 引

阿克萨科夫,伊·谢·《论正确实行地方自治》(Аксаков, И. С. О правильной постановке местного самоуправления. — В кн.: Аксаков, И. С. Полное собрание сочинений. Т. 5. Государственный и земский вопрос. Статьи о некоторых исторических событиях. М., Волчанинов, 1886, стр. 45 — 57)——40。

阿克雪里罗得,帕·波·《俄国自由主义民主派和社会主义民主派的历史地位及其相互关系》(Аксельрод, П. Б. Историческое положение и взаимное отношение либеральной и социалистической демократии в России. Изд. РСДРП. Женева, тип. «Союза русских социал-демократов», 1898. 34 стр.)——57。

安多格斯基,И.《有关地方自治机关的法令汇编(根据法律汇编及其 1886 年的续编),附执政参议院的各项决定、政府的各项说明和市政管理条例》(Андогский, И. Сборник узаконений, относящихся до земских учреждений(по Своду законов и продолжениям издания 1886 года)с включением решений правительствующего Сената и правительственных разъяснений и с прилож. Городового положения. Изд. 2-е, испр. и доп. Спб., Евдокимов, 1888, стр. 11, 59, 136 — 137, 439, 563 — 575)—— 31、32、357。

奥哈根,胡·《农业中的大生产和小生产》(Auhagen, H. Über Groß-und Kleinbetrieb in der Landwirtschaft. — In: «Landwirtschaftliche Jahrbücher», Bd. XXV. Berlin, 1896, S. 1 — 55)——147。

奥斯特罗夫斯基,亚·尼·《无端遭祸》(Островский, А. Н. В чужом пиру похмелье)——296。

本辛格,弗·《农业机器对国民经济和私有经济的影响》(Bensing, F. Der Einfluss der landwirtschaftlichen Maschinen auf Volks- und Privatwirtschaft.Breslau,1898.IX,205 S.)——111、112、201。

别尔嘉耶夫,尼·《社会哲学中的主观主义和个人主义》(Бердяев, Н. Субъективизм и индивидуализм в общественной философии. Критический этюд о Н. К. Михайловском. С предисл. П. Струве. Спб., Попова, 1901. [360] стр.)——58。

布尔采夫,弗·《一百年来(1800—1896)》(Бурцев, В. За сто лет (1800—1896). Сборник по истории политических и общественных движений в России. В 2-х ч.Сост. В. Бурцев при ред. уч. С. М. Кравчинского(Степняка). London, 1897.267,164 стр.(Изд.фонда ВРП.Вып.23))——23、60—61。

布尔加柯夫,谢·尼·《论农业资本主义演进的问题》(Булгаков, С. Н. К вопросу о капиталистической эволюции земледелия. — «Начало», Спб., 1899, №1—2, стр.1—21; №3, стр.25—36)——87、114—115、128、131、132、135、138、158、176、178—179、187—188、198—199。

——《评卡·考茨基〈土地问题〉一书》(Bulgakoff, S. Рецензия на книгу: Kautsky, Karl. Die Agrarfrage. Eine Uebersicht über die Tendenzen der modernen Landwirtschaft und die Agrarpolitik der Sozialdemokratie. Stuttgart, 1899, Dietz, gr.8°. VIII und 451 S.—In: «Archiv für soziale Gesetzgebung und Statistik», Berlin, 1899, Bd.XIII, S.710—734)——128。

——《资本主义和农业》(Капитализм и земледелие. Т. 1—2. Спб., Тиханов, 1900.2 т.)——84—112、114—118、120、121、122、135、146、147、148、149、153、154—155、157、158、159、160、162、164—165、167、168—171、174、175—179、184、185—188、194、198—199、200、201、203、208、209、210。

布列克洛夫,斯·米·《1901年5月和6月的第聂伯罗夫斯克县调查报告》(Блеклов, С. М. Отчет по обследованию Днепровского уезда в течение мая и июня 1901 г. Август 1901. Гект. 53 стр.)——298。

查苏利奇,维·《资产阶级中的革命派》(Засулич, В. Революционеры из буржуазной среды. — «Социал-Демократ», Лондон, 1890, №1, февраль, стр. 50—87)——38。

大卫，爱·《农村的野蛮人》(David, E. Bäuerliche Barbaren.—In: «Sozia-
　　listische Monatshefte», Berlin, 1899, N 2, S. 62—71)——113—114、139、
　　140—141、142、192。

——《社会主义和农业》(Давид, Э. Социализм и сельское хозяйство. Пер. с
　　нем. под ред. Г. А. Гроссмана. Спб., 1906. VIII, 550 стр.)——113、200—
　　213、216、217、220、221—222、230—231。

[丹尼尔逊，尼·弗·]《我国改革后的社会经济概况》([Даниельсон, Н. Ф.]
　　Очерки нашего пореформенного общественного хозяйства. Спб., 1893.
　　XVI, 353 стр.; XVI л. табл. Перед загл. авт.: Николай—он)——290。

德拉哥马诺夫，米·《俄国的自由主义和地方自治机关》(Драгоманов, М.
　　Либерализм и земство в России. (Отд. оттиск из 1-го No-ра «Свободной
　　России».) Genève, Georg, 1889. 64 стр.)——21—23、34—35、41、
　　352—353。

——《俄国地方自治机关的自由主义(1858—1883)》(Земский либерализм в
　　России (1858—1883).—В кн.: Драгоманов, М. Либерализм и земство в
　　России. (Отд. оттиск из 1-го No-ра «Свободной России».) Genève, Georg,
　　1889, стр. 1—51)——21—23、34、35、41。

——《专制制度、地方自治和独立法庭》(Самодержавие, местное самоуправ-
　　ление и независимый суд.—В кн.: Драгоманов, М. Либерализм и
　　земство в России. (Отд. оттиск из 1-го No-ра «Свободной России».)
　　Genève, Georg, 1889, стр. 52—64)——22—23、352—353。

德雷克斯勒尔《格丁根县农业协会辖区的土地占有和畜牧业分配情况》
　　(Drechsler. Die Verteilung des Grundbesitzes und der Viehhaltung im
　　Bezirke des landw. Kreisvereins Göttingen.—In: « Landwirtschaftliche
　　Jahrbücher», Bd. XV. Berlin, 1886, S. 753—811)——213—222、240。

——《汉诺威省某些地区的农民状况》(Die bäuerlichen Zustände in einigen
　　Teilen der Provinz Hannover.—In: Bäuerliche Zustände in Deutschland.
　　Berichte, veröffentlicht vom Verein für Sozialpolitik. Bd. 3. Leipzig,
　　Duncker u. Humblot, 1883, S. 59—112; 2 Tab. (Schriften des Vereins für
　　Sozialpolitik. XXIV.))——213—222、240。

德蒙班,加·《欧洲各国的宪法》(Demombynes, G. Constitutions euro-péennes. Résumé de la législation concernant les parlements, les conseils provinciaux et communaux et l'organisation judiciaire dans les divers etats de l'Europe avec une notice sur le Congrès des Etats-Unis d'Amérique. T. I. Paris, 1881. XXXV, 740 p.)——352。

狄更斯,查·《匹克威克外传》(Диккенс, Ч. Посмертные записки Пикквик-ского клуба)——282。

迪藤贝格尔《爱森纳赫低地(萨克森大公国第三行政区)的农民状况》(Ditten-berger. Die bäuerlichen Verhältnisse des Eisenacher Unterlandes (III. Verwaltungsbezirk des Großherzogtums Sachsen.)—In: Bäuerliche Zustände in Deutschland. Berichte, veröffentlicht vom Verein für Sozial-politik. Bd. 1. Leipzig, Duncker u. Humblot, 1883, S. 61—74. (Schriften des Vereins für Sozialpolitik. XXII.))——158—159。

杜勃罗留波夫,尼·亚·《真正的白天什么时候到来?》(Добролюбов, Н. А. Когда же придет настоящий день?)——334、335。

[多尔戈鲁科夫,彼·弗·]《对司法制度、诉讼程序和地方自治机关主要的条例的看法》([Долгоруков, П. В.] Взгляд на основные положения судоустройства, судопроизводства и земских учреждений.—«Листок», Брюссель, 1862, №3, декабрь, стр. 17—19. Подпись: КПД)——60—61。

——《〈对司法制度、诉讼程序和地方自治机关主要的条例的看法〉一文摘录》(Из статьи: «Взгляд на основные положения судоустройства и судопроизводства и земских учреждений».—В кн.: Бурцев, В. За сто лет (1800 — 1896). Сборник по истории политических и общественных движений в России. В 2-х ч. Сост. В. Бурцев при ред. уч. С. М. Кравчинского (Степняка). London, 1897, стр. 63—66)——60—61。

——《论地方自治机关》(О земских учреждениях.—«Листок», Лондон, 1864, №18, 25 февраля, стр. 137—139)——60—61。

——《〈论地方自治机关〉一文摘录》(Из статьи: «О земских учреждениях».—В кн.: Бурцев, В. За сто лет (1800 — 1896). Сборник по истории политических и общественных деижений в России. В 2-х ч. Сост. В.

Бурцев при ред. уч. С. М. Кравчинского (Степняка). London, 1897, стр. 66 — 67)—— 60 — 61。

恩格尔哈特，亚·尼·《农村来信》(Энгельгардт, А. Н. Из деревни)—— 204。

恩格尔哈特，А.П.〔《同〈萨拉托夫小报〉撰稿人的谈话》〕(Энгельгардт, А. П. 〔Беседа с сотрудником «Саратовского Листка»〕. — «Новое Время», Спб., 1901, №9195, 9 (22) октября, стр. 4, в отд.: Внутренние известия)—— 277、278。

恩格斯，弗·《反杜林论(欧根·杜林先生在科学中实行的变革)》(Engels, F. Herrn Eugen Dühring's Umwälzung der Wissenschaft. Philosophie. Politische Ökonomie. Sozialismus. Leipzig, Genossenschafts-Buchdr., 1878. VIII, 274 S.)—— 133。

——《〔卡·马克思〈1848年至1850年的法兰西阶级斗争〉一书〕导言》(Einleitung〔zur Arbeit von K. Marx «Die Klassenkämpfe in Frankreich 1848 bis 1850»〕. — In: Marx, K. Die Klassenkämpfe in Frankreich 1848 bis 1850. Abdr. aus der «Neuen Rheinischen Zeitung». Mit Einl. von F. Engels. Berlin, «Vorwärts», 1895, S. 3 — 19)—— 15。

——《论住宅问题》(1887年霍廷根—苏黎世第2版)(Zur Wohnungsfrage. S.-Abdr. aus dem «Volksstaat» von 1872. Zweite, durchges. Aufl. Höttingen-Zürich, 1887. 72 S. (Sozialdemokratische Bibliothek. XIII.))—— 133、137 — 138。

——〔《论住宅问题》〕(载于1872年和1873年《人民国家报》)(〔Zur Wohnungsfrage.〕—«Der Volksstaat», Leipzig, 1872, N 51, 26. Juni, S. 1 — 2; N 52, 29. Juni, S. 1 — 2; N 53, 3. Juli, S. 1 — 2; N 103, 25. Dezember, S. 1 — 2; N 104, 28. Dezember, S. 1 — 2; 1873, N 2, 4. Januar, S. 1 — 3; N 3, 8. Januar, S. 1; N 12, 8. Februar, S. 1; N 13, 12. Februar, S. 1 — 2; N 15, 19. Februar, S. 1; N 16, 22. Februar, S. 1. В NN 51 — 53 за 1872 г. загл.: Wie Proudhon die Wohnungsfrage löst; в NN 103 — 104 за 1872 г. и в NN 2 — 3 за 1873 г. загл.: Wie die Bourgeoisie die Wohnungsfrage löst; в NN 12 — 13, 15 — 16 за 1873 г. загл.: Nachtrag über Proudhon und die Wohnungsfrage)—— 133、137 — 138。

——《[〈论住宅问题〉一书第二版]序言》(Vorwort[zu: Zur Wohnungsfrage]. 10. Januar 1887.—In: F. Engels. Zur Wohnungsfrage. S.-Abdr. aus dem «Volksstaat» von 1872. Zweite, durchges. Aufl. Höttingen-Zürich, 1887, S. 3—10)——137—138。

尔·姆·《我国的实际情况》(Р. М. Наша действительность (Рабочее движение, самодержавие, общество с его слоями... и общественная борьба).—В кн.: Отдельное приложение к «Рабочей Мысли». Пб., изд. петербургского «Союза», 1899, сентябрь, стр. 3—16)——51。

冯维辛, 杰·伊·《纨袴少年》(Фонвизин, Д. И. Недоросль)——305—306。

哥尔茨, 泰·《农村工人阶级和普鲁士国家》(Goltz, T. Die ländliche Arbeiterklasse und der preußische Staat. Jena, Fischer, 1893. VI, 300 S.)——117。

歌德《浮士德》(Гёте. Фауст)——171。

格拉多夫斯基, 亚·德·[《报告书》] (Градовский, А. Д. [Докладная записка].—В кн.: [Ковалевский, М. М.] Конституция графа Лорис-Меликова. Лондон, 1893, стр. 28—30)——38。

格里鲍耶陀夫, 亚·谢·《智慧的痛苦》(Грибоедов, А. С. Горе от ума)——44、170、322。

格里戈罗维奇, 德·瓦·《假慈善家》(Григорович, Д. В. Акробаты благотворительности)——281—282。

果戈理, 尼·瓦·《死魂灵》(Гоголь, Н. В. Мертвые души)——83、184。

——《外套》(Шинель)——294。

哈里东诺夫, А.《卡霍夫卡的尼科利斯克市集》(Харитонов, А. Никольская ярмарка в Каховке.—«Торгово-Промышленная Газета», Спб., 1901, №109, 16(29) мая, стр. 2, в отд.: Ярмарки)——153。

赫茨, 弗·奥·《土地问题》(Герц, Ф. О. Аграрные вопросы. С предисл. Э. Бернштейна. Пер. А. Ильинского. Спб., 1900. 323 стр.)——84、108、109、110、113—114、116、124—129、131—132、139、140—141、141—142、147—148、155、158、159、160—161、162—163、169、192、193、195、200、203。

——《土地问题及其同社会主义的关系》(Hertz, F.O. Die agrarischen Fragen im Verhältnis zum Sozialismus. Mit einer Vorrede von Ed. Bernstein. Wien, 1899. VII, 141 S.)——84、108、109、110、113——114、116、124——129、131——132、139、140——141、141——142、147——148、155、158、159、160——161、162——163、169、192、193、195、200、203。

赫尔岑施坦,米·雅·《1906年5月18日在国家杜马的演说》(Герценштейн, М.Я. Речь, произнесенная в Государственной думе 18 мая 1906 г.——В кн.: Государственная дума. [Первый созыв.] Стенографические отчеты. 1906 год. Сессия первая. Т. Ⅰ. Заседание 1——18 (с 27 апреля по 30 мая). Спб., 1906, стр. 465——471)——223。

赫尔姆斯,埃·《丹麦的社会民主主义运动和工会运动》(Helms, E. Die sozialdemokratische und gewerkschaftliche Bewegung in Dänemark. Leipzig, Hirschfeld, 1907. 200 S.)——207——208。

黑希特,莫·《巴登哈尔特山区的三个村庄》(Hecht, M. Drei Dörfer der badischen Hard. Eine wirtschaftliche und soziale Studie. Leipzig, Wilhelm, 1895. 94 S.)——139——146、162、163——164、168、184、192、203——205。

胡施克,莱·《根据中图林根的典型调查作出的关于大中小农户农业生产纯收入的统计》(Huschke, L. Landwirtschaftliche Reinertrags-Berechnungen bei Klein-, Mittel-und Grolßbetrieb, dargelegt an typischen Beispielen Mittelthüringens. Jena, Fischer, 1902. VI, 184 S.)——157——158。

华莱士,麦·《俄罗斯》(Wallace, M. La Russie. Le pays——les institutions, les moeurs. Ouvrage trad. de l'angl. par H. Bellenger. Paris, Decaux e. Dreyfous, 1877. III, 431, 448 p.)——352。

吉霍米罗夫,列·《俄国的政治和社会》(Tikhomirov, L. La Russie politique et sociale. Paris, Giraud, 1886. IV, 560 p.)——34。

卡拉瓦耶夫,亚·李·《1907年5月26日在国家杜马的演说》(Караваев, А. Л. Речь, произнесенная в Государственной думе 26 мая 1907 г.——В кн.: Государственная дума. Второй созыв. Стенографические отчеты. 1907 год. Сессия вторая. Т. II. Заседание 31——53 (с 1 мая по 2 июня). Спб., 1907, стб.

1180—1197)——223。

[卡特柯夫,米·尼·]莫斯科,5 月 28 日([Катков, М. Н.]Москва, 28 мая,—
«Московские Ведомости», 1886, №146, 29 мая, стр.2)——67。

卡维林,康·德·《给亚·伊·赫尔岑的信》(1862 年 8 月 6 日)(Kawelin, K.
D. Briefe an A. I. Herzen. 6. August 1862.—In: Kawelin, K. und
Turgeniew, I.Sozial-politischer Briefwechsel mit A.I.Herzen.Mit Beil.und
Erläut. Hrsg. v. M. Dragomanow. Aut. Übers. aus dem Russischen v. B.
Minzes. Stuttgart, 1894, S. 64 — 66. (Bibliothek Russischer
Denkwürdigkeiten, hrsg. v. Schiemann. Bd.4.))——25、27、30。

——《给 С. 科尔萨科娃的信》(Кавелин, К. Д. Письмо к С. Корсаковой.—
«Вестник Европы», Спб., 1886, №10, стр.757—758)——33。

卡维林,康·和屠格涅夫,伊·《同亚·伊·赫尔岑的社会政治通信》
(Kawelin, K. und Turgeniew, I. Sozial-politischer Briefwechsel mit A. I.
Herzen. Mit Beil. und Erläut. Hrsg. v. M.Dragomanow. Aut.Übers.aus dem
Russischen v.B.Minzes.Stuttgart, 1894, S.64—66.(Bibliothek Russischer
Denkwürdigkeiten, hrsg. v. Sehiemann. Bd.4.))——25、27、30。

坎南,乔·《俄国自由派最近的声明》(Кеннан, Ж. Последнее заявление
русских либералов.Genève, Elpidine, 1890.40 стр.)——34、35。

康多伊迪,В. Г.《萨马拉省省长先生的演说》(Кондоиди, В. Г. Речь г. управ-
ляющего Самарской губернией[при открытии очередной сессии губернского
земского собрания 11 января 1900 г.]—«Самарская Газета», 1900, №9, 13
февраля, стр.1—2)——288、293—294、295、298—299。

考茨基,卡·《农业中的电力》(Kautsky, K. Die Elektrizität in der Land-
wirtschaft.—«Die Neue Zeit», Stuttgart, 1900—1901, 19 J-g, Bd.I, N 18,
S.565—572)——119。

——《土地问题》(Die Agrarfrage. Eine Übersicht über die Tendenzen der
modernen Landwirtschaft und die Agrarpolitik der Sozialdemokratie.
Stuttgart, Dietz, 1899. VIII, 451 S.)——84、87、109、110、113、115、117、
118、119、121、126—128、130、133—134、136、138—139、142、147、148、
167、178、202、204。

——《托尔斯泰和布伦坦诺》(Tolstoi und Brentano.——«Die Neue Zeit»,Stutt-gart,1900——1901,19 J-g,Bd.II,N 27,S.20——28)——131。

——《我的〈土地问题〉的两位批判者》(Zwei Kritiker meiner «Agrarfra-ge».——«Die Neue Zeit», Stuttgart, 1899——1900, 18 J-g, Bd. I, N 10, S. 292——300;N 11,S.338——346;N 12,S.363——368;N 14,S.428——463;N 15,S.470——477)——126,127——130,147——148。

[柯瓦列夫斯基,马·马·]《洛里斯-梅利科夫伯爵的宪法》([Ковалевский, М.М.]Конституция графа Лорис-Меликова. Лондон, 1893.[2],43, VIII стр.(Изд.фонда ВРП.Вып.7))——36、37、38——39、49。

科舍列夫,亚·《宪法、专制制度和地方自治杜马》(Кошелев, А.Конституция, самодержавие и земская дума. Лейпциг, Вагнер, 1862. IV, 59 стр.)—— 25——26、30。

克拉夫基,卡·《论农业小生产的竞争能力》(Klawki, K. Über Konkurrenz-fähigkeit des landwirtschaftlichen Kleinbetriebes.——In：«Landwirt-schaftliche Jahrbücher», Bd. XXVIII. Berlin, 1899, S. 363——484)——146、148——157、163、176、183、205、222。

克雷洛夫,伊·安·《好奇的人》(Крылов, И.А. Любопытный)——101。

——《镜子和猴子》(Зеркало и Обезьяна)——312。

——《猫和厨子》(Кот и Повар)——269。

克里切夫斯基,波·《原则、策略和斗争》(Кричевский, Б.Принципы, тактика, борьба.——«Рабочее Дело», Женева, 1901, №10, сентябрь, стр.1——36)—— 246、247——248、249、260、315、326、327——328。

拉费尔泰,维·《亚历山大二世》(Laferté, V. Alexandre II.Détails inédits sur sa vie intime et sa mort. Bâle——Genève——Lyon, Georg, 1882. 219 p.)——37。

拉萨尔,斐·《给卡·马克思的信》(1852 年 6 月 24 日)(Lassalle, F. Brief an K.Marx. 24. Juni 1852.——In：Lassalle, F. Briefe an K. Marx und F. Engels 1849 bis 1862. Stuttgart, Dietz, 1902, S. 52——54. (In：Aus dem literarischen Nachlass von K.Marx, F.Engels und F.Lassalle. Hrsg. F.Me-hring.Bd.4.))——330。

兰克,H.《慕尼黑近郊三个村社的状况》(Ranks, H. Die Verhältnisse von drei Bauerngemeinden in der Umgebung Münchens.—In: Bäuerliche Zustände in Deutschland. Berichte, veröffentlicht vom Verein für Sozialpolitik. Bd. 1. Leipzig, Duncker u. Humblot, 1883, S. 273—294. (Schriften des Vereins für Sozialpolitik. XXII))——160。

朗斯多夫,K.《萨克森王国的农民状况》(Langsdorff, K. Die bäuerlichen Verhältnisse im Königreich Sachsen.—In: Bäuerliche Zustände in Deutschland. Berichte, veröffentlicht vom Verein für Sozialpolitik. Leipzig, 1883, Bd. 2. S. 193—226. (Schriften des Vereins für Sozialpolitik. XXIII.))——159—160。

勒鲁瓦-博利厄,阿·《一位俄国政治家(尼古拉·米柳亭)。根据他未发表的通信集撰写》(Leroy-Beaulieu, A. Un homme d'état Russe (Nicolas Milutine) d'après sa correspondance inédite. Etude sur la Russie et la Pologne pendant le règne d'Alexandre II (1855—1872). Paris, Hachette, 1884. XI, 332 p.)——28。

李希特尔,欧·《社会民主党对于未来的描写》(Richter, E. Sozialdemokratische Zukunftsbilder. Berlin, 1891. 48 S.)——128,129。

梁赞诺夫,达·波·《两种真理》(Рязанов, Д. Б. Две правды. Рукопись)——365—367。

[列宁,弗·伊·]《编辑部的话》[《〈火星报〉编辑部声明》]([Ленин, В. И.] От редакции. [Заявление редакции «Искры».] Листовка. [Мюнхен], тип. «Искры», [октябрь 1900]. [2] стр. (РСДРП))——247。

——《俄国社会民主党人的任务》(Задачи русских социал-демократов. С предисл. П. Аксельрода. Женева, тип. «Союза русских социал-демократов», 1898. 32 стр.)——63、72—73。

——《国外俄国社会民主党人联合会的分裂》(Раскол в заграничном Союзе русских социал-демократов.—«Искра», [Лейпциг], 1900, №1, декабрь, стр. [8], в отд.: Из партии)——245、258。

——《国外情况》(Заграничные дела.—«Искра», [Мюнхен], 1901, №9, октябрь, стр. 8)——313。

—《农业中的资本主义（论考茨基的著作和布尔加柯夫先生的文章）》（Капитализм в сельском хозяйстве（О книге Каутского и о статье г. Булгакова）.—«Жизнь»,Спб.,1900,№1,стр.84—110;№2,стр.59—68. Подпись:Вл.Ильин）——87。

—《时评》（Случайные заметки.—«Заря»,Штутгарт,1901,№1,апрель,стр. 247—270.Подпись:Т.Х.）——301。

—《土地问题》（Аграрный вопрос.Ч.Ⅰ.Спб.,1908,стр.164—263.Перед загл.авт.:Вл.Ильин）——223。

—《土地问题和"马克思的批评家"》（Аграрный вопрос и «критики Маркса».В кн.:［Ленин,В.И.］Аграрный вопрос.Ч.Ⅰ.Спб.,1908,стр. 164—263.Перед загл.авт.:Вл.Ильин）——223。

—《土地问题和"马克思的批评家"》［第1—4章］（Аграрный вопрос и «критики» Маркса.［Гл.Ⅰ—Ⅳ.Одесса,«Буревестник»,1905.49 стр. Перед загл.авт.:Н.Ленин）——138。

—《土地问题和"马克思的批评家"》［第5—9章］（Аграрный вопрос и «критики» Маркса.［Гл.Ⅴ—Ⅸ.］—«Образование»,Спб.,1906,№2,стр. 175—226.Подпись:Н.Ленин）——138、203。

—《我们运动的迫切任务》（Насущные задачи нашего движения.—«Искра», ［Лейпциг］,1900,№1,декабрь,стр.1）——2、329。

—《新的激战》（Новое побоище.—«Искра»,［Мюнхен］,1901,№5,июнь, стр.1—2）——265。

—《183个大学生被送去当兵》（Отдача в солдаты 183-х студентов.—«Искра», ［Мюнхен］,1901,№2,февраль,стр.6）——329。

—［《在"统一"代表大会上向"俄国社会民主党人联合会"提出的问题（1901 年9月21日（10月4日））》］（［Вопросы,предложенные«Союзу русских социал-демократов» на «объединительном» съезде 21 сентября（4 октября） 1901 г.］.—В кн.:Документы «объединительного» съезда. Женева,изд.Лиги русской революционной социал-демократии,1901,стр. 6）——314—315。

—《怎么办？（我们运动中的迫切问题）》（Что делать? Наболевшие вопросы

нашего движения)——6、315—316、331。

罗日杰斯特文斯基, 彼·《给〈奥廖尔通报〉编辑部的信》(Рождественский, П. Письмо в редакцию «Орловского Вестника». — «Орловский Вестник», 1901, №257, 28 сентября, стр. 3, в отд.: Письма в редакцию)—— 303—305。

[马尔丁诺夫, 亚·]《揭露性的刊物和无产阶级的斗争》([Мартынов, А.] Обличительная литература и пролетарская борьба. — «Рабочее Дело», Женева, 1901, №10, сентябрь, стр.37—64)——246、247、248—249、260、 315、326—327、328、329。

——《两个代表大会》(Два съезда. III-й очередной съезд Союза и «объеди- нительный съезд». Женева, изд. Союза русских социал-демократов, 1901. 34 стр.)——313—315、326—327。

[马尔托夫, 尔·]《饥荒在蔓延》([Мартов, Л.] Голод идет.—«Искра», [Мюнхен], 1901, №6, июль, стр.8)——257、268—269。

马克,P.《缩减生产费用以提高我国农业生产(关于机器和电力对农业的功用 的研究)》(Mack, P. Der Aufschwung unseres Landwirtschaftsbetriebes durch Verbilligung der Produktionskosten. Eine Untersuchung über den Dienst, den Maschinentechnik und Elektrizität der Landwirtschaft bieten. Königsberg, 1900.56 S.)——119、121—122。

马克思, 卡·[《给〈祖国纪事〉杂志编辑部的信》(1877 年 11 月)](Маркс, К. [Письмо в редакцию«Отечественных Записок». (Письмо Михайловско- му.) Ноябрь 1877 г.]—«Юридический Вестник», М., 1888, октябрь, стр. 270—273, в ст.:«Письмо Карла Маркса»)——365。

——《剩余价值理论》(Marx, K. Theorien über den Mehrwert. Aus dem nach- gelassenen Manuskript«Zur Kritik der politischen Ökonomie». Hrsg. v. K. Kautsky. Bd. II. David Ricardo. 2 T. Stuttgart, Dietz, 1905. IV, 384 S.)—— 105—106、210。

——《1848 年至 1850 年的法兰西阶级斗争》(Die Klassenkämpfe in Frank- reich 1848 bis 1850. Abdr. aus der«Neuen Rheinischen Zeitung». Mit Einl. von F. Engels. Berlin, «Vorwärts», 1895.112 S.)——64。

——《哲学的贫困》(Das Elend der Philosophie. Antwort auf Proudhouns«Philosophie des Elends». Deutsch von E. Bernstein und K. Kautsky. Mit Vorw. und Noten von F. Engels. Stuttgart，Dietz，1885. XXXVII，209 S.）——204。

——《资本论》(Das Kapital. Kritik der politischen Ökonomie. Bd. III，T. 2. Buch III: Der Gesamtprozeß der kapitalistischen Produktion. Kap. XXIX bis LII. Hrsg. von F. Engels. Hamburg，Meißner，1894. IV，422 S.）——95 — 98、102 — 103，164，210 — 211，236。

马克思，卡·和恩格斯，弗·《共产党宣言》(Marx，K. und Engels，F. Manifest der Kommunistischen Partei. Veröffentlicht im Februar 1848. London，gedr. in der Office der «Bildungs-Gesellschaft für Arbeiter» von J. E. Burghard，1848. 23 S.）——132。

马斯洛夫，彼·《论土地问题》(Маслов，П. К аграрному вопросу. (Критика критиков.) —«Жизнь»，Спб.，1901，№3，стр. 162 — 186；№4，стр. 63 — 100）——106，119。

马扎德，沙·德《亚历山大二世皇帝时期的俄国》(Mazade，Ch. de. La Russie sous l'Empereur Alexandre II. La crise de l'autocratie et la société russe.—In：«La Revue des deux Mondes»，Paris，1862，15 Juin，p. 769 — 803）——22。

米尔内，С.《1894 — 1895 年地方自治机关的呈文及其政治纲领》(Мирный，С. Адреса земств 1894 — 1895 и их политическая программа. Женева，1896. 63 стр. (Голоса из России. Вып. Ⅰ.)）——43。

尼古拉·—逊——见丹尼尔逊，尼·弗·。

尼基坚科，亚·瓦·《札记和日记(1826 — 1877)》(Никитенко，А. В. Записки и дневник (1826 — 1877). Моя повесть о самом себе и о том，«чему свидетель в жизни был».Т. 3. Спб.，Суворин，1893. 458 стр.）——32。

尼卢斯，С. Г.《斯塔霍维奇在奥廖尔传教士代表大会上》(Нилус，С. Г. Стахович на миссионерском съезде в Орле. (Открытое письмо о г. Стаховиче и к г. Стаховичу.) — «Московские Ведомости»，1901，№269，30 сентября (13 октября)，стр. 2）——301。

欧姆《必要的披露》(Ом. Необходимая гласность.—«Приазовский Край», Ростов-на-Дону,1901,№236,5 сентября,стр.2)——280。

潘捷列耶夫,隆·《60 年代的回忆》(Пантелеев,Л. Из воспоминаний о 60-х годах.—В хн.:На славном посту. Литературный сборник, посвященный Н.К.Михайловскому. Ч.II.Б.м.,[1900],стр.314—326)——24。

普多尔,亨·《国外的农业协作社》(Pudor,H. Das landwirtschaftliche Genossenschaftswesen im Auslande. Bd. I. Das landwirtschaftliche Genossenschaftswesen in den skandinavischen Ländern. Leipzig, Dietrich, 1904. VIII,153 S.)——223、224、230。

普列奥布拉任斯基,耶·《给哈尔科夫大主教至圣的阿姆夫罗西的信》(Преображенский, И. Письмо к преосвященному Амвросию, архиепископу харьковскому.—«Вера и Разум», Харьков, 1901, №8, апрель, стр. 457—462)——305—307。

普林斯海姆,奥·《农业工场手工业和电气化农业》(Pringsheim, O. Landwirtschaftliche Manufaktur und elektrische Landwirtschaft.—«Archiv für soziale Gesetzgebung und Statistik», Berlin, 1900, Bd. XV, S. 406—418)——119、120、122。

契诃夫,安·巴·《套中人》(Чехов,А.П.Человек в футляре).——294。

契切林,波·尼·[《给米柳亭伯爵的报告书》](Чичерин, Б. Н. [Докладная записка, поданная графу Милютину].—В кн.:[Ковалевский, М. М.] Конституция графа Лорис-Меликова. Лондон, 1893, стр. 21—24)——38、49。

切尔诺夫,维·米·《经济制度范畴的农民和工人》(Чернов,В.М. Крестьянин и рабочий, как категории хозяйственного строя.—В кн.:На славном посту. Литературный сборник, посвященный Н. К. Михайловскому. Ч. II. Б. м., [1900],стр.157—197)——84、129、135—136。

—《论资本主义和农业演进的问题》(К вопросу о капиталистической и аграрной зволюции.—«Русское Богатство», Спб., 1900, №11, стр. 232—248)——135。

—《资本主义和农业的演进类型》(Типы капиталистической и аграрной

эволюции. —《Русское Богатство》, Спб. , 1900, №4, стр. 127 — 157; №5, стр. 29 — 48; №6, стр. 203 — 232; №7, стр. 153 — 169; №8, стр. 201 — 239; №10, стр. 212 — 258)—— 84、124、125、126、127、128、129、131、136、137、138、139、140 — 142、163、166 — 167、192、193、200、203。

萨尔蒂科夫-谢德林,米·叶·《戈洛夫廖夫老爷们》(Салтыков-Щедрин, М. Е. Господа Головлевы)—— 257、272。

—《蒙列波避难所》(Убежище Монрепо)—— 155。

—《彭帕杜尔先生们和彭帕杜尔女士们》(Помпадуры и помпадурши)—— 277、296。

—《善意的言论》(Благонамеренные речи)—— 50。

—《现代牧歌》(Современная идиллия)—— 171。

—《野蛮地主》(Дикий помещик)—— 273。

—《一个城市的历史》(История одного города)—— 277、289。

—《一个庄稼汉养活两个官员的故事》(Повесть о том, как один мужик двух генералов прокормил)—— 78。

沙霍夫斯科伊,尼·《外出做农业零工》(Шаховской, Н. Сельскохозяйствен-ные отхожие промыслы. (Движение сельских рабочих. Условия найма. Отношения между нанимателями и рабочими. Меры к упорядочению рабочего движения.) М. , Сытин, 1896. VII, 253, II стр.)—— 153。

舍尔巴乔夫,弗·谢·《俄国烟草业概况》(Щербачев, В. С. Обзор табако-водства в России. Вып. II — III. (Малороссия и Туркестанский край.) Спб. , Демаков, 1894. II, 192 стр. ; 7 табл. , 19 л. илл.)—— 192。

施普伦格尔《巴登农业状况》(Sprenger. Die Lage der Landwirtschaft in Baden. Karlsruhe, 1884)—— 164。

司徒卢威,彼·伯·《俄国经济发展问题的评述》(Струве, П. Критические заметки к вопросу об экономическом развитии России. Вып. I. Спб. , Скороходов, 1894, X, 291 стр.)—— 93、171。

—《[谢·维特〈专制制度和地方自治机关〉一书]序言》(Предисловие [к книге С. Витте «Самодержавие и земство»]. —В кн. : Витте, С. Ю. Самодержавие и земство. Конфиденциальная записка министра финансов

(1899).Печ.«Зарей».Штутгарт,Дитц,1901,стр.I—XLIV)——17、18—
21、46—64、351—352、352—353、354。

斯塔霍维奇,米·亚·《给编辑部的信》(Стахович, М. А. Письмо в редакцию.
［Возражения на поправки П. Рождественского］.—«Орловский Вестник»,
1901, №259, 30 сентября, стр. 3)——305。

——《在奥廖尔传教士代表大会上的报告》(Доклад, читанный на Орловском
миссионерском　съезде.—« Орловский　Вестник »,　1901,　№254,　25
сентября, стр. 2—3)——301、302、303、304。

苏沃林,阿·《几封短信》(Суворин, А. Маленькие письма. CDXIX.—«Новое
Время», Спб., 1901, №9191, 5(18)октября, стр. 1—2)——302。

屠格涅夫,伊·谢·《猎人笔记。总管》(Тургенев, И. С. Записки охотника.
Бурмистр)——271。

——《罗亭》(Рудин)——50。

——《烟》(Дым)——129—130、130—131、135—137、138、139、143、149、
159、163、195。

维洛波尔斯基,亚·［《报告书(1881 年 3 月 6 日)》］(Велепольский, А.
［Докладная записка. 6 марта 1881 г.］—В кн.:［Ковалевский, М. М.］
Конституция графа Лорис-Меликова. Лондон, 1893, стр. 25—27)——38。

维特,谢·尤·《专制制度和地方自治机关》(Витте, С. Ю. Самодержавие и
земство. Конфиденциальная записка министра финансов (1899 г.), с
предисл. и примеч. Р. Н. С.［П. Б. Струве］. Печ. «Зарей». Штутгарт, Дитц,
1901.XLIV, 212 стр.)——17、18—23、27—64、351—353、354。

西皮亚金,德·谢·——见《内务大臣给 1901 年各受灾省省长的通令》。

亚历山大二世［《1878 年 11 月 20 日在莫斯科向各等级代表发表的演说》］
(Александр II.［Речь перед представителями сословий в Москве 20
ноября 1878 г.］—«Правительственный Вестник», Спб., 1878, №261, 21
ноября(3 декабря), стр. 1)——35。

［叶尔莫洛夫,阿·谢·］《歉收和人民的灾难》(［Ермолов, А. С.］ Неурожай и
народное бедствие. Спб., Киршбаум, 1892. 270 стр.)——79。

伊格纳季耶夫,尼·巴·——见《1881 年 5 月 6 日内务大臣给各省省长先生

的通令》。

伊林,弗·——见列宁,弗·伊·。

兹·斯·《官员们同地方自治机关战斗的十八年》(З. С. Восемнадцать лет войны чиновничества с земством. — «Вольное Слово», Женева, 1883, No53, 20 января, стр. 5—7; No54, 1 февраля, стр. 6—7; No55, 15 февраля, стр. 5—8; No56, 1 марта, стр. 6—8; No57, 15 марта, стр. 4—6; No59, 15 апреля, стр. 6—8; No60, 1 мая, стр. 10—12) ——355—357。

兹纳缅斯基, Н. А.《第三种分子》(Знаменский, Н. А. Третий элемент. — «Московские Ведомости», 1901, No279, 10 (23) октября, стр. 1—2) ——299。

佐伊费尔黑德, 阿·《电力在农业企业中的应用(谈谈个人在这方面的经验)》(Seufferheld, A. Die Anwendung der Elektrizität im landwirtschaftlichen Betriebe, aus eigener Erfahrung mitgeteilt. Stuttgart, Ulmer, 1899. 42 S.) ——119。

*　　　*　　　*

《奥布霍夫工厂》(Обуховский завод. — «Искра», [Мюнхен], 1901, No6, июль, стр. 4—5, в отд.: Хроника рабочего движения и письма с фабрик и заводов) ——265。

《[奥布霍夫工厂五月骚乱事件的]起诉书》(Обвинительный акт [по делу о майских волнениях на Обуховском заводе]. — «Искра», [Мюнхен], 1901, No9, октябрь, стр. 3—5) ——265、266、267。

《奥廖尔通报》(«Орловский Вестник», 1901, No254, 25 сентября, стр. 2—3) ——301—302、303。

— 1901, No257, 28 сентября, стр. 3. —— 303—305。

— 1901, No259, 30 сентября, стр. 3. —— 305。

《北方邮报》(圣彼得堡)(«Северная Почта», Спб., 1867, No13, 17 (29) января, стр. 1) ——31。

《布古鲁斯兰县》(Бугурусланский уезд. — «Русские Ведомости», М., 1901, No244, 4 сентября, стр. 2, в отд.: Внутренние известия) ——291—292。

《布劳恩文库》——见《社会立法和统计学文库》。

《出版总署通令》(1901 年 5 月 11 日)（Циркуляр Главного управления по делам печати.11 мая 1901 г.—«Искра»,［Мюнхен］,1901,№6,июль,стр. 2,в ст.:«С.-Петербург»)——65。

《初等国民学校条例》(1874 年 5 月 25 日)（Положение о начальных народных училищах.(25 мая 1874 г.)—В кн.: Андогский, И. Сборник узаконений,относящихся до земских учреждений（по Своду законов и продолжениям издания 1886 года）, с включением решений правитель-ствующего Сената и правительственных разъяснений и с прилож.Городового положения. Изд. 2-е, испр. и доп. Спб., Евдокимов, 1888, стр. 563 — 575)——32—33、357。

《传教士评论》杂志(基辅)（«Миссионерское Обозрение»,Киев)——302。

《大臣委员会关于 1870 年 1 月 1 日起私人邮寄各种无须支付保险费的文献和文件的手续的条例》(1869 年 9 月 19 日)（Положение Комитета министров о порядке отправления, с 1 января 1870 года, частными лицами по почте всякого рода документов и бумаг, не подлежащих оплате страховым сбором. 19 сентября 1869 г.—В кн.: Полное собрание законов Российской империи. Собрание 2-е. Т. 44. Отд-ние 1-е.Спб., 1873, ст.47456,стр.67)——32。

《丹麦统计。统计表》第 5 辑 C 类第 2 号。1898 年 7 月 15 日的畜牧业统计 (Danmarks Statistik.Statistik Tabelvoerk,5-e Raekke, Litra C, N 2.Krea-turholdet den 15de Juli 1898. Udgivet af Statens Statistiske Bureau. København,Bogtrykkeri,1901.52,144 S.)——231—237、238—244。

　—《统计表》第 4 辑 C 类第 9 号（Statistik Tabelvoerk,4-de Raekke, Litra C, N 9.Danmarks Jordbrug,ordnede efter Størrelsen af deres Hartkorn den 1.Januar 1895. Udgivet af Statens Statistiske Bureau. København, Bog-trykkeri,1896.40,183 S.)——224—225、227—229、233—235。

《丹麦统计。统计年鉴》第 8 年卷（1903 年)（Danmarks Statistik. Statistik Aarbog.8de aarg.1903.Udgivet af Statens Statistiske Bureau.København, Bogtrykkeri,［1903］.XIV,199 S.)——224。

—《统计表》第4辑C类第1号。1876年7月17日的畜牧业统计（Statistik
　　　Tabelvoerk,4-de Raekke,Litra C,N 1.Kreaturholdet den 17de Juli 1876.
　　　Udgivet af det Statistiske Bureau. København, Begtrykkeri, 1878. XXI,
　　　136 S.）——238—239,240—244。

《德国农民状况》（第1—3卷）（Bäuerliche Zustände in Deutschland.Berichte,
　　　veröffentlicht vom Verein für Sozialpolitik.Bd.1—3.Leipzig,Duncker u.
　　　Humblot,1883.1 Bd.（Schriften des Vereins für Sozialpolitik. XXII—
　　　XXIV））——158。

—第1卷（Bd. 1. S. 61—74, 273—294.（Schriften des Vereins für
　　　Sozialpolitik.XXII））——158—159,160。

—第2卷（Bd. 2. S. 193—226.（Schriften des Vereins für Sozialpolitik.
　　　XXIII））——159—160。

—第3卷（Bd.3.S.59—112;2 Tab.（Schriften des Vereins für Sozialpolitik.
　　　XXIV））——213—222,240—242。

《德意志帝国统计》（Statistik des Deutschen Reichs. Hrsg. vom Kaiserlichen
　　　Statistischen Amt.Neue Folge.Bd.112. Die Landwirtschaft im Deutschen
　　　Reich.Nach der landwirtschaftlichen Betriebszählung vom 14 Juni 1895.
　　　Berlin,1898.VIII,70,500 S.）——92—93、113、123、150—151、169、172、
　　　199、202、203、205、221—222。

《地方自治会议关于俄国现状的意见》（Мнения земских собраний о современном
　　　положении России.Berlin,Behr,1883.[2],107 стр.）——35、36。

《地方自治机关报》（莫斯科）（«Земство»,М.,1880,№1,3 декабря,стр.2—
　　　8）——36。

—1881,№23,6 мая,стр.1.——39、40。

—1881,№24,13 мая,стр.5.——40。

《地方自治机关的当前任务》（Ближайшие задачи земства.—«Вольное Слово»,
　　　Женева,1883,№56,1 марта,стр.4—6）——34—35。

《地方自治机关的过去》（Прошедшее земских учреждений.—«Земство»,М.,
　　　1880,№1,3 декабря,стр.2—8）——36。

《地方自治局统计人员的罢工》（Стачка земских статистиков.—«Московские Ведомости», 1901, No263, 24 сентября (7 октября), стр. 1)——299——300。

《蒂尔农业年鉴》——见《农业年鉴》。

《斗争协会的意见》(От Союза Борьбы. — «Рабочая Мысль», [Варшава], 1901, No12, июль. загл. 19. Под общ. загл.: Партийные дела)——258——259。

《对斯塔霍维奇先生的演说的修正意见》(Поправки к речи г. Стаховича. [Письмо П. Рождественского в редакцию «Орловского Вестника».]— «Московские Ведомости», 1901, No269, 30 сентября (13 октября), стр. 2)——302——305。

《俄国财富》杂志(圣彼得堡)(«Русское Богатство», Спб., 1900, No4, стр. 127— 157; No7, стр. 153——169; No8, стр. 201——239; No10, стр. 212——259)——84、 124、125、126、127、128、129、131、136、137、138、139、140——141、163、 166——167、192、193——194、200、203。

——1900, No11, стр. 232——248.——135。

《俄国的五一节》(Первое мая в России. — «Искра», [Мюнхен], 1901, No5, апрель, стр. 4)——13。

[《俄国社会民主党人联合会、〈火星报〉和〈曙光〉杂志国外组织、"社会民主党 人"革命组织的代表会议决议(1901 年 6 月于日内瓦)》]([Резолюция конференции представителей Союза Р. С.-Д., заграничной организации «Искры» и «Зари» и революционной организации «Социал-демократ». Женева, июнь 1901 г.]—В кн.: Документы «объединительного» съезда. Женева, изд. Лиги русской революционной социал-демократии, 1901, стр. 1—3)——247、248、249、250、260——261、315。

《"俄国社会民主党人联合会"……秘书的复信》(Ответное письмо секретаря «Союза русских социал-демократов»…—В кн.: Документы «объедините-льного» съезда. Женева, изд. Лиги Русской революционной социал-демок-ратии, 1901, стр. 10—11)——313。

《俄国同波斯的新贸易成就》(Новые успехи русской торговли с Персией.— «Новое Время», Спб., 1901, No9188, 2 (15) октября, стр. 2)——292。

《俄国文献丛书》——见卡维林，康·和屠格涅夫，伊·《同亚·伊·赫尔岑的 社会政治通信》。

《俄国无产阶级的新朋友》（Новые друзья русского пролетариата.（Посвящается «Рабочей Мысли».）—«Искра»,［Лейпциг］,1900,№1,декабрь,стр.2—3）——330。

《俄罗斯帝国法律大全》（第2版第39卷）（Полное собрание законов Российской империи.Собрание 2-е. Т. 39. Отд-ние 1-е. Спб., 1867, ст. 40457, стр. 1—14）——23、28。

——（第2版第41卷）（Собрание 2-е. Т. 41. Отд-ние 2-е. Спб., 1868, ст. 43874, стр. 258—259）——31。

——（第2版第42卷）（Собрание 2-е. Т. 42. Отд-ние 1-е. Спб., 1871, ст. 44690, стр. 896—898）——32。

——（第2版第44卷）（Собрание 2-е. Т. 44. Отд-ние 1-е. Спб., 1873, ст. 47456, стр. 67）——32—33。

——（第3版第10卷）（Собрание 3-е. Т. 10. Отд-ние 1-е. Спб., 1893, ст. 6927, стр. 493—511）——42、45、82—83、295—296。

——（第3版第13卷）（Собрание 3-е. Т. 13. Отд-ние 2-е. Спб., 1893, ст. 9744, 9791, стр. 414—419, 448—456）——42—43。

《俄罗斯通报》杂志（莫斯科—圣彼得堡）（«Русский Вестник», М.—Спб.）——353。

《俄罗斯新闻》（莫斯科）（«Русские Ведомости», М., 1901, №210, 1 августа, стр. 1）——80、359、362。

——1901, №244, 4 сентября, стр. 2.——291—292。

《俄罗斯言论》杂志（圣彼得堡）（«Русское Слово», Спб.）——24。

《法国农业统计》（Statistique agricole de la France. Résultats généraux de l'enquête décennale de 1892. Paris, 1897. 451, 365 p.）——91。

《法学通报》杂志（莫斯科）（«Юридический Вестник», М., 1888, октябрь, стр. 270—273）——365。

［《附在〈大俄罗斯〉传单里的给亚历山大二世的呈文草案》（1862年）］（［Проект адреса Александру II, приложенный к прокламации «Великорусс». 1862 г.］—В кн.: Бурцев, В. За сто лет（1800—1896）. Сборник по истории политических и общественных движений в России. В 2-х ч. Сост. В.

Бурцев при ред. уч. С. М. Кравчинского (Степняка). London, 1897, стр. 39—40)——23。

《给挨饿农民的第一封信》(Первое письмо к голодающим крестьянам. [Листовка. Спб.], тип. народовольцев, март 1892. [1] стр. Подпись: Мужицкие доброхоты)——256。

《工人事业》杂志(日内瓦)(«Рабочее Дело», Женева)——1、2、5、6、260、326、327、328。

—1901, №10, сентябрь, стр. 1 — 64.—— 246 — 249、260、315、326、327、328、329。

《〈工人事业〉杂志附刊》(日内瓦)(«Листок «Рабочего Дела»», Женева, 1901, №6, апрель, стр. 1 — 6)——1 — 6、10。

《工人思想报》[彼得堡—柏林—华沙](«Рабочая Мысль», [Пб.—Берлин—Варшава])——1、59、249、328、330、353。

—[华沙]([Варшава], 1901, №12, июль, стр. 1)——258 — 259。

《〈工人思想报〉增刊》(彼得堡)(Отдельное приложение к «Рабочей Мысли», Пб., изд. петербургского «Союза», 1899, сентябрь, стр. 3 — 16)——51 — 52。

《工商报》(圣彼得堡)(«Торгово-Промышленная Газета», Спб., 1901, №109, 16(29) мая, стр. 2)——153。

《公民》(圣彼得堡)(«Гражданин», Спб.)——80、364。

[《关于奥布霍夫工厂事件的报道》]([Сообщение о событиях на Обуховском заводе].—«Новое Время», Спб., 1901, №9049, 9(22) мая, стр. 2)——12、13 — 15、348 — 349。

《关于对工厂工业企业的监督和厂主与工人的相互关系的法令》[1886 年 6 月 3 日](О надзоре за заведениями фабричной промышленности и о взаимных отношениях фабрикантов и рабочих [3 июня 1886 г.].—«Собрание узаконений и распоряжений правительства, изд. при правительствующем Сенате», Спб., 1886, №68, 15 июля, ст. 639, стр. 1390 — 1405)——67。

《关于封闭现圣彼得堡省地方自治会议以及在圣彼得堡省暂缓执行地方自治

《机关条例的决定》(О закрытии нынешнего с.-петербургского губернского земского собрания и приостановлении в С.-Петербургской губернии действия Положения о земских учреждениях. — « Северная Почта », Спб., 1867, №13, 17(29) января, стр.1) —— 31。

《关于工厂工业企业中工作时间的长短及其分配》(О продолжительности и распределении рабочего времени в заведениях фабрично-заводской промышленности[2 июня 1897 г.].—«Собрание узаконений и распоряжений правительства, изд. при правительствующем Сенате», Спб., 1897, №62, 13 июня, ст.778, стр.2135 — 2139) —— 28、67。

《关于农民脱离农奴依附关系的法令》(1861 年 2 月 19 日)(Положения о крестьянах, вышедших из крепостной зависимости. 19 февраля 1861 года. Спб., 1861. Разд. паг.) —— 24。

《关于受灾区居民参加由交通部、农业部、国家产业部安排施工的工程的暂行条例》(1901 年 9 月 15 日)(Временные правила об участии населения пострадавших от неурожая местностей в работах, производимых распоряжением ведомств путей сообщения и земледелия и государственных имуществ. 15 сентября 1901 года. — «Правительственный Вестник», Спб., 1901, №208, 22 сентября(5 октября), стр.3) —— 262 — 264、282 — 286。

《关于受灾区牲畜的饲料粮问题》(О продовольствии скота в местностях, пострадавших от неурожая. [Изложение доклада Саратовской губернской земской управы.] — «Саратовский Дневник», 1901, №187, 29 августа, стр. 3) —— 277 — 279。

《关于西伯利亚官地拨给私人的法令》(1901 年 6 月 8 日)(Об отводе частным лицам казенных земель в Сибири. 8 июня 1901 г. — « Правительственный Вестник», Спб., 1901, №167, 31 июля(13 августа), стр. 1) —— 77 — 81、358 — 360、361 — 362、363 — 364。

《关于兴办公共工程的新通令》(Новый циркуляр об общественных работах. — «Московские Ведомости», 1901, №258, 19 сентября(2 октября), стр. 1 — 2) —— 277 — 278。

《关于修改地方自治机关暂行条例有关地方自治机关向工商业征收税款的第

9 条和第 11 条条文的意见》(Об изменении редакции ст. 9 и 11 Времен-
ных правил для земских учреждений, касательно обложения торговли и
промышленности сборами на земские повинности. [Мнение Государ-
ственного совета. 21 ноября 1866 г.]—В кн.: Полное собрание законов
Российской империи. Собрание 2-е. Т. 41. Отд-ние 2-е. Спб., 1868, ст.
43874, стр. 258—259)——31。

《国家报》(圣彼得堡)(«Страна», Спб.)——38。

《国家杜马》[第一届](Государственная дума. [Первый созыв.] Стеногра-
фические отчеты. 1906 год. Сессия первая. Т. I. Заседание 1 — 18 (с 27
апреля по 30 мая). Спб., 1906, стр. 465—471)——223。

《国家杜马》(第二届)(Государственная дума. Второй созыв. Стенографические
отчеты. 1907 год. Сессия вторая. Т. II. Заседание 31 — 53 (с 1 мая по 2
июня). Спб., 1907, стб. 1180—1197)——223。

《国务会议关于地方自治、贵族、城市、公众和等级会议的文件处置程序的意
见)(Мнение Государственного совета о порядке производства дел в
земских, дворянских и городских, общественных и сословных собраниях.
13 июня 1867 г.—В кн.: Полное собрание законов Российской империи.
Собрание 2-е. Т. 42. Отд-ние 1-е. Спб., 1871, ст. 44690, стр. 896 —
898)——32。

《呼声报》(圣彼得堡)(«Голос», Спб.)——38。

《火星报》[莱比锡—慕尼黑](«Искра», [Лейпциг—Мюнхен])——245、246、
247、248、260—261、315、328、329、343—345。

　　—[Лейпциг], 1900, №1, декабрь, стр. 1, 2 — 3, [8].—— 2, 245、258、
328、329。

　　—[Мюнхен], 1901, №2, февраль, стр. 5, 6.——76、329。

　　—1901, №3, апрель, стр. 2—4, 5.——348。

　　—1901, №4, май, стр. 3, 5.—— 76、297、348。

　　—1901, №5, июнь, стр. 1 — 3, 4.——13、265、297。

　　—1901, №6, июль, стр. 2, 4—5, 8.——65、257、265、268—269、275。

　　—1901, №7, август, стр. 3—4, 5.——275、297。

　　　—1901,№8,10 сентября,стр.2.——275。

　　　—1901,№9,октябрь,стр.3—5,8.——265、266、267、276、297、313。

基辅(Киев.—«Искра»,[Мюнхен],1901,№3,апрель,стр.5,в отд.:Из нашей
　　общественной жизни)——348。

《交通部喀山区舞弊案件》(Дело о злоупотреблениях в Казанском округе
　　путей сообщения.—«Новое Время»,Спб.,1901,№9191,5(18)октября,
　　стр.4;№9192,6(19)октября,стр.4;№9193,7(20)октября,стр.5;№9195,
　　9(22)октября,стр.4;№9196,10(23)октября,стр.4;№9198,11(24)
　　октября,стр.1—2.В №№9191—9193 загл.:Дело о злоупотреблениях в
　　Казанском округе путей сообщения;в №№9195—9196 загл.:Дело о
　　злоупотреблениях волжских путейских инженеров;в №9198 загл.:
　　Волжское строительство)——293。

《教育》杂志(圣彼得堡)(«Образование»,Спб.,1906,№2,стр.175—
　　226)——203。

喀山(Казань.—«Искра»,[Мюнхен],1901,№3,апрель,стр.5,в отд.:Из
　　нашей общественной жизни)——348。

《开端》杂志(圣彼得堡)(«Начало»,Спб.,1899,№1—2,стр.1—21;№3,стр.
　　25—36)——87、115、128、131、132、135、138、158、176、178、186、199。

《科斯特罗马省省长给科斯特罗马市警察局局长和科斯特罗马省各县警察局
　　局长先生们的通令)(1901年6月19日)(Циркуляр Костромского
　　губернатора гг. полицмейстеру г. Костромы, исправникам Костромской
　　губернии.19-го июня 1901 г.Секретно.—«Искра»,[Мюнхен],1901,№6,
　　июль,стр.8,в отд.:Последние известия)——275。

《克利亚济马河畔弗拉基米尔的暴乱》(Крамола во Владимире на Клязьме.—
　　«Искра»,[Мюнхен],1901,№5,июнь,стр.2—3,в отд.:Из нашей
　　общественной жизни)——297。

库尔斯克(Из Курска.—«Искра»,[Мюнхен],1901,№8,10 сентября,стр.2,в
　　отд.:Из нашей общественной жизни)——275。

《历史性的转变》(Исторический поворот.—«Листок«Рабочего Дела»»,Жене-
　　ва,1901,№6,апрель,стр.1—6)——1—6、10。

《两大陆评论》杂志(巴黎)(«La Revue des deux Mondes», Paris, 1862, 15 Juin, p.769—803)——22。

《论工人骚乱》(По поводу рабочих беспорядков.—«Новое Время», Спб., 1901, №9051, 11(24)мая, стр.1)——65—71, 349—350。

《〈民意报〉小报》[圣彼得堡](«Листок«Народной Воли»», [Спб.], 1880, №2, 20 августа, стр.3—5)——36、41—42。

《["民意党"]执行委员会给亚历山大三世皇帝的信》(1881 年 3 月 10 日) (Исполнительный Комитет[«Народной воли»] императору Александру III. 10 марта 1881 г. Б. м., тип. «Народной Воли», 12 марта 1881 г. 4 стр.)——50。

莫斯科, 8 月 1 日。(Москва, 1 августа.—«Русские Ведомости», М., 1901, №210, 1 августа, стр.1)——80、359、362。

《莫斯科的自由派给最高执行委员会负责人洛里斯-梅利科夫伯爵的报告书》 (Записка московских либералов гр. Лорис-Меликову, нач. Высшей Исполнительной Комиссии. [Петиция 25 московских земских деятелей. Март 1880 г.]—В кн.: Ж. Кеннан. Последнее заявление русских либералов. Genève, Elpidine, 1890, стр.20—40)——35。

《莫斯科新闻》(«Московские Ведомости»)—— 67、80、257、273、277、299、302、364。

　　—1886, №146, 29 мая, стр.2.—— 67。

　　—1901, №252, 13(26)сентября, стр.4——280—282。

　　—1901, №258, 19 сентября(2 октября), стр.1—2.——277—278。

　　—1901, №263, 24 сентября(7 октября), стр.1.——299—300。

　　—1901, №268, 29 сентября(12 октября), стр.1.——301—302。

　　—1901, №269, 30 сентября(13 октября), стр.2.——301—302、303—305。

　　—1901, №279, 10(23)октября, стр.1—2.——299。

《内务部地方局通报》(От земского отдела министерства внутренних дел.—«Правительственный Вестник», Спб., 1901, №203, 16(29)сентября, стр.2)——279。

《内务部通令》(1867 年 10 月 8 日)(Циркуляр Министерства внутренних дел.

8 октября 1867 г.—В кн.: Андогский, И. Сборник узаконений, относящихся до земских учреждений(по Своду законов и продолжениям издания 1886 года), с включением решений правительствующего Сената и правительственных разъяснений и с прилож. Городового положения. Изд.2-е, испр. и доп. Спб., Евдокимов, 1888, стр.136—137)——32。

《内务部医务机关条例》(1893 年 6 月 10 日)(Устав лечебных заведений министерства внутренних дел. 10 июня 1893 г.—В кн.: Полное собрание законов Российской империи. Собрание 3-е. Т. 13. Отд-ние 2-е, Спб., 1893, ст.9791, стр.448—456)——42。

《内务大臣给 1901 年各受灾省省长的通令》(Циркуляр министра внутренних дел начальникам губерний, пострадавших от неурожая 1901 года. (17-го августа 1901 г.)—«Правительственный Вестник», Спб., 1901, №182, 19 августа(1 сентября), стр. 2 — 3)—— 251 — 257、263、264、270 — 276、277、278、280、281、282、283、285、288、289、292、368—371。

《农业年鉴》(«Landwirtschaftliche Jahrbücher», Bd. XV. Berlin, 1886, S.753 — 811)——213 — 222、240、242。

　—Bd. XXV. Berlin, 1896, S.1—55.——146、147、148。

　—Bd. XXVIII. Berlin, 1899, S.363—484.——146、147—157、163、164、175、176、183、205、222。

《欧洲通报》杂志(圣彼得堡)(«Вестник Европы», Спб.)——353。

　—1886, №10, стр.757—758.——33。

《评洛里斯-梅利科夫》(К характеристике Лорис-Меликова. —«Листок «Народной Воли»», [Спб.], 1880, №2, 20 августа, стр.3–5)——36、41—42。

《前进报》(莱比锡—柏林)(«Vorwärts», Leipzig—Berlin)——128。

《切尔尼戈夫省地方自治会议委员会 1879 年的报告》(Доклад Комиссии Черниговского губернского земского собрания 1879 г.—В кн.: Мнения земских собраний о современном положении России. Berlin, Behr, 1883, стр.91—98)——35。

《青年俄罗斯》(Молодая Россия. [Прокламация]. Б. м., [май 1862])——23、24。

《缺乏披露》(Недостаток гласности.—«Московские Ведомости», 1901, №252, 13(26) сентября, стр. 4)——280—282。

《人民国家报》(莱比锡)(«Der Volksstaat», Leipzig, 1872, N 51, 26. Juni, S. 1—2; N 52, 29. Juni, S. 1—2; N 53, 3. Juli, S. 1—2; N 103, 25. Dezember, S. 1—2; N 104, 28. Dezember, S. 1—2; 1873, N 2, 4. Januar, S. 1—3; N 3, 8. Januar, S. 1; N 12, 8. Februar, S. 1; N 13, 12. Februar, S. 1—2; N 15, 19. Februar, S. 1; N 16, 22. Februar, S. 1)——133、137—138。

《日报》(莫斯科)(«День», М.)——24。

《萨拉托夫日志》(«Саратовский Дневник», 1901, №187, 29 августа, стр. 3; «Приложение к №187», 1901, 31 августа, стр. 3)——277—279。

[《萨拉托夫省地方自治局关于消除歉收影响的措施的报告》](1901 年 8 月 29 日)([Доклад Саратовской губернской земской управы о мероприятиях по борьбе с последствиями неурожая. 29 августа 1901 г. Сжатое изложение.]—«Саратовский Дневник. Приложение к №187», 1901, 31 августа, стр. 1, в ст.: «Чрезвычайное губернское земское собрание»)——277—279。

《萨马拉报》(«Самарская Газета», 1900, №9, 13 февраля, стр. 1—2)——288—289、293—294、295—296、298。

《社会经济司通令》(1870 年 10 月 22 日)(Циркуляр хозяйственного департамента. 22 октября 1870 г.—В кн.: Андогский, И. Сборник узаконений, относящихся до земских учреждений (по Своду Законов и продолжениям изданий 1886 года), с включением решений правительствующего Сената и правительственных разъяснений и с прилож. Городового положения. Изд. 2-е, испр. и доп. Спб., Евдокимов, 1888, стр. 439)——32。

《社会立法和统计学文库》杂志(柏林)(«Archiv für soziale Gesetzgebung und Statistik», Berlin, 1899, Bd. XIII, S. 710—734)——128。

——1900, Bd. XV, S. 406—418.——119、120、121、122。

《社会民主党人》(伦敦)(«Социал-Демократ», Лондон, 1890, №1, февраль, стр. 50—87)——38。

《社会政治协会丛书》(Schriften des Vereins für Sozialpolitik. XXII—XXIV. Bäuerliche Zustände in Deutschland. Bd. 1 — 3. Leipzig, Duncker u. Humblot, 1883. 1 Bd.)——158。

—XXII. Bäuerliche Zustände in Deutschland. Bd. 1. S. 61—74, 273—294.——158、159、160。

—XXIII. Bäuerliche Zustände in Deutschland. Bd. 2. S. 193—226.——158、159、160。

—XXIV. Bäuerliche Zustände in Deutschland. Bd. 3. S. 59—112; 2 Tab.——213—222、240、242。

《社会主义月刊》(柏林)(«Sozialistische Monatshefte», Berlin, 1889, N 2, S. 62—71)——113、139、140—141、142、192。

《生活》杂志(圣彼得堡)(«Жизнь», Спб., 1900, №1, стр. 84—110; №2, стр. 59—68)——87。

—1901, №3, стр. 162—186; №4, стр. 63—100.——106、119。

《省县地方自治机关条例》(1864 年 1 月 1 日)(Положение о губернских и уездных земских учреждениях. 1 января 1864 года.—В кн.: Полное собрание законов Российской империи. Собрание 2-е. Т. 39. Отд-ние 1-е. Спб., 1867, ст. 40457, стр. 1—14)——23、28。

《省县地方自治机关条例》(1890 年 6 月 12 日)(Положение о губернских и уездных земских учреждениях. 12 июня 1890 г.—В кн.: Полное собрание законов Российской империи. Собрание 3-е. Т. 10. Отд-ние 1-е. Спб., 1893, ст. 6927, стр. 493—511)——41—42、45—46、82—83、295—296。

圣彼得堡(С.-Петербург.—«Искра», [Мюнхен], 1901, №3, апрель, стр. 2—4, в отд.: Из нашей общественной жизни)——348。

《圣上给国民教育大臣德·安·托尔斯泰伯爵的诏书》(1873 年 12 月 25 日)(Высочайший рескрипт, данный на имя министра народного просвещения графа Д. А. Толстого. 25 декабря 1873 г.—«Правительственный Вестник», Спб., 1873, №307, 27 декабря (8 января 1874), стр. 1)——32、357。

《圣上给国务会议成员万诺夫斯基的诏书》(1901 年 3 月 25 日)(Высочайший рескрипт, данный на имя члена Государственного совета Ванновского. 25

марта 1901 года.—«Правительственный Вестник», Спб., 1901, №68, 25 марта(7 апреля), стр.1)——29、82。

《失业……》(Безработица··· —«Искра»,［Мюнхен］, 1901, №2, февраль, стр.5, в отд.: Хроника рабочего движения и письма с фабрик и заводов)——76。

《19 世纪末的德国国民经济》(Die Deutsche Volkswirtschaft am Schlusse des 19. Jahrhunderts. Auf Grund der Ergebnisse der Berufs-und Gewerbezählung von 1895 und nach anderen Quellen bearbeitet im Kaiserlichen Statistischen Amt. Berlin, Puttkammer u. Mühlbrecht, 1900. VII, 209 S.)——192。

《曙光》杂志(斯图加特)(«Заря», Штутгарт)——21、247、315、343、344、351。
　　—1901, №1, апрель, стр.247—270.——301—302。

《特维尔贵族的呈文》(Адрес тверского дворянства. 2 февраля 1862 г.—«Колокол», Лондон, 1862, №126, 22 марта, стр.1—2)——22—23。

《同时代人》杂志(圣彼得堡)(«Современник», Спб.)——24。

《"统一"代表大会文件汇编》(Документы«объединительного» съезда. Женева, изд. Лиги русской революционной социал-демократии, 1901. IV, 11 стр.)——246—247、248、249、250、260—261、313—316。

《维亚特卡的"工贼"》(Вятские «штрейкбрехеры».—«Искра»,［Мюнхен］, 1901, №9, октябрь, стр.3, в отд.: Из нашей общественной жизни)——298。

西伯利亚西部(Западная Сибирь.—«Искра»,［Мюнхен］, 1901, №4, май, стр. 3, в отд.: Из нашей общественной жизни)——348。

《小报》(布鲁塞尔)(«Листок», Брюссель, 1862, №3, декабрь, стр. 17—19)——60—61。
　　—Лондон, 1864, №18, 25 февраля, стр.137—139.——60—61。

辛菲罗波尔(Симферополь.—«Искра»,［Мюнхен］, 1901, №7, август, стр.5, в отд.: Хроника рабочего движения и письма с фабрик и заводов)——275。

《新的障碍》(Новые рогатки.—«Искра»,［Мюнхен］, 1901, №9, октябрь, стр. 4, в отд.: Из нашей общественной жизни)——276。

《新时报》(圣彼得堡)(«Новое Время», Спб.)——265。
　　—1901, №9049, 9(22) мая, стр.2.——12、13—15、348—349。

—1901,№9051,11(24)мая,стр.1.——65—66、67—70、349—350。

—1901,№9188,2(15)октября,стр.2.——292。

—1901,№9191,5(18)октября,стр.1—2.——302。

—1901,№9195,9(22)октября,стр.4.——277、278。

—1901,№9191,5(18)октября,стр.4;№9192,6(19),октября,стр.4;№9193,7(20)октября,стр.5;№9195,9(22),октября,стр.4;№9196,10(23)октября,стр.4;№9198,11(24)октября,стр.1—2.——292—293。

《新时代》杂志(斯图加特)(«Die Neue Zeit»,Stuttgart,1899—1900,18 J-g,Bd.I,N 10,S.292—300;N 11,S.338—346;N 12,S.363—368;N 14,S.428—463;N 15,S.470—477)——126、127—130、147—148。

—1900—1901,19 J-g,Bd.I,N 18,S.565—572.——119。

—1900—1901,19 J-g,Bd II,N 27,S.20—28.——131。

《信仰和理智》杂志(哈尔科夫)(«Вера и Разум»,Харьков,1901,№8,апрель,стр.457—462)——305—307。

《刑罚和感化法典》(Уложение о наказаниях уголовных и исправительных. Изд.1885 г. со включением статей по продолжениям 1890 и 1891 гг. Спб.,б.г.683 стр.)——262、266、270。

雅罗斯拉夫尔(Ярославль.—«Искра»,[Мюнхен],1901,№4,май,стр.5,в отд.:Из нашей общественной жизни)——297、348。

《亚速海沿岸边疆区报》(顿河畔罗斯托夫)(«Приазовский Край»,Ростов-на-Дону,1901,№236,5 сентября,стр.2)——280。

《叶卡捷琳诺斯拉夫地方自治机关中的事件》(Инцидент в Екатеринославском земстве.—«Искра»,[Мюнхен],1901,№7,август,стр.3—4)——297。

《1879年特维尔省地方自治会议议员的声明》(Заявление гласных Тверского губернского земского собрания 1879 г.—В кн.:Мнения земских собраний о современном положении России. Berlin, Behr, 1883, стр. 85—90)——35。

《[1881年4月29日亚历山大三世的]圣上宣言》(Высочайший манифест [Александра III от 29 апреля 1881 г.].—«Земство», М., 1881, №23, 6 мая,стр.1)——39、40。

《1881 年 5 月 6 日内务大臣给各省省长先生的通令》(Циркуляр министра внутренних дел гг. начальникам губерний от 6-го мая 1881 г.—«Земство», М.,1881,№24,13 мая,стр.5)——40。

《1883 年巴登大公国内务部对大公国农业状况的调查》(Erhebungen über die Lage der Landwirtschaft im Großherzogtum Baden 1883, veranstaltet durch das Großherzogliche Ministerium des Innern. Bd. 4. Karlsruhe, Braun,1883.185 S.,8 Taf.)——160—166。

《1883 年巴登大公国农业状况的调查结果》(Ergebnisse der Erhebungen über die Lage der Landwirtschaft im Großherzogtum Baden 1883.〔Karlsruhe, Braun,1883.〕185 S.,8 Taf.(В изд.: Erhebungen über die Lage der Landwirtschaft im Großherzogtum Baden 1883, veranstaltet durch das Großherzogliche Ministerium des Innern.Bd.4))——160—166。

《1890 年 12 月 15 日圣彼得堡调查》(С.-Петербург по переписи 15 декабря 1890 года.Изд.городской управы по статистическому отделению под ред. Ю.Э.Янсона.Ч.I,вып.1—2.Спб.,1891—1892.2 т.)——196。

《1894—1895 年地方自治机关给尼古拉二世的呈文》——见米尔内,С•。

《一位县贵族代表在讨论大学生事件的贵族代表私人会议上的演说》(Речь одного из уездных предводителей дворянства на частном собрании предводителей по поводу студенческих дел.1901.Гект.)——307—312。

伊万诺沃-沃兹涅先斯克(Из Иваново-Вознесенска.—«Искра»,〔Мюнхен〕, 1901,№4,май,стр.5,в отд.:Из нашей общественной жизни)——76。

《意义重大而可悲的演说》(Печально-знаменательная речь.—«Московские Ведомости»,1901,№268,29 сентября (12 октября),стр.1)——301—302。

《有关 1897 年 6 月 2 日法令的秘密文件》(Тайные документы,относящиеся к закону 2-го июня 1897 года.Женева,изд.РСДРП,1898.66 стр.)——67。

《在光荣的岗位上》(На славном посту.Литературный сборник, посвященный Н.К.Михайловскому.Ч.II.Б.м.,〔1900〕,стр.157—197,314—326)——24、84、129、135—137。

《征收自治机关税款时对不动产估价的规定》(1893 年 6 月 8 日)(Правила

оценки недвижимых имуществ для обложения земскими сборами. 8 июня 1893 г. — В кн.: Полное собрание законов Российской империи. Собрание 3-е. Т. 13. Отд-ние 2-е. Спб., 1893, ст. 9744, стр. 414 — 419)——42。

《政府法令汇编》(执政参议院出版)(«Собрание узаконений и распоряжений правительства, изд. при правительствующем Сенате», Спб., 1886, №68, 15 июля, ст. 639, стр. 1390 — 1405)——67。

— 1897, №62, 13 июня, ст. 778, стр. 2135 — 2139.——28 — 29、67。

《政府通报》(圣彼得堡)(«Правительственный Вестник», Спб., 1873, №307, 27 декабря (8 января 1874), стр. 1)——32 — 33、357。

— 1878, №186, 20 августа (1 сентября), стр. 1.——35。

— 1878, №261, 21 ноября (3 декабря), стр. 1.——35。

— 1901, №68, 25 марта (7 апреля), стр. 1.——29 — 30、82。

— 1901, №167, 31 июля (13 августа), стр. 1.——77 — 81、358 — 360、361 — 362、363 — 364。

— 1901, №182, 19 августа (1 сентября), стр. 2 — 3.——251 — 257、263、264、269 — 277、278、279 — 280、281 — 282、283、284 — 285、288 — 289、292 — 293、368 — 371。

— 1901, №203, 16 (29) сентября, стр. 2.——279。

— 1901, №208, 22 сентября (5 октября), стр. 3.——262 — 265、281 — 286。

[《政府要求社会给予协助……的呼吁》]([Призыв правительства к содействию общества···]——«Правительственный Вестник», Спб., 1878, №186, 20 августа (1 сентября), стр. 1)——35。

《执政参议院的说明》(1866 年 12 月 16 日)(Разъяснение правительствующего Сената. 16 декабря 1866 г. — В кн.: Андогский, И. Сборник узаконений, относящихся до земских учреждений (по Своду законов и продолжениям издания 1886 года), с включением решений правительствующего Сената и правительственных разъяснений и с прилож. Городового положения. Изд. 2-е, испр. и доп. Спб., Евдокимов, 1888, стр. 59)——31。

《执政参议院的说明》(1867 年 5 月 4 日)(Разъяснение правительствующего Сената. 4 мая 1867 г. — В кн.: Андогский, И. Сборник узаконений, относящихся до земских учреждений(по Своду законов и продолжениям издания 1886 года)с включением решений правительствующего Сената и правительственных разъяснений и с прилож. Городового положения. Изд. 2-е, испр. и доп. Спб., Евдокимов, 1888, стр. 11)——31—32。

《秩序报》(圣彼得堡)(«Порядок», Спб.)——38。

《钟声》杂志(伦敦—日内瓦)(«Колокол», Лондон—Женева)——24。

——Лондон, 1862, №126, 22 марта, стр. 1—2.——22—23。

《自由言论》杂志(日内瓦)(«Вольное Слово», Женева)——34。

——1883, №53, 20 января, стр. 5—7; №54, 1 февраля, стр. 6—7; №55, 15 февраля, стр. 5—8; №56, 1 марта, стр. 6—8; №57, 15 марта, стр. 4—6; №59, 15 апреля, стр. 6—8; №60, 1 мая, стр. 10—12.——355—357。

——1883, №56, 1 марта, стр. 4—6.——34—35。

《自由》杂志(日内瓦)(«Свобода», Женева, 1901, №1)——322—323。

年　表

（1901 年 5 月—12 月）

1901 年

5 月—12 月

列宁侨居慕尼黑，领导俄国革命社会民主党人争取在俄国建立马克思主义的工人阶级革命政党的斗争；主持《火星报》的工作。

5 月 5 日（18 日）

致函米·格·韦切斯洛夫，同意《火星报》柏林协助小组出版通报的计划，指出这个计划必须从组织工作角度仔细研究，通报的纲领应同出版《火星报》和《曙光》杂志的编辑部声明草案中提出的纲领相一致，通报的出版和编辑工作由柏林协助小组临时负责；在《火星报》国外组织公开成立以后，通报要移交给新选出的书刊出版委员会负责。

5 月 6 日（19 日）

分别致函妹妹玛丽亚·伊里尼奇娜和姐夫马·季·叶利扎罗夫，建议他们在狱中要给自己规定一套正常的作息制度，每天除了锻炼身体以外，还要根据现有的书籍安排好学习，使学习内容多样化；向他们介绍学习外语的经验。

5 月 9 日和 15 日（22 日和 28 日）之间

致函《火星报》印刷所，要求改变《火星报》第 5 号的文章编排次序。

5 月 11 日（24 日）

给在莫斯科的《火星报》代办员尼·埃·鲍曼复信，感谢他寄来关于《火星报》发行情况和收支情况的报告；详细询问他的工作近况；告知《火星报》编辑部经费发生困难，建议他节约开支，最好迁移到靠近俄国边境的地方去组织报刊的运送工作。

5 月 11 日 — 17 日（24 日 — 30 日）

会见斗争社领导人达·波·梁赞诺夫，就该社给《火星报》撰稿的条件问题和俄国社会民主工党各国外组织的联合问题交换意见。

5 月 12 日（25 日）

函告苏黎世的帕·波·阿克雪里罗得，斗争社又打算就俄国社会民主工党各国外组织的联合问题进行谈判；同意召开这些组织的代表的预备会议；要求阿克雪里罗得催促"社会民主党人"革命组织尽快对这个问题作出答复；询问《曙光》杂志第 2 — 3 期（合刊）的出版计划。

5 月 13 日（26 日）以前

着手撰写《怎么办？（我们运动中的迫切问题）》一书。

5 月 13 日 — 15 日（26 日 — 28 日）

《从何着手？》一文作为社论在《火星报》第 4 号上发表。该文论述了在俄国建立工人阶级革命政党的具体计划。后来这个计划在《怎么办？》一书中又有了发展。

5 月上半月

列宁迁移到施瓦宾（在慕尼黑市郊）居住。

5 月 15 日（28 日）

以《火星报》和《曙光》杂志编辑部的名义函请罗·爱·克拉松对这两个报刊给以财力支援。

　　阅读娜·康·克鲁普斯卡娅写给阿斯特拉罕的莉·米·克尼波维奇的信，在信后附笔询问国内组织出版《火星报》的计划，强调必须为党的共同工作节约人力和物力。

5 月 19 日（6 月 1 日）

函请普斯科夫的潘·尼·勒柏辛斯基和彼·阿·克拉西科夫尽力搞好《火星报》的运送工作。

　　致函苏黎世的帕·波·阿克雪里罗得，告知同意在《曙光》杂志第 2 — 3 期上刊登民粹派革命家弗·卡·杰博戈里-莫克里耶维奇的回忆录；介绍《火星报》第 5 号的内容，并请他催促"社会民主党人"革命组织尽快答复同意召开俄国社会民主工党各国外组织代表预备会议。

5 月 23 日（6 月 5 日）

阅读娜·康·克鲁普斯卡娅写给斯摩棱斯克的 B.C.克列斯托夫的信，在信后附笔具体指出通过边境秘密运送书刊的方法。

5月25日（6月7日）

致函在波多利斯克的母亲玛·亚·乌里扬诺娃,感谢弟弟德·伊·乌里扬诺夫寄来报纸,并请他今后继续寄些俄国报纸;还告诉从出版者那里收到250卢布,目前经济情况不错。

5月30日（6月12日）

函告格·瓦·普列汉诺夫《曙光》杂志第2—3期补充一篇柳·伊·阿克雪里罗得反对尼·亚·别尔嘉耶夫的文章。

5月底

撰写《新的激战》一文,摘录《新时报》,起草文章的详细提纲。

5月

在慕尼黑的施瓦宾第一次会见罗莎·卢森堡,商谈请她给《曙光》杂志撰稿的问题。

春季

在慕尼黑经常同姐姐安娜·伊里尼奇娜广泛交谈各种问题,向她介绍《怎么办?》一书的提纲和写作情况。

5月—6月

指导向国内运送《火星报》的组织工作。

同《火星报》巴库小组商谈由弗·扎·克茨霍韦利筹办的巴库秘密印刷所翻印《火星报》的问题。

多次致函各地《火星报》代办员,指示他们把已出版的各号《火星报》的材料交基什尼奥夫《火星报》秘密印刷所翻印。

6月4日（17日）

致函《火星报》柏林协助小组代表米·格·韦切斯洛夫,要求他详细报告《火星报》的工作和将来的各项计划。

修改娜·康·克鲁普斯卡娅写给奥列霍沃-祖耶沃的《火星报》代办员伊·瓦·巴布什金的信。信中通知巴布什金,《火星报》发表了他写的通讯;请他撰文批驳《俄国财富》杂志刊载的诽谤伊万诺沃-沃兹涅先斯克工人的文章;还问他最近几号《火星报》收到没有,有没有工资收入。

6月4日（17日）以后

从1901年6月17日《泰晤士报》第3683号上摘录有关圣彼得堡工潮的

材料。

6 月 5 日和 9 日（18 日和 22 日）之间

致函巴库的列·叶·加尔佩林，认为寄运的书刊还有可能收到；询问《火星报》在高加索翻印的计划；建议尽一切力量为《火星报》筹集经费和寻找新的运送路线。

6 月 11 日（24 日）以后

从 1901 年 6 月 24 日《法兰克福报》第 173 号上摘录有关圣彼得堡工潮的材料。

6 月 12 日（25 日）以前

阅读寄自彼得堡的一个工人的来信，信中热烈赞扬《从何着手？》一文和《火星报》第 4 号。

6 月 12 日或 13 日（25 或 26 日）

致函莫斯科的尼·埃·鲍曼，告诉他书刊有可能运过国境，请他检查这条运送路线和安排书刊的接收工作。

6 月 24 日（7 月 7 日）以前

参加制定《火星报》和《曙光》杂志国外组织、"社会民主党人"革命组织、"俄国社会民主党人联合会"等组织联合的方案。

会见路过慕尼黑的卡·考茨基，同他就社会民主党的各种活动包括他为《曙光》杂志撰稿的问题交换意见。

撰写《地方自治机关的迫害者和自由主义的汉尼拔》一文。

6 月 24 日（7 月 7 日）

致函日内瓦的格·瓦·普列汉诺夫，告诉他国内有消息说要召开俄国社会民主工党第二次代表大会，请他尽快把党纲草案拟定出来；还告诉他《曙光》杂志第 2 期的内容。

6 月 24 日和 26 日（7 月 7 日和 9 日）

向《火星报》编辑部成员提出关于尽快制定党纲草案的问题。

6 月 24 日—8 月 17 日（7 月 7 日—8 月 30 日）

在《火星报》编辑部讨论《地方自治机关的迫害者和自由主义的汉尼拔》一文时，列宁和编辑部其他成员在对自由派的态度问题上发生分歧。列宁拒绝改变文章基调和对自由派的原则立场。

6月26日（7月9日）

会见从伦敦途经慕尼黑回国的《火星报》代办员维·巴·诺根和谢·瓦·安德罗波夫，商谈回国后如何在各地开展工作的问题。

给在苏黎世的帕·波·阿克雪里罗得寄去尤·米·斯切克洛夫的《那么，从何着手呢?》一文，告诉他《火星报》第6号和《曙光》杂志第2—3期的内容;还告诉他国内正议论召开俄国社会民主工党第二次代表大会的问题;请他同格·瓦·普列汉诺夫一起加紧拟定党纲草案的工作。

6月26日（7月9日）以后

把《地方自治机关的迫害者和自由主义的汉尼拔》一文寄给日内瓦的格·瓦·普列汉诺夫。

6月29日（7月12日）以前

参加俄国革命社会民主党人国外组织新章程草案的起草工作。

6月30日（7月13日）

致函日内瓦的格·瓦·普列汉诺夫，告诉他已开始写《土地问题和"马克思的批评家"》一文，感谢他要寄来维·米·切尔诺夫引用的有关法国和比利时的材料;请他把威·李卜克内西的《论土地问题》一书寄来并对《地方自治机关的迫害者和自由主义的汉尼拔》一文提出意见。

6月

列宁论述奥布霍夫炼钢厂工人举行罢工遭到沙皇政府镇压的《新的激战》一文和《机密文件》一文在《火星报》第5号上发表。

6月—9月

撰写《土地问题和"马克思的批评家"》一文，批评修正主义者，捍卫马克思主义关于土地问题的理论，并为俄国社会民主工党制定土地纲领奠定了基础。

写反驳谢·尼·布尔加柯夫的《资本主义和农业》一书的意见提纲。

7月8日（21日）

致函苏黎世的帕·波·阿克雪里罗得，请他把威·李卜克内西的《论土地问题》一书寄来，把第二国际代表大会的记录、《先驱》杂志以及为写《土地问题和"马克思的批评家"》所需要的书籍寄来。

7月12日（25日）

致函日内瓦的格·瓦·普列汉诺夫，感谢他寄来关于土地问题的书籍;

告诉他正在集中精力撰写《土地问题和"马克思的批评家"》一文,认为对修正主义者应当狠狠批判。

7 月 13 日(26 日)

致函苏黎世的帕·波·阿克雪里罗得,告知已对《地方自治机关的迫害者和自由主义的汉尼拔》一文作了某些局部修改,在枝节问题上缓和了一些,但不作原则性的修改;强调自由主义对社会的影响和经济主义对工人的影响是一样的,都必须予以抨击。

7 月 14 日(27 日)

阅读并修改娜·康·克鲁普斯卡娅写给彼得堡维堡区的奥·亚·恩格贝格的信,信中谈到如何更好地改善向国内运送《火星报》和其他书刊的问题。

　　在慕尼黑的《火星报》编委开会讨论《地方自治机关的迫害者和自由主义的汉尼拔》一文,并决定在《曙光》杂志上发表。

7 月下半月

复函维尔诺的谢·奥·策杰尔包姆,批评在彼得堡筹建《火星报》俄国组织的地区机关报的计划,认为这个计划是不现实的和狭隘的,强调在俄国更好地运送和发行《火星报》极为重要。

7 月 17 日(30 日)以前

撰写《地方自治机关的迫害者和自由主义的汉尼拔》一文的后记。这篇后记没有找到。

7 月 17 日(30 日)

致函住在瑞士沃州的格·瓦·普列汉诺夫,对他已和帕·波·阿克雪里罗得会面并开始撰写党纲草案表示高兴;感谢他寄来有关土地问题的书籍;告知马上就把 B.库列曼的《工会运动》一书寄给他;认为必须对宣扬唯心主义迷惑人的宗教神秘主义哲学家尼·亚·别尔嘉耶夫进行批判。

　　致函帕·波·阿克雪里罗得,告知决定在 7 月 26 日和 30 日(8 月 8 日和 12 日)之间去苏黎世秘密会见宣传经济主义和恐怖主义的"自由社"的组织者尔·纳杰日丁,然后会见阿克雪里罗得。

7 月 18 和 30 日(7 月 31 日和 8 月 12 日)之间

修改并补充由娜·康·克鲁普斯卡娅执笔写给巴库的列·叶·加尔佩

林的信,代表《火星报》编辑部同意巴库秘密印刷所使用从国外寄回去的纸型翻印《火星报》;解释这种印刷方法的优越性和尽快使用这种方法的重要性。

参加制定《火星报》俄国组织章程草案。该草案于1901年8月寄回俄国。

阅读娜·康·克鲁普斯卡娅以《火星报》编辑部的名义写给基什尼奥夫的列·伊·戈尔德曼的信;在信后附笔,认为最重要的是尽快拿到在俄国境内出版的《火星报》。

7月

《宝贵的招供》一文在《火星报》第6号上发表。

8月11日(24日)

致函正在瑞士海利根施文迪的帕·波·阿克雪里罗得,征求他对尤·米·斯切克洛夫的《社会民主党是民族解放的体现者》一文的意见,并谈到尤·奥·马尔托夫、亚·尼·波特列索夫和维·伊·查苏利奇所采取的纵容姑息的策略和自相矛盾的态度:一方面说这篇文章是卑鄙的、变节的,另一方面又主张在《曙光》杂志上发表。列宁还提醒要尽快制定党的纲领。

8月13日(26日)以前

列宁给格·瓦·普列汉诺夫寄去自己对他的《Cant 反对康德或伯恩施坦先生的精神遗嘱》一文的意见。这篇文章准备在《曙光》杂志第2—3期上发表。

8月17日(30日)以前

《危机的教训》一文在《火星报》第7号上发表。

8月17日(30日)

致函帕·波·阿克雪里罗得,告诉他《火星报》第7号已经出版和《火星报》第8号将要刊登的内容;还说自己完全陷在土地问题上面了。

8月19日(9月1日)

致函在波多利斯克的母亲玛·亚·乌里扬诺娃,请她到彼得堡去,向司法机关控告在审理玛·伊·乌里扬诺娃和马·季·叶利扎罗夫一案中的非法行为;告知自己将到瑞士安·伊·叶利扎罗娃那里去一趟。

8月27日(9月9日)以前

撰写《农奴主在活动》一文;摘录1901年6月8日沙皇政府颁布的关于

西伯利亚官地拨给私人的法令；写提纲和文章的另一种稿本。

8 月 28 日（9 月 10 日）

《农奴主在活动》一文和《地方自治人士代表大会》短评在《火星报》第 8
号上发表。

8 月

把《火星报》俄国组织章程草案寄给《火星报》代办员，请他们讨论并将意
见寄来。

8 月—10 月

准备付排《曙光》杂志第 2—3 期。

9 月 3 日和 23 日（9 月 16 日和 10 月 6 日）之间

多次会见从西伯利亚流放回来的格·马·克尔日扎诺夫斯基夫妇，同他
们商谈关于建立《火星报》国内组织的计划。

9 月 8 日（21 日）

致函在波多利斯克的母亲玛·亚·乌里扬诺娃，告诉她从安·伊·叶利
扎罗娃那里得到的关于玛·伊·乌里扬诺娃和马·季·叶利扎罗夫的
案件已侦讯完毕并移交给检察官的消息，认为请求保释他们的申请有可
能获准；请母亲到彼得堡去进行保释活动，并告知彼得堡熟人的地址。

不晚于 9 月 16 日（29 日）

在慕尼黑会见埃·李·古列维奇，就他为《火星报》和《曙光》杂志撰稿问
题同他交换意见。

9 月 16 日和 19 日（9 月 29 日和 10 月 2 日）之间

离开慕尼黑去苏黎世，参加俄国社会民主工党国外组织"统一"代表
大会。

9 月 20 日（10 月 3 日）

在苏黎世出席《火星报》和《曙光》杂志国外组织及"社会民主党人"革命
组织等组织代表的会议。会议委托列宁在俄国社会民主工党国外组织
"统一"代表大会上发言。

9 月 21 日（10 月 4 日）

出席俄国社会民主工党国外组织（《火星报》和《曙光》杂志国外组织、"社
会民主党人"革命组织、"俄国社会民主党人联合会"、崩得国外委员会和

斗争社)"统一"代表大会;在大会上记下波·尼·克里切夫斯基代表"俄国社会民主党人联合会"对日内瓦代表会议决议提出的修正案;要求"俄国社会民主党人联合会"的代表解释他们对日内瓦代表会议决议的态度和对经济主义的态度;发言批判"俄国社会民主党人联合会"领导人的机会主义立场。

9月21日和23日(10月4日和6日)

出席《火星报》编辑部全体编委会议。会议讨论《火星报》和《曙光》杂志的出版以及建立统一的俄国革命社会民主党人国外同盟的问题。

9月22日(10月5日)

出席国外组织"统一"代表大会;同《火星报》和《曙光》杂志国外组织代表及"社会民主党人"革命组织代表一起在宣读同"联合会"彻底决裂的声明以后,退出"统一"代表大会会场。

9月22日或23日(10月5日或6日)

出席《火星报》和《曙光》杂志国外组织及"社会民主党人"革命组织的成员会议,这两个国外组织统一为俄国革命社会民主党人国外同盟。

致函代表大会秘书柳·伊·阿克雪里罗得,请她将"统一"代表大会的主要文件寄到慕尼黑;告知自己即将离开苏黎世返回慕尼黑。

从苏黎世返回慕尼黑。

10月2日(15日)以后

阅读尔·马尔托夫以《火星报》编辑部名义写给彼得堡《火星报》小组的、关于询问该小组同"工人阶级解放斗争协会"的关系的信;在信后附笔要求向《火星报》编辑部报告"协会"中有哪些派别,其代表性如何,是否有能干的和有威信的人物等。

10月8日(21日)以前

把刊载恩格斯《1891年社会民主党纲领草案批判》一文的《新时代》杂志第1期寄给格·瓦·普列汉诺夫。

10月8日(21日)

致函格·瓦·普列汉诺夫,谈《火星报》编辑部的工作问题、自己给《曙光》杂志第2—3期写《内政评论》一文的打算和《怎么办?》一书的写作进程。

10月8日(21日)以后

为《曙光》杂志撰写《内政评论》一文。

10月9日(22日)

接到柳·伊·阿克雪里罗得关于告知缺少俄国社会民主工党国外组织"统一"代表大会的某些文件,因此在短期内不能写好关于代表大会的报告的来信;复信建议她按先后顺序复制提交代表大会主席团的所有文件和声明,缺少的文件可向大会秘书加·达·莱特伊仁和费·伊·唐恩索取,搜集到的材料尽快寄日内瓦出版。

10月20日(11月2日)

致函格·瓦·普列汉诺夫,询问党纲草案的起草工作何时结束,告知自己已写完《内政评论》一文。

10月20日(11月2日)以后

撰写《评〈自由〉杂志》一文。

10月21日(11月3日)

致函巴黎的埃·李·古列维奇,告诉他俄国革命社会民主党人国外同盟的成立并不影响他同《火星报》和《曙光》杂志编辑部之间的撰稿关系,问他是否愿意继续撰稿。

　　函告日内瓦的格·瓦·普列汉诺夫,他去布鲁塞尔参加社会党国际局会议的路费已经寄出。

10月31日(11月13日)

收到埃·李·古列维奇表示同意继续为《火星报》撰稿的复信。

10月

会见从伊万诺沃-沃兹涅先斯克来的北方工人协会代表弗·亚·诺斯科夫,同他就《火星报》和《曙光》杂志出版有关的问题交换意见;听取关于北方工人协会工作情况的介绍。

　　撰写《同饥民作斗争》一文。

　　《同饥民作斗争》、《答圣彼得堡委员会》、《国外情况》三篇文章在《火星报》第9号上发表。

11月6日(19日)

函请格·瓦·普列汉诺夫对寄去的俄国社会民主党人亚·尤·芬-叶诺

塔耶夫斯基的《现代工业危机》一文提出意见,告知《火星报》大多数编委和撰稿人都赞成立即将"统一"代表大会的文件印出来。

11 月 14 日(27 日)

复函柳·伊·阿克雪里罗得,感谢她寄来她的《托尔斯泰的世界观及其发展》一书;告知自己正在写《怎么办?》一书。

11 月 18 日(12 月 1 日)

函告日内瓦的格·瓦·普列汉诺夫,同意他对亚·尤·芬-叶诺塔耶夫斯基文章所提的意见,请他负责修改;认为《火星报》经济栏和历史栏的内容都很贫乏,需要加以改进;要他尽快将党纲拟定出来。

11 月 20 日(12 月 3 日)以前

《苦役条例和苦役判决》一文在《火星报》第 10 号上发表。

11 月 20 日(12 月 3 日)

《芬兰人民的抗议》一文在《火星报》第 11 号上发表。

11 月 27 日(12 月 10 日)以前

致函帕·波·阿克雪里罗得和格·瓦·普列汉诺夫,建议普列汉诺夫去参加将在布鲁塞尔召开的社会党国际局会议;告知《火星报》和《曙光》杂志编辑部也将召开会议,为此,希望普列汉诺夫去布鲁塞尔开完会以后,再回到慕尼黑参加编辑部会议;也请阿克雪里罗得届时来参加编辑部会议。随信寄去《曙光》杂志第 4 期的计划。这封信没有找到。

11 月

审阅俄国社会民主工党国外组织"统一"代表大会的材料,准备把它印成小册子出版,并为这本小册子写序言。

11 月—12 月

加紧写《怎么办?》一书。

12 月 5 日(18 日)以前

《火星报》国内代表来函,告知"俄国社会民主党人联合会"准备召开俄国社会民主工党各主要委员会的代表会议来解决各国外组织之间的分歧。列宁复函建议把会议推迟到详细分析各种分歧、彻底揭露工人事业派的全部危害的《怎么办?》一书出版以后;拟定保证《火星报》拥护者行动一致和《火星报》路线得以贯彻的一系列措施。

12 月 5 日（18 日）

致函基辅的因·格·斯米多维奇,对列·伊·戈尔德曼利用基什尼奥夫《火星报》印刷所印刷经济派的《前进报》表示愤慨,要求立即处理这种空前放肆的行为。

12 月 6 日（19 日）以前

以《火星报》编辑部的名义给格·瓦·普列汉诺夫写贺信,祝贺他从事革命活动二十五周年。

12 月 6 日（19 日）

收到格·瓦·普列汉诺夫 12 月 4 日（17 日）关于社会党国际局即将开会的来信,复函告知已经去信请他到布鲁塞尔参加社会党国际局召开的这次会议,旅费已经寄去;邀请他会后再到慕尼黑参加《火星报》和《曙光》杂志编辑部会议,解决关于党纲、关于《曙光》杂志第 4 期内容等问题;还请他为《火星报》撰写一篇关于社会党国际局会议的短评。

函告帕·波·阿克雪里罗得,已请格.瓦·普列汉诺夫到布鲁塞尔参加社会党国际局会议,会后到慕尼黑参加编辑部会议,同时请他也到慕尼黑来开会,以便解决关于党纲、关于《曙光》杂志第 4 期内容等问题。

《同经济主义的拥护者商榷》一文在《火星报》第 12 号上发表。

12 月 8 日或 9 日（21 日或 22 日）

《地方自治机关的迫害者和自由主义的汉尼拔》、《内政评论》和《土地问题和"马克思的批评家"》前 4 章(题为《土地问题上的"批评家"先生们》,这是第一篇用"尼·列宁"署名的著作)在《曙光》杂志第 2—3 期上发表。

12 月 10 日（23 日）

致函苏黎世的帕·波·阿克雪里罗得,证实曾把一封写给格·瓦·普列汉诺夫的挂号信寄到他那里,请他向邮局查询一下;问他是否收到《曙光》杂志第 2—3 期,以及能否审阅《怎么办?》一书。

12 月 20 日（1902 年 1 月 2 日）

《游行示威开始了》一文和《关于"南方工人"的来信》短评在《火星报》第 13 号上发表。

12 月 21 日（1902 年 1 月 3 日）以前

收到基什尼奥夫《火星报》秘密印刷所翻印的第一份《火星报》第 10 号。

致函列·伊·戈尔德曼，指出改善《火星报》组织工作的重要性，强调《火星报》的整个前途取决于它能不能克服地方手工业方式和地区隔绝状态，真正成为全俄报纸。

12 月 21 日（1902 年 1 月 3 日）

致函列·伊·戈尔德曼，祝贺在俄国秘密印刷所翻印《火星报》第 10 号获得成功；指出《火星报》只有在国内建立一个巩固的核心，才能消除混乱现象。

12 月 31 日（1902 年 1 月 13 日）

写俄国社会民主工党纲领草案实践部分某些条文的草稿。

年底

由列宁作序的《"统一"代表大会文件汇编》小册子在日内瓦出版。

1901 年

写《无政府主义和社会主义》提纲。

在慕尼黑同正在俄国并与彼得堡组织有密切联系的《火星报》代办员叶·德·斯塔索娃通信。

致函波尔塔瓦的罗·萨·捷姆利亚奇卡，建议她作为《火星报》代办员前往敖德萨做地下工作。

召请《火星报》代办员罗·萨·捷姆利亚奇卡出国汇报敖德萨和叶卡捷琳诺斯拉夫两地贯彻《火星报》方针的情况。

1901 年底—1902 年初

读发表在《新时代》杂志和《前进报》上的卡·马克思和卡·考茨基关于制定社会民主党纲领问题的文章并作摘录。

《列宁全集》第二版第 5 卷编译人员

译文校订：张秀珊　黄有自　张近智　刘燕明　许易森
资料编写：张瑞亭　王　澍　刘方清　冯如馥　徐鸣珂　周秀凤
编　　辑：李洙泗　江显藩　李桂兰
译文审订：徐立群　屈　洪

《列宁全集》第二版增订版编辑人员

翟民刚　李京洲　高晓惠　张海滨　赵国顺　任建华　刘燕明
孙凌齐　李桂兰　门三姗　韩　英　侯静娜　彭晓宇　李宏梅
武锡申　戢炳惠　曲延明

审　　定：韦建桦　顾锦屏　王学东

本卷增订工作负责人：李京洲　曲延明

项目统筹：崔继新
责任编辑：崔继新
装帧设计：石笑梦
版式设计：周方亚
责任校对：张　红　吕　飞

图书在版编目（CIP）数据

列宁全集.第 5 卷/（苏）列宁著；中共中央马克思恩格斯列宁斯大林著作编译局编译.
　—2 版（增订版）-北京：人民出版社，2013.12（2024.7 重印）
ISBN 978 - 7 - 01 - 012860 - 3

Ⅰ.①列…　Ⅱ.①列…②中…　Ⅲ.①列宁著作-全集　Ⅳ.①A2

中国版本图书馆 CIP 数据核字（2013）第 280939 号

书　　　名	列宁全集
	LIENING QUANJI
	第五卷
编 译 者	中共中央马克思恩格斯列宁斯大林著作编译局
出版发行	人民出版社
	（北京市东城区隆福寺街 99 号　邮编 100706）
邮购电话	（010）65250042　65289539
经　　销	新华书店
印　　刷	北京新华印刷有限公司
版　　次	2013 年 12 月第 2 版增订版　2024 年 7 月北京第 3 次印刷
开　　本	880 毫米×1230 毫米 1/32
印　　张	16.375
插　　页	2
字　　数	405 千字
印　　数	6,001—9,000 册
书　　号	ISBN 978 - 7 - 01 - 012860 - 3
定　　价	40.00 元

ISBN 978-7-01-012860-3

9 787010 128603 >